本研究受以下项目经费支持：

2021 年度甘肃省高等学校青年博士基金项目
"'社会－法律'视角下的大国司法研究"（项目批准号：2021QB-100）；

2021 年度教育部人文社会科学研究青年基金项目
"法律地理学：观念与经验研究"（项目批准号：21YJC820013）

追寻法社会学

方法检讨与经典阅读

EXPLORING
THE SOCIOLOGY OF LAW

METHOD REVIEW
AND CLASSIC READINGS

韩宝 著

社会科学文献出版社
SOCIAL SCIENCES ACADEMIC PRESS (CHINA)

在一个专业化的时代里，所有文化科学的研究工作在透过某些特定的提问而设定了某一特定的材料，并为自己创造了其方法上的原则之后，便会将对这材料的处理当作是目的本身，而不再随时有意识地借由最终的价值观念去控制个别事实的知识价值，甚至根本就不再意识到这些事实是定泊在这些价值观念上的。而这也是好事一桩。然而，色彩总有一天改变了：那些未经反省而被运用着的观点的意义将会变得不确定，道路迷失在晨昏中。伟大的文化问题之光再度绽放。于是，科学亦将准备去改变其立足点及其概念机器，并由思想的高度将眼光投向事变之流。它将追随着那些唯一能够为其研究工作指点意义与方向的星辰。

——韦伯《社会科学的与社会政策的知识之"客观性"》

序

侯　猛

数月前，韩宝老师就将书稿发来让我写个序，我没有推辞就答应了。我比他只长几岁，仍然算是同侪，写序也是支持他。但后来转念一想，他很可能是把我当成前辈来对待的。这就让我费了思量，一拖这就到了年底。

印象中，我与韩宝第一次见面是在2014年"社科法学与法教义学的对话"讨论会上，之后他还参加了社科法学的很多活动。不过在读了他写的跋之后，才知道早在我任职对外经济贸易大学期间就与他建立起了联系。不管是什么时候认识，我肯定是先读到他的文章，感觉到功底扎实，才把他拉进社科法学的研究圈子的。圈子对学者来说是有意义的。至少在这里，你能得到有用的学术鼓励和真心的学术批评。圈子并非是拉帮结派。在社科法学的圈子里，大家来自五湖四海，并不像有些学科中存在阶层固化、等级分明的问题。我认识韩宝时，他是厦门大学诉讼法学专业的博士生。我们既不是同专业，也不是校友，纯粹就是以文会友。但圈子也需要抱团取暖。社科法学在国内的发展不过二十多年，很多共识还没有形成，所以更需要大家一起来推动，包括办杂志、开年会、办研习营、出读本等。韩宝也都给予了积极支持。因此，这样看来，我可能既算是他的前辈，也是一种同侪关系。

社科法学的读本已经出了好几本。专一点的，我编过或翻译的就有四五本。而通识性质的，则有王启梁、张剑源编的《法律的经验研究：

方法与应用》（北京大学出版社，2014），陈柏峰、尤陈俊和我编的《法学的 11 种可能》（中国民主法制出版社，2020），以及贺欣写的《街头的研究者：法律与社会科学笔记》（北京大学出版社，2021），等等。本书可以算是又一个读本。韩宝是从社科法学与法教义学的对话开始写作，记录了他研习、评论法社会学的过程。本书分为"思想与方法"、"经典阅读"和"实践反思"三编，正好也是对应了法社会学是什么、读什么、怎么做的三个面向。

有些人可能会奇怪，法社会学与社科法学是什么关系，为什么要放在一起来讲？我作为出身于法社会学，同时又是社科法学的积极推动者，在这里还是再唠叨几句。二十年前，国内一般用法社会学来指代研究法律与社会的关系。不过，后来越来越多的学者还运用经济学、人类学、文学、政治科学、心理学等知识方法来研究法律与社会的关系。因此，包括我在内的一批学者就开始使用苏力二十年前提出的"社科法学"来指代对法律进行社会科学研究。坦率地讲，很多对社科法学的批评，往往是望文生义。实际上，社科法学研究主要源于美国现实主义的传统，差不多有一百年的历史，已经形成了外部视角和内部视角两个面向：外部视角研究法律与社会的关系，主要是经验地研究法律的运作过程与实际影响，也就是研究行动中的法律；内部视角则研究社会科学在法律特别是司法裁判中的运用。因此，如果不了解社科法学的发展史，自然就会产生知识杂糅的偏见。

韩宝在基本立场上是认同社科法学的，但他的研究优势是法社会学。因此，本书也没有必要反复讲社科法学，毕竟社科法学的使用场景主要还是针对法教义学。而如果仔细看他的法社会学研究偏好，他主张使用"社会-法律研究"而不是"法律-社会研究"的用语。这在很大程度上反映出他受英国以及欧陆的理论研究传统的影响，而不是美国的经验研究传统的影响。这在本书"经典阅读"一编中可见一斑，本编中虽然也介绍了美国的霍贝尔和弗里德曼的作品，但他明显更为推崇韦伯、涂尔干和埃利希。值得一提的是，作为民事诉讼法专家，他还特别检读了滋贺秀三、寺田浩明和夫马进等的中国诉讼社会学史的作品。这也给我们集中展示了日本学者如何做中国传统法律的社会学研究。

也正是由于韩宝的诉讼法学背景，所以他的法社会学研究集中于司法制度。本书的第三编"实践反思"就有所体现：一篇讨论乡土社会中打官司，另一篇是反思多元纠纷解决机制。也许本书主要是用来教学和知识传播，而不是展示他的研究成果。我反而觉得他最有特色的研究成果，其实是他利用区位优势——身处西北地区、边疆地区，从大国司法、流域司法的系列法社会学研究中，逐渐拓展出的法律地理学研究。这样一种从司法社会学出发所做的法律地理学研究，是别人所难以替代的。也因此，我猜想这将会是他的下一本书的主题。

但这本书的出版仍然是有很大意义的。本书的写作是建立在韩宝惊人的阅读量基础之上的，除了写给同行看，主要也是写给学生看。它向学生展示了什么是法社会学、法社会学读什么、怎样做法社会学，从而有效实现了知识传递。我过去没怎么想着知识传递，总觉得自己都还没学到位；无奈活着活着就老了，不知不觉就成了前辈。这几年也在反思，别人对你这个研究领域的误解，不光是因为自己研究得不够，也是因为对已有知识传统传播得不够。有鉴于此，我将更多精力转向进行系统性和前沿性的教学写作，以期吸引更多后学了解并加入法社会学（社科法学）研究。自己的能力当然是有限的，但有志同道合的人加入就一定能把事做成。韩宝就是这样一位志同道合的朋友。他为了写好这本书，还去北京大学社会学系研修，和我也成为了系友。如今我写给学生的书还没出来，但他的这本《追寻法社会学——方法检讨与经典阅读》已经出来了。因此，无论如何，我都要热烈欢迎这本书的问世。

2022 年 12 月 18 日于北京

目 录

导言 多样的法社会学   001

第一编 思想与方法

第 1 章 各归其位：在法教义学—法社会学之间   003

引 论   003

一 作为"无形学院"的社科法学及先在概念与术语

    之明晰   005

二 "法教义学"与"社科法学"争议下的"社科法学"   015

三 与社科法学相关的概念   018

四 "社会—法律研究"视野下的社科法学   036

五 社科法学（法社会学）的传统研究方法与休厄尔的

    启发   045

第 2 章 在社会中：再思法社会学   051

一 法社会学的出发点、主要关切及对其质疑的回应   054

二 法社会学研究的可能（理论）资源   067

三 法社会学的基本研究方法及其应用   070

四 法社会学地位及作用的再交代   074

第3章 "法律实践"的知识生成路径：以三种经典理论

　　　　为例 080

　　引　言 080

　　一　两种法社会学与真正的"法律—社会"理论之追问 082

　　二　三种经典"法律实践"理论检读 085

　　三　"法律实践"的理论建构 092

　　结　语 094

第4章　理解个案研究：兼及法社会学研究 096

　　一　个案研究中"个案"的界定 096

　　二　个案研究的适用范围及其典范 097

　　三　个案研究中"个案"的尺度 100

　　四　对"个案代表性"批评的回应 101

　　五　对"个案研究结论"质疑的回应 104

　　六　消解个案研究的误区 109

第5章　黄宗智实践社会科学：法社会学研究新路径 112

　　引　言 112

　　一　黄先生的《经验与理论》及其方法论研究 114

　　二　黄先生的中国（古代）法律研究四篇 118

　　三　社会—法律视角下思考当代中国法律问题的前提背景 125

第二编　经典阅读

第6章　法律的社会学理解：涂尔干《社会分工论》

　　　　出版百三十年 129

　　引　言 129

　　一　《社会分工论》法律讨论的起点 132

　　二　涂尔干法律观的具体展开 136

　　三　涂尔干法律观的启发 140

　　结　语 143

第 7 章 开风气之先：埃利希《法社会学原理》阅读 145

引 论 145

一 《法社会学原理》写作的时代及其问题意识 147

二 《法社会学原理》的主要内容 149

三 启发：国法之外的法 161

余 论 163

附录 埃利希《法社会学原理》精读课程试题 164

第 8 章 走不出的韦伯：韦伯《法律社会学》阅读 168

引 论 168

一 国内韦伯法律社会学研究及启发 170

二 《法律社会学》文本阅读 172

三 东西方对照下的韦伯"法理支配" 196

四 "法理支配"下的"司法—社会"模型检讨 200

五 我们的理论在哪里 205

附 录 208

第 9 章 变迁社会中的法律：《二十世纪美国法律史》

阅读 210

一 方法论上的尝试 211

二 呼唤中国的 20 世纪法律社会史 213

三 实践中的法 214

四 司法过程 220

五 社会与法律关系的多重面向 222

六 法律，一个空间概念 227

七 理想还在 229

第 10 章 传统中国的民事诉讼：日本学者法社会学研究

三书读记 231

缘 起 231

一 滋贺秀三等《明清时期的民事审判与民间契约》 233

二　寺田浩明《权利与冤抑：寺田浩明中国法史论集》　235

三　夫马进等《中国诉讼社会史研究》　242

结　语　251

第11章　中国法人类学的一个时期：霍贝尔《原始人的法》
　　　　（《初民的法律》）中译本出版30年反思　252

引　论　253

一　霍贝尔《原始人的法》（《初民的法律》）的
　　国内传播　254

二　霍贝尔《原始人的法》（《初民的法律》）主要
　　内容　257

三　霍贝尔《原始人的法》（《初民的法律》）再思　286

回响：远去的时代与思想的力量　296

第三编　实践反思

第12章　乡土社会秩序的沿传：《金翼》第三章"打官司"
　　　　阅读　301

引　论　301

一　乡土社会的"变"与"不变"　306

二　"打官司"的场景　312

三　"打官司"的展开　316

四　"打官司"的影响　321

五　对法的理解的一点疑惑　327

第13章　何种多元：我国多元化纠纷解决机制省思　329

引　言　329

一　概念的使用：纠纷、矛盾、冲突　332

二　"整体论"下的纠纷及其解决机制研究框架　336

三　从纠纷解决到纠纷的多元化解决　　　　　　　　　346

四　"国家—社会"二元结构下的我国纠纷多元化解决

　　机制省思　　　　　　　　　　　　　　　　　　357

五　变迁社会中的纠纷及其解决　　　　　　　　　　364

附录　"非讼纠纷解决机制研究"课程大纲　　　　　　369

代跋：由费孝通《师承·补课·治学》想到的　　　371

多样的法社会学

近三四十年间，国内的法社会学有了比较大的发展。在 20 世纪末的一段时期里，其亦曾朝气蓬勃、熠熠生辉，但到 21 世纪初似乎陷入了一个沉寂期，而最近几年这种状况尽管已有明显改变，但一如法社会学过去的面貌那样，即便是在其特别"热闹"的时候，也最多只是带给传统上的经典法学研究范式些许波澜而已，而并没有带来明显的"法学研究的格局流变"①，对于司法的影响也比较有限。学界对于法社会学的态度是：大多能接受它，也认为它是有意义的，但也仅此而已。在这一研究背景下，有无可能去做一些最基础性的工作，以使学界能够对法律社会学的事业有更深的了解、理解呢？本书愿意做这样的一种尝试。

理想的法社会学，当然是一手经验、一手理论。特别是其中的经验，总使得法社会学研究令人感到耳目一新，有时候有很浪漫的感觉。但接触过一些故事、新鲜劲儿过了后，又会觉得这些素材若没有更深入的提炼，不能成为理论，则类似的研究其贡献其实是很有限的。因为，其一，就作品的故事性来讲，也许只有极少的法社会学家才能达到小说家的水平；其二，法社会学家中意的这种个案方法太容易被攻击。在这种背景下，尽管经验的法社会学研究一直是引人注目、令人期待的，但是理论上的努力更可能带给这一学科，或者更准确地说是带给研究领域真正的

① 借自侯猛同名书。参见侯猛编《法学研究的格局流变》，法律出版社，2017。

知识增长与智识贡献。

简单地梳理当下国内法社会学所凭依的理论资源，很快便会发现相当多的研究都深受西方理论的影响。显然，法社会学在西方的兴起与发展，是基于其自身的学术问题背景的，但其中所暗含的问题意识对我们而言或是很淡，或是完全不同。那么，在这一短期仍很难改变的背景下，我们又需要注意什么？这当然不是说要拒斥法社会学的西学理论，而是要不断追查法社会学研究最根本的问题意识。① 尽管中国有其特殊的一面，中西之间的差异也是明显的，而且中西在法社会学研究的出发点及要回应的问题上也不尽一致，但是这一研究所引出的分析问题的思路却是彼此相通的。是故，发现法社会学所关心的核心议题，不仅可以发展中国语境下的法社会学，而且还可以与世界范围内的法社会学进行对话。在今天，彼此了解、相互学习，已然构成了自我发展的一个重要部分。尽管笔者也不能勾勒出这样的理想法社会学图景，但这并不是就没有可能。比如我们所看到的一些华人电影导演的作品，他们在中西古今的会通上做出了有益的探索。②

关于法社会学，笔者更愿意使用"社会—法律研究"这一略显宽泛的表述，目的在于审视法律与社会之间的关系，特别是自社会本身来审视其中的法律，而更深层次上则是看我们持何种法律观与社会观以及思考这一切背后的人本身。这种宏大宽泛的研究出发点有其优势，可以让法社会学有一个非常开放的研究论域；③ 但不足也是明显的，只要看看目前国内的法社会学教学、研究就可以了——直到今天，在国内很少能够找到两份相同的法社会学教学大纲。当然读者可以认为这是由于法社会学的研究范围太宽阔了，但还是很能说明今天的法社会学依然是野蛮生长的，它缺乏有共识的相对明确的研究对象，也缺少如指导法教义学的

① 参见强世功《"双重对话"与"双重历史化"——法律社会学研究的回顾与反思》，载汪晖、王中忱主编《区域》（第9辑），社会科学文献出版社，2021。
② 如侯孝贤的作品，参见詹姆斯·乌登《无人是孤岛：侯孝贤的电影世界》，黄文杰译，复旦大学出版社，2014。
③ 参见 Roger Cotterrell, "Social Theory and Legal Theory: Contemporary Interactions," *Annual Review of Law and Social Science* 17 (2021): 15-29。

各种"法学（法律）方法论"那样的关键作品。这大概是谁也改变不了的法社会学的宿命。这一问题估计在很长一段时间里还是难以改变，或者说无法改变，那么还是让我们回到最初的以及那些流传下来的已经成为经典的法社会学文本上，在这种经典与当下的不断往复之间，尽管可能在构建体系化的法社会学知识上助力有限，但至少可以减少一些可能的误解，同时让我们不要忘记法社会学的中心。显然，通过对这些经典的不断咀嚼，是有希望从中梳理出某些关于法社会学的核心命题的。从这若干的要义出发，就不难开枝散叶，最终实现绿树成荫。

追寻法社会学的起点，尽管卢曼有言，"自从19世纪后半叶出现了社会学后，我们才有可能谈论法社会学"，但如果不是将法社会学研究置于一种学科的框架之下，而是关注其核心问题，那么可以说这种思考早已有之，不少的法律史作品都可被视为法社会学研究的典范。基于这一理解以及前述宽泛的法社会学观——"社会—法律研究"，笔者选取了十余部带有明显的个人偏好，也很难说成体系的法社会学作品作为本书的主要阅读分析对象，并杂之以个人对法社会学方法及趣旨理论的若干思考以及基于这些阅读及思考初步所做的法社会学工作，汇成一册，聊做阶段性小结。

基于这样的思路，全书分为三部分，可分别归纳为"思想与方法""经典阅读""实践反思"。尽管全书从形式上分为三部分，但主要的方法与旨趣多是对经典法社会学作品的阅读反思，只是偏向略有不同而已。用这种偏向经典阅读的方式，除却前已交代的原因，还在于以下方面。首先，以笔者的学养，暂时尚不足以给出一个关于"法律与社会关系"在结论上更为有力、新鲜的观点，反倒是亟须补课、消化吸收过去时间里的经典。其次，作为法社会学研究的核心，在笔者看来，"法律与社会关系"多少是一个无解的问题，或者说这是一个追问费力但实践意义并不十分明显的问题。反倒是仔细去揭示"法律与社会关系"的多元表象及其实在一直很有价值。笔者亦希望本书的法社会学研究能够尽量在较为抽象与一般的法理学和相对具体与形象的部门法之间保持相对的关联。再次，法社会学经典的阅读不仅是为了夯实法社会学研究的知识树之根基，更是期待在对经典文献的梳理中探索新的理论可能性。虽然在今天我们已经看到更成熟的作品大大超越了前人的思考，但阅读早期的法社会学作品，不仅是为了贯通与连接学术史，还在于经典真的是"常读常新"。最后，阅读也是在中西对比或者更准确地说是在中国语境下理解这些多属于西方的文献的一种尝试，这在今天的中国，或者说任何一个民族都会产生文化理解与认识上的难度。读那些域外的法社会学经典，的确为笔者带来不少启发，但是坦率地说，那种阅读的触动其实更多时候是来自外部的，来自内心的心领神会、恰切一体还是比较少的，不少时候总会觉得"隔"，更多的时候只是会觉得"原来是这样""原来还能这样""的确是与我们有差异的"……西学背景与框架下的国内法社会学研究是有一些烦恼的，即何以让其完全内化。这种内化的工作无疑是艰难的，但也是最有意义的，这也是笔者在书中专门论述费孝通先生研究的意义。何以内化，这需要选择恰当的方法，在书中笔者关于黄宗智、费孝通等先生作品的阐述便是基于这样的考虑。这也是本书中笔者觉得有意思的地方，尽管笔者目前只是作了初步的研究。

笔者的研究，很难说有多少的新意。实际上，这本书中阅读分析的诸作品，关于它们的评论数不胜数，笔者仅仅是结合个人的理解，在尽量避开已经为众人所熟知的那些套路性或者几近常识的解读之外，在法社会学的脉络里尝试做一点点微小的工作，让读者看到，原来法社会学可以这么多样，也是很有意思的。更远一些，则是提供一个来自法学思维的可能有别于社会学视角的国内法社会学思考样本，以期能够带来一些更进一步的对话与交流。[1] 本书的局限也是非常明显的。在本书中，笔者只是告诉了读者所选取的这几本法社会学经典的内容以及笔者的体会；更进一步，大约是努力从一名中国读者的视角，或是设想进入作者们论述时的情景，或是置于当下中国之情景，对这些作品作出一种解读。但

---

[1] 厦门大学社会与人类学院刘子曦教授主持了2019年国家社科基金青年项目"中国法律社会学的学术脉络与本土化理论构建研究"，期待刘老师这项自社会学视角的法社会学研究早日付梓。

是笔者尚未能够从这几册经典中完全跳脱出来，阐释出新的关于法社会学的理论来，在这个方面，本书的意义是有限的。之所以花费时间和精力去做这项小小的工作，除却前面已经提到的原因，还在于，也许我国法社会学的发展与成熟，除却对自我经验的提炼以及理论的探索，至少在目前还离不开对那些域外理论的阅读——即便是在阅读之后我们可能发现那一理论其实并没有那么精彩，甚至不过尔尔，但这只有在读过、思考过后才能有底气地说出来。何况，学术对话本来就是在前人研究的基础上不断推进的。在本书行将完成之时，回看笔者所选取的这些法社会学研究片段、缩影，其与百年来传统中国法制的转型与生长相对照。

需要坦承的是，尽管选在本书中的诸作品无疑都是一时的经典，它们在今天依然有着强大的影响力，但比它们中的一些作品更有说服力的作品也是存在的，比如卢曼的作品，这是由笔者的个人偏好造成的，至少在这一刻，卢曼作品的穿透力与洞察力是震撼了我的，但我仍然更愿意接近有"故事"的法社会学作品，也正是出于这样的原因，笔者更愿意模糊法社会学与法人类学之间的边界，以问题而非学科作为个人研究的起点。"当故事观看"，不仅能够最大限度激活法社会学研究的想象力，也使法社会学的面相具有了相当的既视感。多年前看吴宇森的电影《纵横四海》，好不潇洒；又几年前，读德沃金《身披法袍的正义》，其开篇便记录了一段令人惊诧不已的故事：

> 当奥利弗·温德尔·霍姆斯在联邦最高法院联席法官任上的时候，去最高法院的路上，他让年轻的勒内德·汉德搭乘自己的马车。汉德到达目的地，下了车，向着驶去的马车挥手，愉快地喊道："主持正义，大法官！"霍姆斯叫停马车，让马车夫调转车头，把车驾回到吃惊不已的汉德近旁。他把头探出窗外，说："那可不是我的工作！"然后马车掉头而去……①

---

① 罗纳德·德沃金：《身披法袍的正义》，周林刚、翟志勇译，北京大学出版社，2014，第1页。

这段故事描述，不仅让人联想到如《纵横四海》一般的即时画面感，而且一种关于法律的鲜活感扑面而来。某种意义上，我们是将法律与社会割裂来看了，没有一个法律—社会的整体画面。

比较遗憾的是，还有一些应当列入的作品笔者还没有消化，比如瞿同祖先生的《中国法律与中国社会》，又如伯尔曼的《法律与革命》、哈贝马斯的《在事实与规范之间》、福柯的《刑事理论与刑事制度》等有助于理解西方法律的司法社会学作品。

最后，有必要交代笔者对于法社会学的态度。笔者对于法社会学的态度是非常简单直接的，一者为观察社会—法律之关系，二者为思索这背后的人。无论接受与否，法学实际上是一个相当封闭的学科。在某种意义上，法学不仅不愿将目光转向其外部的世界，也越来越将自身不断脱嵌于社会视为正当。通常的法社会学研究，往往被看作一种与规范法学研究相对照的存在，或者正统法学研究的溢出物与异端，却不能接受法律正当性的得来不仅仅依赖自我证成。即便是在法律之内部世界，也要意识到往返于事实与规范之间，这是法律人的宿命。在这个意义上，法社会学是一种有别于规范法学研究的他类范式。这并不是法社会学的自负与自恋，因为法学不仅仅是法律人的法学。法律人眼里要有法律所适用的对象，也要意识到法律是社会中的法律。如果法学史是由法社会学学者来写会如何呢？至少它就不仅仅是掩映在法理语词森林中的一段小径，而有可能是临湖一轩。当然，理虽如此，但是至少百年来，法社会学不仍是"飘飘何所似，天地一沙鸥"吗？！

对自己这种松散的法社会学学习研究思路，有时候不免会沮丧，不知道到底什么才是切实具体的法社会学，这里借用杨德睿老师在格尔茨《地方知识——阐释人类学论文集》译后记中的一段话，权做本导言的结尾吧。

近20年前，我的硕士论文指导老师大卫·鲁伯顿在我向他焦虑地告白说我实在读不懂格尔茨时，这位人类学博士兼瑜伽上师以他一贯淡定和风趣的美国腔英语说："学人类学不是堆积木，是泡烤肉，急不来。拍松了，泡个一两天，味道自然就足了。"①

有了这样正当的理由，顿时觉得释然。"连雨不知春去，一晴方觉夏深。"就此打住，敬请方家指正。

---

① 克利福德·格尔茨：《地方知识——阐释人类学论文集》，杨德睿译，商务印书馆，2017，第 380 页。

第一编

思想与方法

各归其位：在法教义学—法社会学之间[*]

没有社会学的教义学是空洞的，没有教义学的社会学是盲目的![①]

——康特洛维茨（Hermann Kantorowicz，1877~1940）

引 论

2008 年，冯象在《读书》杂志刊文《法学三十年：重新出发》。[②] 2012 年，冯象又谈了"法学的历史批判"这一话题。[③] 2014 年，在中南财经政法大学法学院，冯象与成凡、李斯特、陈柏峰三位学者讨论的依然是"法学如何重新出发"。[④] 在四位学者对话后，很短的时间内，中南财经政法大学又组织了"法教义学"与"社科法学"对话的研讨会。[⑤]

---

[*] 本章之初稿曾提交 2016 年 7 月 28~30 日在上海交通大学凯原法学院举办的"中国首届法社会学年会：法与社会的新构图"，后发表于《厦门大学法律评论》2017 年下半年卷。

[①] 赫尔曼·康特洛维茨：《法律科学与社会学》，雷磊译，《荆楚法学》2022 年第 1 期。

[②] 冯象：《法学三十年：重新出发》，《读书》2008 年第 9 期，第 20~28 页。

[③] 冯象：《法学的历史批判——答〈北大法律评论〉》，载《北大法律评论》第 13 卷第 2 辑，北京大学出版社，2012，第 644~648 页。

[④] 陈柏峰、李斯特、冯象、成凡：《对话冯象：法学如何重新出发》，载苏力主编《法律和社会科学》第 13 卷第 2 辑，法律出版社，2014，第 253~271 页。

[⑤] 龚春霞：《竞争与合作：超越学科内部的藩篱——"社科法学与法教义学的对话"研讨会综述》，《光明日报》2014 年 6 月 18 日，第 16 版。同时期，还有中国政法大学法理学研究所、《环球法律评论》编辑部主办的"多学科背景下的法学及其方法"等学术研讨会。针对这些讨论的一些批判性研究可参见侯猛《社科法学的研究格局：从分立走向整合》，《法学》2017 年第 2 期；季卫东《法律议论的社会科学研究新范式》，《中国法学》2015 年第 6 期；徐爱国《论中国法理学的"死亡"》，《中国法律评论》2016 年第 2 期。

提及旧事，是想表明，当下我国的法学研究是越来越重视方法本身了，比如法教义学与社科法学这两种研究进路的选择。方法觉醒的同时，必然会带来"中心—周边"（central-periphery）的争论，也必然伴随哪一种方法最为"正宗"的议论。既然有"正宗"之说，也必然就有"旁门左道"的嫌疑。好在除了个别偏激的论述，[①] 较能达成共识的是法学各研究方法都有自己的独特功用，它们之间不是"非此即彼"，而是"亦此亦彼"的关系。[②] 同时我们也要注意到，当我们在辩论法教义学与社科法学时，有意无意间已经忽略了自然法的存在。然而正如有研究所认为的，"如果回到我们法学界目前围绕法教义学和社科法学展开的辩论，则可以说自然法学恰恰是联通相对独立的法律体系和广阔社会生活的桥梁"。[③] 因此，表达修辞上的友好还需要各自方法下更多代表性"产品"的支撑，否则表面上的平静说服不了偏见。当下的问题是，部分争议缘于某种无所谓的立场，却片面地夸大各自方法上的差异性。由此，立场代表了问题本身，不论对问题的分析是否到位、是否合理，一概以立场来代表对问题观察的判断，这难免被人疑为"屁股决定脑袋"。在某种意义上，目前的讨论只是从理论愿景上设想哪一种方法更为可取。也要注意，其中的理论渊源，特别容易受域外法，如德国法、美国法等的影响。在一种开放的视野下，狭隘地以他国法律理论及经验来解释、架构中国法学未来的可行性是不可取的。

基于前述考量，本章并不打算进一步阐述法教义学与社科法学之间的对比关系，而是想继续探讨社科法学的方法问题，主要偏向对"社会—法律研究"（socio-legal studies）这一路径的论述。

---

① 陈景辉：《法律与社会科学研究的方法论批判》，《政法论坛》2013 年第 1 期；王博阳：《关于法律和社会科学的一种非典型性误读——与陈景辉先生商榷》，《政法论坛》2013 年第 6 期。

② 中共中央马克思恩格斯列宁斯大林著作编译局编译《马克思恩格斯选集》第 3 卷，人民出版社，2012，第 910 页。

③ 朱明哲：《三十五年来自然法讨论发展路向》，载高鸿钧、於兴中主编《清华法治论衡：法律与正义》第 23 辑，清华大学出版社，2016，第 167~198 页。

一 作为"无形学院"的社科法学及先在概念与术语之明晰

"无形学院"① 并不太容易进行定义。1972 年，戴安娜·克兰（Diana Crane）出版了一本同名著作——《无形学院：知识在科学共同体中的扩散》②。到现在这已经是非常普遍的一个用法，不过渐次已经脱离其最初使用的背景与历史，而变成一种形象的比喻。侯猛在讨论社会科学方法之于法学研究，以及近期社科法学与法教义学的争论时，也借用了这一比喻。他在自己的文章中说：

> 尽管集合法律经济学、法律社会学和法律人类学等多学科的社科法学者，开始形成学术共同体意义上的"无形学院"，但"无形学院的有形化"工作还远未展开。社科法学内部似乎还是各自为战，还没有形成基本共识。③

"诚哉是言！"（《论语·子路》）是故，很有必要先对一些关键概念及其术语作一廓清，以明了讨论或对话的前提。同时，笔者还认为要避免以一种假借中立"事实"描述的姿态与立场，而附和某种现实需要，丧失法律所应坚持的基本价值底线。无论如何，"无形学院"的建立，还是需要坚固的支柱和清晰的正义标准。④

---

① 对此的一个梳理，参见刘珺珺《关于"无形学院"》，《自然辩证法通讯》1987 年第 2 期，第 33~41 页。

② 参见 Diana Crane, *Invisible Colleges: Diffusion of Knowledge in Scientific Communities*（Chicago: University of Chicago Press, 1972）。

③ 参见侯猛《社科法学的跨界格局与实证前景》，《法学》2013 年第 4 期；侯猛《社科法学的传统与挑战》，《法商研究》2014 年第 5 期。

④ 参见於兴中《"法治"是否仍然可以作为一个有效的分析概念？》，载《人大法律评论》第 2 辑，法律出版社，2015；强世功《中国法律社会学的困境与出路》，《文化纵横》2013 年第 5 期；强世功《"法治中国"的道路选择——从法律帝国到多元主义法治共和国》，《文化纵横》2014 年第 4 期。对强世功《"法治中国"的道路选择》的评论参见郑戈《名家评刊》，《文化纵横》2014 年第 5 期，第 126 页；郑戈《用实用主义的态度看待法教义学与"社科法学"之争》，"社科法学与法教义学的对话"学术研讨会会议论文，武汉，2014，第 65~68 页。

（一）"方法论"与"研究方法"

就笔者的阅读范围，一些研究者并不太注意区分"方法论"（methodology）与"研究方法"（research methods），基本上是交叉使用。当然，在一般意义上，这两组概念可以交叉使用。但是，严格地说，这一对概念之间还是有一定的不同，不宜不加分别，混乱使用。[①] 相对而言，前者更富哲学的意义，它往往是同本体论、认识论等列在一起；后者一般针对的是某一具体学科或者特定问题。

在方法论的问题上，比如笛卡尔（René Descartes，1596~1650）在《谈谈方法》这本书中，基于理性主义的哲学思想，给出了我们所熟悉的四条规则与三条准则，以回答如何"正确运用自己的理性在各门学问里寻求真理"。[②] 又如马克斯·韦伯（Max Weber，1864~1920），不管是他针对社会科学所提出的"理想类型"，还是"价值无涉"等，[③] 同笛卡尔所提出的理论一样，都与以下笔者以法学为例所谈的具体研究方法不同。

当下国内关于法学研究方法的作品已有不少，比如麦高伟（Mike McConville）等的《法律研究的方法》[④]、梁慧星的《法学学位论文写作方法》[⑤]、陈瑞华的《论法学研究方法》[⑥] 等。在《法律研究的方法》一书中，作者们列举了定性、定量、人类学、比较研究等方法。明显地，这些具体的研究相对而言，偏向的是某一种"技术手段"，而非前述"方法论"，是以一定的哲学为前提。

值得注意的是学人们对方法过于醉心，而往往，甚至影响了他们本要研究的问题本身。[⑦] 吊诡的是，我们常为没有适合的方法而苦恼。然而，一旦有了方法，我们却反被我们当初寻找的工具所限定。我们以为

---

① 这种批判参见陆而启《法官事实认定的心理学分析》，法律出版社，2014。
② 笛卡尔：《谈谈方法》，王太庆译，商务印书馆，2000，第16~20页。
③ 参见马克斯·韦伯《社会科学方法论》，韩水法、莫茜译，商务印书馆，2013。
④ Mike McConville & Wing Hong Chui（ed.），*Research Methods for Law*（Edinburgh：Edinburgh University Press，2007）.
⑤ 梁慧星：《法学学位论文写作方法》，法律出版社，2012。
⑥ 陈瑞华：《论法学研究方法》，北京大学出版社，2009。
⑦ John Law，*After Method：Mess in Social Science Research*（London：Routledge，2004）.

方法促进了我们的研究，但何尝又不是方法改变了我们。①

区别"方法论""研究方法"这一组概念，不能不论及"法学方法论"（Methodenlehre Der Rechtswissenschaft）②。如同有论者在使用中对"方法论"与"研究方法"不加区分，他们对待"法学方法论"也是一样——简单将其等同于"研究方法"。但非常明显的是，"法学方法论"有其专门所指，与具体的法学研究方法还是有很多不同。

对"法学方法论"的理解在今天已变得异常复杂。其中很重要的一个原因是，尽管到今天法学已经发展了很长时间，但是究竟何谓"法"，还在不断争议中。而"法学方法论"也正是在这个依然充满争议的"法"的概念的基础上来讨论"法之解释及适用之方法，与法律学之学问的性质"。在通常的观念中，我们对"法学方法论"的理解，基本上是从法教义学的进路出发的，大量的研究也主要集中于法律解释、法律漏洞的填补、法律续造等内容。不过，关于法学何以成为法学，它的"个性"如何确立，是相当矛盾的，正如有论者所言：

> 法学对其自身主题所采取的独特立场决定了其他学科领域的方法论很难直接适用于法学，但其内在属性又要求法学借助于其他领域（尤其是社会科学）的方法论，来理解作用于法律体系的外在力量以及法律判决产生的影响……法学是一门独特而非自治的学科。③

结合当下中国法学界社科法学与法教义学的争论，笔者认为在对待"法学方法论"上，实有必要走出自萨维尼始的法教义学方法论，而看到法学方法论在世界范围内的发展状况。事实上，自萨维尼潘德克顿体系

---

① 汉斯-格奥尔格·伽达默尔：《真理与方法》，洪汉鼎译，商务印书馆，2007。另见彼得·L. 伯格《与社会学同游：人文主义的视角》，何道宽译，北京大学出版社，2014。

② 参见卡尔·拉伦茨《法学方法论》，陈爱娥译，商务印书馆，2003；王泽鉴《民法思维：请求权基础理论体系》，北京大学出版社，2009；黄茂荣《法学方法与现代民法》，法律出版社，2007；以及陈金钊、谢晖主编的《法律方法》系列等。

③ 爱德华·L. 拉宾：《法学交叉学科研究与法学方法论》，王保民、姚志奋译，石东坡校，载高鸿钧、王明远主编《清华法治论衡》第 19 辑，清华大学出版社，2013。

建立起近代的法学方法论之后，法学方法论从近代转向现代期间发生了很大变化。是故，对法学方法论的研究和理解也形成了庞大的理论体系，早已不是单线的、平面的进展路线。杨仁寿从方法、类型、实践、理论等维度对法学方法论的进展做了不同阐释，从中我们可以发现萨维尼意义上的法学方法论，尽管影响深远，但有其局限性，也只是历史长河中的一段。[①]

最后，还有必要再补充一点社科法学与法教义学之间争论中与此处相关的问题。在主张法教义学的学者张翔那里，他说他反对的不是"社科法学"，而是要区分"法学"与"其他学科对法学的研究"，他反对的是"方法论的杂糅主义"。[②]

（二）研究方法与实证（经验）研究

法学研究的方法，按照不同的标准，可以做很多不同的分类。其中一种便是所谓实证（经验）研究（empirical study）与规范分析（normative study），如果不太确切地做一个笼统概括的话，前者研究的是"是什么"的实然问题，后者研究的是"应当是什么"的应然问题。一般地，经验实证研究主要指的是定性与定量的方法。[③]

就以上这一分类方法，在某种程度上，中国当下的情形可以置换为解释学的路径和经验研究的路径。事实上，在今天，法学的各个学科也都在使用这两种最普遍的方法。[④] 总体上，如果以定性和定量方法来对经验性研究做一初步划分的话，国内法学研究较多的还是围绕个案而展开的定性研究，严格的定量研究作品还不是很多。一般地，经验研究在多

[①] 参见杨仁寿《法学方法论之进展——实践哲学的复兴》，三民书局，2013。

[②] 张翔：《走出"方法论的杂糅主义"——读耶利内克〈主观公法权利体系〉》，《中国法律评论》2014 年第 1 期。

[③] 另见赵骏《中国法律实证研究的回归与超越》，《政法论坛》2013 年第 2 期；白建军《法律实证研究方法》，北京大学出版社，2014。《法学研究》2013 年第 6 期、《法学》2013 年第 4 期都组织有专门讨论法学实证研究的专题文章。

[④] 如唐应茂《法院执行为什么难：转型国家中的政府、市场与法院》，北京大学出版社，2009；程金华《四倍利率规则的司法实践与重构：利用实证研究解决规范问题的学术尝试》，《中外法学》2015 年第 3 期；等等。

数时候都会表现出描述性的特征。毋庸讳言，描述性研究是有它自身的不足的。① 目前，经验研究较多地在诉讼法研究领域展开，至少在数量上是最多的。② 这里还有一个问题需要交代，即"社科法学"或传统的法社会学与经验实证研究是什么关系。笔者的观点是，经验实证研究不一定都是法社会学的，法社会学也不一定都是经验实证研究。

（三）范式

就本章所主要关注的社科法学与法教义学二者是否可以用"范式"（paradigms）来表达这一问题，学界还是非常慎重的，在《法商研究》之前组织的专题研讨中，也只是使用了"中国法学研究的不同进路"这样的表达。苏力在最先使用这一术语时，用了"中国三种比较显著的法学研究传统"这样的表述。以下笔者将首先简略回顾"范式"这一概念的原意，之后再针对社科法学与法教义学之间的争鸣做一些评论。

范式，或典范，指的是英文中的"paradigm"。这一概念得到系统的阐述是在 20 世纪 60 年代库恩（T. Kuhn，又译孔恩，1922～1996）的作品《科学革命的结构》③ 中，随后这一概念有了世界范围的影响力，中国当然也包括在内。范式，在今天它的使用范围已远远超出了科技哲学的范畴，几乎扩展到了所有的学科。同时，这一概念在具体的使用中也越

---

① 张琪：《从描述性研究与规范性研究的方法论之争看开放社会科学——读华勒斯坦著〈开放社会科学〉》，载邓正来主编《知识与法律："小南湖读书小组"文选》第 1 辑，中国政法大学出版社，2005。

② 赵骏在他的文章中，通过 CSSCI 数据库对中国法学 8 个主要二级学科 1990～2012 年的数据分析，发现在采用实证研究的 851 篇论文中，"诉讼法学与司法制度"有 393 篇。在诉讼法学科，就笔者稍微了解的情况，左卫民、陈瑞华、王亚新等老师都是这方面的佼佼者。参见左卫民《刑事诉讼的中国图景》，生活·读书·新知三联书店，2010；陈瑞华《论法学研究方法》，北京大学出版社，2009 年；王亚新等《法律程序运作的实证分析》，法律出版社，2005；等等。

③ Thomas S. Kuhn, *The Structure of Scientific Revolutions*, 3rd edition（Chicago：University of Chicago Press, 1996）. 就笔者了解，该书已有两个中文译本，分别是：孔恩《科学革命的结构》，程树德、傅大为、王道远、钱永祥译，远流出版事业股份有限公司，1994；托马斯·库恩《科学革命的结构》，金吾伦、胡新和译，北京大学出版社，2012。本章主要引用的是程树德等所译版本，并适当参照英文原本。至于对库恩"范式"理论经典的评析，可参见 A. F. 查尔默斯《科学究竟是什么》，鲁旭东译，商务印书馆，2007，第 129 页。

来越泛化，甚至在一个学科中不管是一种不同于之前的理论的提出还是某一异于过去方法的"新"工具的提出，都说自己是一种新范式。不过就笔者对库恩这部作品的阅读来看，其意义并不仅仅是告诉我们什么是"范式"，而是看到它的之前和之后——范式的衰落、范式与危机、范式的转换，甚至范式的共存以及它对一个学科的影响。总之，"范式"是一个非常中性的概念，它是为了界定一种中间的暂时稳固状态，是为我们观察学科提供一种分析工具，亦即"我所谓的'典范'，指的是公认的科学成就，在某一段时期内，它们对于科学家社群而言，是研究工作所要解决的问题与解答的范例"。①

当然，在库恩看来，这个概念还能衡量一个学科是否成熟。以下再对这些内容做稍微详细的陈述，以让我们回到库恩的语境之中，使我们了解这一概念使用的具体背景，也使我们知道运用概念时需要谨慎。

我们通常会在很多地方见到库恩对什么是"范式"做了如下界定，这也是论者在支持他们的新"范式"时的公式。库恩的表述是：

> ……第一，作者的成就实属空前，因此能从此种科学活动中的敌对学派中吸引一群忠诚的归附者。第二，著作中仍留有许多问题能让这一群研究者来解决。具有这两个特征的科学成就，我以后就称之为"典范"（paradigms）②，这个词与"常态科学"有密切的关系。③

① 孔恩：《科学革命的结构》，程树德、傅大为、王道远、钱永祥译，远流出版事业股份有限公司，1994，第157页。
② 库恩在他的作品中分析过"范式"（paradigms）与"模型"（model）、"类型"（pattern）等的不同。参见 Thomas S. Kuhn, *The Structure of Scientific Revolutions*, 3rd edition (Chicago: University of Chicago Press, 1996), p. 23. 他也指出，"科学中的典范很少用作套用的范例。反之，它像习惯法（common law）中已被接受的判例一样，是科学家在遇到新的或较为严苛的条件时，进一步精炼与廓清的对象"。参见孔恩《科学革命的结构》，程树德、傅大为、王道远、钱永祥译，远流出版事业股份有限公司，1994，第67页。
③ 孔恩：《科学革命的结构》，程树德、傅大为、王道远、钱永祥译，远流出版事业股份有限公司，1994，第53页。

库恩提出"范式"这个概念，是想提供一种新的科学观，即"一个科学传统的生命过程大致可分为常态科学、危机与革命三个部分"①。他针对的是那种将科学的发展视为一个历史的、累积的过程的观念。这是库恩"范式"概念的思考起点。一旦新的范式形成，不仅可以吸引新的下一代的大批研究者，而且多数的旧范式的成员也会皈依新范式。范式的成功，也并不是从一开始就能完成所有的任务，而是要"扩展对某些事实的知识，因为这些事实已由典范指出是十分重要的；增进事实与典范预测两者间之吻合程度；精炼典范"②。一旦一个群体接受了一个范式，也就同时接受了一个判准，并以之来选择研究的问题。只是"他们可以同意典范是那一个，但不一定对完整地诠释这个典范，或使这个典范合理化的方式有相同的看法，甚或根本对这一类问题不感兴趣"③。前述三类问题都很好地完成，也就意味着该范式已愈加精确，涵盖面也愈广。不过，正是范式的这一面向，使得它越来越无法解释那些不符合"常态/常规"的"反常现象"。这也往往是范式变迁的一个契机，换言之，这种"危机"将会促使新的理论产生，亦即新的范式出现，不过旧的范式也不会很快就被抛弃。

> 从一个处于危机中的典范转移到一个新典范，绝非一个累积性的过程……它是一个在新基础上重新创建研究领域的过程。这项重建改变了该科学中几个最根本的理论通则，也改变了许多典范方法及应用……当转变完成后，该学科的视野、方法及目标皆已改变……新旧典范之间必然有无法化解的差异存在……④

---

① 孔恩：《科学革命的结构》，程树德、傅大为、王道远、钱永祥译，远流出版事业股份有限公司，1994，第 68 页。

② 孔恩：《科学革命的结构》，程树德、傅大为、王道远、钱永祥译，远流出版事业股份有限公司，1994，第 83 页。

③ 孔恩：《科学革命的结构》，程树德、傅大为、王道远、钱永祥译，远流出版事业股份有限公司，1994，第 92 页。

④ 孔恩：《科学革命的结构》，程树德、傅大为、王道远、钱永祥译，远流出版事业股份有限公司，1994，第 137 页。

在这之中，库恩加入了一个重要的理论问题，即新旧范式之间是可通约还是不可通约（incommensurability），他的回答是否定的。其中的关键点如下：

> 首先，在典范竞争中，不同典范的支持者对于哪些是任何典范竞选者必须解决的问题，常有不同的意见……因为新典范由旧典范产生出来，所以通常他们有许多共同的词汇与仪器、工具，无论是观念上的或是操作上的。但是新典范很少以传统的方式去应用那些借过来的元素……第三个面相，也是最基本的面相……不同典范的支持者在不同的世界中执行他们的行业……在他们能够希望彼此完全沟通之前，有一群必须经过我们称之为典范转换的改宗过程……要么一成不变，要么就整个转变。①

以上，笔者已经展示了库恩在他的《科学革命的结构》一书中的一些核心观点。之所以用了这么长的篇幅，还是想进一步说明社科法学与法教义学之间发生争议的问题。笔者的观点如下：当法教义学与社科法学同时出现时，笔者并不认为它们是两种"范式"，更不是新旧范式的问题。这在上引的关于库恩范式理论的文字中表现得再清楚不过。但在单独出现时，它们无疑都是一种研究法律的范式，如果说其中一定要有新旧范式，也只能是它们各自内部的。比如分析法学从封闭到开放；社科法学，就以其中的法社会学而言，埃利希的法社会学与美国的法律和社会运动是两种有差异的"范式"。如果真要借用库恩的范式理论，笔者认为也只有这样在逻辑和理论上才能是自洽的。②

更进一步，在某种意义上，虽然将社科法学与法教义学放在一起进

---

① 孔恩：《科学革命的结构》，程树德、傅大为、王道远、钱永祥译，远流出版事业股份有限公司，1994，第202~205页。
② 值得注意的是左卫民教授的研究。参见左卫民《一场新的范式革命？——解读中国法律实证研究》，《清华法学》2017年第3期；左卫民《实证研究：中国法学的范式转型》，法律出版社，2019。

行比较并不是那样恰当，① 但换一个角度，它们又是在同一维度上，因为它们都深受外来法律研究方法的影响，它们都在尝试研究中国的问题。由此而言，它们其实是属于库恩所言之对同一范式的不同解释。从这里出发，笔者认为大约可以将江山的系列研究② 以及许章润所倡导的"汉语法学"③ 看作研究中国法学的一种新范式。正如有学者在批判当下中国的法律史研究时说：到底是"中国法的历史"还是"西方法在中国的历史"？④ 无疑，无论是现实中绝大多数的社科法学，还是法教义学的作品，在面对这一质疑时都是很难辩白的。

职是之故，法教义学对社科法学的担心似乎并没有必要，它们都是对当下中国主流法学研究范式的一种丰富与扩充。或许正是基于这样的原因，有学者认为，在某种意义上，当前有关法教义学与社科法学的争议可能是一个伪命题。因为，"中国的法教义学并未发展起来。不少以法教义学为名的作品，其实主要还是对外国相关制度原理的引介、阐释和发挥"。⑤ 当下的法教义学倒是很需要有社科法学的促进。

从一个更为开阔的视野看去，正如徐国栋老师所言，将我们的法学知识止于德、日这样的源头，会做弱、做小的。因为重要的学术脉络梳理还可以走得更远，比如罗马法。⑥ 也有学者在评论当前法理学的研究时说，"法理学研究已经迈入'无王期'（interregnum）时代，迈入了百家争鸣、平起平坐的时代"。⑦ 如果是这样，我们是否可以"不畏浮云遮望

---

① 郑永流教授便认为法学是由教义学和非教义学（今天尤其是社会—法律研究）的知识构成。参见郑永流《重识法学：学科矩阵的建构》，《清华法学》2014 年第 6 期。

② 参见"江山作品系列"，中国经济出版社，2014。

③ 参见许章润《汉语法学论纲》，广西师范大学出版社，2014；谢晖《汉语法学：语境、修辞与逻辑——一个方法论视角的论述》，《哈尔滨工业大学学报》（社会科学版）2014 年第 2 期，第 50~63 页；等等。

④ 刘昕杰：《"中国法的历史"还是"西方法在中国的历史"——中国法律史研究的再思考》，《社会科学研究》2009 年第 4 期。另见邓正来《中国法学向何处去：建构"中国法律理想图景"时代的论纲》第 2 版，商务印书馆，2011。

⑤ 谢海定：《法学研究进路的分化与合作——基于社科法学与法教义学的考察》，《法商研究》2014 年第 5 期，第 93 页。

⑥ 徐国栋：《民法哲学》，中国法制出版社，2009，第 53~54、328 页。

⑦ 於兴中：《法理学前沿》，中国民主法制出版社，2015，第 29 页以下。

眼""风物长宜放眼量",作出中国自己的贡献来？在这个意义上，我们要争论的问题则或许不是选取哪种"范式"，而是"反思"，甚至"否思"现有范式。①

不过从另一个层面来说，不断受到后现代诸理论冲击的当代法学还有可以抽象出的范式吗？范式抑或无范式？一如德勒兹的"块茎"（rhizome）理论。②

> "块茎"（如藤和草之茎）的生态学特征是非中心、无规则、多元化的形态，他们斜逸横出，变化莫测，而"树状"模式则具有中心论、规范化和等级制的特征……德勒兹与瓜塔里视块茎为"反中心系统"的象征，是"无结构"之结构的后现代文化观念的一个例子……这种逃逸线（反对固定的原点）是典型的反中心或"游牧"思维的体现，与柏拉图以来主导西方思想的"树状逻辑"恰成对照。③

若是按照这样的一种后现代观点看去，似乎要找出某种确定的范式是很困难的。但依照库恩的观点，范式能衡量一个学科成熟与否。或许中国的问题就难在这里，我们要在一个时间点上，去同时回答古今中外、历时共时的全部问题。假设我们完全否弃西方的现代理论，那么中国自己的路要怎样走？理论上的自信，不仅要有宣传，更要有能让自己的人民和他人都能真诚接受的内容。法国思想家雷吉斯·德布雷的话语让笔者印象深刻，这不能不说是对我们的一种警醒：

---

① 参见伊曼纽尔·沃勒斯坦《否思社会科学——19世纪范式的局限》，刘琦岩、叶萌芽译，生活·读书·新知三联书店，2008。

② 详见德勒兹、加塔利《资本主义与精神分裂（卷2）：千高原》，姜宇辉译，上海书店，2010，导论。亦见陈永国编译《游牧思想——吉尔·德勒兹、费利克斯·瓜塔里读本》，吉林人民出版社，2011，代前言。对德勒兹、加塔利（又译瓜塔里）理论的一种批评参见道格拉斯·凯尔纳、斯蒂文·贝斯特《后现代理论——批判性的质疑》，张志斌译，中央编译出版社，2012，第116~121页。

③ 麦永雄：《块茎》，载汪民安主编《文化研究关键词》，江苏人民出版社，2011，第168~171页。

假使西方的诱惑在你们那里的胜利反而导致东方对我们的诱惑变得过时和无内容，那将是够好笑的……①

二 "法教义学"与"社科法学"争议下的"社科法学"

"社科法学"与法教义学之间争的是什么？② 它们各自的作用范围是什么，是对何谓"法学"的理解吗，是对法学是否为科学的理解吗？"社科法学"对"法学"的"威胁"会消解、破坏"法治"吗？对于法官的裁判，是否只有教义学才是有用的？在对接抽象的法规范与丰富的社会生活上，是否只能依仗法教义学、法释义学、法解释学？"法学"是保守的吗？……类似的问题还可以一直列举下去。那么，"社科法学"到底指的是什么？如同法教义学在反思自身一样，社科法学同样需要反思自身。

（一）法教义学

"法教义学"是德文"dogmatik"——这是德国法中最能反映其特点，也最有魅力的词了——的中文翻译。简单地说，就是一套认识法规范的学说。具体言之，是指关于某一现行法域内的法律规范相互关联、规整结构从而体系化的科学，或者说，是某一现行法域内的法律规范得以体系化的法律理论（学说）。③ 於兴中认为这个词翻译成"法律学说"更妥当一些。"这个学说专门针对法律如何在实践中运作进行研究。"④

在部分持法教义学主张的学者看来，他们并不是很同意"社科法学"是能与"法教义学"相对的。换言之，这二者并不在同一维度上。那么，

---

① 参见雷吉斯·德布雷、赵汀阳《两面之词：关于革命问题的通信》，张万申译，中信出版社，2014。

② 托马斯·莱塞尔（Thomas Raiser）总结过"关于法社会学与法教义学关系的六个命题"。参见托马斯·莱塞尔《法社会学基本问题》，王亚飞译，法律出版社，2014，第125~126页。

③ 黄卉：《论法学通说（又名：法条主义者宣言）》，载《北大法律评论》第12卷第2辑，北京大学出版社，2011，第350页。另可参见卜元石《德国法学与当代中国》，北京大学出版社，2021等。

④ 於兴中：《法理学前沿》，中国民主法制出版社，2015，第7页。另见孙海波《疑难案件与司法推理》，北京大学出版社，2020，第8~80页。

社科法学本身又是在讨论什么呢？

（二）社科法学

在我们的法律及司法都没有发展清晰的情形下，法学也很难从一开始就展现出极成熟的发展模型。是故，假若以方法是否明显、清晰来衡量一个学科①的话，那么我们不得不承认我国的法学研究还有很艰巨的任务。事实上，即便是近来渐次成为问题，并进入学人视野的有关社科法学与法教义学的对话，还是有不少问题没有廓清。以社科法学为例，目前还是停留在初步的对有关定义、研究对象、研究方法、属性等基本问题的凝练中。

某种意义上，我们可以视社科法学为舶来品。如果不是特别细究的话，即便是中国社科法学的旗手们，也并没有对该词给出一致的表达。对于社科法学，侯猛给出的对应英文表达是"Social Science of Law"②，陈柏峰给的是"Law and Social Science"③。是否还可以是"Social Scientific Studies of Law"（法律的社会科学研究）呢？尽管从二位社科法学的主要倡导者所共同关心的中心内容来看，他们大致是在讲同样的内容，但从一开始对概念进行厘定是避免今后分歧的一个基础。因为，关于"law""social science"这两个词，在美国还有另外一种表达，自然也就代表了另外一种研究旨趣。这便是"法律中的社会科学"（Social Science in Law）。④ 约翰·莫纳

---

① 在多数情况下我们将社科法学的研究看作 interdisciplinary，不过科特威尔（Cotterrell）觉得这更恰当地说是一个"field"。参见 Roger Cotterrell, "Selznick Interviewed: Philip Selznick in Conversation with Roger Cotterrell," *Journal of Law and Society* 31（2004）：317。

② 侯猛：《社科法学的传统与挑战》，《法商研究》2014 年第 5 期；侯猛：《社科法学的跨界格局与实证前景》，《法学》2013 年第 4 期。在 CNKI 数据库中，以"法律的社会科学研究"作为关键词，用"篇名"作为检索条件，得到的文献有：侯猛、胡凌、李晟整理《"法律的社会科学研究"研讨会观点综述》，《法学》2005 年第 10 期；王赢、侯猛《法律现象的实证调查：方法和规范——"法律的社会科学研究"研讨会综述》，《中国社会科学》2007 年第 2 期；陈林林《法律的社会科学研究》，《光明日报》2010 年 11 月 9 日，第 11 版。

③ 陈柏峰：《社科法学及其功用》，"社科法学与法教义学的对话"学术研讨会会议论文，武汉，2014 年，第 45 页。

④ 几年前，国内便翻译了这些作品中的一部分，只是尚未引起足够的重视。参见约翰·莫纳什、劳伦斯·沃克《法律中的社会科学》，何美欢、樊志斌、黄博译，法律出版社，2007。现在这本专书已经出到第 8 版了。

什（John Monahan）在其同名著作第 7 版就"法律中的社会科学"研究所作的 25 年回顾与展望文章中说，这一领域的侧重点在于如何借助科学的方法分析实际司法裁判中的证据等方面。① 换言之，其研究的重心不全是"运用社会科学的方法分析法律问题"②。

对于这一名为"社科法学"的法学研究进路，在我国当下的法学研究中，如果不是特别注意的话，可以看到它常常与法社会学、法人类学、法经济学、法与社会、法律和社会等联系在一起，而且多数时候它们都是以一种不加区分的方式在交叉使用，或者说混用。在展开进一步的概念界定、脉络分析之前，做一个整体的回顾，美国的法与社会研究始于20 世纪 60 年代末期的法律与社会运动，③ 而今早已硕果累累；比这稍晚一点的是英国，围绕牛津大学的社会—法律研究中心（Centre for Socio-Legal Studies）在该领域也是成果斐然。那么在中国，如果能够通过社科法学这样一个尽管表述并不是一定到位的"无形学院"，作出中国的法与社会研究或社会—法律研究，也是极有益的。而这些前行者已然经历的都将成为我们宝贵的财富。值得一提的是，自 2005 年开始，著名的年度评论公司（Annual Reviews）便开始出版《法律与社会科学年度评论》（*Annual Review of Law and Social Science*），至 2016 年已出版 12 卷。

在学界已经着手于相关概念的厘定的时候，还是很有必要对下一小节所涉诸概念做一基本界说。这样，即便那种混用的方式仍然存在，也至少可以明确这些不同的名称之间还是有一定的区别。同时，这也是为了规范概念的使用，而不至乱用甚至误用。在此之前，笔者再对"社会科学的方法"这个问题做一简单说明。④

---

① John Monahan & Laurens Walker, "Twenty-Five Years of Social Science in Law," *Law and Human Behavior* 35（2010）：72-82.
② 侯猛：《社科法学的传统与挑战》，《法商研究》2014 年第 5 期，第 74 页。
③ 廖奕：《从情感崩溃到法律动员——西方法律与社会运动理论谱系与反思》，《法学评论》2014 年第 5 期。
④ Elgin F. Hunt and David C. Colander, *Social Science：An Introduction to the Study of Society*, 15 edition（London：Pearson, 2013）. 国内目前已经翻译出版了该书的第 12 版。至于科学方法在法学研究中的运用，可参见於兴中《法学研究中的科学方法》，《浙江社会科学》2014 年第 9 期。

社会科学研究相当重视实证/经验方法，亦即围绕定量与定性分析，按照明确研究问题、给出假设、研究设计、测量、数据收集、数据分析、总结等步骤逐步展开研究。① 通常情况下，特别是定量研究往往需要专门的软件来分析数据，基本的统计学知识自然也是必需的。当然这也并不是说所有的研究都会如此，还是要看具体的研究涉及哪些学科，总之，具体的方法是丰富与多元的。比如，在布里奇特·萨默克（Bridget Somekh）与凯西·勒温（Cathy Lewin）主编的《社会科学研究方法》一书中，就有9个部分共41篇文章详细阐述这些十分广阔的内容。② 事实上，也正是因为这一系研究与社会科学本身的密切关系，社会科学发展的每一次调整或者转向都带给这一系研究以变化，比如法律地理学就受社会科学研究的空间转向的影响。

三　与社科法学相关的概念

(一) 一般概说

坦率地说，要对以下几组概念的前后、种属（如果有）进行划分，还是有一定的困难。各人会因对这些概念、术语及它们之间关系理解的不同而出现一些差异。比如偏重于美国法的学者就同以德国法为理解原点的学者在观点上有区别，进而在对这些理论的评论上就会有一些不一致。以下试以於兴中和洪瀮德两位学者的见解做一说明。

於兴中的观点是这样的：

> 20世纪30年代左右，社会法理学脱颖而出，一时间，以实证的方法研究"活的法律"、"行动中的法律"成为法学界的新宠……差不多就在同时或者更早，一门独立的学问，法社会学进入了法律研究的场域。这门既属于社会学又属于法学的学问与社会理论之法的

---

① Chava Frankfort-Nachmias, David Nachmias, *Research Methods in the Social Sciences*, 7th edition (London: Worth Publishers, 2007).

② Bridget Somekh & Cathy Lewin (eds.), *Research Methods in the Social Sciences* (California: SAGE Publications Ltd., 2004).

关系最为亲近。这门学问的主旨是本体论意义上的"研究法律与社会的关系"以及方法论意义上的"用社会学的方法研究法律"……当它内部分化为规范性研究和经验性研究两大门派之后，法社会学的整体凝聚力受到了损耗。前者逐渐和法律实证主义及分析法学趋同，而后者则演变为另一门学问，即人所共知的"法律与社会"研究[1]……在世纪末，这个研究领域突然有了一个转机，导致了一门更新的研究方向，即"社会—法律研究"的产生。"社会—法律研究"本质上是一种政策研究。它所关注的是现实中存在的重要问题及其解决方案。[2]

洪濂德的思路则是：

> 法律与社会的研究就是学界对法律专业界奉法律为经典、为神明、为教条的反动，不再把法律仅仅看成为政策的工具，看成为政府推行政令的手段……有异于美国与英国，欧陆有关法律的社会研究，却很少使用"法律与社会"的研究名称。有关现代法律社会学性格与社会影响之考察，却使用"法律社会学"这一名词。[3]

笔者大致按照如下的思路安排。首先是最为我们所熟悉的法社会学/法律社会学；其次是在我国语境下与法社会学最为切近的法与社会，为了观照这一主要在美国背景下使用的法与社会，笔者加入了社会—法律研究这一多在英国语境下运用的方法；再次是列举了法律与社会学及法与社会理论两组明晰基础问题的概念；最后是庞德的社会学法理学。

---

[1]　在其最新的著作中，作者认为法律与社会研究已走向政策研究的致用之学。参见於兴中《法理学前沿》，中国民主法制出版社，2014。

[2]　於兴中：《社会理论与法学研究》，载高鸿钧、於兴中主编《清华法治论衡：社会理论之法前沿》第 12 辑，清华大学出版社，2009，第 9～12 页。也参见 Malcolm M. Feeley, "Three Voices of Socio-Legal Studies," *Israel Law Review* 35（2001）：175。

[3]　洪濂德：《法律社会学》，扬智文化事业股份有限公司，2004，第 82 页以次。

就笔者所掌握的材料，在大多数时候论者并没有对以下概念、术语做比较明显的区分。一般来说，法社会学的词频最高，不论是在下述的哪一个国家和社会都能被接受，尽管当下法社会学的研究范围早已超出了其发生之初的内容。在这一背景下，笔者倒是认为可以将法社会学看作一种区别于传统法学研究方法的方法总称。只是在它发展的过程中不断开枝散叶，因着不同的历史、文化、地理等背景，而在不同的国家展现出它各有侧重的多元面向。不同学者也因着不同的知识来源及进路偏好，更是呈现出相当丰富与多元的子/次研究方法。是故，我们可以说法社会学的研究还在不断发展变化，这可通过一些国际性的专门研究机构，比如设在西班牙吉普斯夸省奥尼亚蒂（Gipuzkoa Oñati）的奥尼亚蒂法社会学国际研究所（Oñati International Institute for the Sociology of Law）设定的研究议题看出来。[①]

法社会学的研究是得益于社会学的，其出现也必然是在社会学的出现之后。[②] 关于法社会学的性质，我们可以将其定性为社会学的分支学科，也可以将其看作运用交叉学科的方法进行法学研究的一种进路，还可以把它视为一种有独立研究领域的学科。由此伸展开来，不仅可以从社会学、社会理论的角度进行考察，还可以从社会科学的角度甚至更广的范围进行思考。因为这是一个相当开放的研究模式。既然如此，其中的进路分化就很自然。

历史地看，一个概念的出现并不是孤立的，有其产生的时代背景和特定的语境，这在笔者以下将要阐述的有关美国的法律与社会研究以及英国的社会—法律研究中就很明显。是故，概念的语词意义并不构成概念的全部。在这一情形下，我们似乎可以将概念探析的重心放在概念所意欲表达的事实上。在这个意义上，我们似乎并不需要完全执着于中国语境下的"社科法学"到底对应的是英国的什么、美国的什么。大概用"接

---

① See Oñati International Institute for the Sociology of Law Website，http：//www.iisj.net/en/about-iisl/presentation，last visited on May 29, 2022.

② 尼克拉斯·卢曼：《法社会学》，宾凯、赵春燕译，上海人民出版社，2013，第50页。

近于"这个词更准确一些。因此，中国的"社科法学"研究与国外的类似研究既相关也不相关。我们要关心的是"社科法学"实际的研究对象和范围。或许，对这些概念的理论统合可以留待比较法社会学（Comparative Sociology of Law）来完成。[①]

（二）概念、术语比较

1. 法社会学

"法律社会学为社会科学中的特殊部门，它是法律学不可或缺的辅助科学。研究社会现象而竟将社会中主要的法律现象加以排除，自然是一个绝大的错误。"[②] 一如前述，对于当下中国研究法律的学人而言，法社会学/法律社会学（Sociology of Law[③]/Legal Sociology[④]）（以下简称法社会学）已是耳熟能详的一种研究方法。近年来，法社会学研究的规模不断扩大，成果也越来越多。比如，大量的冠以"法社会学"名头实际上或是或否的文章、各种译介的同名著作，有关这方面的教材和专著也呈现迸发的状态。[⑤]《法律和社会科学》编辑部自 2005 年开始出版每年两辑的《法律和社会科学》，2014 年开始还有了《法律社会学评论》。同时，还出现了一些回顾学术发展史的反思性作品。如丁卫、刘思达都从不同视

---

① 参见 Mauricio Garcia-Villegas, "Comparative Sociology of Law：Legal Fields, Legal Scholarships, and Social Sciences in Europe and the United States," *Law & Soc. Inquiry* 31（2006）：343-382。

② 洪濂德：《法律社会学》，扬智文化事业股份有限公司，2004，第 24~27 页。

③ Roger Cotterrell, *The Sociology of Law：An Introduction*, 2 edition（Cambridge：Oxford University Press, 2012）（中译本参见罗杰·科特威尔《法律社会学导论》，彭小龙译，中国政法大学出版社，2015）；Mathieu Deflem, *Sociology of Law：Visions of a Scholarly Tradition*（Cambridge：Cambridge University Press, 2008）（中译本参见戴弗雷姆《法社会学讲义：学术脉络与理论体系》，郭星华等译，北京大学出版社，2010）.

④ Robert W. Gordon & Morton J. Horwitz（eds.）, *Law, Society, and History：Themes in the Legal Sociology and Legal History of Lawrence M. Friedman*（Cambridge：Cambridge University Press, 2014）. 丹尼斯·帕特森（Dennis Patterson）在他的研究中指出，"in the continental tradition, legal philosophy and legal sociology are closely aligned, both pedagogically and theoretically"。参见 Michael Freeman（ed.）, *Law and Sociology*（Cambridge：Oxford University Press, 2006）, p. 254。

⑤ 如郭星华主编《法社会学教程》，中国人民大学出版社，2011；朱景文主编《法社会学》，中国人民法学出版社，2013；何珊君《法社会学新探：一个学科框架与知识体系的构建》，北京大学出版社，2014；等等。

角对新中国法社会学的发展做过总结、评论。① 对当下中国的法社会学研究来说，或许也可以用"这是最好的时代，也是最坏的时代"来评价。理查德·魏斯曼（Richard Weisman）在 20 世纪 80 年代末期亦曾这样评价科特威尔（又译科特雷尔）的《法社会学导论》及美国的法律和社会研究。如果从 20 世纪 60 年代算起的话，那个时候美国的法社会学已经发展了 20 多年。②

法社会学纵深发展所遭遇的挑战是必然的，显然我们没有办法简单地将法律社会学与其他专门社会学，比如宗教社会学、城市社会学等放置在同一层面来进行理解。法律社会学也一直面临社会学学者的接受和认可问题，而且其也为分析法学（Analytical Jurisprudence）所质疑。事实上，法社会学一直在为捍卫其在法学/社会学研究中的地位而努力，它并不愿意变为下述法律与社会、社会—法律研究中的一部分，而要突出自身的地位。③ 法社会学除不断伸张自身的独立地位外，还不断扩展自己的研究范围，比如法律文化、法律多元、比较法学等，也在不断寻求新的发展方向，比如经济法律社会学（Economic Sociology of Law）④、环境法律社会学（Environmental Sociology of Law）、知识社会学与法律［Sociology of Scientific Knowledge（SSK）and Law］⑤ 等的兴起。

除此之外，笔者的疑惑是，在中国，法社会学的内涵和外延是什么，

① 丁卫：《法律社会学在当代中国的兴起》，《法律科学（西北政法大学学报）》2010 年第 3 期，第 10~20 页；刘思达：《中国法律社会学的历史与反思》，载苏力主编《法律和社会科学》第 7 卷，法律出版社，2010，第 25~37 页。另见郭星华等《社会转型中的纠纷解决》，中国人民大学出版社，2013，第一章。

② 参见 Richard Weisman, "Best of Times and the Worst of Times in the Sociology of Law", *Law & Soc'y* 21（1987）：839~844。

③ 马修·戴弗雷姆：《法社会学讲义：学术脉络与理论体系》，郭星华、邢朝国、梁坤译，北京大学出版社，2010，第 1~4 页。

④ 2013 年，《法律与社会杂志》在该杂志第 40 卷第 1 辑上组织了一个讨论"法律经济社会学"的专题。参见 Diamond Ashiagbor, Prabha Kotiswaran, and Amanda Perry-Kessaris, "Introduction: Moving Towards an Economic Sociology of Law," *Journal of Law and Society* 40（2013）; Michel Coutu, Thierry Kirat, John R. Commons and Max Weber, "The Foundations of an Economic Sociology of Law," *Journal of Law and Society* 38（2011）。

⑤ David Mercer, "Intersection of Sociology of Scientific Knowledge（SSK）and Law: Some Themes and Policy Reflections," *Law Text Culture* 6（2002）：137.

它到底能够包涉到多远的内容。在我国，最为学界所熟悉的也是这一表达，也因此不管是否属于经典法社会学研究范畴的内容都统统归之其下，这也包括大学中开设的课程及已有的一些教科书。① 在这个意义上，似乎什么是法社会学本身已不再重要，重要的是法社会学作为一种象征性存在的意义。易言之，似乎只要是不同于传统法学研究样式的方法都可统统归到法社会学之下。

尽管如此，在一些论者的表述中，似乎并不全是中国的相关研究所呈现出的样态，而是基于不同的传统，在不同的国家将同样的内容冠以不同的名称，比如宾凯在他为卢曼《法社会学》所撰写的"代译序"中便认为：

> 在美国，法律社会学就呈现过法律现实主义、法律与社会运动、批判法学、女权主义法学以及种族批判法学的眼花缭乱的形态，广义上的法律社会学甚至可以扩展到法律经济分析、法律心理学，等等。在英国，法律社会学的主打样式则是"社会—法律研究"，就像学者特拉弗斯（Max Travers）所认为的那样，它属于社会政策研究的领域，所关注的重心在于法律现象对于政府治理的影响。②

"法律社会学"真的有这样宽广的解释力及包容力吗，抑或法社会学有着不同的路径？卢曼的法社会学绝对是独特的，他的研究呈现的完全是另一种范式，使得人们迷惑于他到底是法社会学的建设者还是批判者。③

2. 法律与社会

本章所列的这些概念、术语，最为我国法学界熟悉也常被提及的大

---

① 陈寒非：《中国法律社会学教材的发展与流变——基于国内教材类著作的学术史考察（1978-2012 年）》，载西南政法大学法学理论学科主办《社会中的法理》2014 年第 1 卷，法律出版社，2014，第 242~267 页。

② 尼古拉斯·卢曼：《法社会学》，宾凯、赵春燕译，上海人民出版社，2013，第 27 页。

③ 参见洪濂德《法律社会学》，扬智文化事业股份有限公司，2004，第 338~390 页。

概是"法社会学"。不过，还是很有必要去考察一下美国的法与社会/法律与社会（Law and Society）① 研究。尚不能确定季卫东 1996 年的论文《面向 21 世纪的法与社会》是否为 1978 年以来中国重建法制时期介绍这一研究领域的最早作品，但可以肯定的是这篇文章及作者之后的《从边缘到中心：20 世纪美国的"法与社会"研究运动》等论文起了非常大的作用，即便是今天似仍"毫无过时之感"。② 在这之后，高鸿钧主持了一套"法律与社会丛书"③。

如何看待这一领域的研究？或许前法律与社会研究领域著名杂志《法律与社会评论》（Law & Society Review）的主编、UCLA 法学院教授理查德·L. 阿贝尔（Richard L. Abel）的评论在今天同样有说服力。1995 年，阿贝尔将《法律与社会评论》中的一些代表性文章汇编成册作为《法律与社会读本》出版。他在撰写前言时说："当我们讨论法律的时候，我们是在说什么呢？""所有的关于法律的事情都研究，只有法律规范除外。"④ 时隔近 20 年，埃里克·拉森（Erik Larson）和帕特里克·施密特（Patrick Schmidt）两位教授又编辑了《读本Ⅱ》⑤，该书表达的中心主题还是"法律在什么时候运作、是怎样运作的？""社会之中的法律如何？"等方面。

① Richard L. Abel，"Law and Society：Project and Practice，"*Annual Review of Law and Social Science* 6（2010）：1-23. 刘思达：《美国"法律与社会运动"的兴起与批判——兼议中国社科法学的未来方向》，《交大法学》2016 年第 1 期。

② 参见季卫东《面向 21 世纪的法与社会——参加法社会学国际协会第三十一届学术大会之后的思考》，载氏著《法治秩序的建构》（增补版），商务印书馆，2019，第 473~494、496 页；季卫东《从边缘到中心：20 世纪美国的"法与社会"研究运动》，载《北大法律评论》第 2 卷第 2 辑，法律出版社，2000，第 546~578 页。

③ 这套丛书由清华大学出版社出版，自 2005 年以来，已先后出版 20 余册。参见豆瓣读书"法律与社会丛书"，载 http://book. douban. com/series/846，最后访问日期：2022 年 6 月 22 日。

④ Richard L. Abel，"What We Talk about When We Talk about Law？" in Richard L. Abel（ed.），*The Law & Society Reader*（New York：NYU Press，1995），p. 1.

⑤ Erik Larson，Patrick Schmidt（eds.），*The Law and Society Reader II*（New York：NYU Press，2014）. 可以比较一下两册书的主要内容。Reader（1995）：Disputing；Social Control；Norm Creation；Regulation；Equality；Ideology and Consciousness；Legal Profession 共 7 部分内容；Reader Ⅱ（2014）：Inequalities；Organizations and Law；Lawyers and Legal Work；Legal Confrontations—Disputing and Legal Consciousness；Law as an Emergent Institution；Law as a Productive Institution 共 6 部分内容。

2010 年，塔玛纳哈在为威利—布莱克维尔公司出版的《法哲学和法学理论指南》一书撰写的主题文章中，除了延续他在《一般法理学：以法律与社会的关系为视角》一书中的观点外，也坦承法律与社会研究的对象潜在地就没有边界。因为对什么是"法""社会"，都还没有定论性的一致看法。由此可想而知，将它们组合起来研究会怎样的宽散。① 在这之前，奥斯丁·萨拉特（Austin Sarat）在他主编的《布莱克维尔法律与社会指南》一书中指出，法律与社会研究呈现出制度化（institutionalization）与片段化（fragmentation）的现象。②

受塔玛纳哈基于法律与社会的视角建立一般法理学的启发，如果很简单地将这一领域的研究进行一个抽象概括的话，那么我们在这一领域的研究是要总结出一个一般的内容，还是要展示法的多样性？申言之，法律与社会研究从传统转向现代时做了什么？我们在这里又要回应、发展什么？

3. 社会—法律研究

无疑，英国的社会—法律研究（Socio-Legal Studies/Sociolegal Studies/Law in Society）受到了美国"法律与社会运动"③ 的极大影响，甚至可以说是刺激。1964 年，美国便成立了法律与社会学会（Law and Society Association），两年后专门的杂志《法律与社会评论》（Law and Society Review）也创刊了。而这在英国则要稍迟一些。比如这方面的专业杂志《法律与社会杂志》（Journal of Law and Society）④ 是 1974 年发行的，而

---

① B. Z. Tamanaha, Law and Society, in D. Patterson（ed.）, A Companion to Philosophy of Law and Legal Theory, second edition, Wiley-Blackwell, 2010, Ch24. 另外值得注意的是这本著作：Dermot Feenan（ed.）, Exploring the "Socio" of Socio-Legal Studies（London：Palgrave Macmillan, 2013）。

② Austin Sarat（ed.）, The Blackwell Companion to Law and Society（New Jersey：Wiley-Blackwell, 2004）.

③ Lawrence M. Friedman, "The Law and Society Movement," Stanford Law Review 38（1983）：763-780.

④ 这本杂志最初名为 The British Journal of Law and Society，自 1983 年第 10 卷第 1 辑改为现刊名，其定位是成为英国社会法律研究的顶级期刊。See Editorial, The British Journal of Law and Society 1（1974）；Journal of Law and Society, in Wiley Online Library Website, https：//onlinelibrary. wiley. com/journal/14676478, last visited on May 2, 2022.

专门的学会到 1990 年才成立。

何以界定社会—法律研究？它的研究对象和范围又是什么？至少这一系的研究者并不完全接受他们的研究方法和路径与法社会学是一致的观点。因为，在他们看来，法社会学在接受了主流社会学者知识上的推动力以后，还是希望能够不断保有现时法律体系的外源性特质，以超越那种过于看重法律规则及教义的做法。这样一来，他们就能够按照较为宽泛的社会结构对现行法律体系作出一种理论上的解释。① 而在社会—法律研究中，社会学（及其他社会科学）主要是作为一种收集数据的工具，而不是对其进行实质性的分析。②

尽管如此，这并不是说巴纳卡（Reza Banakar）和特拉弗斯（Max Travers）关于社会—法律研究特征的描述就已经取得了广泛的共识。事实上，社会—法律研究是非常情景化地在不同场合下被不同作者使用的。牛津社会—法律研究中心前主任 D. R. 哈里斯（D. R. Harris）在他早期的一篇文章中就指出，有人以此来指代那些"将法律置于其社会场景中的研究"；而他指的是通过社会科学（不仅仅是社会学）的方法来研究法律及法律制度。③ 马尔科姆·M. 费利（Malcolm M. Feeley）也曾总结过社会—法律研究的三种不同"声音"：作为政策科学（policy science）的社会—法律研究；作为社会科学核心概念的法律（典型如涂尔干、韦伯的研究）；作为独特社会规范的法律（比如富勒关于法律的观点）。④ 巴纳卡与特拉弗斯也对社会—法律研究的类型做过归纳：第一类指的是法学家及法律从业者因为质疑与挑战"重点法条"而进行的实证研究；第二类是由政府部门及机构，如法院、公安机关所主导的研究；第三类是涉

---

① C. M. Campbell and Paul Wiles, "The Study of Law in Society in Britain," *Law and Society Review* 10 (1976): 553.

② See Reza Banakar & Max Travers (eds.), *Theory and Method in Socio-legal Research* (Oxford: Hart Publishing, 2006), p. xi. 遗憾的是，巴纳卡教授在 2020 年去世了。

③ D. R. Harris, "The Development of Socio-Legal Studies in the United Kingdom," *Legal Studies* 3 (1983): 315; Malcolm M. Feeley, "Three Voices of Socio-Legal Studies," *Israel Law Review* 35 (2001): 175.

④ Malcolm M. Feeley, "Three Voices of Socio-Legal Studies," *Israel Law Review* 35 (2001): 175-204.

及一些社会理论核心问题的研究。① 从这些观点可以看出，社会—法律研究的对象和范围还未固定下来。在较近的一篇文章中，马丁·帕廷顿（Martin Partington）将"社会—法律"方法视为法学研究中与传统的"'重点法条'方法"（"the black-letter" approach）相对的一种方法。② 但这还是没有完全界定清晰社会法律研究的具体范围，只是指出了它大致的研究方向。这或许与英美法学者的研究传统有关，他们只是不断地去研究一个一个的问题，而不太热衷于绞尽脑汁穷尽一切地建构一个完美的理论大厦。这样的倾向其实也可以在这一领域顶尖期刊回顾性的主题专辑中看出来。

《法律与社会杂志》在 1995 年第 22 卷第 1 辑刊出了一期专刊，以总结展望牛津社会—法律研究中心建立 21 年来的工作。同时，这也是为了检讨学科本身的性质及确立未来的研究问题及主题。③ 在牛津社会—法律研究中心（The Oxford Centre for Socio-Legal Studies）于 1972 年建立后，1990年在英国成立了社会—法律研究会（The Socio-Legal Studies Association）。研究会的目标和宗旨是：

> 继续组织广受关注的年度社会—法律会议；出版研究指针；通过研究生论坛、降低会员费、社会—法律课程信息传播等来资助学生；与决策者与资助者保持联络，以及时表达社会—法律研究群体的观点和兴趣；通过有关研究的伦理操作指引规范。④

虽然在"社会—法律研究"核心研究内容及主体理论框架的架构上仍然争议不断，但这并未影响到这一研究领域不断产生丰硕的研究成果。

---

① See Reza Banakar & Max Travers（eds.），*Theory and Method in Socio-Legal Research*（Oxford：Hart Publishing, 2005），p. 279.

② Martin Partington, "Back to the Future：The Success and Challenge of Socio-legal Scholarship," *Bracton Law Journal* 40（2008）：27.

③ D. J. Galligan, "Introduction", *Journal of Law and Society* 22, 1（1995）：1–16.

④ History and Background about the SLSA, in SLSA Website, http：//www.slsa.ac.uk/index.php/what-is-slsa, last visited on May 29, 2022.

在前述专业期刊之外，还有一些重要出版社编辑出版的系列丛书，如"帕尔格雷夫·麦克米伦社会—法律研究""牛津社会—法律研究""牛津社会—法律读本""剑桥'情景中的法'"等。[①]

社会—法律研究发展所面临的问题，不仅在于其要回应外部的质疑；还在于在看似繁荣的景象背后，如何消除内部存在的分歧。[②] 在这一情形下，就有学者尝试整合这一路径的研究，这也是塔玛纳哈的研究显得重要的原因。[③] 诸多困难中的一个便是如何理解社会—法律研究中的"社会—"（socio-）。[④] 巴纳卡在他最新的研究中也尝试去回应社会—法律研究所面临的三个最严峻的挑战。[⑤]

笔者还是倾向于将其当作一门专门的研究，目的在于发觉社会与法律之间的表面关系，乃至实质关联。在与法社会学的关系上，笔者认为它并不局限于法社会学，而可以将法人类学等都包括进来。

4. 法与社会学

可以说，20 世纪法学的一个显著特征就是在法律中发展了社会学的方法，这一点是能够达成一定的共识的。弗里曼 2006 年的时候编辑了一册《法与社会学》（*Law and Sociology*），这本书中除了弗里曼写的导言性质的一篇文章外，还包括 25 篇其他作者在这一主题下的论文，范围广阔。就这些文章的内容来看，似乎很难看出法与社会学和前面的法社会学等有何明显不同，甚至也包括了以下将要论述的各方面的问题。不过能够看到这一主题旨在解决、回答一些根本性的问题，比如社会学对法学家到底意

---

① 本章中的部分资料即来自这些丛书。

② Michael Freeman （ed.），*Law and Sociology* （Oxford：Oxford University Press，2006），p. 2.

③ B. Tamanaha，*Realistic Socio-Legal Theory：Pragmatismand a Social Theory of Law* （Oxford：Clarendon Press，1997）；David Jabbari，"Is There a Proper Subject Matter for 'Socio-Legal Studies'?," *Oxford Journal of Legal Studies* 18 （1998）；Brian Bix，"Conceptual Jurisprudence and Socio-Legal Studies," *Rutgers Law Journal* 32 （2001）.

④ Dermot Feenan （ed.），*Exploring the "Socio" of Socio-Legal Studies* （London：Palgrave Macmillan），2013.

⑤ Reza Banakar，*Normativity in Legal Sociology：Methodological Reflections on Law and Regulation in Late Modernity* （Basel：Springer International Publishing AG），2014.

味着什么。看似简单，实则艰难。① 因为这一问题无论是在社会—法律研究者那里还是在那些传统的法律学人中都遇到了很大的解释麻烦。②

吉登斯给出的社会学的解释是，"社会学就是对人类的生活、群体和社会的科学研究"③。在当下，法与社会学之间的问题早已超越了法学是否需要社会学的方法，社会学方法是否对法学研究、实践、教育等造成一定影响等初级层面。但是研究发展到一定阶段，面临瓶颈时，就会重新反思"来时的路"以及未来的发展动力及方向。简而言之，这里存在的问题，首先是如何理解法与社会学中的"与"（and）④，当然其中一直都存在的问题是对"law""social""society""sociology"等的理解、解释越来越困难。更别说作为"百年困惑"的什么是法社会学，特别是它与"law"和"sociology"的关系问题。⑤

问题可能还在于，最初的法社会学是为了"通过对法律的研究来理解社会规范/秩序的性质"⑥，然而就今天的研究现状来看，似乎并不是这样。因为法社会学者首先突破了传统的关于"法律"（law）的定义和理解。换言之，不仅没有实现预期的对社会秩序的理解，反而先反对了自身。塔玛纳哈的"现实主义的社会—法律理论"（realistic socio-legal theory）是一个回答吗？随着问题越来越复杂，有学者提出当用跨学科（interdisciplinary）的观点无法尽释法与社会学时，就需要运用超学科（transdisciplinarity）的概念了。⑦

---

① Michael Freeman （ed.）, *Law and Sociology* （Oxford：Oxford University Press, 2006）, p. 17.

② Michael Freeman （ed.）, *Law and Sociology* （Oxford：Oxford University Press, 2006）, pp. 90-91.

③ 安东尼·吉登斯：《社会学》第 6 版，英文影印本，北京大学出版社，2010，第 6 页。

④ Michael Freeman （ed.）, *Law and Sociology* （Oxford：Oxford University Press, 2006）, p. 259.

⑤ Michael Freeman （ed.）, *Law and Sociology* （Oxford：Oxford University Press, 2006）, p. 49.

⑥ Michael Freeman （ed.）, *Law and Sociology* （Oxford：Oxford University Press, 2006）, p. 2.

⑦ Michael Freeman （ed.）, *Law and Sociology* （Oxford：Oxford University Press, 2006）, p. 2；Dermot Feenan （ed.）, *Exploring the "Socio" of Socio-Legal Studies* （London：Palgrave Macmillan, 2013）, pp. 20-37.

为进一步说明问题，还有必要讨论法与社会理论的关系。

5. 法与社会理论

严格地说，社会理论与社会学理论还是有一定的不同。"在社会学里，理论指的是试图解释问题、行动与行为时所做的一套叙述……它必须能从看似独立的现象中找到很强的关联性，并且了解某一因素的改变会对其他变量带来什么影响。"① 法和社会理论（Law/Legal and Social Theory）研究大致是"从社会理论视域对法律的观察和分析"。它不同于其他进路的法律研究，表现在：

> 第一，它从法律之外观察法律的现象和特性，从法律与其他社会现象和要素的关联互动中分析法律的地位和功能，从历史演进的过程中探索法律的产生和命运。第二，社会理论之法的外部视角不同于自然法学派的外部视角……坚持从实际的历史过程出发，把握法律的发展规律和社会功能……第三，社会理论把法律视为社会现象和要素之一，将这种现象置于社会的大环境之中进行观察和分析……②

於兴中在他的研究中具体梳理了社会理论研究的四个方面以及与此相结合的四种理论——社会环境主义、社会主体论、社会互动主义及第四种理论（把目光放在社会发展变化的动力上，注重社会力量的作用）。作者还指出"社会理论之法的研究极有希望为法学研究开创一种不可逆转的新的传统"。"社会理论与法学研究很容易从三个方面予以理解：社会理论中的法、法中的社会理论以及法与社会之间的互动关系……（其）要在整合社会法理学、法社会学、法律与社会以及法律—社会研究成果

---

① 理查德·谢弗：《社会学与生活》，赵旭东等译，世界图书出版公司，2014，第11页。另见应星、李猛编《社会理论：现代性与本土化——苏国勋教授七十华诞暨叶启政教授荣休论文集》，生活·读书·新知三联书店，2012，第3~5、399页。
② 高鸿钧、马剑银编《社会理论之法：解读与评析》，清华大学出版社，2006，第1~6页。另见王焱主编《社会理论的两种传统》公共论丛·第八辑，生活·读书·新知三联书店，2012。

的基础上进一步开拓社会与法研究的领域"，"从社会理论出发，法学研究可以是描述性的、解释性的、批判性的以及理想性的"。[1]

而我们不把法与社会理论的研究看作法律社会学，是因为：

> 在实证主义影响之下，社会学模仿自然科学的倾向，使现代社会学的主流，丢失了经典社会理论里从哲学、历史、政治、文化等等多角度的研究方法……
>
> 研究社会理论中的法律部分的目的之一，是想从纯粹实务的方向，提高到由超出实证的活动之外，对整个法律制度做一种整体的观察……如果法律的研究只注重实证法的应用，而不去了解一般的原理原则，就要沦为我们所说的"法律末节主义"。
>
> 在近代的自然科学实证经验主义的影响之下……一方面以为只有分开价值与事实，以经验观察的手段对社会人文现象的客观陈述，才是唯一的科学和可靠的知识……他方面，即使社会理论提供实用的参考，也出于一种目的性及技术性的态度……以致于有实证经验倾向的法律社会理论，常常环绕一些法院如何运作、法官及陪审员如何做出决定……等等经验的课题，做实际的调查。可是真正的实践问题并不是技术应用的问题，而是对规范本身的评估。换句话说，实践是"当为"的取舍，而非"实况"的认识。[2]

黄维幸在梳理了孟德斯鸠、托克维尔、马克思、涂尔干、韦伯、帕累托、帕森斯等社会理论大师的法律观点后，总结出他们思想的共同之处，即"在探究法律制度在社会集体的发展之中，如何安排社会及个人的关系"[3]。

无疑，法与社会理论的研究也伴随社会理论自身的发展，传统的社会理论在深受实证经验主义霸权影响的同时，在当代不断受到如分析哲

---

① 於兴中：《法理学前沿》，中国民主法制出版社，2015，第 59~75 页。
② 黄维幸：《法律与社会理论的批判》，新学林出版股份有限公司，2007，第 16 页以次。
③ 黄维幸：《法律与社会理论的批判》，新学林出版股份有限公司，2007，第 232 页。

学、语言哲学、现象学、法兰克福学派等的冲击。这种变化也体现在法学研究领域：

> 近数十年来社会科学的新发展，对实证分析法学的主流思想都造成了前所未有的挑战。受到社会科学新发展影响的法学理论，有些是基于对经典社会理论的再认识……有些则是从语言哲学、现象学、诠释学、解构及批判理论汲取崭新的看法……法学界已不能毫无迟疑地接受传统观念之中：实证法律是客观、确定、中立、自主、高度形式化的制度的看法。①

是故，受当代社会学理论的社会空间转向②的影响，法律与空间的研究正在渐次展开。

6. 其他

（1）社会学法理学与机械法理学③

社会学法理学（Sociological Jurisprudence）在 20 世纪前 60 年的时间里产生了巨大的影响。这一理论与大法学家罗斯科·庞德的名字连在一起。尽管在一些论者看来，社会学法理学跟法社会学密切相关，甚至可以混合适用，但二者还是有一定的区别。④ 邓正来在他的研究中对此作了详细辨析：

---

① 黄维幸：《法律与社会理论的批判》，新学林出版股份有限公司，2007，第 268~284 页。
② 潘泽泉：《当代社会学理论的社会空间转向》，《江苏社会科学》2009 年第 1 期。
③ 参见 A. Javier Trevino, "Sociological jurisprudence," in Reza Banakar & Max Travers (eds.), *Law and Social Theory*, second edition (Oxford: Hart Publishing, 2013); Milos Marjanovic, "Sociological Jurisprudence and Sociology of Law-Pound versus Gurvitch," *Zbornik Radova* 42 (2008): 79.
④ 一个非常细致的研究参见王婧《罗斯科·庞德的社会学法理学——一种思想关系的考察》，上海人民出版社，2012，第 3 章。另外，下面一段话或许更能说明问题的要旨："当本书第一版问世时（注：1959 年），法律的社会学研究几乎是庞德社会学法学的同义词。然而，过去 25 年里，法社会学作为新的研究领域已经展现在人们的眼前。它在方法论与意识形态方面都与社会学法学迥然不同。"参见 Lord Lloyd of Hampstead and M. D. A. Freeman (eds.), *Lloyd's Introduction to Jurisprudence*, 5th ed. (London: Stevens & Sons, 1985), pp. 578-579, 转引自张乃根《西方法哲学史纲》，中国政法大学出版社，2008，第 367 页。

　　这两个术语在庞德社会学法理学中所存在的区别乃是相当重要的，因此我们在讨论庞德观点的时候不可以用我们自己的主张去遮蔽这两个术语之间所存在的这种区别。一如我们所知，庞德本人乃是从 1911 年开始使用"社会学法理学"这个术语的；① 他明确指出，社会学法理学即使与法律社会学有着紧密的关系，也不能被等而视之。一门是应用科学，而另一门则是一种理论科学。那些在欧陆国家接受训练的研究法律社会学的论者和社会学家与美国社会学法理学的倡导者就下述两个问题展开了广泛的争论：首先，前者反对后者关注法律秩序的问题以及司法和行政过程的问题，反对后者除了考虑理论的适用性以外不愿考虑理论；其次，前者反对后者着重关注政治组织社会中的法律秩序，而不关注隐存于所有群体、社团和关系中的那种秩序。欧陆学者所反对的这些思想模式乃是英美法律人所特有的，因为他们乃是在一种职业氛围而非一种学术氛围中成长起来的，而且所接受的训练也是为了从今天的政治组织社会中的司法角度出发思考问题的。②

　　社会学法理学却努力把分析、历史、哲学和社会学等方法统合起来并通过某种形式的社会哲学而把法理学与其他社会科学统合起来，并且经由反对只强调法律的抽象性质而关注法律在社会中的运行和功能、经由反对"书本中的法律"而强调"行动中的法律"、经由反对"个人化的法律"而主张"法律的社会化"，最终经由否弃此前诸神而为法律确立了一个外在的但却实用的神——亦即我所谓的"社会"神。当然，社会学法理学的这些努力乃是以它所确立的这样一项基本预设为依凭的，即法律乃是一种专门化的社会控制形式，即通过政治组织社会的压力而形成的那种社会控制形式，因而在这种意义上讲，法律制度、法律学说和法律律令乃是社会控制的一种

① Roscoe Pound, "The Scope and Purpose of Sociological Jurisprudence," *Harvard Law* 25 (1911): 140-168.

② 邓正来：《社会学法理学中的"社会"神——庞德法律理论的研究和批判》，《中外法学》2003 年第 3 期，注释［2］。

工具，而且人们还可以通过有意识的和智性的努力并且根据法律制度、法律学说和法律律令的社会目的对这种工具进行批判或改进。[①]

（2）行动中的法

"行动中的法"（law in action）常与"书本中的法"（law in books）一起出现，表示行动中的法同书本上的法的不同，以及法律的实践与其规定之间的距离。据小肯尼斯·B. 戴维斯（Kenneth B. Davis, Jr.）的考察，"行动中的法"最早出现在庞德1910年的一篇论文[②]中。[③] 但要注意的是，"行动中的法"一语之后于威斯康星大学麦迪逊分校法学院（Law School, University of Wisconsin-Madison）的发展中，有了一定的新发展和新变化，形成了所谓"'行动中的法'传统"（"law in action" tradition），即

> 这一传统的形成受到双重作用力的影响。一方面，学人们肯定了其他社会科学在理解法律如何运作上的价值；另一方面是响应了所谓"威斯康星理念"（Wisconsin Idea）——"国家的边界即大学的边界"这一口号。[④]

（3）活法

一般的观点都会将"活法"（living law）这一概念标签式地贴在埃利希（Eugen Ehrlich）那里；同样地，也将埃利希的理论贡献简化为"活法"理论。但是，其一，运用"活法"这一概念的作者不只是埃利希。

---

① 邓正来：《社会学法理学中的"社会"神——庞德法律理论的研究和批判》，《中外法学》2003年第3期，第258~259页。另见劳伦斯·弗里德曼《二十世纪美国法律史》，周大伟等译，北京大学出版社，2016，第599页。

② Roscoe Pound, "Law in Books and Law in Action," *Am. L.* 44 (1910). 中文译本见罗斯科·庞德《文本中的法与行动中的法》，御风译，载葛洪义主编《法律方法与法律思维》第5辑，中国政法大学出版社，2008，第196~210页。

③ See Kenneth B. Davis, Jr., "Law in Action: A History," https://media.law.wisc.edu/m/yjgxz/law_in_action_a_history_davis. pdf, last visited on May 29, 2022.

④ See Kenneth B. Davis, Jr., "Law in Action: A History," https://media.law.wisc.edu/m/yjgxz/law_in_action_a_history_davis. pdf, last visited on May 29, 2012.

在埃利希 1913 年于他的著作《法社会学原理》中对这一概念进行系统阐述之前及同时还有其他作者在使用这一概念。① 其二，埃利希的理论贡献绝不仅是"活法"理论。埃利希一生出版了大量的作品。② 对于埃利希的研究多使用的是德语，而缺少英语等语言。是故，不仅是在中国，即便是在法社会学研究最发达的美国，他本人也没有受到足够的重视。不过这并不影响其理论的深刻性及其对今日社会—法律研究的启发。③

埃利希认为："……'活法'，与纯粹在法院和其他国家机关中所实施的法律不同。活法不是在法条中确定的法，而是支配生活本身的法。这种法的认识来源首先是现代的法律文件，其次是对生活、商业、习惯和管理以及所有联合体的切身观察，这些事项既可能是法律所认可的，也可能是法律所忽视和疏忽的，甚至是法律所反对的。"④ 埃利希这样的观点，与他对法的理解有关，他认为，"在当地以及任何其他的时代，法的发展的重心既不在于立法，也不在于法学或司法判决，而在于社会本身"⑤。

而"活法"的意义，在笔者看来，就是让我们反思法律在社会中的作用，特别是法律的局限性。而这与前面论及的行动中的法及书本中的法在旨趣上还是有所不同。后者更多还是在法律之内看法律，而前者显然并不限于法律之内，而是自法律之外观法律。⑥ "活法"理论尽管不再那样引人注目了，但它的价值和意义还值得我们再去探索。

（4）法律现实主义

关于法律现实主义（legal realism）的理论探讨太多了。在《布莱克法律词典》中，法律现实主义指的是这样一种理论："法律不是立基于正

---

① See Brian Z. Tamanaha, "A Vision of Socio-Legal Change: Rescuing Ehrlich from Living Law," *Law and Social Inquiry* 297, 36 (2011).

② 瓦尔特·L. 莫尔：《〈法社会学原理〉英译本序说》，载欧根·埃利希：《法社会学原理》，舒国滢译，中国大百科全书出版社，2009，第 570~577 页。

③ See Marc Hertogh（ed.）, *Living Law: Reconsidering Eugen Ehrlich*（Oxford: Hart Publishing, 2009）.

④ 欧根·埃利希：《法社会学原理》，舒国滢译，中国大百科全书出版社，2009，第 545 页。

⑤ 欧根·埃利希：《法社会学原理》，舒国滢译，中国大百科全书出版社，2009，作者序。

⑥ 参见王斐《"活法"与"行动中的法"——兼论民间法研究的两条路径》，《甘肃政法学院学报》2007 年第 3 期。

式的规则和原则，而是司法裁判——必须来源于社会利益和公共政策。繁荣于 20 世纪早期的美国法律现实主义，为格雷（John Chipman Gray，1839~1915）、霍姆斯、卢埃林等人所倡导。"① 这里简略提及法律现实主义，一则是为了照顾到本章论述的完整性，二则笔者还想强调，从法律现实主义出发，我们关注法律的重点可能会有所不同。换言之，法律的展开是以司法裁判为中心的，研究者更多关心具体的裁判过程，而非先在的固定法律规范/条文。②

四 "社会—法律研究"视野下的社科法学

（一）社会—法律研究的境况

除却上述目前在国内有关社会—法律研究的讨论还不是很多这一问题外，其他各方面的研究事实上已经有了一定成果。无疑，借助 2014 年的那场名为"社科法学与法教义学的对话"的研讨会，以及在这次会议之后《光明日报》的学术笔谈"社科法学与法教义学因何而争"③ 与《法商研究》的专题④，

① Bryan A. Garner （ed.），*Black's Law Dictionary*，ninth edition （New York：Thom son Reuters，2009），p. 979.

② 从一个更宽广的视野来看，这涉及立法法理学（Legisprudence）与司法法理学的关系。王晓丹认为，"所谓的法文化或法律制度所涉及的'法'……包括'作为法典意义上的法律'、'作为审判意义上的法律'，以及'作为实践意义上的法律'"。参见陈惠馨《清代法制新探》，五南图书出版有限公司，2012，王序。另见邓矜婷《新法律现实主义的最新发展与启示》，《法学家》2014 年第 4 期。

③ 王启梁：《中国需要社科法学吗》，尤陈俊：《不在场的在场：社科法学和法教义学之争的背后》，雷磊：《什么是我们所认同的法教义学》，均载《光明日报》2014 年 8 月 13 日，第 16 版。

④ 这一组文章包括苏力的《中国法学研究格局的流变》、陈柏峰的《社科法学及其功用》、侯猛的《社科法学的传统与挑战》、李晟的《实践视角下的社科法学：以法教义学为对照》、谢海定的《法学研究进路的分化与合作——基于社科法学与法教义学的考察》等，均载《法商研究》2014 年第 5 期。与此相对，同一时期发表的接近于法教义学的专题文章有张翔的《宪法教义学初阶》、许德风的《法教义学的应用》、陈兴良的《刑法教义学与刑事政策的关系：从李斯特鸿沟到罗克辛贯通——中国语境下的展开》等，均载《中外法学》2013 年第 5 期。另见白斌《宪法价值视域中的涉户犯罪——基于法教义学的体系化重构》，《法学研究》2013 年第 6 期。《北大法律评论》2011 年第 12 辑第 2 卷组织"法学通说"，文章有黄卉的《论法学通说（又名：法条主义者宣言）》、孙维飞的《通说与语词之争——以有关公平责任的争论为个案》、姜涛的《法学通说：一个初步的分析框架》、庄加园的《教义学视角下私法领域的德国通说》等。

可以想见，社科法学在当下中国的研究版图会越来越清晰，也将越来越有影响。不过这里还是有一个问题，不论怎样，社科法学这一法律研究路径的渊源还是在域外，特别是美国。那么，我们是紧跟"老师"的步伐学习呢，还是早点自立门户呢？在后一方面，我们的研究又能够走多远？事实上，我国当下的社科法学研究还远没有积累、积淀到足够使学人们对之前的研究进行深入的反思。① 无疑，目前的研究还处在扩展领域的地步，这从目前社科法学的几位主要倡导者的相关论述中就能看到，这些文章中很大一部分还是在阐述社科法学的意义及它对中国、中国法学研究的作用。换言之，它还是处在争取自己名分、地位的阶段，还在寻求足够的立足之地。或许这也不独是中国社会—法律研究的处境，放大范围，可能在整个东亚都存在这样的问题。

日本学者宫泽节生（Setsuo Miyazawa）在《环太平洋法律政策杂志》发表文章称：

> 对在东亚从事社会—法律研究的学人来说，我们还是要努力多向东亚之外的学者介绍我们的研究状况。这一工作部分地可以通过在社会—法律研究内部的理论建构来实现。当然，学者们也不要过于拘泥于区域的边界，而刻意制造出概念与理论的藩篱，以致于别人都弄不清楚我们的社会—法律研究和他们的有什么关联。东亚的学者也要寻找机会将我们的研究成果推介给域外的专家，还要想办法不断壮大自己的研究群体。②

这篇文章给我们以很大启示，作者是把日本的研究放在了东亚的位置上，最终是要在全球进行对话。这是我们能做到的吗？如果先稍稍停一下我们自己的研究，移步看看外面的研究，我们会发现当下中国的

---

① 强世功：《中国法律社会学的困境与出路》，《文化纵横》2013 年第 5 期。
② Setsuo Miyazawa, "Where Are We Now and Where Should We Head For: A Reflection on the Place of East Asia on the Map of Socio-Legal Studies," *Pac Rim L. & Pol'y J* 22（2013）: 113-140.

"社科法学"研究在世界法律与社会研究版图中还缺少足够的声音。这固然有语言的原因。国人的大多数作品都是出版或发表在以中文为载体的出版物或刊物上，而在短时间内很难进入欧美学人创立并经营多年的学术领域。然而，只要对这些文献进行一些初步梳理，就会发现它们各自在对待具体的研究内容时还是有很多不同。这主要表现为一些国外的问题在我们这里却并不是问题。

概而言之，前述几组概念（术语）、关键词之间存在一定的差别，这从各理论的发展渊源中就能看出来。不过大体上，至少在几个主要英语国家，它们还是分享了共同的研究对象。尽管这一共同的对象一时好像还很难被清楚地表达出来，目前基本的共识是，大家都认可这一研究是交叉学科的（interdisciplinary）。如何理解"学科"，这是有争议的。比如，有学者就认为社会—法律的研究不能被看作一个学科（discipline），至多只能说有这么一个研究的大致领域（field）。由此，尽管这些研究分享了大致相同的研究旨趣，也共用着某种思考法律，更准确地说思考法律与社会关系及相互影响的方法，其中还是会有一些虽然不甚清晰但很明显的研究传统，比如威斯康星的"行动中的法"传统、加州伯克利的风格等。不过可以看出，在今天，这些研究已经在相互影响、相互融合。至少在这一领域领先的美国、英国、加拿大、澳大利亚、丹麦、荷兰、瑞典、以色列、墨西哥以及日本、韩国之间建立了广泛的学术交流平台，从大学的研究项目设置、有关刊物发文到学者交流，都在共享和相互促进。中国在这方面也已经有了自己的声音，如上海交通大学凯原法学院编辑的《亚洲法律与社会杂志》（*Asian Journal of Law and Society*）。

在学术脉络和传承上，这些各有特色的研究各有传统。比如美国偏向于法律与社会，而英国则是用社会—法律研究这样的指代，在欧洲大陆则大略是法律社会学（legal sociology）的传统。① 一言以蔽之，学者们大略是对同一研究领域基于各自不同的语境而做的相应研究。这也是笔者将当下

---

① Reza Banakar & Max Travers（eds.），*Theory and Method in Socio-legal Research*（Oxford：Hart Publishing，2006），pp. xi，279-280.

我国渐次展开的社科法学与前述两大研究传统并列的一个理由。但显然这一领域的研究还是非常复杂的。从另一个层面来说，由于法律这一学科的特殊性，它自身提供给学人无限的研究空间。有一些研究可能暂时，也可能很长时间内都很难被归入某一种类别。换言之，对法律的研究是相当开放的。因着社会的变迁以及新出现的问题，总是会不断出现新的研究。

就这一路径的研究而言，既有法律与社会这样的"宏大叙事"，① 亦有从社会—法律的视角切入专门研究国家法、劳动法、人权法等的微观透视。在这些分散的、偏向于经验的研究之外，也有学者在孜孜以求地进行理论的提升——或是总结其基本的研究模式、传统，② 或是不断追问这一研究的对象，③ 或是尝试将这一系研究类型化。④ 当然什么时候都有勇敢的挑战者，怀疑着这一研究领域的未来。作为一种回应，一直少不了那种"江湖大佬"，或是发出"同志们我们到了最危险的时候，要努力了"⑤ 的声音，或是骄傲淡定地说，我们的研究才渐入佳境。⑥

据笔者有限的阅读以及对国内这一领域研究的初步考察，社会—法律研究或者法律与社会研究不仅仅局限于法官的司法裁判过程，而是有很广阔的研究范围。即便是法官裁判过程的作出，虽然大家在用社会科学的方法来研究法律问题这一层面上有共识，但囿于彼此社会环境及法律、司法制度上的差异，在具体的进路上还是有很多不同。亦即，我们既不能将这一系研究限定在很狭小的一个面上，也不能直接以他域的研究结论解释我们自己的问题。当前，我国的研究才刚起步——更多地停

①　Brian Tamanaha, *A General Jurisprudence of Law and Society* (Oxford： Oxford University Press, 2001).

②　Carroll Seron et al. , "Is There a Canon of Law and Society?," *Annu. Rev. Law. Soc. Sci.* 9 (2013)： 287-306.

③　David Jabbari, "Is There a Proper Subject Matter for 'Socio-Legal Studies'?," *Oxford Journal of Legal Studies* 18 (1998).

④　Malcolm M. Feeley, "Three Voices of Socio-legal Studies," *Israel Law Review* 35 (2001).

⑤　Richard L. Abel, "Law and Society：Project and Practice," *Annu. Rev. Law. Soc. Sci.* 6 (2010)： 1-23.

⑥　Richard Lempert, "Growing Up in Law and Society：The Pulls of Policy and Methods," *Annu. Rev. Law. Soc. Sci.* 9 (2013)： 1-32.

留在基本的研究框架如何建立以及建立什么样的框架的阶段。在美国，这一领域的研究已经非常明确了，能够总结出这一领域的基本研究套路，亦能对此作出反思和改进。换言之，美国面临的是如何扩展、拓深其研究的问题，而我们则面临何以确立我们的研究的问题。

（二）社会—法律研究的特点及其成果

回到当下有关"社科法学"和"法教义学"的争论和对话。在做这样的对话之前，无论是自诩为社科法学的学人还是"坚定"的法教义学学者，各自都面临一些困难。对于社科法学学者来说，描述这个学科及其发展情况其实是非常困难的。就以该学科发展比较成熟的英语国家为例来说明，尽管有一些反思性的作品尝试抽象、整合这一学科，比如加利福尼亚大学尔湾分校教授凯蒂·卡拉维塔（Kitty Calavita）2010 年的作品《法律与社会的邀请：真实的法研究导论》①，还是遭到了法律与社会这一研究领域的顶级学者，如奥斯丁·萨拉特的质疑。② 甚至塔玛纳哈还发出"拯救埃利希"这样的呼声。③ 不过退一步讲，是否所有的研究都以建立一个明确的中心、搭建一套系统的理论为必要？换言之，社会—法律研究的现状究竟表明了它的发展困境，还是展示了它的开放性？弗里德曼曾说：

> 在一定意义上，"法律与社会"可以与区域研究相比较。"亚洲研究"不是一个学科，也没有"拉美科学"这样一种东西。毋宁说，亚洲和拉美是科学研究的对象。比如说，一个大学的拉美研究中心，可能由社会学家、人类学家、历史学家、经济学家以及其他人组成。他们的共同之处在于对一个特殊地理区域感兴趣。④

---

① Kitty Calavita, *Invitation to Law and Society: An Introduction to the Study of Real Law* (Chicago: University of Chicago Press, 2010).

② Austin Sarat, "From Movement to Mentality, from Paradigm to Perspective, from Action to Performance: Law and Society at Mid-Life," *Law & Social Inquiry* 39 (2014): 217-225.

③ Brian Z. Tamanaha, "A Vision of Socio-Legal Change: Rescuing Ehrlich from Living Law," *Law and Social Inquiry* 36 (2011): 297.

④ Lawrence M. Friedman, "Coming of Age: Law and Society Enters an Exclusive Club," *Annu. Rev. Law. Soc. Sci.* 1 (2005): 2.

德沃金在他 1986 年出版的《法律帝国》中对"社会理论法理学"（social-theoretic jurisprudence）有过很严肃的批评。他说：

> 社会理论法理学在我们这个世纪式微的历史，提醒了我们他是何等错误。我们仍旧等候阐明，而当我们在等待的时候，这些理论不断变得具有更多纲领性而更少实质性，在理论上更加激进，而在实践上却更少批判性。①

虽然这是很严苛的批评，但他所指称的问题，对于从事社会—法律研究的学人来说，直到今日也没有成功解决。

而对于法教义学学者而言，只要稍对这一研究领域的文献进行梳理，就会发现要对其进行批评几乎是不可能的，人们似乎可以从任一个角度进行评论，甚至是批评，但仅仅从其中一个或者几个方面进行反对，远远无法涵括这一领域广阔的研究范围。② 这一领域的出版物不仅有《法律与社会评论》《法律与社会杂志》等专门刊物③，还有"剑桥法律与社会研究"（Cambridge Studies in Law and Society）④、"英属哥伦比亚大学出版社法律与社会丛书"（University of British Columbia Press Law and Society Series）⑤、"芝加哥法律与社会丛书"（Chicago Series in Law and Society）⑥、"牛津社

---

① 罗纳德·德沃金（Ronald Dworkin）：《法律帝国》，李冠宜译，时英出版社，2002，第 14~15 页。

② 伴随着研究成果的聚积，即便是这一领域内的学者也很难全面掌握这一领域的研究，更不用说对这一领域研究并不是很熟悉的学者。或许是基于海量信息带来的"数据"梳理、清理困难，不少的研究越来越趋向于碎片化，既不关心系统性的整体研究，也不关心他人的研究，而更多以自我的偏好开展完全自我的研究。这或许是这个时代的整体问题。

③ 这些刊物定期会将刊载的一些精选作品结集出版，比如《法律与社会评论》的"法律社会读本"系列（The Law and Society Reader），《法律与社会杂志》的"法律与社会杂志特刊"（Journal of Law and Society Special Issues）。

④ See http：//www. cambridge. org/us/academic/subjects/law/socio-legal-studies/series/cambridge-studies-law-and-society？layout＝grid，last visited on June 22，2022.

⑤ See http：//www. ubcpress. ca/books/series_law. html，last visited on June 22，2022.

⑥ See http：//www. press. uchicago. edu/ucp/books/series/CSLS. html，last visited on June 22，2022.

会—法律研究"（Oxford Socio-Legal Studies）① 等不间断出版的大学法律与社会研究丛书。同时，一些卓有声誉的大型跨国出版集团也出版了不少法律与社会研究的系列丛书或文库，如劳特里奇出版公司（Routledge）的多套法律与社会的书系②，LFB 学术出版公司（LFB Scholarly Publishing LLC）的"法律与社会"（Law and Society）③，原阿什盖特出版公司（Ashgate Publishing Limited）的"爱丁堡/格拉斯哥法与社会丛书"（Edinburgh/Glasgow Law and Society Series）④、"法律与社会国际文库"（The International Library of Essays in Law and Society）⑤，帕尔格雷夫·麦克米伦出版社（Palgrave Macmillan）的"社会—法律研究"（Socio-Legal Studies）⑥。还有一些专业机构、研究会支持的出版物，如"奥尼亚蒂法律与社会国际文丛"（Oñati International Series in Law and Society）⑦，以及剑桥大学出版社的"情景中的法律"（Law in Context series）⑧ 这种无所不包的法与社会系列丛书。⑨ 这还不包括纽约大学出版社出版的"机械神：法律、科技与社会"（Ex Machina：Law，Technology，and Society）⑩、事务出版社（Transaction

① See https：//global. oup. com/academic/content/series/o/oxford-socio-legal-studies-osls/？ cc = cn&lang = en&，last visited on June 22，2022.

② See https：//www. routledge. com/series/SCLW，last visited on June 22，2022.

③ See https：//www. lfbscholarly. com/search-series/law-and-society-recent-scholarship，last visited on June 22，2022.

④ See https：//www. ashgate. com/default. aspx？ page = 5097&series_id = 366&calcTitle = 1，last visited on March 21，2015. 阿什盖特出版公司已并入劳特里奇出版公司。

⑤ See https：//www. routledge. com/The-International-Library-of-Essays-in-Law-and-Society/book-series/ASHSER-1249，last visited on June 22，2022.

⑥ See http：//www. palgrave. com/subjects/law/socio-legal/，last visited on June 22，2022.

⑦ See http：//www. iisj. net/en/publications/o% C3% B1ati-international-series-law-and-society，last visited on June 22，2022.

⑧ See http：//www. cambridge. org/gb/academic/subjects/law/law-general-interest/series/law-context，last visited on June 22，2022. 丹尼斯·加利根在其一篇文章中说，"which shows not just that the application of the law is influenced by its social context but that，in a complex and perplexing way，it is constituted by that social context"。See D. J. Galligan，"Introduction," *Journal of Law and Society* 22（1995）：6.

⑨ See also Philip Selznick，"'Law in Context' Revisited," *Journal of Law and Society* 30（2003）：177-186.

⑩ See http：//nyupress. org/series/ex-machina-law-technology-and-society/，last visited on June 22，2022.

Publishers）出版的"法律、文化与社会丛书"（Law，Culture，and Society Series）①、爱墨瑞得（Emerrald）出版公司出版的"法律、政治与社会研究"（Studies in Law，Politics and Society）② 等广义上的社会与法律系列。这些书系少则数十本，多则成百册，一般出版周期都很长，而且都在继续出版，也在进一步细分。除此之外，还有各种关于"法律与社会"的研究指南。2007 年 SAGE 出版社还出版了三卷本的《法律与社会百科全书：美国与全球的视角》③。这使得任何暂时的和片段的批评都可能失之片面，进而落入一种主观的想象中，或者筑起自我看似坚固，实则非常脆弱的围城。塔玛纳哈关于法律的社会—法律实证主义（socio-legal positivist）④研究可以看作一个非常坦诚而且有建设性的成果。

（三）批评的起点

比较不免区分彼此，划出阵营，进而贴上标签。标签在带来方便的同时，也悲剧地将问题简单化。不管贴在一个标签下的各群体内部成员之间的分歧有多大，都会被对方一概用一个标签所代替。不幸的是，在比较、批评的时候，我们都喜欢用夸张的方法来指出对方所谓的漏洞。最关键的是，我们在批评的时候，极有可能拿出的是对方最短的那一块木板，但比较的却是自己最长的那一块。除此之外，我们也会习惯于从自己的角度出发来想象对方的不可能，进而否认对方工作成功的可能性。法教义学对社科法学中以法社会学、法人类学作为研究进路的学人持严重怀疑态度——不仅怀疑法学院的学者是否有能力进行严格的社会学、人类学研究，而且质疑个案分析的代表性，也担心定量分析的复杂性。

---

①　See http：//www.transactionpub.com/merchant2/merchant.mvc？Screen = series-category&Store _ Code = TRANSPUB&Category_Code = 1550，last visited on June 22，2022.

②　See http：//www.emeraldgrouppublishing.com/products/books/series.htm？id = 1059 – 4337，last visited on June 22，2022.

③　David S.Clark（ed.），*Encyclopedia of Law and Society：American and Global Perspectives*（Three Volume Set）（V.1–3）（California：SAGE Publications，Inc.，2007）.

④　布莱恩·Z.塔玛纳哈：《一般法理学：以法律与社会的关系为视角》，郑海平译，中国政法大学出版社，2012，第 164～209 页。See also Brian Tamanaha，*Realistic Socio-Legal Theory：Pragmatism and a Social Theory of Law*（Oxford：University Press，1997）.

与之相伴的一个问题是，何以避免用一种静态的眼光来对待一个不断变化的内容，而不至于固化鲜活的内容。

最后，既是一个小结，也是对前文的一个回应。可以看到，这一系研究是非常开放的，可以有很多的进路。① 比如正在兴起的法律地理学（geography of law）/法律与地理（law & geography）/法律与空间（law and space）研究。要略作说明的是，虽然地理学，尤其是人文地理学已归于社会科学，② 但对那些从地理学角度来研究法律与地理、法律地理学的作者来讲，他们并不太愿意将自己的研究屈从在"社会—法律研究"这样的框架下，而是相信他们与这样的研究，③ 乃至其他"法学+X"（law and X）④的研究是并列的。

在某个点上（法律独立于社会的时候⑤），我们视法律为一种作为规范而存在的社会控制方法；但事实似乎并不总是这样，因为法律并不是被动作用于社会，它不仅会对社会产生反作用，还会在社会与法律之间进行广泛、深入的互动。塔玛纳哈的研究就是这样。也正是在这个时候，

---

① 尽管本章所讲之"社会—法律"研究主要是指英国语境下的有关法社会学研究的一种表述，但如果我们能够稍微放开语言的形式，而是从其所指、意义出发，则会发现这种松散的连字符很好地表达出了这样一种旨趣——"透过法律观察社会，参照社会理解法律"（上海交通大学凯原法学院原法社会学研究中心标语）。从这个层面出发，我们就会发现社会—法律研究之进路具有无限之多样性，比如国内史学界，特别是社会史、微观史，乃至法国年鉴学派的方法都为我们拓展目前之研究思路提供了经验参考。

② 萨拉·L. 霍洛韦、斯蒂芬·P. 赖斯、吉尔·瓦伦丁编《当代地理学要义——概念、思维与方法》，黄润华、孙颖译，商务印书馆，2008，第41~57页。

③ Nicholas Blomley, David Delaney and Richard T. Ford（eds.）, *The Legal Geographies Reader: Law, Power and Space*（New Jersey: Wiley-Blackwell, 2001）, Preface.

④ 牛津大学出版社自1998年起在"Current Legal Issues"书系下出版了 *Law and Science, Law and Literature, Law and Medicine, Law and Religion, Law and Geography, Law and History, Law and Popular Culture, Law and Sociology, Law and Psychology, Law and Philosophy, Law and Bioethics, Law and Anthropology, Law and Neuroscience, Law and Childhood Studies, Law and Language, Law and Global Health* 共计16卷著作。See Oxford University Press Website, https://global.oup.com/academic/content/series/c/current-legal-issues-cli/? cc=us&lang=en&, last visited on June 22, 2022. 另见陈林林主编《浙大法律评论》第三卷，浙江大学出版社，2016。

⑤ 卢曼之法律系统参见尼古拉斯·卢曼《法社会学》，宾凯、赵春燕译，上海人民出版社，2013。卢曼将法律看作一种复杂的社会系统。See Niklas Luhmann, Fatima Kastner（trans.）, Richard Nobles, David Schiff, Rosamund Ziegert & Klaus A. Ziegert（eds.）, *Law as a Social System*（Oxford: Oxford University Press, 2004）.

法律并不只满足于作为一种社会控制的方法，而是寻求发现、发展自身。换言之，法律可以独立存在。然而，不少的观点却反对法律的这种自信，不时提醒与强调法律实际上是很难自足的，它不能离开社会的土壤和养分。可见，从某种线性的结构出发，法律是作为一种严格的社会规范而出现的。但随着法律的发展，其却不断溢出社会自身的边缘，进而要成为社会的新"神"，甚至是唯一的"神"。然而这不仅不能为社会所接受，也不能为构成社会的与法律近似的其他因素所接受。但现代社会的发展却越来越离不开法律，法律不断将道德、宗教等社会的维系机制驱逐出去。在这一情形下，作为"人"自身在反思法律时，要不断强调法律所应具有的德性，以填充那些被法律所驱逐的社会要素。

五　社科法学（法社会学）的传统研究方法与休厄尔的启发

如果从它们终极的追求来看，社科法学和法教义学既是"对手"，也是伙伴。笔者在刚开始进行法社会学研究时，热衷于"过程—事件"（或称"机制分析"）的进路，而在之后又觉得"制度—结构"（亦称"结构分析"）的路径才是自己要追求的。果然是这样吗？似乎又并不全是这样。在这之外，是否还有更好的选择？或许休厄尔（William H. Sewell Jr.）可以回答我们的疑问，后文将做出阐述。

大体上，"制度—结构"的思路倾向于从已有的材质中抽象出一些普遍的东西来，再进行下一步的演绎。相对而言，"过程—事件"方法是多描述的，但描述得到底怎样，这依赖于描述者的知识前见。尽管如此，描述者的出发点似乎早已隐藏在最终的描述文本中了。笔者要表达的意思是，无论是哪一种思路，如果研究者主要是为了论证某一制度的合理性，或者他归纳了一种非常危险的理论框架，那么这一情况下则有可能出现研究者在研究素材的遮蔽下做出额外解释的倾向。因为，"社会—法律"只是研究者分析问题的框架，研究的起点和终点则完全是开放的。职是之故，如果这种研究的目的是指向某一既定的理论，或者某种意识形态、政治行为，其有可能变成一种理论暴力，并沦为背书的工具。显然，这样的结果是"社会—法律"这一带有很大批判色彩的研究方法所无法接受的,这也失去了其最初的建立根基。但似乎这样的结果在这一方法的发展中不断出现。

由此,有无可能在前述"事件—过程""制度—结构"之外再去寻找新的研究路径,这的确是一个问题。不管是作为基本的研究伦理还是作为理论之于人类社会的意义,过分贴近于现实政治的进路总需要特别谨慎。① 与其得出一个不好的或者是附和于一种事先确立的结论,不如更谨慎一些。因此,有观点批评我们的一些法学研究并不是认真的研究,而是某种政策解释学。

再来看看休厄尔的研究,以回答笔者刚才提出的那个有关机制分析与结构分析之外第三条路的问题。② 休厄尔的工作是在历史学者与社会学者之间建立起对话的有效机制,而这是在"社会转型"这一背景下。休厄尔研究的贡献不在于他重新解释了"结构"与"事件"这两种在他看来为社会学家与历史学家所擅长的方法,也不在于他重复的那正确却无用的陈词滥调——"结构""事件"的方法各有所长,需要根据不同的研究素材选取不同的方法,以及那种折中、各取一半的路线——因为这后一种思维是一种二分法,还是无法真正将两种方法沟通起来。他的工作是通过对"结构""事件"的解释,将二者整合起来,以一种新的思维将这两种普遍的研究路数联系起来,进而孕育出新的方法乃至学科来。休厄尔说:

> 我彼时确信并且至今确信的是,有可能并有必要糅合出一门这
> 样的社会科学,兼具历史学家对社会性时间的敏锐触觉、人类学家

---

① 林端:《台湾的法律与社会》,载高鸿钧主编《清华法治论衡》第 5 辑,清华大学出版社,2005。

② William H. Sewell Jr. , *Logics of History: Social Theory and Social Transformation* (Chicago: University of Chicago Press, 2005). 这本书已有中文译本,见小威廉·H. 休厄尔《历史的逻辑:社会理论与社会转型》,朱联璧、费滢译,上海人民出版社,2012。在现有的作品中,也肯定还有其他的研究者在探讨"机制分析""结构分析"之外的路径,但是笔者暂时没有去做这一工作,这是很遗憾的。中文的作品可参见谢立中主编《结构—制度分析,还是过程—事件分析?》(社会科学文献出版社,2010)一书。此处的论述也仅限于休厄尔在他的大作《历史的逻辑》一书中的观点。

对文化的权力和复杂性的认知，以及社会学家对严密解释的仰赖。[①]

　　尽管休厄尔是针对历史学家和社会学家的对话而言，也尽管在朱联璧、费滢看来，休厄尔"似乎把结构史中的结构和社会结构中的结构等同了……有些微生造联系的倾向"[②]，但其中的洞识是能够提供给社会—法律研究以养分和启示的。休厄尔通过对吉登斯、布迪厄的理论提炼出了关于结构转型的五条通则（axiom），即结构的多样性、图式（schemas）的可变性、资源累积的不可预知性、资源的意义分歧、结构的交叉，[③] 并将其对应于他的事件理论，即"一旦结构的可变性成立，施为（agency）也同时得到肯认。个体和群体有各自施为之外，个体施为亦有群体效应，都可能产生结构转型的效果。这种人类知识调用资源从而改变结构的能力，和结构一样具有建构性"[④]。

　　　我论证结构是由相互维持的文化图式以及一系列资源所构成，
　　许可与约束社会行动，并有可能被同一社会行动再生产……此说与
　　常见的社会学观点不同……也有别于常见的人类学观点……结构是
　　变动而非瘀滞的，是持续演变的结果，也是社会互动产生的源头。
　　哪怕是几乎完美的结构再生产，也是深刻的时间性进程，需要有资
　　源与革新性的人类引导。而同样的资源性施为不仅让结构持续再生
　　产，也让结构转型成为可能……[⑤]

[①]　小威廉·H. 休厄尔：《历史的逻辑：社会理论与社会转型》，朱联璧、费滢译，上海人民出版社，2012，"前言"第 1 页。

[②]　小威廉·H. 休厄尔：《历史的逻辑：社会理论与社会转型》，朱联璧、费滢译，上海人民出版社，2012，"译者序"第 13、18 页。

[③]　小威廉·H. 休厄尔：《历史的逻辑：社会理论与社会转型》，朱联璧、费滢译，上海人民出版社，2012，第 131 页；William H. Sewell Jr., *Logics of History: Social Theory and Social Transformation* (Chicago: University of Chicago Press, 2005), p.140。

[④]　小威廉·H. 休厄尔：《历史的逻辑：社会理论与社会转型》，朱联璧、费滢译，上海人民出版社，2012，第 14~15 页。

[⑤]　小威廉·H. 休厄尔：《历史的逻辑：社会理论与社会转型》，朱联璧、费滢译，上海人民出版社，2012，第 142 页。

简单地说，休厄尔不满意的是"在人类科学中，结构是一种有力、普遍深入且本质性的隐喻，意指恒久、秩序和稳固"①。进而某种意义上，"结构和事件之间互相敌对且无法相互理解"。休厄尔经由对萨林斯（Marshall Sahlins）的理论，以及布罗代尔关于三种基本社会事件范畴分类的概念进行阐释②，提出"要形成有效的关于事件的理论，关键是要有一个健全的关于结构的理论……如果没有充分理解到事件所转变的结构具有的共时性，那就很难对事件进行充分的、历时性的叙述"③。他在"作为理论范畴的事件"中，这样界定自己认为的"事件"：

> 我认为，可以把一系列导致结构转型的偶发事件认定为事件。在日常实践被意外打破后，这种断裂成为了转型事件的起点。④

当然休厄尔所指称的"事件"是限定在"历史事件"的范围内的，他所举的例子是1789年发生在法国的"攻占巴士底狱"。在对这个"历史事件"的叙述中，他分析指出"历史事件重新衔接了结构""历史事件是文化的转型""特定条件形塑了历史事件""历史事件是空间和时间性过程"等观点以表明"事件"是要理论化的，也是能够理论化的。而这又是为了支持他的"历史事件作为结构的转变"。⑤

在其理论的最后，休厄尔以"19世纪马赛港码头工人的经济特权"

① 小威廉·H. 休厄尔：《历史的逻辑：社会理论与社会转型》，朱联璧、费滢译，上海人民出版社，2012，第192页。
② 小威廉·H. 休厄尔：《历史的逻辑：社会理论与社会转型》，朱联璧、费滢译，上海人民出版社，2012，第191页以下。有关布罗代尔这一理论的评析可参见伊曼纽尔·沃勒斯坦《否思社会科学——19世纪范式的局限》，刘琦岩、叶萌芽译，生活·读书·新知三联书店，2008，第160页以下。
③ 小威廉·H. 休厄尔：《历史的逻辑：社会理论与社会转型》，朱联璧、费滢译，上海人民出版社，2012，第214页；William H. Sewell Jr. , *Logics of History*：*Social Theory and Social Transformation*（Chicago：University of Chicago Press，2005），p. 219。
④ 小威廉·H. 休厄尔：《历史的逻辑：社会理论与社会转型》，朱联璧、费滢译，上海人民出版社，2012，第223页。
⑤ 小威廉·H. 休厄尔：《历史的逻辑：社会理论与社会转型》，朱联璧、费滢译，上海人民出版社，2012，第240页以下。

作为个案，提出了一个"事件性时间"（eventful temporality）的观点，以论证在将"结构"与"事件"打通后"结构"所面临的可能的现实张力。他的"事件性时间"是指：

> 社会关系的结构性模式一旦建立后，如何能在很长一段时间内，甚至是经历了相当剧烈的历史转型的时代后，基本不变地继续复制下去。[1]

无疑，休厄尔的"事件性时间"是极富启发意义的。他将自己对"结构"与"事件"的前述理解以及连通二者的基点或者根本路径放在了"重绘社会科学中的'社会'"上，亦即我们要如何定义"社会"。[2] 而这一点正好与前文笔者提及的"社会—法律研究"者提出的界定其中的"社会"（socio-）[3] 一样。

下面对以上休厄尔的研究做一个小结，以及给出其研究对于笔者研究的意义。首先，在中国，社会—法律研究，抑或法社会学研究如果要获得持续的动力及进展的话，首先要关心社会科学的发展，特别是社会学、人类学等的发展，尤其是它们的研究方法及问题意识。其次，结构分析、事件分析可以看作社会学的两种经典研究向路。当我们将其引进社会—法律的研究中时，需要意识到其在现时所面临的问题。再次，虽然问题已经清楚，即我们已经明了结构分析、事件分析是两种不同的切分社会的进路，都有一些与生俱来的缺憾，而且我们并不甘于那种甚少思考式的便宜主义的用法——在不同的场景下选用不同的路数，进而缺乏理论的一贯性；但是笔者就自己的研究体会能够感觉到，如果没有一

---

① 小威廉·H. 休厄尔：《历史的逻辑：社会理论与社会转型》，朱联璧、费滢译，上海人民出版社，2012，第 267 页；William H. Sewell Jr., *Logics of History: Social Theory and Social Transformation* (Chicago: University of Chicago Press, 2005), p. 271.

② William H. Sewell Jr., *Logics of History: Social Theory and Social Transformation* (Chicago: University of Chicago Press, 2005), Chapter 10.

③ Dermot Feenan (ed.), *Exploring the "Socio" of Socio-Legal Studies* (London: Palgrave Macmillan, 2013).

种更为清晰的理论将二者联结起来，即便是在一个研究中折中地同时运用两种方法，依然会感觉到顾此失彼，不能很好地阐释变迁社会中的中国问题。最后，关于休厄尔的理论，并不是说它能够直接套用在中国的问题上，也不是说它能够直接嫁接到社会—法律研究中来——况且休厄尔关心的是在历史学家和社会学家之间的对话问题——而是说它提供的思路：结构并不是完全固定的，事件也并不是截面的，两者能够在社会之下进行互动，经由主体的活动实现结构的转化和事件的结构价值。

第 2 章

在社会中：再思法社会学[*]

我们须充分地了解社会和文化，以便在总的社会结构中发现法的地位。在我们要获得什么是法，以及它是怎样发挥作用这一问题的全面认识之前，我们必须对社会是怎样运行的有所了解。[①]

——霍贝尔

某种意义上，在我国，要回答清楚"法社会学指的是什么""法社会学的主要研究范围是什么""法社会学的核心理论关切是什么""法社会学的方法又是怎样的"等问题并不是一件容易的事。[②] 只要看看目前国内

*　本章之初稿曾分别在同事张辉博士、俞金香教授组织的两个沙龙中分享过，后又于 2021 年 10 月 9 日在青海民族大学法学院举办的"第十一届'法律与社会'高端论坛暨第六届青藏高原法治论坛"上报告过，侯猛教授、尕藏尼玛博士给予了批评意见，在此一并致谢。

①　E. A. 霍贝尔：《初民的法律：法的动态比较研究》，周勇译，中国社会科学出版社，1993，第 5 页。

②　季卫东 2005 年的一篇文章《界定法社会学领域的三个标尺以及理论研究的新路径》对"法社会学究竟是一门什么样的专业科目"作了清晰的研究，但比较遗憾的是这篇文章只在网络上流传，没有得到其应有的重视。参见季卫东《正义思考的轨迹》，法律出版社，2007，第 117~125 页。关于中国法社会学发展的一些回顾、评价性作品，参见侯猛《中国法律社会学的知识建构和学术转型》，《云南大学学报》（法学版）2004 年第 3 期；肖光辉《中国法律社会学研究述略》，《法治论丛》（上海政法学院学报）2008 第 4 期；丁卫《法律社会学在当代中国的兴起》，《法律科学（西北政法大学学报）》2010 年第 3 期；刘思达《中国法律社会学的历史与反思》，载苏力主编《法律和社会科学》第 7 卷，法律出版社，2010；郭星华、郑日强《中国法律社会学研究的进程与展望（2006—2015）》，《社会学评论》2016 年第 2 期；强世功《法律社会学的"北大学派"——怀念沈宗灵先生》，《读书》2019 年第 8 期；杨帆《法社会学理论范式的拓展：从"冲突/共识"模式到"议论的法社会学"》，载《北大法律评论》第 18 卷·2017 年第 1 辑；朱景文《回顾与反思：法社会学研究的不同导向》，《法治现代化 （转下页注）

有影响力的几本法社会学教材之间的差异就能体会到。① 之所以如此，一方面是由于法社会学自身的特点——目前国内的法社会学研究群体主要分为法学背景的研究者与社会学背景的研究者，一如后文将要论述的，他们各自的侧重点还是有一定的差异；另一方面，这也与中国法社会学的发展现状有关——起步相对较晚，而且一度中断，近年的发展可谓"再出发"。也不应忽视的是，国内的法社会学研究受域外理论及研究范式影响很大，但其中最强的两股力量——美国与德国的路数还有不小差异。② 若用一句话来表达的话，即 Anything But Law（对耶鲁大学法学院风格的一种"戏称"）③。尽管很极端，还是讲出了法社会学最关键的思想。不过，再仔细看，这句话其实还是很难把握法社会学的实质内容。比较消极的是，法社

（接上页注②）研究》2020 年第 6 期；刘磊《迈向大国治理的中国法律社会学——对法律社会学研究路径的检视》，载周尚君主编《法律和政治科学》2021 年第 1 辑总第 3 辑，社会科学文献出版社，2021；强世功《"双重对话"与"双重历史"——法律社会学研究的回顾与反思》，载汪晖、王中忱主编《区域》，社会科学文献出版社，2021，第 29～78 页；等等。另见程金华《法律社会学阅读书单》（2020），载"杜威法律公社"微信公众号，最后访问日期：2021 年 5 月 31 日。这份法律社会学书单可能是目前第一份公布出来的完全书单。

① 参见赵震江主编《法律社会学》，北京大学出版社，1998；陈信勇《法律社会学教程》（第四版），浙江大学出版社，2021；李瑜青《法律社会学教程》，华东理工大学出版社，2010；朱景文主编《法社会学》（第三版），中国人民大学出版社，2013；高其才《法社会学》，北京师范大学出版社，2013；付子堂主编《法社会学新阶》，中国人民大学出版社，2014；黄家亮、郭星华主编《法社会学教程》（第三版），中国人民大学出版社，2021；何珊君《法社会学》，高等教育出版社，2021；等等。

② 林端：《法律社会学的定位问题：Max Weber 与 Hans Kelsen 的比较》，《现代法学》2007 年第 4 期；卡尔·拉伦茨：《法学方法论》，黄家镇译，商务印书馆，2020，第 86～93 页。

③ 参见田雷《〈雅礼译丛〉编后记》，载米尔伊安·R. 达玛什卡《司法和国家权力的多种面孔：比较视野中的法律程序》，郑戈译，中国政法大学出版社，2015，第 328 页。法社会学 "Anything But Law" 的这种特点，一方面可以看作是其优点，具有极大的灵活性，视域也特别开阔，但是另一方面，这也是其不足的地方——具体而言，读者永远不知道法社会学下一张要出的牌究竟是什么。它的论域是如此的广泛，以至于无法把握其稳定的骨架是什么。这与成体系的，特别是按照潘德克顿思路建立起来的规范法学形成了鲜明的对比。就科学性而言，规范法学的确做到了极致，但是法社会学则可能会陷于各种质疑之中，因为论述者，除非是如韦伯那样包罗万象的天才综合家，所描述的多为一些片段，甚至是一些带有机缘性质的偶遇片段，就更难让一般读者满意，比较难以做到客观。尽管如此，面对现实，即便是如法律这样的规范，其在社会中也需要进行解释——不仅要解释人们对待法律的态度，还要解释作为一种事实的法律本身——一种对于法律本身的社会生活批判。

会学这种清晰而又不清晰的状态可能会一直存在，因为你永远不知道在未来这个"筐"还会装入什么。也许，正是这种研究内容的不确定性才使得法社会学在一百多年的发展中有着无尽的话题。① 也正是这种研究议题上的开放性，使法社会学领域比较多地在面临高更（Paul Gauguin, 1848～1903）三问："我们从哪里来？我们是谁？我们到哪里去？"

下述内容上承本书第一章，对法社会学的研究趣旨、所依赖的核心理论、研究方法等内容做一种非常个人化的进一步反思。② 需要一开始就交代的是，一方面，笔者对改造法律并没有太大的冲动，另一方面，笔者也不擅长从政治等角度进行法律分析。笔者最感兴趣的可能是对法律的社会理解和阐释而不是对法律的教义学解释，而这指向的便是观察和思考现行法在社会中的实践，当然这也会一定程度地回溯到历史的世界中去。在这个意义上，本章的论述更多的是一种"作为方法"的法社会学，而非那种具有自身独立内容之"法社会学"。③

另外，在过去的法律学习中，对那种认为法律制度之适用不畅主要在于法律不够完备，特别是相对于域外"发达国家"而显现出某种缺失，或者法律制度解释机制不够科学，进而企图通过立法与司法的不断完善而使法律制度臻于完美的态度，笔者还是有所保留的。人的理性建构能力可能还是比较有限的，或者说大体是有一定边界的，规则不是万能的，实践中一些法律规范不适用或者出现走样与变形，并不是因为制度不完

---

① 在本章的叙述中，比较明显的是自觉不自觉中就表现出某种国内法社会学在研究思路、研究对象、研究范式等展开上的来自西方的影响。国内法社会学的兴起是比较晚的。关于域外法社会学发展的中国学人综述可参见罗杰·科特雷尔《法律、文化与社会：社会理论镜像中的法律观念》，郭晓明译，北京大学出版社，2020，译者导言。另见乔治·古尔维奇《法社会学的研究对象及基本问题》，施鹏鹏、梁宵译，载郑永流主编《法哲学与法社会学论丛》2012 年卷·总第 17 卷，北京大学出版社，2012，第 290～295 页。

② 类似的面向学生的概说与研究如：夏勇主编《法理讲义：关于法律的道理与学问》，北京大学出版社，2010；赵军《刑事法学经验研究中的若干问题——给法科学生的方法建议》，《犯罪研究》2021 年第 3 期，第 11～21 页。

③ 当然，法社会学要获得足够的地位，一定要有自己的核心理论。参见泮伟江《超越"错误法社会学"：卢曼法社会学理论的贡献与启示》，《中外法学》2019 年第 1 期。一种比较简洁的评论性研究可参见阿图尔·考夫曼、温弗里德·哈斯默尔主编《当代法哲学和法律理论导论》，郑永流译，法律出版社，2013，第 464～491 页。

备，而是有其社会原因的，即法律与社会之间是互动的，彻底的规则主义者有时候是无法理解具体社会中的法律的。

一　法社会学的出发点、主要关切及对其质疑的回应

（一）对"社会"的理解和认识

对法社会学的总体形象进行概括性描述，恐怕还是得从其学术谱系讲起。[①] 在这里，笔者将采用非常不严谨也很粗糙的方法即纯粹的个人体验的方法（借用侯猛的话，就是"一个局内人的知识社会学观察"[②]）来阐述。笔者对法社会学研究的体认大体上有"社会—法律"这样的一种偏好，即首先强调社会，将法律放在社会之中。[③] 申言之，笔者希望能够在对社会本身的运行及发展逻辑有一定认识的基础上，再观察法律本身。[④]

笔者理解的"社会"，首先应当是"人类社会世界"，更进一步，其关心的是具体的"社会现实"、各种"社会现象"，即不是与国家（state）相对应的"市民社会"[⑤] 等这种有限定的社会（society）。[⑥] 其中的逻辑和

---

① 马修·戴弗雷姆：《法社会学讲义——学术脉络与理论体系》，郭星华、邢朝国、梁坤译，北京大学出版社，2010。

② 侯猛：《当代中国法理学的变化与反思——一个局内人的知识社会学观察》，《北京航空航天大学学报》（社会科学版）2019 年第 1 期。

③ 有必要将本章中的"社会—法律研究"与曾经同美国的法律和社会运动、欧洲的法律社会学并列的英国"社会—法律研究"相区分，本章是在最宽泛的意义上来使用这一术语的。有关英国的"社会—法律研究"可参见何勤华、李琴《英国法社会学研究 70年——以"社会—法律"研究的变迁为重点》，《法学》2017 年第 12 期。本章所述之"社会—法律研究"混合了国内的法社会学研究与法人类学研究，或许可以创造一个新词——"法律社会人类学研究"。

④ 无独有偶，笔者看到一种与此旨趣颇为接近的表述，参见罗东《朝向"社会"的社会学》，《新京报》2021 年 7 月 16 日，第 B02 版。当然，笔者在正文中的表达，对于法学院的同学而言，可能会存在一定的问题，即法律的独特性到底在哪里，毕竟，即便是在弱的意义上，法律也是这个社会中安排秩序的一种权威，甚至是终极方法——法律是控制这个社会的。

⑤ 陈弘毅：《法理学的世界》，中国政法大学出版社，2013，第 235～289 页。

⑥ 费孝通先生 1993 年的一篇演讲"个人·群体·社会——一生学术历程的自我反思"起手就讲道："对'社会'历来有两种基本上的不同看法。一是把社会看做众多个人集合生活的群体……另一看法却认为群体固然是由一个个人聚合而成，没有一个个人也就没有群体……但是形成了群体的个人，已经不仅是一个个生物体……进入了另一个层次，这个层次就是社会界。"费孝通著、刘豪兴编《文化的生与死》，上海 （转下页注）

思路是这样的，那种"市民社会"有自己特定的含义，在这个概念进入中国之前，不能说"社会"就不存在。事实上，"社会"这个词也不是中国的本土词，我们知道中国过去有"社""会"，但是并不讲"社会"。这一段历史为杨念群等学者细致描述过。① 中国作为一个"国家"，那也是现代了，之前并不是这样。我们在过去那是"王朝"，讲的是"天下观"，没有这种"国"的概念——这是 1648 年《威斯特伐利亚和约》签订后的新事物。② 我们知道丁韪良（William Alexander Parsons Martin, 1827~1916）翻译了一本书叫《万国公法》（*Elements of International Law*），它对我们的国际法观念的启蒙很有意义。③ 近年来这类研究越来越多，其中的思路也越来越清晰。④ "国家—社会"这一分析框架在操作中还是要注意一些。当然前述笔者关心的"社会"其实是很抽象、模糊的。事实上，当人类社会进入有组织的生活后，无论是在滕尼斯所讲的"共同体""社会"二分，⑤ 还是涂尔干的"机械团结""有机团结"中，那种纯粹的、接近于"自然"的"社会"早已不可能存在，这种社会很突出的一点就是"国家"等政治机构的各种类型的管理或统治。但是我们也看到，在诸如关

（接上页注⑥）人民出版社，2013，"代序"第 1~2 页。在今天，关于"社会"的解释太多了。比如布莱恩·特纳编《社会理论指南》，李康译，上海人民出版社，2003，第 32~33 页；提姆·梅伊、詹森·L. 鲍威尔《社会理论的定位》，姚伟、王璐雅等译，中国人民大学出版社，2013，第 17~22 页。另外"国家—市民社会"尽管是非常经典的分析路径，但其不足也是明显的，不少的作品都在尝试何以超越这种二元论。

① 杨念群：《五四的另一面："社会"观念的形成与新型组织的诞生》，上海人民出版社，2019；增渊龙夫：《中国古代的社会与国家》，吕静译，上海古籍出版社，2017。

② 参见赵汀阳《惠此中国：作为一个神性概念的中国》，中信出版集团，2016；李零《我们的中国》，生活·读书·新知三联书店，2016。

③ 刘禾：《帝国的话语政治：从近代中西冲突看现代世界秩序的形成》，生活·读书·新知三联书店，2009，第 146~186 页；徐中约：《中国进入国际大家庭：1858-1880 年间的外交》，屈文生译，商务印书馆，2018。

④ 葛兆光：《宅兹中国——重建有关"中国"的历史论述》，中华书局，2011；项飚：《普通人的"国家"理论》，《开放时代》2010 年第 10 期；王柯：《从"天下"国家到民族国家：历史中国的认知与实践》，上海人民出版社，2020；强世功：《文明终结与世界帝国：美国建构的全球法秩序》，三联书店（香港）有限公司，2021。

⑤ 方维规：《"形成的"和"做成的"——重评滕尼斯〈共同体与社会〉》，《南国学术》2019 年第 2 期。

于普通人日常生活的研究中，那种相对纯粹的"社会"① 是有很大存在空间的，或许这种社会下的法律更接近法律的真实运行。社会学在百余年的发展中形成了比较明显的几种范式，如图2-1所示。

图 2-1　社会学理论的基本范式

资料来源：周晓红：《社会学理论的基本范式及整合的可能性》，《社会学研究》2002 年第 5 期。

那么又怎样才能达致对"社会"的认识和理解呢？比如微观—宏观、局部—整体等各有侧重的思路，具体呈现出来的则是长时段下的历史考察、日常生活的观察等不同的文本，在这里历史大事件与时代小人物相映成趣，具体的维度上则可能是地理、历史、文化、心理等。② 而对前述考察角度，不同的研究者肯定有不同的路数。总体上，笔者可能更加偏向弗里德曼那种基于历史的事后回溯性观察，视角上更加倾向于李安《饮食男女》、侯孝贤《童年往事》的一些电影作品的视角——长镜头、生活琐事。总之是在政治、制度的奔腾之下，凝视生活的琐细。笔者对历史学者王笛的《茶馆：成都的公共生活和微观世界，1900-1950》会很有感觉。③ 从

---

① 可参读《论语·微子》。

② 参见伊曼纽尔·沃勒斯坦《现代世界体系》，郭方、夏继果、顾宁等译，社会科学文献出版社，2013；迈克尔·曼《社会权力的来源》，刘北成等译，上海人民出版社，2018；等等。

③ 法律社会学旨趣上的这种发散性，导致其不仅通过社会学、人类学去寻找营养，大量的与社会学、人类学相交叉的如历史社会学、历史人类学、政治社会学等都是其参考比照的对象。这些学科都带给个人非常好的阅读体验，也触动了不少个人研究的灵感，比如傅衣凌、刘志伟、程美宝、鲁西奇、赵世瑜、埃马纽埃尔·勒华拉杜里（Emmanuel Le Roy Ladurie）、娜塔莉·泽蒙·戴维斯（《马丁·盖尔归来》的作者）等学者的作品。刘思达在一篇文章中，详细讨论了法律社会学的叙事方式。参见刘思达《浅谈法律社会学的三种叙事方式——以新冠肺炎疫情为例》，《中国法律评论》2021 年第 2 期。

理论上看，笔者更可能接受韦伯那种基于对社会的认识、理解、解释的思路。基于此，这可能更多的是经验性的观察，甚至体验，而不全是如统计数据等所呈现的那种"规范"（科学）的实证方法。①

具体而言，首先是阅读关于社会的描述性作品，这在比较多的社会学、人类学的作品中都有很好的体现；② 其次是个人的生活阅历、对社会日常生活的体验和观察（田野调查）——所谓的经验［一般所谓的经验研究（empirical studies）即是这个层面］；③ 最后是通过影视作品等的间接感受……通过这样的一些途径，一是可以对自己生活的周遭社会以及环境有一个大体的认识和理解，二是也会对他处的社会有一些认识，也不忘对这些"他者"社会与自身所处之社会进行一定的比较——当然，这种比较是同心圆式的，可以随个人视野和格局不断向外扩展。这样的一种偏重于经验的方法，可能会有助于个人对社会做出某种定性判断的思考，比如我们说的乡土社会、城市社会、迁徙社会、熟人社会、半熟人社会、陌生人社会、大型社会、风险社会、网络社会等。④ 当然，这些

---

① 可参见费孝通《师承·补课·治学》（增订版，生活·读书·新知三联书店，2021）、王铭铭《他乡故土间：我的身游、心游与"乡愁"》［《广西民族大学学报》（哲学社会科学版）2021 年第 4 期］等作品中所体现出来的社会"感觉"。

② 从全世界来看，比起法学，作为一个学科的社会学其历史很短；这在国内，依然如此，但是社会学所具有的影响力，特别是其对于社会现实的洞察和敏感度——那些侧重于"社会问题"研究、目光向下、关注边缘、底层的社会学作品更是如此——又是法学学科在某些时候所不能比拟的。事实上，这几十年国内社会学的蓬勃发展为法学提供了很多的养分。参见周晓虹主编《重建中国社会学：40 位社会学家口述实录（1979—2019）》，商务印书馆，2021。

③ 比如黄盈盈等《我在现场：性社会学田野调查笔记》，山西人民出版社，2017。

④ 基于对社会的观察而做出的种种理论概念（理念）的提炼不但使得更深入的理论研究变得可能，也在社会学与社会理论之间架起了桥梁。同样地，这样的提炼与升华亦为法社会学研究的拓深提供了观察与思考的切入点。在这里我们会清晰地感受到社会之于法律的影响，比如新冠肺炎疫情，除了让我们对当下所谓现代性不断加深之城市社会做出反思外，在法律上我们一方面不得不基于"紧急状态"而让渡我们的某些法律权利，另一方面对正常情景下不曾在意的法律权利进行捍卫；更进一步，新冠肺炎疫情也让我们在考虑我们的法律权利的同时，从更高层次，比如哲学的视角来思考我们的社会、人类自身的生存这类看似形而上其实非常具有根本性的问题。而对这些问题的思考，当然会涉及我们对于法律的认识。与城市社会中法律具有当然地位不同的是，乡村向来被视为法律的边缘地带。同样，对于城市社会，基于对其病症的诊断，也不断通过法律来对其予以规制，比如《反不正当竞争法》《反垄断法》《消费者权益保护法》（转下页注）

可能都是对我们当下社会一些片段的处理，而更为宏观的判断则是诸理论家对"现代社会"的总批判，比如我们熟悉的古典社会学三大家的理论，又如哈贝马斯关于"现代性乃一项未竟事业"的论断等。

不过，笔者也感到这种自社会来看法律的思路也是有一些需要注意的地方的，比如久而久之将自己、事件等放置在社会之下来观察，则可能会变得更为现实（消极）一些，对问题的观照与考虑大体上会妥协、折中，觉得生活大体就是如此，你又能如何——因为社会给了你一个基本的框定。

（二）社会—法律研究的主要工作

基于前述个人的学术旨趣，笔者的法社会学研究很明显地体现在基于事件、案件这样的个案分析与基于区域社会—法律关系检讨这样的更大尺度之间。由此出发，自然地便形成对社会的理解与认识，进而探寻其间之运行及发展逻辑并观察、体认其中的法律。

"社会中的法"这一宏观视角，就是要看在社会中法律到底是怎样的。具体而言，笔者更关心的是社会中个体、行动者的"法律行为"，典型的如民众法律意识的研究，另外就是司法过程研究。[①] 对此，法人类学的"民族志"大概是最能体现出这一思路的研究。从法律人的视角来看，因为我们的规范法学知识训练前见，我们可能对所谓"书本上的法"（law

---

（接上页注④）《个人信息保护法》等法律的作用日益重要。对于以上问题，福柯、鲍曼等学者的思考带给法学研究特别大的启发，这当然也显出了法社会学研究的意义。

① 客观地说，包括司法过程在内的司法研究应当是国内法社会学研究成果较为丰硕，也较为成熟的一个领域，特别是如《法律和社会科学》《人大法律评论》《中山大学法律评论》等在国内很有影响力的集刊都做过专辑来专门研讨相关的议题。但这并不是说目前的司法研究就已经很完美，比如研究司法过程就需要先了解真实的司法过程是怎样的，然而要对司法过程有全面真实的了解，要求又是特别高的，这就导致不少的研究往往是如盲人摸象般地针对一鳞半爪的素材做片段研究，这并不一定是"一滴水里见阳光"，也有可能是故作惊人之语。是以，一些来自司法实务内部的用心之作特别值得我们关注，比如李心鉴《抗辩的艺术》（第1~4卷），法律出版社，2014、2015。这套4卷本著作虽然非专门的法社会学之作，但是清晰完整全面地呈现了一位资深律师是如何去完成一件诉讼案件的，书中不仅有律师自身的作为，亦有对对方当事人的分析，更有对法庭、仲裁委的分析，还有律师个人的心境，甚至包括其个人工作之外的生活，总之这套书全景地呈现了自律师角度出发的司法过程，而且这套书的样本足够大，记录了40余例案件的办理经过。

in book）与"行动中的法"（law in action）之间的张力非常敏感。① 具体来说，我们从一开始接触到的就是作为法典的各种形式的法以及对这些法律原理及其精神进行解释的各种学说理论。是以，我们就会出于对这些现象的反思，探寻这背后的原因，即对这些现象的各种解释：要么批评任何一个方面，要么觉得这是一种正常存在——事实与规范之间的合理张力（当然作为一种妥协，只要不是太夸张就可以了）。随着我们对法律实践的进一步理解，也是对法律学说的深层次理解，我们可能会觉得法律的内核并不像其所宣称的那样，法律自身的独立性很值得怀疑，特别是政治的影响……一旦打开了这个暗箱，就会发现各种各样的因素都会影响法律和司法，如社会的、心理的、个体的等很多因素。② 在这个时候，我们就会质疑我们所面对的这个法律文本以至整个法律体系。这一点或许是与以研究实在的法律规范为主要任务的法律解释学在趣旨上最根本的不同。③ 除了对社会中的法律实践的这种直观之观察外，我们可能更多是研究狭义上的实践中的法律——公检法里运作的法。④

---

① 朱景文教授主编《法社会学》，中国人民大学出版社，2013。其中第二编的标题即为"行动中的法"。

② 2022 年 1 月 10 日，山东省青岛市城阳区人民法院对原告江××与被告刘××生命权纠纷案作出一审判决。判决中有这样一段文字："江×作为一名在异国求学的女学生，对于身陷困境的同胞施以援手，给予了真诚的关心和帮助，并因此受到不法侵害而失去生命，其无私帮助他人的行为，体现了中华民族传统美德，与社会主义核心价值观和公序良俗相契合，应予褒扬，其受到不法侵害，理应得到法律救济。刘××作为江×的好友和被救助者，在事发之后，非但没有心怀感恩并对逝者亲属给予体恤和安慰，反而以不当言语相激，进一步加重了他人的伤痛，其行为有违常理人情，应予谴责，应当承担民事赔偿责任并负担全部案件受理费。"参见山东省青岛市城阳区人民法院 （2019） 鲁 0214 民初 9592 号民事判决书。也在这一天，一篇法学论文《论司法的道德能力》［江国华著，《武汉大学学报》（哲学社会科学版）2019 年第 3 期］引起了社会的热议。

③ 参见郭栋、张志铭《法学如何对待事实：一个学科史的考察》，《法治现代化研究》2018 年第 3 期；郭栋《法律的社会科学研究：理论边界与跨域协同》，《经贸法律评论》2019 年第 4 期；雷磊《法社会学与规范性问题的关联方式——力量与限度》，《中外法学》2021 年第 6 期。

④ 比如丁卫《秦窑法庭：基层司法的实践逻辑》，生活·读书·新知三联书店，2014；赵耀彤《法治的追问：基层司法观察笔记》，中国法制出版社，2020；刘哲《司法的趋势》，清华大学出版社，2021；张文波《"隐匿"的治理——人民法院非正式机构及其运作机制》，《治理研究》2019 年第 6 期；张文波《人民法院的司法治理及其功能变迁》，载《法律和政治科学》2020 年第 1 辑·总第 2 辑，社会科学文献出版社，（转下页注）

大体上，上面的这种思路会动摇我们对法律独立性以及其在社会中所宣称的作用的认识。但是，我们都知道，特别是在现代社会，法律并未因为我们这种质疑和担忧而在一夜之间崩塌，反倒是越来越重要。在这一矛盾下，我们要意识到，法律是有其独立性的，尽管受到各种因素的制约，但它还是存在得好好的。这就变得特别有意思了。① 我们的工作从这里便开始了，这令人联想到古典社会学三大家之一的涂尔干的研究，比如其《社会分工论》，② 即一方面我们需要不断地去挖掘支撑法律屹立不倒的秘密，另一方面则是要去考虑影响法律的那些因素及其作用的机制：这既是为了让法律变得更好，也是为了保护法律本身不受侵蚀。③ 这后一方面的工作，大体就是笔者个人所理解的法社会学的工作。具体而言，笔者的出发点是，虽然最终的关注点是法律，但是法律不是第一性的，而是第二性的，第一性的是"社会"这个前提。笔者可能是一个社会中心主义者，或者说社会决定论者，即在这里，法律不是一种真空存在，哪怕在今天有非常强劲的声音在说"通过法律的社会控制"，但这种法律也不能是"任意"的，而是存在于"社会"之下——从长时段来看，

（接上页注④）2020，第147~175页；张文波《司法运作中的政治治理：以"人民法院重大事项请示报告制度"为例》，载焦宝乾主编《浙大法律评论》第7卷，浙江大学出版社，2021。

① 对此的一个讨论可参见於兴中主讲，陈金钊、高鸿钧、屈文生、鲁楠、丁玮、杨静哲、余盛峰等与谈的《法的自主性：神话抑或现实？——世界3与法的自创生系统》（载郭为禄、叶青主编《自主性与共同体："东方明珠大讲坛"讲演录》第1辑，商务印书馆，2021）。另见侯猛、孟庆延主讲，黄家亮、翟志勇、白中林、何启豪、朱明哲、王楠、吕梦醒、孙海波等与谈的《多元视角下的社会科学研究：法学与社会学的对话》（中国政法大学第21期青年教师发展论坛，2019年4月18日），载"中国法律评论"微信公众号，最后访问日期：2021年5月30日。

② 参见《涂尔干文集·第1卷（道德社会学卷1）：社会分工论》，渠敬东译，商务印书馆，2020，第257页。2020年底，商务印书馆推出了由渠敬东教授主编、经新整理的10卷本《涂尔干文集》。阅读涂尔干的作品，能够感受到这位大学教师对于社会的那种独特情感，在他面对那个处于分崩状态、将要裂开、存在精神危机的社会时，他在想尽办法将这个社会"团结"起来。

③ 无独有偶，笔者在对特文宁作品的阅读中，也感受到这种学科趣旨，也因此，笔者很难接受对法社会学的一些批评观点，似乎法社会学无论是对于法学研究还是对于法律实务的展开都是无意义、无价值的。这一点无意中说明了这一类观点自身的封闭性。参见威廉·特文宁《反思证据：开拓性论著》，吴洪淇译，中国人民大学出版社，2015，第267~268页。

那里不曾有过包括法律在内的事物对于社会的突破。借用波兰尼的说法，即法律从未"脱嵌"（disembedding）于社会。① 我们也可以说，法律所处理皆社会之事，当然需要了解社会。② 那么，在这样的一种"社会中的法"③ 的视野下，法律又是怎样的呢？（1）这是一种"社会"放大镜、显微镜下的法律观察与反思。（2）这是一种偏重于解释的法律研究方法。④（3）法律的失灵并不奇怪。（4）法律不只包含实证法，还有其他非实证法。（5）包括法律在内的社会规范是多样的，法律不是万能的……⑤

从这样几个大的前提出发，显然笔者会将法律视为已经存在于我们面前的"现象"。基于此，对这一现象的各种考察便是自然而然的。以笔者学习研究的专业民事诉讼法学为例，在宏观上，笔者会考察我们国家一段时期内民事司法实践的变迁，尝试得出一些结论并解释之。⑥ 在微观

① 参见卡尔·波兰尼《巨变：当代政治与经济的起源》，黄树民译，社会科学文献出版社，2013。另见罗杰·科特威尔《法律社会学导论》，彭小龙译，中国政法大学出版社，2015，第 26 页。
② 对此，感谢甘肃政法大学陈鹏博士的启发。
③ 尽管差异不是很大，但还是要指出"社会中的法"较之"社会学视野下的法律"范围还是广了一些，在后一种思路下，我们还可以考虑诸如经济学、政治学、心理学等视野下的法律——一定程度上，它们都可被视为对"社会中的法"的研究。
④ 这里的解释指的是对某一不合理或者反常法律现象成因及作用机制的解释。
⑤ 作为一种对比，可参照"早期美国法律与社会运动早期的几个基本倾向"。参见《美国"法律与社会运动"的兴起与批判——兼议中国社科法学的未来走向》，《交大法学》2016 年第 1 期；Calvin Morrill, Lauren B. Edelman, Yan Fang and Rosann Greenspan, "Conversations in Law and Society: Oral Histories of the Emergence and Transformation of the Movement（October 1, 2020），" *Annual Review of Law and Social Science* 16（2020）：97-116。"社会规范是多样的，法律不是万能的"这一点可以视为法社会学研究另一个特别重要的研究思路，这最早应该追溯到埃利希的研究。参见欧根·埃利希《法社会学原理》，舒国滢译，中国大百科全书出版社，2009。
⑥ 国内诉讼法学界非常经典的这类研究，可参见左卫民《刑事诉讼的中国图景》，生活·读书·新知三联书店，2010；左卫民《实证研究：中国法学的范式转型》，法律出版社，2019；陈瑞华《刑事诉讼的中国模式》（第三版），法律出版社，2018；陈瑞华《论法学研究方法》，法律出版社，2017；滋贺秀三等《明清时期的民事审判与民间契约》，王亚新等译，法律出版社，1998；棚濑孝雄《纠纷的解决与审判制度》，王亚新译，中国政法大学出版社，2004；寺田浩明《权利与冤抑：寺田浩明中国法史论集》，王亚新等译，清华大学出版社，2012；王亚新等《法律程序运作的实证分析》，法律出版社，2005；王亚新《民事诉讼与法律服务》，法律出版社，2015；等等。左卫民教授基于其多年来不断的对司法实践的观察，得出了另一种关于我国刑事诉讼及司法程序的另一种见解。陈瑞华教授的贡献在于他基于张五常、波普尔等关于社会科学研究 （转下页注）

上，笔者会做一些个案考察，比如看看某一个法院在实践中是怎样进行调解的，同样是使用解释的思路，当然前提可能是先用人类学的方法，比如格尔茨所讲的"深描"，或者所谓的"民族志"。解释什么呢？解释法官为什么会这样做。但就具体的解释而言，可能不只是按照法条进行解释，可能是从社会出发，对其进行一种远远超出法律本身的解释。需要指出的是，这种偏向于解释的旨趣，可能最主要的还是出自韦伯，这不仅在其《经济与社会》中有交代，在其社会科学方法论的系列作品中也有非常核心的讨论。

上面的考察，关心的可能还是一种常态化或者常规化的法律实践；但有时候可能会特别在意那些非常态、不正常的法律现象，比如前面提到的法律的理想与现实之间的差异，即那些严重背离了法律规定的实践，并尝试对其进行解释。① 当然还有其他方向上的关于法律的"社会的"（social）② 考察，但即便是从前面这两种思路出发，我们也已经能够看到，法律在这里是被审视的对象，而不是一个无法质疑的先定——特别是将其视为一种原初的社会动力装置。在这样的情形下，至少笔者会觉得法律在社

（接上页注⑥）思路的创造性发展，于我国的刑事诉讼、证据制度、司法改革等不断发出振聋发聩的声音。（张五常教授有一句话，"最愚蠢的学者，是试图解释那些从来没有发生过的事"，参见张五常《〈佃农〉五十忆平生》，中信出版集团股份有限公司，2019年；陈瑞华教授在其《论法学研究方法》中多有提及。）王亚新教授的贡献不仅在于他身体力行实践了中国民事诉讼的实证研究，支撑起了非常薄弱的民诉学科经验研究，还在于他自 20 世纪 90 年代末期以来不断翻译日本学者如滋贺秀三、寺田浩明、棚濑孝雄等的法社会学作品，对我国早期法社会学研究起到了启蒙作用。

① 显然，这里及本章其他地方所不断突出的法社会学下的"解释"是不同于法律解释学意义下的解释的。当然，要警惕的是法社会学下的解释有时候也可能会沦为某种政治合理性背书的工具，这也是实证法学强调将除法律规范之外的一切内容都排除出法律的一个理由。需要特别补充的是，本章中及国内法学界其他作品经常会出现的"实证法学"，指的是"分析实证主义法学"，将其简称为"分析法学"可能更恰当，也更能避免使用上的歧义。之所以称其为实证法学，是指其研究的是纯粹的、客观的、科学的法律规范，此法律规范是相对封闭、独立的。与此术语交叠的"法律实证研究"，在最狭义上指的就是法律的经验研究。参见侯猛《实证"包装"法学？——法律的实证研究在中国》，《中国法律评论》2020 年第 4 期。

② 对 social 与 society 的一种考察，可参见小威廉·H. 休厄尔《历史的逻辑：社会理论与社会转型》，朱联璧、费滢译，上海人民出版社，2012，第 316 页以次 [William H. Sewell Jr., *Logics of History*: *Social Theory and Social Transformation* (Chicago: University of Chicago Press, 2005)]。

会中虽然很重要，但不是不可代替的，作用也并没有其许诺的那样大。是以，也就不会奇怪，法社会学的学者会关心那些诸如"黑社会""江湖社会""国家权力飞地"等处的"法"的问题。①

是以，也就不难有这样的看法，即一方面，我们也不必将社会的一些功能，比如秩序的维护交由法律，另一方面，即便法律有时候失灵，我们也不必过于失落。这样一来，从功能主义的视角出发，笔者会再去寻找与法律功能差不多的其他"事物"。举一个例子，我们会觉得舆论压力、道德情感等同样能够起到法律的作用，在这方面一些法律民族志做得很好，比如朱晓阳的研究。也正是在这个方向上，我们可能才会比较好地理解法律民族志的旨趣。②

在这种自社会来看法律的思路下，除了前述所讲的这种关于社会下法律的宏观考虑外，更多的是对微观社会现象的法律解读，比如邓子滨教授的《斑马线上的中国》、张建伟教授的《法律稻草人》中的一些篇章多是如此，又如迈克尔·瑞斯曼（W. Michael Reisman）的《看不见的法律》，尤伊克、西尔贝的《日常生活与法律》，以及梅丽（Sally Engel Merry）的《诉讼话语：生活在美国社会底层人的法律意识》等。

上面的这些内容只是我们研究的一个方面，其他方面，则是我们知道，即便是在最弱的意义上，"法律"也是这个社会的控制或者调节根据、规范。所以，我们才会对下面的现象习以为常，即在总体上，我们今天所面临的已不再是一个"没有法律"的社会，而是有大量法律的"法化社会"，这特别指国家法。所以我们就需要接受、反思这种法律对于社会的作用。在这个意义上，卢曼的《社会中的法》是很重要的作品。实际上，国内法社会学研究中的"社会理论之法"就是在做这

---

① 这方面有很不错的成果，比如国内学者吕德文的研究，又如斯科特的关于赞米亚高地的研究，参见詹姆士·斯科特《逃避统治的艺术》（修订译本），王晓毅译，生活·读书·新知三联书店，2019。

② 参见朱晓阳《小村故事：罪过与惩罚（1931—1997）》，法律出版社，2011。

方面的工作，① 即法律在现代社会下是何以运作的，法律何以成了现代社会最为重要的结构性要素，法律又是如何规制现代社会的，等等。总之，这是一种自法律或者更准确地说法治角度来观察与反思现代社会的方法。②

基于个人的兴趣与学养能力，笔者对卢曼意义上的法社会学所涉无多，更多的是对前述"社会中的法律""法律之现实"这两个方面的思考与研究。也是基于个人的专业——民事诉讼法学，笔者更多的是关注实践中的法院个案裁判、法院的实际运作、法官个人的裁判过程这种经验研究。③

（三） 对社会—法律研究不足的质疑及一种回应

这样的关于法律的研究态度，自然会进一步体现在对法律的理解上。如前所述，在社会—法律研究的视角下，法律不会成为第一位的东西，那么对于法律现象的研究"稍不注意"便可能走得很远，比如关于纠纷解决的研究，这属于比较典型的法社会学研究的论题。但是我们常常看到的是在纠纷解决的场域，经常将法律放在一个可能比较尴尬的位置，特别是很容易质疑法律在解决纠纷上的一些不足。当然这并不是要否认法律，或许只是要指出"法律不是万能的"。从这里又可以引申出很多问题，比如国家法之外的非国家法，又比如更开阔的对于法律的理解——

---

① 清华大学高鸿钧教授团队所做的系列研究，比如高鸿钧、马剑银编《社会理论之法：解读与评析》，清华大学出版社，2006；高鸿钧、於兴中主编《清华法治论衡·社会理论之法前沿》第 12 辑，清华大学出版社，2009；《人大法律评论》2019 年卷·第 1 辑，总第 29 辑，法律出版社，2019；鲁楠《社会理论之法：学源、学理与学问》，《北京航空航天大学学报》（社会科学版）2019 年第 1 期；泮伟江《法学的社会学启蒙》，商务印书馆，2019；等等。在上海交通大学中国法与社会研究院举办的 2021 年"第六届中国法社会学年会"更是将会议主题聚焦于"法与社会理论：聚焦胡塞尔现象学和卢曼法律系统论"。国内翻译出版的社会理论作品，如帕特里克·贝尔特、菲利佩·卡雷拉·达·席尔瓦《二十世纪以来的社会理论》，瞿铁鹏译，商务印书馆，2014；汉斯·约阿斯、沃尔夫冈·克诺伯《社会理论二十讲》，郑作彧译，上海人民出版社，2021。

② 作为一种参考，吉林大学法学院颜毅艺老师的"研究生法社会学课程"（2019）涉及"法社会学基本问题、西方法社会学思想史、中国法社会学专题讨论"三个部分。参见颜毅艺《吉林大学研究生法社会学课程大纲》（2019），载"咸鱼法学"微信公众号，最后访问日期：2021 年 5 月 31 日。

③ 韩宝：《西北基层人民法院司法初论》，法律出版社，2016；韩宝：《变迁社会中的西北基层人民法院》，社会科学文献出版社，2021。

不仅接受不同地方的法律，也接受不同历史中的法律，进而使法律呈现出一幅内容丰富的图景，正如我们所看到的法人类学关于"初民的法律"（原始人的法）、今天"文明之外"地方的法，以及各种各样冠以习惯法、民间法的研究。在这之外，考虑社会中的其他种种因素共同对这个社会的作用。这一思路构成了法社会学研究很重要的一种路径，即前述埃利希的思路。①

如果一直沿着这样的思路向前，当然会有很大的疑惑，即它的建设性在哪里，比如说它怎么才能回应立法、怎么才能够设计出一个更好的司法程序等。② 对于这种种疑惑，笔者的初步回应如下。

（1）法社会学本身并不是铁板一块，它有一个相对比较稳定的论题域，但这并不是绝对的。根据研究目的的需求，法社会学学者也会"调整航向"，利用其对法律的理解进行立法以及其他的法律建构活动。换言之，在这种情况下，很难说怎样才是一位纯粹的法社会学学者。

（2）我们常见的各种立法前调研及立法后评估，很难说其中没有"社会—法律"的思路，比如周光权有关"危险驾驶罪"的批判性反思研究。③ 此外，目前民间借贷纠纷已经变成民事案件中的第一大纠纷类型。那么是什么原因导致了如此高的案件数，在最近几年关于民间借贷的司法解释上最高人民法院又为什么会反复调整有关高利贷保护最高限额的规定，民间借贷案件数量大与不同的利息规则之间有没有关联？当然，这一研究如果再往前一步，要提出对策，那么可能就会面临如下批评：

> 社会-法律研究本质上是一种政策研究。它所关注的是现实中存在的重要问题及其解决方案。研究者乃是或者（是）想要成为政府"谋士"的人。政府想要处理现实中某个棘手的问题时，会出资雇人

---

① 欧根·埃利希：《法社会学原理》，舒国滢译，中国大百科全书出版社，2009。
② 除下述各点原因之外，其他的一些文献可参考因格·舒尔茨·舍费尔《作为法社会学研究客体的法教义学——"带有更多法学元素的"法社会学》，张福广译，载《北航法律评论》2015 年第 1 辑·总第 6 辑，法律出版社，2016。
③ 周光权：《论刑事一体化视角的危险驾驶罪》，《政治与法律》2022 年第 1 期；周光权：《刑法学习定律》，北京大学出版社，2019。

就此展开研究并提供解决的办法。在严格意义上来说，这种政策研究不是学术研究，其结果可能能解决一个实际问题，但不一定能为学术作出贡献。[①]

这种批评不是没有道理的，但是这类研究是不是就意义不大了，这可能是一个特别难回答的问题。[②]

（3）一些法社会学研究其实有特别大的抱负，带有极强的建构性，比如国内季卫东教授的"议论的法社会学"研究。[③] 这一类研究实际上已经不再是单纯的社会—法律关系的研究，而是要深挖社会—法律之上抽象出来的那个内容。

（4）虽然放在最后，但可能是目前最重要、成果也最丰硕的，也是可以直接学习的，即苏力与围绕"法律和社会科学"的研究群体的研究。苏力教授的研究成果众多，仅就法社会学这一领域，非常明显的是其特别强的批判性，令人想起法学名宿德沃金来。[④] 苏力针对比较多的（热点）司法案例给出了迥异于普通人但极具洞见的观点，比如那篇名为《司法解释的制度约束——从最高人民法院有关"奸淫幼女"的司法批复切入》的著名论文，读过之后，就会感到法社会学的批判力有多强。但很明显，批判不是目的，最终目的是促使制度或者思路的调整与改变。[⑤] 这也许就能够部分回答上述第（2）点有关对策研究的困惑。

---

① 於兴中：《法理学前沿》，中国民主法制出版社，2015，第 66 页。
② 于此，陆远《传承与断裂：剧变中的中国社会学与社会学家》（商务印书馆，2019）一书很具有启发意义。
③ 季卫东编著《议论与法社会学：通过沟通寻找最大公约数的研究》，译林出版社，2021。
④ 罗纳德·德沃金《身披法袍的正义》，周林刚、翟志勇译，北京大学出版社，2014；Justine Burley ed., *Dworkin and His Critics: With Replies by Dworkin*, (Malden, MA: Blackwell Publishing, 2004）。
⑤ 参见苏力《是非与曲直——个案中的法理》，北京大学出版社，2019；强世功《批判法律理论的谱系——以〈秋菊打官司〉引发的法学思考为例》，《中外法学》2019 年第 2 期。

二　法社会学研究的可能（理论）资源

其实不仅是法社会学的研究，其他研究也一样，都是"两条腿走路"，即经验观察与理论探索。对于研究而言，理论工作无疑是更重要的，也是我们要努力接近的，即便是田野经验观察，最终也要回到理论上。结合笔者有限的法社会学研究经验，其中的理论资源至少应该有如下两个方面。

首先，法社会学最容易用到的理论资源便是社会学、人类学等的资源，像我们比较熟悉的古典社会学三大家马克思、韦伯、涂尔干以及其他一些近世社会学家如布迪厄、福柯、哈贝马斯、卢曼等的理论。在这方面，马克思的理论对于法社会学的指导作用自不待言，关于韦伯法社会学的研究也蔚为大观，[①] 结合涂尔干理论的法社会学研究相对少一些，自布迪厄、福柯、哈贝马斯、卢曼等当代思想家而展开的研究，影响力最大的当数卢曼的系统法学，相关的成果令人叹为观止。其次，则是自严格意义上的法社会学产生以来所逐渐积累的理论，最典型的如我们常说的埃利希的"活法"理论、法律现实主义提炼出的一些理论等。前者是法社会学所凭借的理论资源，后者则是法社会学自身所产生出来的理论。

寻找到或者发展出更多、更有说服力的支撑法社会学向前的理论资源是非常重要，也是特别迫切的。即便我们不从事关于法社会学偏重于理论方面的工作，在诸如经验考察这样的法社会学工作中，也需要坚实的理论基础。当然，能够开拓出具体的关于法社会学的理论是最好的，事实上诸多的法社会学经典很重要的一方面就在于他们在理论上的提炼。退一步，如果不能，那就需要在实际的研究中具体地运用前人的理论成果，而何以将前人的理论很恰当地应用在自己的研究中，这需要不断的

---

① 比如华人世界关于韦伯法社会学的一些研究。参见林端《儒家伦理与法律文化：社会学观点的探索》，中国政法大学出版社，2002；林端《韦伯论中国传统法律：韦伯比较社会学的批判》，中国政法大学出版社，2014；郑戈《法律与现代人的命运：马克斯·韦伯法律思想研究导论》，法律出版社，2006；等等。

尝试。国内自过去十多年一直延续到今天的十分重要的一支法社会学理论研究力量是清华大学高鸿钧教授发起和带领的"社会理论之法"研习小组。这个小组在哈贝马斯、卢曼等的研究上已经处于比较高的水平，也有了不少的成果。①

笔者目前的法社会学学习研究的主要工作还是阅读，一方面是对社会学作品的慢慢琢磨和学习积累，② 另一方面则是对目前公认为属于法社会学理论作品的研读。当然这二者之间经常是交叉的，有时候很难说这是社会学的研究，还是法社会学的研究。目前花时间比较多的，首先是孟德斯鸠这位尽管生活在 18 世纪但某种意义上又被认为是法社会学开创者的思想家的作品，其次是韦伯关于现代社会中的法律的判断，再次是哈贝马斯、卢曼以及弗里德曼的作品。有时候，笔者也会选择一些（法）人类学的作品去阅读。③ 在这些阅读中不能忽视的一点是关于法社会学学

---

① 比如高鸿钧等《商谈法哲学与民主法治国：〈在事实与规范之间〉阅读》，清华大学出版社，2007。近期的研究成果可参见《人大法律评论》2019 年卷第 1 辑·总第 29 辑专栏 "社会理论法学的前世今生"；泮伟江《法学的社会学启蒙》，商务印书馆，2019；泮伟江《法律系统的自我反思——功能分化时代的法理学》，商务印书馆，2020；以及国内目前很活跃的 "系统论法学" 研究的中坚陆宇峰等的研究。

② 这涵括了如吉登斯《社会学》（李康译，北京大学出版社，2021）这样的社会学教科书以及其他类似的社会学理论作品。

③ 举一个例子，笔者对霍贝尔《原始人的法》这本法人类学教科书的阅读。读到最后笔者甚至想到一个多少有些奇怪的名字——法律社会人类学，这是为了表明人类学、社会学之间在某些层面上，区别并不是那么大。另外，对于这本书的阅读，笔者所最先想到的问题是，霍贝尔是在与谁对话，他的思路是怎样的等。笔者的看法是，需要先搞懂为什么要研究原始人的法。这个问题固然与霍贝尔作为人类学家，后来成为其 "导师" 及重要合作者的卢埃林有关，但更重要的是对原始人的法的研究还需要进一步延伸到 19 世纪中后期到 20 世纪初期曾经辉煌的原始社会、古代法的研究，时间走到 20 世纪 50 年代，自然而然就出现这样的一种研究，霍贝尔研究承前启后的特点再清晰不过，不管是研究方法、研究内容，还是研究的旨归，都变得明朗了起来。是以，也就不难理解这本书为何以（法律）文化开篇，以及其中多处对梅因《古代法》的评论，当然还有六七处对各 "原始人法" 经验材料的梳理评论，这些材料不仅能够体现出霍贝尔人类学的自然底色，也能够看出其在与前人对话中的独立观点呈现。当然这些感觉的得出，可能需要阅读如摩尔根的《古代社会》、巴霍芬的《母权论：对古代世界母权制宗教性和法权性的探究》、梅因的《古代法》等作品，才能接续霍贝尔的研究起点及其论证的问题意识，特别是对话对象。这一大串是为了说明学科或学术历史经线的重要性（学术史的考察也不断提醒我们，我们的一些新想法，可能不过是在重复过去而已。正所谓，阳光下无新鲜事）。

术史本身的阅读，从那个最开始的点一路下来，才能明白法社会学的问题意识何在，才能够判断什么才是法社会学的研究。至于到底要选取何种理论，这实与个人的趣味与偏好有关，当然更客观的应当是结合所欲研究的具体问题来选定。

下面简单说说笔者对孟德斯鸠《论法的精神》的阅读，以及怎样将其关联到"法律地理学"的研究上。① 今天的法律地理学研究其实已经不关心孟德斯鸠关于地理（气候）与法律关系的研究了。一是法律地理学有了更重要的话题，二是孟德斯鸠所处的时代确实已经很久远了，孟德斯鸠是处在现代社会开端的人，而今天早已经迈入后现代了。但笔者觉得孟德斯鸠的研究还是很有意义，能够提供给法律地理学研究最初的启蒙，特别是自然地理、自然空间对于法律的影响。尽管在今天，社会空间可能更重要甚至成为主流，但是在中国这样一个地理多样的国家，分析其间的法律问题还是需要这个从孟德斯鸠开始的原始分析范式的。在这里只要大家想想各自所经历或者听闻过的自己当地社会的法律故事就很明显了，大家会发现你们那里原来是这样的啊，我们那里好像与你们这里不一样。需要补充的是，笔者之所以会偏向法律地理学的研究，实际上是基于"区域（西北）社会—法律研究"的视角，更具体地说，区域社会的视角就是自地理之要素出发的。

在此需要略作补充的是，理论阅读是重要的，法社会学写作中自觉运用一定的理论资源也是绝对需要的，但是我们需要清醒，如果将理论当作法社会学研究的起点，那么可能会出现削足适履、教条化、针对性不强的不足，新鲜的"社会"本身，才是法社会学研究永远的原点。这也正是韦伯的"价值中立"等方法论学说所提醒我们的，或者是一些面向"社会"的人类学作品给我们所展示的样态。②

① 韩宝：《法律地理学的启蒙：读孟德斯鸠〈论法的精神〉第三编》，《西部法学评论》2020 年第 1 期。

② 关于韦伯"价值中立"的论述，可参照马克斯·韦伯等《科学作为天职：韦伯与我们时代的命运》，李猛编，生活·读书·新知三联书店，2018，第 199~254 页。对于面向社会的人类学作品，除却笔者在前文已经提及的之外，另可参见王明珂《羌在汉藏之间：川西羌族的历史人类学研究》，上海人民出版社，2022。

三 法社会学的基本研究方法及其应用

（一）法社会学的基本研究方法

对于法社会学研究之方法（思路、旨趣），可能最先想到的就是所谓法律研究的内在视角与外在视角之别。这一区分大体上是没有问题的，法社会学的确是一种典型的自外部视角对法律的研究。更确切地说，它多借用社会学、人类学的方法，比如不管是定性、定量还是个案分析等，无不是社会学的基础方法。法律民族志更是如此，人类学的民族志方法给了其最大的养分。① 就此而言，很难说法社会学有自己独立的方法，它有着很强的依赖性。虽然我们不必有那么强的对方法的迷思，但是这种极具跨学科性质的研究，其挑战一直都是很大的——做得好左右逢源，做得不好左支右绌。②

笔者对研究方法没有多少感觉，在过去的时间里，给自己的定位是做围绕个案的小规模经验研究，具体如下。

（1）个案研究。笔者现在能够想起来的开始接触的第一本法社会学作品是怀特的《街角社会》③；一度很受触动的作品是林耀华的《金翼》④；从心底最崇尚的是法国年鉴学派的作品，尤其是布罗代尔的作品。⑤ 一定意义上，这些作品都可以看作个案研究。笔者对个案的界定相当宽泛，

① 关于这方面的研究方法及方法论的作品实在太多，仅重庆大学出版社的"万卷方法"丛书就已经出版了近 150 册。对笔者帮助很大的是艾尔·巴比《社会研究方法》，邱泽奇译，清华大学出版社，2020；劳伦斯·纽曼《社会研究方法：定性和定量的取向》，郝大海等译，中国人民大学出版社，2021。

② 不过不一定所有的观点都是本章这种模糊的看法，比如罗杰·科特雷尔《法律、文化与社会：社会理论镜像中的法律观念》，郭晓明译，北京大学出版社，2020，第 139 页。

③ 威廉·富特·怀特：《街角社会：一个意大利人贫民区的社会结构》，黄育馥译，商务印书馆，1994。

④ 详见本书第 12 章。

⑤ 笔者可能有些庸俗化年鉴学派的作品，在意的可能是其在叙述"故事"之前对周围（地理）环境的大量描述。正是基于这样的兴趣，对于大量的非虚构作品（参见上海译文出版社出版的"译文纪实"、华东师范大学出版社出版的"薄荷实验"系列作品）笔者都非常感兴趣，而且也正是这些促使笔者进行法律地理学的研究。参见克里斯蒂昂·德拉克鲁瓦、弗朗索瓦·多斯、帕特里克·加西亚《19-20 世纪法国史学思潮》，顾杭、吕一民、高毅译，商务印书馆，2016。

比如"韦伯的《新教伦理》就是对一个特殊个案——资本主义精神——的出现所做的因果分析"，这样的观点笔者也是能够接受的。① 但是这种宽泛的"个案"界定，其困惑也是明显的，即个案的尺度弹性将会很大，比如同样为我们所熟悉的费孝通先生关于"江村"的社区研究也是个案研究，② 但费孝通和韦伯的个案是有区别的。笔者在这里给予的纾解思路就是怎样作出一个有意义的个案研究，而不是去界定究竟什么才是个案。

笔者对个案研究方法的偏好，主要是因为觉得个案可能会好把握一些，也因为笔者大概是更加偏向情感而非理智之精神特点的。确实，个案研究提供给笔者非常大的自由发挥的空间。一定意义上，个案研究就像讲故事一样。③ 笔者对个案的偏好，一则在于笔者对社会的认识方法和途径，二则在于"与其泛泛而谈大量缺乏历史背景和文化脉络的案例，不如通过深度剖析少量案例来更好地倾听地方与本土的声音。查尔斯·蒂利（Charles Tilly）证明过这项策略的合理性，他强调大规模的资料数据对跨体系研究是有价值的，但将关注点集中在少数案例国家能更深入地进行背景比较，研究成果也更具持久力"④。

（2）小型（小规模）（small-scale）研究。相对而言，笔者比较关心的几个研究领域——法社会学（socio-legal studies）、地区与地方法律研究

① 参见斯蒂芬·卡尔贝格为《新教伦理与资本主义精神》一书所撰写的导言，载马克斯·韦伯《新教伦理与资本主义精神》，阎克文译，上海人民出版社，2018，第 129～130 页。这里特别要补充的一个点是法社会学及法人类学研究中的"纠纷研究"，其对这两类研究的意义在于，通常社会下的法律研究，特别是运行的法律的研究是比较困难的，研究者往往比较难以捕捉、发现或者预见"法律的运作"，除非在法院等司法机关里，但是人类社会中纠纷总是存在的，于是观察纠纷之解决，就可能会有意外的收获——会不会是法律的，如果是法律的，那么当然就会发现实践中的法律，如果不是，那意义就更丰富了，不仅可以发现法律之外的其他社会规范，还能发现法律与其他规范之间的关系。而某一个纠纷及其解决，便是一个个案，对它的研究便是个案研究。此研究的发端还是要回到霍贝尔 1941 年的《夏延人的方式》。
② 参见费孝通《江村经济：中国农民的生活》，戴可景译，商务印书馆，2001。
③ 参见叶启政《社会学家作为说故事者》，《社会》2016 年第 2 期；刘子曦《故事与讲故事：叙事社会学何以可能——兼谈如何讲述中国故事》，《社会学研究》2018 年第 2 期；等等。
④ 参见詹姆斯·H. 米特尔曼《遥不可及的梦想：世界一流大学与高等教育的重新定位》，马春梅、王琪译，上海交通大学出版社，2021。

（regional and local legal studies）、法律地理学（legal geography）、司法制度、纠纷解决、中国农村、证据法学——大都可以"单兵作战"，进行微观的研究。小型研究的优势是很明显的，首先是它可以描述得很细密，细密的描述可以充分地呈现其中的社会现实以及个体之心理情感等宏观研究所不能及的内容。其次，小型研究比较好控制，对于研究资源相对比较欠缺，而且偏向个体户式研究的学人来讲会是一种负担比较小的工作展开方式。最后，小规模研究可能更容易引起共鸣，对于一般读者而言，代入感更强。当然，任何的小型（小规模）研究难免受到某种或明或暗的研究者大时代、长时代、大结构等宏观思维的框定。笔者的研究很明显是受个人生活及工作的地域——我国西北地区社会的直接影响的，套用时髦的语言，即"把自己作为方法"[1] 而形成的对西北边地社会经验的一种非典型反思。

（3）经验研究。经验研究当然是对应于"规范研究"的。经验研究与实证研究相关，但不是所有的实证研究都是经验研究，比如基于大数据统计分析而展开的研究。[2] 经验研究与前述个案研究存在交叉——它们是基于不同的分类标准。对于法社会学的经验研究，首要的便是"田野调查"（field works）。我们的田野在哪里，又如何进行田野调查，这一直是争论不休的问题，而且也是十分个人化和实践性的问题。是以，或许实际去行动永远比先在地争论到底如何要有意义得多，一些研究在这方面做了特别好的导引与反思。[3] 其次，经验研究更重要的是在"提炼一个

---

① 借用了项飙同名书。参见项飙、吴琦《把自己作为方法：与项飙谈话》，上海文艺出版社，2020。

② 这里的区分主要是考虑到定性研究与定量研究之间的差异。另外，国内的部分法律"实证研究"可以说就是偏重于经验的研究，而非"实证法学"语境下的实证，比如国内至2021年11月已举办六届的"中国法律实证研究年会"、举办五届的"'迈向数据法学'研讨会"。经验研究与实证研究之间的差异可参见汤茂林、黄展《Empirical Research 到底是实证研究还是经验研究？——兼论学术研究的分类》，《地理研究》2020年第12期。

③ 如王启梁《法学研究的"田野"——兼对法律理论有效性与实践性的反思》，《法制与社会发展》2017年第2期；应星《"田野工作的想象力"：在科学与艺术之间——以〈大河移民上访的故事〉为例》，《社会》2018年第1期；周飞舟《将心比心：论中国社会学的田野调查》，《中国社会科学》2021年第12期。另见范愉《法学研究中的现实主义立场与经验实证方法》，《光明日报》2006年8月21日，第12版；（转下页注）

分析性的概念"——"它可以作为一种分析工具，用来处理某一类的现象和问题，并且有可能与既有理论形成对话"。① 经验研究、个案研究在诸多的场景和学科里都存在，作为一种研究方法，法社会学对其的偏好是自然而然的。这里特别要推荐的是黄宗智这些年在国内的法律研究，其是经验研究的典范，2020 年出版的《实践社会科学研究指南》是黄先生这方面研究、教学及其学生学习心得的一个集中呈现。②

（接上页注③）王启梁、张剑源主编《法律的经验研究：方法与应用》，北京大学出版社，2014；周尚君、尚海明主编《法学研究中的定量与定性》，北京大学出版社，2017；王雨磊主编《博士与论文》，新世纪出版社，2019；陈柏峰《法律经验研究的微观过程与理论创造》，《法制与社会发展》2021 年第 2 期；陈柏峰《法律经验研究的主要渊源于典型进路》，《中国法律评论》2021 年第 5 期；Mike McConville and Wing Hong Chui eds.，*Research Methods for Law*（Edinburgh：Edinburgh University Press，2017）；等等。在今天，国内大多数的法学研究者可能很难做到严格意义上的人类学、社会学上的"田野调查"[英国皇家人类学会编《田野调查技术手册》（修订版），何国强译，复旦大学出版社，2020]。"多点合作研究"（multiple spots and cooperation study）的出现便可看作是对此的一种回应。于法学院学生、教师而言，在这一背景下，目前获取非常方便的海量法院裁判文书则有可能成为一个可以进一步开发的"田野"。法院裁判案例，一方面本身呈现的就是司法实践本身，另一方面如滋贺秀三所言，这些裁判文书本身就是对社会本身的反映。需要特别交代的是，法院裁判案例的研究是有很多类型的，这里主要是指那种"对裁判例中所呈现的纷争形态的研究""探究判决给某一纷争所带来影响的研究"，侧重的是把法院裁判作为一种"事实"。参见大村敦志等《民法研究指引》，徐浩等译，北京大学出版社，2018，第 249~250、253~254 页。这里的司法裁判案例研究，不仅是法社会学研究的田野，也是法教义学者中法律评注者的富矿，但是能够明显看到二者的趣旨偏好，法典评注者的案例分析是对某一法律规定的具体解释与理解，而不大涉及法律规定之外的社会、政治、文化等的影响，参见程金华《四倍利率规则的司法实践与重构：利用实证研究解决规范问题的学术尝试》，《中外法学》2015 年第 3 期；刘勇《〈民法典〉第 680 条评注（借款利息规制）》，《法学家》2021 年第 1 期。国内法学界经验研究的一个典范可参见贺欣《经验地研究法律：基于社会科学的外部视角》，《学术月刊》2021 年第 3 期；贺欣《街头的研究者：法律与社会科学笔记》，北京大学出版社，2021。

① 参见折晓叶《"田野"经验中的日常生活逻辑：经验、理论与方法》，《社会》2018 年第 1 期；於兴中《时代的法理学：世界与中国》，《浙江社会科学》2016 年第 1 期。

② 黄宗智先生有非常多的高质量研究，笔者于法社会学的最早启蒙很大一部分便来自黄先生，其中影响特别深的是黄先生于 2014 年增订出版的三卷本《清代以来民事法律的表达与实践：历史、理论与现实》（法律出版社，2014）以及《经验与理论：中国社会、经济与法律的实践历史研究》（中国人民大学出版社，2007）。黄先生的独特性在于他学贯中西，非常熟悉中美各自的国情，能够更清晰、更透彻地讲清楚一般人只能隔靴搔痒，甚至是如坠云雾的"中国问题"讨论。

（二）国内法社会学研究典范列举

依赖法社会学的研究实在太多了，当然要做很有意思的法社会学研究又是很困难的，这似乎对于任何一种研究都是一样的。巧妇难为无米之炊，其实方法是依赖于你的"干货"的，如果没有一定的"干货"，那么一切都无从谈起，方法的价值也将变得微乎其微。对于我们绝大多数人来说，差不多都是在前人工作的基础上来进行自己的研究。因此，我们首先要做的就是阅读和模仿，然后再依着这些前人的经验自己慢慢去摸索。"却顾所来径，苍苍横翠微。"就国内而言，除了笔者在本章其他地方已经引用过的诸研究外，国内至少是已经形成了以下几个法社会学研究的学术中心的。比如中国人民大学的郭星华教授及其团队①、受北京大学苏力教授所影响的学术共同体②、上海交通大学季卫东教授主持的中国法与社会研究院③。这几个研究群体尽管多有交叉，但还是有比较明显的特点。围绕这三个法社会学研究中心的全国性学术会议——"'法律与社会'高端论坛""法律和社会科学年会""中国法社会学年会"均已成功举办多届。限于篇幅，本处不再一一展开。

四 法社会学地位及作用的再交代

究竟何为"法社会学"，尽管不似"一千个人眼中有一千个哈姆雷

---

① 郭星华教授是 2011 年成立的"中国社会学会法律社会学专业委员"首任会长。2011 年郭星华教授出版了由其主编的《法社会学教程》（中国人民大学出版社，2011），这本书出版后产生了很大影响，有不少书评，比如萨其荣桂《中国法社会学的理想图景——读郭星华〈法社会学教程〉》，《法律社会学评论》（2014 年卷），华东理工大学出版社，2014。源自社会学的法社会学研究并不是很多，除郭星华教授的团队之外，非常值得关注与期待的是厦门大学刘子曦的研究。相关成果参见刘子曦《制度、组织与文化：中国法律社会学的学科视野与研究进路》，载中国社会科学院社会学研究所编《中国社会学年鉴：2015-2017》，中国社会科学出版社，2019，第 346~366 页。

② 参见《社科法学（法律和社会科学）历程大事记》，载"法律和社会科学"微信公众号，最后访问日期：2021 年 5 月 26 日；侯猛《法学研究的格局流变》，法律出版社，2017；等等。另见侯猛《〈法律社会科学〉课程 2020 年教学大纲》，载"法律和社会科学"微信公众号，最后访问日期：2021 年 5 月 31 日。

③ 其中的一些研究成果，如程金华、张永健选编《法律实证研究入门读本》，法律出版社，2020。

特"那样夸张，但争议肯定是非常大的，这不仅在国外是如此，在国内也是如此。就我国的情况而言，法社会学的研究其实是非常弱小的，尽管最近这几年产出了诸多冠以"法社会学"名头的成果，但客观而言，其中相当多的研究是否能称为"法社会学"研究其实是要存疑的。当然，即便是可以称为"法社会学"的这部分作品，仍然显示出非常明显的碎片化样态。① 基于各种原因，本章关于法社会学的这一梳理其实很难让人满意，特别是笔者是站在法社会学的立场上来讨论法社会学的。尽管如此，在本章快结束的时候，还是要对法社会学的定位问题再做一赘述。②

（1）法社会学大概更多是边缘的，而不可能是中心。③ 因为，法社会学既不是法学的，也不是社会学的，它只是一种交叉研究方法。不过，对此大家也不用特别担心。一方面，从历史的眼光看，事物的运转不一定总是中心带动边缘，还有边缘促动或缔造中心的时候；④ 另一方面，在和平的时代，一种主要偏向于规则解释的法学研究其实是最合理的。

正因如此，要特别强调的是，目前主流的法教义学是首先要掌握的，是压舱石，没有这一点，直接进入法社会学的世界还是很有风险的，也是很难行稳致远的。⑤ 有趣的是，被公认为法社会学创始人的埃利希就是

---

①　参见奥斯汀·萨拉特《导论：片段化的活力——后现实主义法律与社会研究的涌现》，载奥斯汀·萨拉特编《布莱克维尔法律与社会指南》，高鸿钧等译，北京大学出版社，2011。亦见奥斯汀·萨拉特、帕特里夏·尤伊克《法社会学手册》，王文华等译，法律出版社，2019。

②　关于法社会学定位的一些研究，如林端《法律社会学的定位问题：Max Weber 与 Hans Kelsen 的比较》，《现代法学》2007 年第 4 期。

③　参见李润杰《关于法律社会学与社会法学的认识分歧》，《边缘法学论坛》2012 年第 1 期；刘思达《美国"法律与社会运动"的兴起与批判——兼议中国社科法学的未来走向》，《交大法学》2016 年第 1 期。

④　参见爱德华·希尔斯《中心与边缘：宏观社会学论集》，甘会斌、余昕译，孙玉兰校，译林出版社，2019。

⑤　参见托马斯·莱塞尔《法社会学基本问题》，王亚飞译，法律出版社，2014，第 108 页以次。

一位罗马法教授。① 事实上，法社会学研究的推进只有在不断考虑规范法学的研究思路，一直追问法律的封闭性—开放性这一问题的张力下才能很好地推进。② 确切地说，一如杨帆所言"在规范与事实之间往复是法律人的宿命"③。法社会学也正是在与其他法学流派的比较、反思中发展的。④ 理想上，法社会学与法教义学等的关系应当是各归其位、亦此亦彼的。⑤ 在这方面我们可以对照埃利希和韦伯各自的法社会学研究，其呈现的是现代社会法律的不同面相，映照的即是法社会学与法教义学的各自趣旨。⑥ 基于此，正所谓"没有社会学的教义学是空洞的，而没有教义学的社会学是盲目的"⑦。

客观地说，过于看重与突出法教义学与法社会学之间的差异，特别是上升到论战的境地，不仅会带来各自在发展上的极端与不包容，也会

---

① 参见欧根·埃利希《法社会学原理》，舒国滢译，中国大百科全书出版社，2009，第571页。

② 参见尼尔·达克斯伯里《法律实证主义：从奥斯丁到哈特》，陈锐编译，清华大学出版社，2010；约翰·奥斯丁《法理学的范围》，刘星译，商务印书馆，2021；汉斯·凯尔森《纯粹法学说》（第二版），雷磊译，法律出版社，2021；哈特《法律的概念》（第三版），许家馨、李冠宜译，法律出版社，2018；等等。

③ 参见杨帆《法社会学能处理规范性问题吗？——以法社会学在中国法理学中的角色为视角》，《法学家》2021年第6期。

④ 特别有意思的是，国内法教义学学者对于包括法社会学在内的非法教义学的批评是相当"严厉的"。比如陈景辉《法律与社会科学研究的方法论批判》，《政法论坛》2013年第1期；王夏昊《"法学科学性"的论域：关于它的讨论何以有效？》，《甘肃社会科学》2020年第5期。但或许也是学科特点的缘故，在2014年中南财经政法大学法学院举办"社科法学与法教义学的对话"研讨会7年后，由《中国法律评论》组织的"法教义学与社科法学的对话"专题（该专题的8篇文章分别是陈兴良的《法学知识的演进与分化——以社科法学与法教义学为视角》，苏永钦的《法学为体，社科为用——大陆法系国家需要的社科法学》，张翔的《立法中的宪法教义学——兼论与社科法学的沟通》，侯猛的《只讲科学性，不讲规范性？——立法的社会科学研究评述及追问》，陈柏峰的《法律经验研究的主要渊源与典型进路》，车浩的《法教义学与社会科学》，许德风的《道德与合同之间的信义义务》，贺欣的《社科法学与法教义学的初步比较》，刊登在《中国法律评论》2021年第3、4期）中，那种曾经针尖对麦芒的紧张已经褪去大半。

⑤ 一个关于法教义学与法律的社会科学研究关系的细致论述可参见郭栋《法律的社会科学研究何以可能》，《法学家》2021年第6期。

⑥ 参见欧根·埃利希《法社会学原理》，舒国滢译，中国大百科全书出版社，2009；马克斯·韦伯《法律社会学》，康乐、简惠美译，上海三联书店，2021。

⑦ 赫尔曼·康特洛维茨：《法律科学与社会学》，雷磊译，《荆楚法学》2022年第1期。

让处于这两种研究路径中间的"第三领域"的价值被大大遮盖。事实上，在今天无论是法教义学的研究，还是法社会学的研究，都没有办法不去考虑彼此的问题域，二者之间的交互融贯是很明显的趋势，因为研究的目的都在于促进法学的进步与实务的进步。这在那些称自己的研究是"务实"风格的学者那里表现得尤为明显。^① 故此，在这个问题上，似乎再没有必要或者至少要减少对另一方局限的指摘与对己方优势的夸大，而是要多反思自身的偏见。^②

（2）法社会学研究的国际话语与本土经验。这里要讲的是我们究竟怎样从事有意义的法社会学研究，这是与国内整体的法学乃至社会科学研究背景都有关联的一个问题。大体上不外乎跟踪前沿、梳理学术史、突出中国问题意识等几个方面。跟踪前沿，就目前的态势而言其实就是进行比较研究。相对而言，在过去的时间里，我们对于英语世界和德语世界的法社会学了解更多一些，对其他语言世界的研究这几年也丰富起来了，如杨帆对法国法社会学研究的介绍。^③ 不过，当比较研究进行到一定程度时，加之意识形态等因素的影响，我们可能会觉得这些研究难以直接回应中国之现实，也不能产生有中国特色的法社会学，所以就开始强调所谓中国化的问题。^④ 事实上我们一直有着这方面的自觉和追求，但就是难以拿出足以和目前的法社会学主流国际话语相竞争的理论来。^⑤ 大家只要想想，在过去的这几十年里，不管是费孝通先生的作品，

① 比如在龙宗智的三卷本代表作《诉讼证据论》（法律出版社，2021）、《司法建设论》（法律出版社，2021）、《刑事程序论》（法律出版社，2021）和王亚新的《中国民事诉讼法重点讲义》（第二版，高等教育出版社，2021）中就体现得很明显。

② 特文宁的作品提供了很好的启发，参见威廉·特文宁《反思证据：开拓性论著》（第二版），吴洪淇译，中国人民大学出版社，2015，第169~170页。

③ 杨帆：《法国法社会学的发展与转型——兼议中国语境下的法学研究范式之争》，《法学家》2018年第1期。

④ 高其才：《法社会学中国化思考》，《甘肃政法学院学报》2017年第1期。陆远《传承与断裂：剧变中的中国社会学与社会学家》（商务印书馆，2019）一书可以在这方面提供给我们一些启发。

⑤ 郑永流：《"中国问题"及其法学辨析》，《清华法学》2016年第2期。郑永流教授自1998年主编出版第1辑以来，至2021年已连续出版23辑《法哲学与法社会学论丛》，其中刊发了大量具有一时之标志性意义的法社会学作品。

还是林耀华、瞿同祖等先生的作品，都在不断重温中。①

（3）法社会学在司法实务中的作用。法社会学的研究在面对"对司法实务有何贡献"这样的提问时会显得有一些局促，在这方面法社会学的确不如法教义学、法解释学那般得心应手、理直气壮。因为更多的时候，法社会学是一种解释或者说批判的角色。国内法社会学研究的一些重要学者，比如桑本谦、侯猛、张剑源都试图在他们的文章中去回答这一问题。② 更直接地，很容易令人将其中的疑惑与源自美国的法律现实主义联系起来。③ 作为接续庞德的社会学法理学的法律现实主义，最突出的特点是对作为经典法律形式主义模式下的司法裁判逻辑的质疑与批判——司法之逻辑可能并非如所宣称的那样，司法裁判有其不确定性，法官的裁判必然会考虑法外的因素。在更温和的层面上，或者说当我们

---

① 在对吴文藻先生的四大学生的研究中，关于费孝通先生的回忆及研究性作品应当是最多的，特别是具有北大社会学系渊源的老师与学生多有这方面的作品，其中特别明显的是对社会学"燕京学派"以及"魁阁精神"的挖掘与传承，具有代表性的成果有张静《燕京社会学派因何独特？——以费孝通〈江村经济〉为例》，《社会学研究》2017年第1期；潘乃谷、王铭铭编《重归"魁阁"》，社会科学文献出版社，2005；2019年由云南大学主办的《魁阁》集刊；等等。关于林耀华先生的《金翼》的一些研究如：渠敬东《探寻中国人的社会生命——以〈金翼〉的社会学研究为例》，《中国社会科学》2019年第4期；杜靖、雷月《金翼之家的法律纠纷：看corporation在不同文化模式与场域中的运作》，《湖北民族大学学报》（哲学社会科学版）2021年第2期。关于瞿同祖先生的《中国法律与中国社会》的研究也非常多，近年具有代表性的作品如：杜月《社会结构与儒家理想：瞿同祖法律与社会研究中的断裂》，《社会》2012年第4期；尤陈俊《中国法律社会史研究的"复兴"及其反思——基于明清诉讼与社会研究领域的分析》，《法制与社会发展》2019年第3期；张小也《重新梳理中国法律社会史的发展脉络——写在瞿同祖诞辰110周年之际》，《南国学术》2020年第4期；等等。

② 参见桑本谦、李秀霞《"向前看"：一种真正负责任的司法态度》，《中国法律评论》2014年第3期；侯猛《司法中的社会科学判断》，《中国法学》2015年第6期；侯猛《司法过程中的社会科学思维：以人类学为中心》，《思想战线》2020年第6期；张剑源《发现看不见的事实：社会科学知识在司法实践中的运用》，《法学家》2020年第4期。

③ 黄家亮、郭星华两位教授主编的《法社会学教程》（中国人民大学出版社，2021）明确将"现实主义法学运动"作为一种"现代法社会学理论"。另见怀特《从社会学法学到法律现实主义：20世纪早期美国的法学与社会变化》，杨晓畅译，载公丕祥主编《法制现代化研究》2016年卷，法律出版社，2017；斯图尔特·麦考利《新老法律现实主义："今非昔比"》，范愉译，《政法论坛》2006年第4期；范愉《新法律现实主义的勃兴与当代中国法学反思》，《中国法学》2006年第4期；邓矜婷《新法律现实主义的最新发展与启示》，《法学家》2014年第4期；贺欣《街头的研究者：法律与社会科学笔记》，北京大学出版社，2021，第11页。

回到客观现实中的司法时，在经验研究面前，是能够发现法社会学方法的切实价值的，比如唐·布莱克等的研究。[①] 事实上，法社会学中相当比例的研究都是在有关司法实务的实际、具体运作的层面上进行的。[②] 申言之，法社会学虽然不能非常直接地为司法裁判提供"法律依据"，但是能避免"手电筒不能照亮自身"这个困境，检视、反观、优化、完善司法自身。即便只有这一点，也足以体现出法社会学的熠熠光彩。

中国的法社会学研究任重而道远，"路漫漫其修远兮，吾将上下而求索"。对法社会学做方法论上的反思是必要的，但更重要的还是具体的、实在的各种依据前述之方法具体拿出来的法社会学成果，只有这些成果，才能令读者感受到真实的法社会学，也只有这样才能真正有益于法学的发展。"这里有玫瑰，就在这里跳舞罢！"[③]

---

① 参见唐·布莱克《社会学视野中的司法》，郭星华译，法律出版社，2002；Joel B. Grossman and David M. Trubuk, "Special Issue on Dispute Processing and Civil Litigation," *Law & Society Review* 15, 3/4（1980~1981）。

② 本章所列举的诸教科书尽管在实际体例上有较大差异，但在法的运行、司法过程（司法社会学）等方面都有相当比例的论述。另见托马斯·莱塞尔《法社会学基本问题》，王亚飞译，法律出版社，2014，第207~254页。

③ 黑格尔：《法哲学原理》，邓安庆译，人民出版社，2016，第13页。

第 3 章

"法律实践" 的知识生成路径：
以三种经典理论为例*

引　言

对于法社会学能够研究什么，尽管有一些共识，但是在面对具体的研究时，差异还是很大的。[①] 就个人的学习研究经验而言，笔者更愿意使用一个更为宽泛的术语"社会—法律研究"以来表达法社会学研究的那种"漫无边际"，是以，在"社会—法律研究"这个"筐"之下，笔者并没有严格区分在我国学术研究中界限并不是那么清晰的法社会学、法人类学。[②] 在这个意义上，本章在使用"法社会学"一词时，实际关心的是非常宏观的社会与法律之间的关联。[③] 在一种十分宽泛的意义上，本章将目前国内的法社会学分为"作为方法的法社会学"与"作为理论的法社会学"。前者偏重社会学方法在法学研究中的运用，而后者更为强调某

---

*　本章初稿曾在 2019 年 9 月 28 日发表于中南财经政法大学举办的第四届法社会学年会的报告中，笔者特别感谢评议人尤陈俊教授的批评建议。

① 帕特丽夏·尤伊克、奥斯汀·萨拉特主编《法社会学手册》，王文华等译，法律出版社，2019。

② 关于法社会学与社会—法律研究之间的细微差别，可参见奥斯汀·萨拉特编《布莱克维尔法律与社会指南》，高鸿钧等译，北京大学出版社，2011。

③ 在本章，笔者想尝试寻找一个问题的答案，即我想做怎样的法社会学研究，也一直在反思我能做怎样的法社会学研究。法社会学的研究路径有千万条，但我总是希望从社会出发，特别是从现实生活出发来进行考察，并适当保持与现实政治之间的距离，并尽量将研究的视野置于普通人之普通生活之中。

种专属于法社会学自身的具体理论。①

在最朴素的意义上，社会—法律研究的一个明显特征便是其经验性。基于此，我们也可将法社会学看作对"法律实践"的某种反思。法律实践，在狭义上一般指司法实践，然则现实中法律实践的范围要广泛得多，比如社会中的个体在日常生活中对于法律的态度、感受、认识等皆属于此。由于种种原因，特别是自法学院生产的法社会学知识，尤其是在面对社会—法律关系的阐释上，想象多于实践，进而在实际的"法律实践"面前往往被碰得"鼻青脸肿"。当然，从某种意义上来说，当下的中国法学研究其实并不缺少面向实践的研究，各种各样的经验研究"成果累累"，但是从这些法律实践中我们究竟发现了哪些可以推动法社会学进一步发展的知识其实是存有很大疑虑的。这既在于法社会学研究群体对社会学知识的匮乏，还在于研究者所研究之实践只是实践，未能将之"理论化"。基于此，本章意欲通过对笔者相对了解的三种"法律实践"理论，即格尔茨的"作为一种地方性知识的法律"、布迪厄的"司法场域"理论、尤伊克与苏珊的"日常生活中的法律"的进一步阅读，为理论化"法律实践"找寻一些启示。

在个人研究兴趣之上，于更远的意义上，对这三种旨趣有所差异的研究路径的进一步检讨，对于时断时续，尚未形成自己清晰图景的中国法社会学研究来说或许也是有一定的启发的。有学者提出中国法学的发展需要进行"实践的理论化"作业。② 相较于对实践本身的描述这种仅仅

---

① 需要交代的是，本章并非关于中国法社会学研究学术史的讨论，相关研究可参见胡平仁《法社会学的百年历程》，《山东大学学报》（哲学社会科学版）2007 年第 2 期；丁卫《法律社会学在当代中国的兴起》，《法律科学（西北政法大学学报）》2010 年第 3 期；刘思达《中国法律社会学的历史与反思》，载苏力主编《法律和社会科学》第 7 卷，法律出版社，2010；强世功《法律社会学的"北大学派"——怀念沈宗灵先生》，《读书》2019 年第 8 期；等等。一个简明的法社会学发展史/学术史可参见季卫东《界定法社会学领域的三个标尺以及理论研究的新路径》，载氏著《正义思考的轨迹》，法律出版社，2007。

② 参见於兴中《时代的法理学：世界与中国》，《浙江社会科学》2016 年第 1 期。值得注意的是於兴中在此处所指的"实践"主要指的是某种可以推广之"实践经验"；而本章所讨论之"实践"的范围要更广一些，更接近于发生于日常中的种种法律现象。近期的另一个讨论可参见侯猛、孟庆延等《多元视角下的社会科学研究：法学与社会学的对话 | 中国政法大学青年教师发展论坛 第 21 期》，载"中国法律评论"微信公众号，https://mp. weixin.qq.com/s/zeRx4M6JoWbNMI1yCLAZsw，最后访问日期：2019 年 10 月 5 日。

告诉我们实践是怎样的，或者"为什么是这样的"等研究，无论是格尔茨还是布迪厄都发现了嵌含在实践之中的一些符码，面对实践揭示出了超越实践本身的理论问题。申言之，实践之为实践，所呈现出来的不仅仅是一种表面化、现象式的平面化实践过程，还是大大丰富了的实践过程，最主要的是提升了理论蕴含的实践。这对学者来说可能是研究实践的最大意义所在。

一 两种法社会学与真正的"法律—社会"理论之追问

现实地看，当下国内的法社会学研究可以分为两类，一类主要是借助比较成熟的社会学研究方法来研究法学问题；另一类则是被称为社会理论之法的研究。这两类研究各有所长，但还是要去做一定的区分。①

相对于社会学及其他的社会科学的研究方法，法学的研究方法比较单一，甚至"始终是依附在别的学科的研究之上"。② 传统上，对法学的经典研究是规范研究，但社会学的研究即便在最普遍的意义上也有定性、定量与个案研究法等好几类。③ 在近年"大数据"成为一个热词之后，那种借助于定量方法的研究多有增加。④

至于作为理论的法社会学研究，国内其实有很多分散的研究，这可从国内刊发法社会学论文比较集中的辑刊《法律和社会科学》的论文目录中看出来。⑤ 其中比较集中也很有影响力的是高鸿钧教授在2006年前后提出，一直持续到今天的"社会理论之法"研究——"从社会理论视

---

① 关于国内法社会学研究不同范式的分类另可参见杨帆《法社会学的三种理论范式》，《中国社会科学报》2016年9月28日，第5版。

② 参见於兴中《经验法学：培根与霍布斯》，载李秀清、于明编《法学名家讲演集：法律文化与社会变迁》，上海人民出版社，2014，第35页。

③ 参见李猛《法律与社会导言》，载《北大法律评论》1999年第2卷第2辑，法律出版社，1999。

④ 参见左卫民《实证研究：中国法学的范式转型》，法律出版社，2019；左卫民主编的系列刊物《中国法律实证研究》。另见《清华法学》2018年第4期"迈向数据法学"专题、《清华法学》2021年第5期"再向数据法学"专题等。

⑤ 另见侯猛编《法学研究的格局流变》，法律出版社，2017。

域对法律的观察和分析"。①

不过，尽管如此，我国法社会学研究的孱弱现状并没有特别大的改变，早在 20 年前的一组有关"法律与社会"的编辑者导言中，李猛就指出：

> 我们仍然欠缺真正的"法律-社会"的理论来帮助我们理解法律的法律性……法律与社会研究，并不仅仅要关注在历史的不同阶级或者不同文化中法律的种种面目，还要关注化身在这些千变万化面目中的法律本身；不仅要理解，法律过程同时也是社会过程、经济过程、政治过程或文化历史过程，更要理解，在现代社会中，法律过程为什么没有变成上述这些过程的"附庸"或者所谓"附属现象"，法律过程作为法律过程又是如何发挥作用的，并借此产生法律的社会后果和政治后果。②

现在看来，"我们仍然欠缺真正的'法律-社会'的理论"似乎仍然是一个等待回答的问题。接着李猛的批评，借镜国内社会学者、人类学者关于各自学科发展的展望与期待，挖掘"法律实践"或许是一种思路。接下来的问题便是研究怎样的"法律实践"以及怎样研究"法律实践"。究竟采用怎样的立场来研究我国的"法律实践"并非本章研究的重点，但我们还是可以从一些学者的研究中找到一些启发。如张静的一篇描述中国燕京社会学派的文章可以给我们一些启示。

> 在今天看来这虽不稀奇，但在当时，并没有什么学问或者派别，以与民众平等的态度系统地采用经验研究方法来分析中国社会现象。之前的中国研究，主要关注的是精英和君臣的思想及其历史实践，较少真正触及基层社会现实，其方法主要是考据、解说、抒

---

① 关于此项研究可参见高鸿钧、马剑银编《社会理论之法：解读与评析》，清华大学出版社，2006。

② 李猛：《法律与社会导言》，载《北大法律评论》1999 年第 2 卷第 2 辑，法律出版社，2000，第 392 页。

意、策论和颂圣，其目标主要在正当性论述、例规引领或者奏折，其价值在以史为鉴提示世人，其角色是教化劝导君臣和大众。但燕京社会学派的工作显然不同于此……他们的工作显然有别于从前的目标和方法，其所使用的概念逻辑体系也有意识地不同于传统治学。①

又如郭于华在其文章中也清晰地表明了这样一种思路：

> 置身于转型期的中国社会，社会科学工作者的任务是提出"要命"而"有趣"的问题并且回答这些问题。这里所谓"要命"指的是那些真实、紧迫而重大的社会问题；而"有趣"则指具有重要理论意义和学术潜力且能够生产科学知识的问题……有必要将"社会学的想象力"发展为民族志的洞察力（The Ethnographic Penetration），亦即以同样充满智慧的心智品质、运用人类学经典的理论和方法，承担起破解和分析社会转型，进而解释和说明人类处境、启示人的觉醒的责任；与此同时，不断推进学科理论与方法的创新和进步，将求知的好奇、破解谜题的乐趣与社会责任、人文关怀融为一体。②

张静和郭于华的研究为我们在中国何以接近具体的实践提供了一些思路。作为国内非常有影响力的两位学者，她们的观察和思考不仅能够为我们写作关于"法律实践"的论文提供一些思路，也能够为我们解读这方面的作品提供某些线索。下文主要是对三种关于"法律实践"的具体理论做一解读。

---

① 参见张静《燕京社会学派因何独特？——以费孝通〈江村经济〉为例》，《社会学研究》2017 年第 1 期。

② 郭于华：《从社会学的想象力到民族志的洞察力》，载郭于华主编《清华社会学评论》第 5 辑，社会科学文献出版社，2012。

二 三种经典 "法律实践" 理论检读

（一）格尔茨 "作为地方性知识的法律"

如果不是那么严格去区别具体使用的语境和场景，至少在当下的中国法学界，"作为地方性知识的法律" 已经成为法学研究的一种常识性话语。"作为地方性知识的法律" 出自格尔茨（又译吉尔兹）的论文集《地方知识：阐释人类学论文集》，而最初的发表是在格尔茨 1981 年耶鲁大学法学院斯托尔斯讲座上。[①] 格尔茨的 "作为地方性知识的法律" 在今天之所以能够成为一个法学研究流行语，是有其原因的：首先，其是对切实 "法律实践" 的某种体认，并且获得了一定程度上的理论共识；其次，其为法律的多元主义理解提供了一种强有力的理论支撑，事实上格尔茨这一演讲的目的就是在人类学和法学之间进行有效的对话；[②] 最后，一如下面将要论述的布迪厄的 "司法场域" 理论，尽管这两种具体的理论表述与法学研究在历史上形成的诸多学派相比，并不是大部头的作品，仅仅是几十页的论文而已，但是其影响力是明显的，因为在某种意义上，他们经由法律实践达到了对法律的一种新的理解。"不论是在这里，那里或是任何地方，'法律' 都是对真实加以想象的独特方式之一部分。"[③]

格尔茨 "作为地方性知识的法律" 的论述是与其阐释人类学的旨趣密切相连的，他突出的个别，是一种整体意义之网中的个别，他一再强调 "法律感性"，这使得其看似片段、个别的阐述，有了一股宏大的、难以反驳的、充满魔力的、深厚的、排山倒海式的力量。是以，我们看到

---

① 克利福德·格尔茨：《地方知识：阐释人类学论文集》，杨德睿译，商务印书馆，2016，第 24 页。对国内法学界产生更大之影响的一个译本可参见克利福德·吉尔兹《地方性知识：事实与法律的比较透视》，邓正来译，载梁治平编《法律的文化解释》，生活·读书·新知三联书店，1998。

② 值得注意的是，换一个视角，正是由于地方性知识对应的另一种地方性知识，而非一种普世的知识，那么则可能存在这一地方性知识在面对他种地方性知识时的冲突。参见克利福德·格尔茨《烛幽之光：哲学问题的人类学省思》，甘会斌译，上海人民出版社，2017，第 144 页；米歇尔·鲍曼《道德的市场》，肖君等译，中国社会科学出版社，2003。

③ 克利福德·格尔茨：《地方知识：阐释人类学论文集》，杨德睿译，商务印书馆，2016，第 288 页。

这篇论及"作为地方性知识的法律"的论文所叙述的不过是几例个案——巴厘岛的瑞格瑞、伊斯兰的哈克、印度教的达玛、马来人的阿达特及埃塞俄比亚式"法律语言的混淆",但是通过格尔茨的论证,我们得以跳脱出这些个案,获得不拘泥于个案但的确与这些个案相关的知识,进而我们又可以通过这些个案去解释其他的个案,进而反思法律以及法律实践本身,这一点早已在张静的论文中得到了清晰的阐述。①

在类似韦伯所讲的"牢笼"之中不断自我封闭起来的现代法律人,对法律的理解确实越来越狭窄。格尔茨反复论证的"若—则"(if-then)、"因为—所以"(as-there)关联确实为我们理解法律实践打开了新天地的大门。尽管这里存在一种自人类学家与法学家——特别是秉持法教义学视角的法学家之间的紧张,在人类学家看来每一个法律实践都可以抽象为"地方知识"这样一种理论表达,但对于法学家以及其他法律职业群体来说,尽管个案各不相同,但其追求的是"同案同判"以及一个"终极权威"。② 退一步讲,即便格尔茨所讲的"语言的混乱"的确存在,但其在处于强势文化的法律面前已经被吸收,哪怕是吸收不干净而有所剩余。这被认为是现代法律最重要的特征。所以,这种作为地方性的法律尽管确实是一种存在,也是法律实践的现实,只能退守到比如法学研究这样的地步,并进一步表现为法律与习惯这样的研究之中。所以,我们就会理解,格尔茨"作为地方性知识的法律"这一发现,尽管在人类学家、法学家那里相当有说服力,但是却一直只处在江湖之远的民间,而无法进入庙堂之上的决策视野中。当然,这并不意味着格尔茨的这一洞识就没有了意义,其恰恰对法律实践,特别是具体的司法过程提出了相当高的要求,某种意义上,也使法律解释变得尤为重要。在这里,我们可以看到卡多佐关于司法过程性质描述的价值。③ 一定意义

---

① 参见张静《"雷格瑞事件"引出的知识论问题》,载氏著《社会冲突的结构性来源》,社会科学文献出版社,2012;张静《解读吉尔茨——回应李雪的批评》,《开放时代》2006 年第 5 期;张静《案例分析的目标:从故事到知识》,《中国社会科学》2018 年第 8 期。

② 参见哈特《法律的概念》,许家馨、李冠宜译,法律出版社,2018。

③ 参见本杰明·卡多佐《司法过程的性质》,苏力译,商务印书馆,1998。

上，法律是独立的，但某种意义上，其又是最不独立的，与社会、文化、习俗、传统等等纠缠共生。司法场域的这种复杂样态，在布迪厄那里得到了充分的描述。

（二）布迪厄"司法场域"

"实践"构成了布迪厄理论的一个很重要的特色。当方法和理论更容易成为学院派研究者的常规思想作业时，何以面对和理解真实的"实践"，并能在此基础上提出有见地的知识贡献，的确是一个问题。布迪厄的研究堪称典范。1987 年，布迪厄关于"司法场域"的一篇长文被翻译成英文，① 而中文稿的出版还要到 10 多年后的 1999 年。② 与布迪厄其他的大部头作品相比，这篇文章尽管篇幅不大，但是对于法社会学的研究而言，其是具有重大价值的。如果说格尔茨"作为地方性知识的法律"是在比较中对法律的一种理解的话，那么布迪厄的"司法场域"则是一把解剖司法（法律）的冷峻的手术刀，他突出的是普遍化。③ 布迪厄开篇就对法律学研究中的形式主义和工具主义表示了批评，也直言卢曼的"系统理论"混淆了符号结构与生产符号结构的社会结构——这仍然是旧的形式主义的理论。布迪厄的司法场域理论熟稔地运用了其惯用的理论概念及框架。具体而言：

> 要同假定法律与法律职业之独立性的形式主义意识形态决裂，同时又不陷入相反的工具主义法律观，就必须认识到这两种对立的视角（一个从法律内部，一个从法律的外部）同样完全忽视了一种完整的社会世界（我将称之为"司法场域"）的存在，这一世界在实际中相对独立于外在的决定因素和压力。……正是在这一世界中，

① 参见 Pierre Bourdieu, "*The Force of Law：Toward a Sociology of the Juridical Field,*" *Hastings L. J.* 38 (1987)：805. 英译者为这篇长文专门撰写了一个导读性说明文章。

② 参见布迪厄《法律的力量——迈向司法场域的社会学》，强世功译，载《北大法律评论》1999 年第 2 卷第 2 辑，法律出版社，1999；闫朋《布迪厄司法场域理论探析》，硕士学位论文，西南政法大学，2012。

③ 布迪厄对包括"司法场域"在内的其场域理论的一个非常细致的交代参见布尔迪厄、华康德《反思社会学导引》，李猛、李康译，商务印书馆，2015，第 120 页以次。

> 司法权威才由以产生并得以行使……法律的社会实践事实上就是
> "场域"运行的产物，这个场域的特定逻辑是由两个要素决定的，一
> 方面是特定的权力关系，另一方面是司法运作的内在逻辑，前者为
> 场域提供了结构并安排场域内发生的竞争性斗争（更准确的说，是
> 关于资格能力的冲突），后者一直约束着可能行动的范围并由此限制
> 了特定司法解决办法的领域。①

　　布迪厄的这篇长文共包括五个部分，即司法劳动的分工、垄断的机构、命名的力量、形式的力量、结构同源的效果。通过"司法场域"这一理论，布迪厄对司法实践作出了一种新的解释，抽象出了一个全新的作为"法律世界"的司法空间，这一理论不仅观照到法律内部，也观照到法律外部，克服了之前理论的不足。布迪厄有着极大的理论抱负，其所作虽然只是一篇论文，但已经可以从中窥见作者重新解释法律、法律之力量的追求："司法劳动鼓励的就是对种种表述加以建构并进行系统阐述的所有努力，与这种努力相伴随的是那些法律技术所特有的一般化和普遍化的效果，以及使这种技术能够实施的强制手段。"②

　　生产即实践，实践即生产。某种意义上，司法场域这一具体的场域，所呈现的是一种偏向于结构化的司法裁判生成过程。在这一逐渐生成的空间中，有三个方面的内容是很明显的，即主体、主体的位置及资本、主体之间的作用过程。③ 或许正因如此，非常有意思的是，至少在我国的司法实践研究中，布迪厄有关司法实践的场域理论更多情况下被学者有意无意间具体化了，或者说我们只是突出了布迪厄理论的某些面向。比如对某一具体个案的解释，比较明显地表现在对那些并不纯粹体现司法

---

① 布迪厄：《法律的力量——迈向司法场域的社会学》，强世功译，载《北大法律评论》
　　1999 年第 2 卷第 2 辑，法律出版社，1999，第 498~499 页。
② 布迪厄：《法律的力量——迈向司法场域的社会学》，强世功译，载《北大法律评论》
　　1999 年第 2 卷第 2 辑，法律出版社，1999，第 539 页。
③ 刘思达、穆斯塔法·艾米尔拜尔：《场域与生态》，邹晴译，载刘思达《割据的逻辑：
　　中国法律服务市场的生态分析》，译林出版社，2017，第 255 页以次。

性的案件裁判的解读过程中。① 布迪厄的确有云"司法场域是争夺垄断法律决定权的场所"。②

举例来说，在某一司法场域中，我们熟悉的那些角色，如当事人及其代理人、法官、检察官，以及政府官员、社会舆论代表等都被抽象为行动者的主体；在这个场域中，具体的行动者所占据的位置以及他们的资本都是不同的，各主体之"惯习"③ 也是有差异的，司法的过程最终呈现一种表现为权力话语分配以及变动的过程。这就使对于司法裁判个案过程的经验式呈现得以以结构化的方式构建出一个模型来。也正是在这一强大的理论模型中，无论是自参与者还是观察者的研究视角而引出的片面性得以化解，并得到重新整合。比如说，政治对于司法的影响、社会舆论对于司法的影响，都可以在新的理论框架下，即既不是封闭的法律空间，也不是宏大的涵括一切的社会框架下用超越于人为区隔、区域分明之狭隘解释框架来有效解析法律之实践。事实上，正是前述那种自说自话，而不能有所超越的理论解释框架，使"Law and X"或者"Law of X"式的研究经由法律实践与法律规范之间或大或小的背离而不断涌现出来，但是其不仅不能有效揭示问题的核心，也无法给出令人满意的解释。

（三）尤伊克、西尔贝"法律性"三样态

1998 年，两位美国学者尤伊克、西尔贝出版了《日常生活与法律》

① 比较有代表性的研究如孙笑侠《司法的特性》，法律出版社，2016，第 210 页以次；顾培东《我的法治观》，法律出版社，2013。

② 布迪厄：《法律的力量——迈向司法场域的社会学》，强世功译，载《北大法律评论》1999 年第 2 卷第 2 辑，法律出版社，1999，第 500 页。

③ 对于布迪厄"habitus"一词的翻译，高宣扬教授认为应该翻译为"生存心态"。因为"Habitus 的基本原意，正是要表示在当时当地规定着某人某物之为某人某物的那种'存在的样态'……布迪厄改造了这个拉丁原词，赋予新的意义……它是一种同具其'建构的结构'和'结构的建构'双重性质和功能的'持续的和可转换的秉性系统'，是随时随地伴随着人的生活和行动的生存心态和生活风格，是积历史经验与实时创造性于一体的'主动中的被动'和'被动中的主动'，是社会客观制约性条件和行动者主观的内在创造精神力量的综合结果"。参见高宣扬《布迪厄的社会理论》，同济大学出版社，2004，"作者自序"第 2~4 页。

（*The Common Place of Law*：*Stories from Everyday Life*）的著作。在 2005 年该书便已翻译成中文，即《法律的公共空间》，十年后再以现名《日常生活与法律》[①] 出版。该书的目的是"描绘和理解我们日常生活中法律现象的多样性。通过普通人的故事和叙述，来揭示美国人是如何解释和体验法律的"。[②] "平常的经验与法律的形象是变化着的……大多数情况下，人们根本不会想到法律。""对于我们大多数人来说，法律一般是处于我们生活的遥远的地平线之上、远离我们面前的事，而且通常与这些事并不相干……然而，在我们的社会生活领域里，随时随地渗透着一种平常而实在的法律。"[③] 诚哉是言！在这本书中，两位作者重在讨论所谓"平常的'法律性'（legality）"。而人们建构法律性/法律意识又有三种实践方法，即敬畏法律（before the law）、利用法律（with the law）、对抗法律（against the law）。[④] 具体如表 3-1 所示。

表 3-1　法律性/法律意识建构实践方法

	敬畏法律	利用法律	对抗法律
规范	公正性、客观性	合法的不公正性、自我利益	权力、"强权即真理"
限制	组织化结构	偶然性、闭合性	机构透明度
能力	规则、正式组织	个人资源、经验、技巧	社会结构（角色、规则、等级）
时间/空间	与日常生活相分离的场域	与日常生活共时	占用日常生活的时间和空间
原型	官僚制	游戏	凑合

资料来源：帕特里夏·尤伊克、苏珊·S. 西尔贝《日常生活与法律》，陆益龙译，商务印书馆，2015，第 320 页。

---

① 帕特里夏·尤伊克、苏珊·S. 西尔贝《日常生活与法律》，陆益龙译，商务印书馆，2015。

② 帕特里夏·尤伊克、苏珊·S. 西尔贝：《日常生活与法律》，陆益龙译，商务印书馆，2015，第 35 页。

③ 帕特里夏·尤伊克、苏珊·S. 西尔贝：《日常生活与法律》，陆益龙译，商务印书馆，2015，第 32~33 页。

④ 帕特里夏·尤伊克、苏珊·S. 西尔贝：《日常生活与法律》，陆益龙译，商务印书馆，2015，第 74~76 页。对这三个词，贺欣将他们分别翻译为"崇敬之法"、"游戏之法"与"反叛之法"。参见贺欣《法律与社会科学中的概念与命题》，《中国法律评论》2020 年第 1 期。

对于这样的一种研究路径，作者们在方法论作了精心的设计，"在本书的大部分内容中，我们努力搁置起我们自己对法律性的理解，而让故事的主人公的观念能够按照某些方式发展，这些方式可以使我们用新的眼光看待法律和法律性问题"。① 这一方法论上的转变有着深刻的范式调整根源，在该书的前言中，作者们指出这是对长达 14 年的关于"法律意识形态与法律过程"阿姆赫斯特研讨班对话的产物，学者刘思达在其一篇论文中有很清晰之介绍：

> 安赫斯特学派将马克思、福柯等学者的批判性社会理论与访谈、参与观察等定性研究方法相结合，彻底抛弃了把"行动中的法"作为"书本上的法"的实施过程、把改善立法效果作为研究目的的研究进路，而是把日常生活中的法律作为研究对象本身，从普通人而非法律人的生活体验入手，试图对法律的文化意涵与法律在社会结构的权力关系中所起的作用做出全新的解读……从 1990 年代至今，这种认为法律在日常生活中无处不在、强调法律过程中的权力关系、集中关注普通人（尤其是工人阶级、女性、少数族群等社会弱势群体）对法律的遭遇与抵抗过程的研究进路在美国法律社会学界占据了主流地位……②

研究普通人的日常生活在社会学的视野中并不显得特别突出，前述燕京社会学派的思路就很明显，但在法社会学的研究中，一定意义上，这是比较独特的。尤伊克、西尔贝两位学者在她们的研究中多处都指出了这一点，因为我们会较多研究国家法律机构的法律实践，而较少从当事人角度，特别是在法庭之外等研究法律的实践。我们都知道，对于绝大多数普通人来说，法律对其不仅是陌生的，而且是抽象、复杂的，他

---

① 帕特里夏·尤伊克、苏珊·S. 西尔贝：《日常生活与法律》，陆益龙译，商务印书馆，2015，第 51 页。

② 刘思达：《美国"法律与社会运动"的兴起与批判——兼议中国社科法学的未来走向》，《交大法学》2016 年第 1 期。

们的朴素的法律经验、感觉等也比较难以进入研究者的视野，是以从这一思路出发的研究是有价值的，这不仅是眼光是否向下的问题，还是反思法律实践的一个重要层面。法律实践研究中比较多的是自立法者、司法者等法律职业人的视角出发，而对于那些法律的"受动者"而言，他们对于立法、法律解释的影响是微乎其微的，但这并不意味着他们在法律实践中就应当是完全被动的，而是可以通过个人的各种资源及理解达致对法律实践的作用。对于普通人而言，不论是主动走进法律实践还是被动进入法律实践，抑或牵连其中，从其生活世界及日常生活之总体来看，这真的只是一个片段而已，尽管我们承认一些法律实践实际上对当事人之后的生活产生了较大的影响，但生活还将继续，所以从当事人角度来看，他们对法律功能的认识、理解、期待可能是与立法者、司法者有一定的差异的。

三 "法律实践"的理论建构

一定意义上，"法律实践"俯拾皆是，进而对"法律实践"的一般研究也是十分廉价的，所以本章才提出要理论地面向"法律实践"。本章所扼要分析的三例关于"法律实践"研究的个案是比较随意的，但关于这三种"法律实践"理论的写作者都是真正的理论大师，他们使那些普通的"法律实践"具有了相当洞见的理论穿透力，揭示了我们在过去所未曾明确意识到，或者未曾提炼出来的关于法律的智识，而这一切均得益于作者们的理论建构。

通过上述三种理论，我们已经能够体会到某种不大同于我们关于法律的通常理解，或者更准确地说是通常理解所没有或者不大关注的层面，却恰恰通过一定的法律实践体现为具体的现实。尽管惯常的法学研究同样十分关注"法律实践"，但还是有别于本章所列举的三种理论所关注的"法律实践"，通常的"法律实践"研究较为关注正式制度在现实中的表现，特别是与立法的贴合度，而不大关注在这之外的法律实践。但就社会现实来看，法律实践并不仅仅限于这一点。丰富的法律实践所揭示出来的问题也远远不止这些。上述三种关于"法律实践"的理论很好地揭示了这一点。具体而言，就格尔茨的研究，无论是其瑞格瑞的个案，还是哈克、达玛、阿达特的比较研究，以及关于"埃塞俄比亚式情景"的讨论单纯地看最多是一些故事而已，但是通过格尔茨的研究，其得出"法律其实是地方性知识"这样的理论，就给读者以很大的启迪，特别是对于经典法律理论的反思。申言之，不论是简单的标签化还是误解，在实证法的视野里其实是很难实际接受这一理论阐释的，认为这种基于地方的差异性是可以消解的。而这可能就是法学研究的魅力所在，解释、解读，并不断获得新知——十余年前朱晓阳的研究就已经揭示出了这一点。①

而就布迪厄的"法律的力量——迈向司法场域的社会学"尽管不似本章所讨论的另外两种"法律实践"那样经由具体的经验材料而逐渐得出，但熟悉布迪厄的读者都知道，布迪厄最重视实践，特别是来自社会中的大量实践。在这篇长文中，布迪厄"司法场域"理论的提出实际上处处能够看到"法律实践"的印迹，只不过这已经是经过一定的整理之后的"法律实践"。在一般的关于法律实践，特别是司法过程的研究中，我们的理解其实是非常平面化的，这在诸多的理论作品中都有所反映，要么是那种"三段论"式的教条，要么如法律现实主义所怀疑的没有任何的确定性，布迪厄"司法场域"理论的提出，则可能告诉我们具体的法律实践过程可能并非如此。

在尤伊克、西尔贝的研究中，尽管从日常生活的角度研究法律实践是一种相对于自法律内部来观察法律的比较新的思路，但是她们的研究更大的价值在于回答这样一个问题，即为何尽管人们的法律意识是如此矛盾，但法律还是作为一种强有力、持久和稳定的制度保存了下来。换言之，"既受人敬畏又被人诅咒的法律是怎样维持其权力的？"② 对此两位作者在全书的最后作了令人信服的回答。而"敬畏法律""利用法律""对抗法律"这三种关于"法律性"具体形式的图式本身就带有韦伯理想型的理论意义。

---

① 参见朱晓阳《"语言混乱"与法律人类学进路》，载朱晓阳、侯猛编《法律与人类学：中国读本》，北京大学出版社，2008。
② 帕特里夏·尤伊克、苏珊·S. 西尔贝：《日常生活与法律》，陆益龙译，商务印书馆，2015，第 2、349 页。

"临渊羡鱼，不如退而结网。"略需补充的是，尽管上述三种关于"法律实践"的精湛理论能够带给我们很大启发，但是怎样才能通过一定的"法律实践"达致最终的理论建构，这是一个很难简单回答的问题。第一步或许在于探求某种恰切的方法以接近法律实践。在这一点上，大概需要认真对待"参与者—旁观者—介入的旁观者"① 这三种有所差异但又关系密切的研究者视角。事实上，这在本章所检讨的三种法律实践分析理论中都有一定体现。本章所列之三种理论，"作为地方性知识的法律"不仅站在法律之外，而且对不同地方的"法律"进行比较；"司法场域"是在讨论法律世界，但"法律场域"不是彻底隔绝于社会的，而是与社会中的其他场域分享了某些相同之处；"日常生活中的法律"很明显是从社会来观察法律。客观上，对于一位研究者而言，他可能是一定程度上的参与者，但更是旁观者——或许"介入的旁观者"的自诫，也是对研究者的一个忠告。毕竟我们只是研究者，不是立法者、司法者，所以最终的落脚点是需要清醒的。

结　语

尽管还有其他更多的关于"法律实践"的理论，但是无论是法人类学视角的格尔茨"作为地方性知识的法律"，还是法社会学视角的布迪厄"司法场域"理论与尤伊克、西尔贝"日常生活中的法律"都是十分典型的关于"法律实践"的理论。对这三种理论进行掌握，不仅由于它们有很强的理论阐释力，能够带给我们一定的启发，还因为我们需要通过对域外学者研究的深刻了解，在对照、参照间找寻关于中国法律社会学的研究对象。② 对这一问题的回答，实际上一直无法回避的问题就是如何来考虑社会与法律二者之间的关系。在社会—法律的相互关系中，法律是

---

① 对于这种参与者与旁观者的视角哈贝马斯有着精彩的论述，至于介入的旁观者则来自雷蒙·阿隆。参见哈贝马斯《在事实与规范之间：关于法律和民主法治国的商谈理论》，童世骏译，生活·读书·新知三联书店，2003，第54~69页。

② 关于法律社会学研究对象的一个研究可参见洪镰德《法律社会学》，扬智文化事业股份有限公司，2004，第29页以次。

在社会出现很久后才有的，社会因而也构成了法律的基础。但是在法律不断发展的过程中，法律日渐脱离了社会的脐带，即独立于社会并自主发展了，[①] 以至于在今天情形已经完全反转——社会要通过法律来控制，甚至法律对社会形成了某种意义上的宰制。这样的一种过程很接近波兰尼在其《巨变：当代政治与经济的起源》一书中具体交代的"嵌入—脱嵌"理论，[②] 法律的这一变化在社会的历史变迁中表现得特别明显，涂尔干曾经的关于契约权—契约关系的研究就很能说明这一点。[③] 对于今天的这种社会—法律关系，特别以各种或真或假之"异化"视角来做的分析已有不少，但在本章，笔者想指出的，这样的一种社会—法律关系反转已然成为一种"事实"，更为迫切的可能首先在于如何去认识和理解这一"事实"。"法律是社会关系所表现出的特征，而不是强加于社会生活的外在附属物。"[④] 这种关于社会—法律的全新理解，实值得发展中的我国法社会学深思。涂尔干曾明确地指出社会学之研究对象即"社会事实"，[⑤] 那么现在如果借用涂尔干的方法准则，那么呈现在前述社会—法律关联中的"法律实践"便是需要研究的"社会事实"，而这也正是本章讨论理论地面向"法律实践"的意义所在。申言之，我们是否可将"法律实践"作为社会—法律研究的主要对象呢？事实上，学界早有先行者。[⑥]

---

① 一个基本的论述参见拉德布鲁赫《法学导论》，米健译，商务印书馆，2013，第 13~14 页。

② 参见卡尔·波兰尼《巨变：当代政治与经济的起源》，黄树民译，社会科学文献出版社，2017，第 129 页以次。

③ 参见埃米尔·涂尔干《职业伦理与公民道德》，渠敬东译，商务印书馆，2015，第 187~243 页。

④ 帕特里夏·尤伊克、苏珊·S. 西尔贝：《日常生活与法律》，陆益龙译，商务印书馆，2015，第 35 页。

⑤ 参见 E. 迪尔凯姆《社会学方法的准则》，狄玉明译，商务印书馆，1995。

⑥ 比如黄宗智：《清代以来民事法律的表达与实践：历史、理论与现实》（三卷本），法律出版社，2014；苏力：《是非与曲直——个案中的法理》，北京大学出版社，2019；姚建宗：《中国语境中的法律实践概念》，《中国社会科学》2014 年第 6 期；等等。在 2016 年 7 月底于上海交通大学凯原法学院召开的中国首届法社会学年会上，台湾大学社会学系张志铭教授便指出："任何关于法的实践的社会现象毫无疑问地都可以构成法社会学乃至其他跨学科式的研究对象。"

第4章

理解个案研究：兼及法社会学研究

作为经验研究的一种重要方法，个案研究一直受到研究者的重视，不过其也一直处于争议之中，特别是在个案的代表性及其所能阐明的问题方面。围绕这一关于方法论本身的争议——无论是对个案研究法的批判还是对其的辩护及修正，尽管业已形成了相当之研究成果，但可以预期的是，这一争议还将继续，至少在目前仍然没有"标准答案"。另外，这种争议似乎并没有影响到具体的个案研究之继续展开。亦即，在整体上有关个案研究的研究中，对方法论的讨论只是很少的一部分。因此，我们有必要反思当下关于个案研究法的争议中心——讨论的是不是不同层次及逻辑下的问题。申言之，我们需要的是一把奥卡姆剃刀，以解开这个戈尔迪之结。本章即围绕这一问题及相关问题做一扼要论述，并指出如果不是过于苛责于个案研究这一方法、让它来回答其本不能回答的问题，那么至少在小型研究中个案研究法是有着不可替代之重要作用的。因此，在某种意义上，超越对"个案研究法"的批判与辩护就很有意义。对个案研究法的讨论应当从对纯粹方法论的形而上质疑中跳脱出来，将更多精力投入具体的个案作品写作中。亦即，应当通过作品不断呈现与完善个案研究法，而不是先在地必然要从方法本身来设置框架、评论作品本身。个案研究法实际上也很难纯粹进行，其与其他研究方法的融合在今天已越来越明显。是以，对个案研究具体过程的思考比对个案研究法方法论自身的质疑、修正更重要。

一 个案研究中"个案"的界定

在最宽泛的意义下，所谓"个案"指的就是一个可以进行独立描述、分析的单元。这个单元可以是一起案件，可以是一个人物，可以是一个事件，也可以是一个地方，或者其他以及它们之间的某种组合。以法学为例，个案可以是法院裁判的一起案件，可以是人民调解委员会调解的一起案件，可以是如"红黄蓝幼儿园"等这样引起社会舆论沸腾的事件，也可以是历史上的一个细节，亦可以是文学作品的一个片段……个案的范围可以很广，不一定要局限在某一个范围内。实际上，通过对有关个案研究作品的分析，我们也能发现，前述这种宽泛的"个案"界定也是符合实践的。

通常情况下，个案研究即专门研究一个或者一组个案，内容主要涉及个案选择、怎样研究、研究什么等三个主要方面。理想上的个案研究如果在最终能够得出一个具有较高阐释力的"模型"或者"理想型"，则堪称个案研究的典范。个案研究的意义，首先在于描述个案本身，其次在于论述个案发生之机理，最后则在于个案的扩展效应。往往批评者在考虑到个案扩展范围的有限性的时候，总质疑个案研究的实际价值。对于个案研究中个案的数量，不宜因为是"个案"，便当然地认为是一个案件。换言之，个案研究中之个案完全视具体研究之需要，而不一定限定为"一个"。这比如有的个案研究其实是一种类案研究或者多案例比较研究，蓝佩嘉的《跨国灰姑娘：当东南亚帮佣遇上台湾新富家庭》、艾伦瑞克的《我在底层的生活：当专栏作家化身女服务生》等都是这方面的经典研究。[①] 再如爬虫这种方法被越来越多地运用到更大规模的个案研究中后，可以发现传统上认为是定性研究的个案研究也出现了对定量方法的借鉴。可以说，尽管定性方法与定量方法之间有一定差异，但也有综合运用的趋势。

二　个案研究的适用范围及其典范

一定程度上，我们可以说典型之个案研究与民族志的写法有相近之

---

① 参见蓝佩嘉《跨国灰姑娘：当东南亚帮佣遇上台湾新富家庭》，吉林出版集团有限责任公司，2011；芭芭拉·艾伦瑞克《我在底层的生活：当专栏作家化身女服务生》，林家瑄译，北京联合出版公司，2014。

处。是以，我们看到个案研究被更多地运用在人类学、社会学等学科中，这比如林耀华先生的《金翼：中国家族制度的社会学研究》、朱晓阳的"小村故事"系列、麦高登的《香港重庆大厦：世界中心的边缘地带》等。政治学、经济学、历史学等学科中也都有典型研究，比如吴毅《小镇喧嚣——一个乡镇政治运作的演绎与阐释》、埃里克森的《无需法律的秩序：相邻者如何解决纠纷》、王笛的《茶馆——成都的公共生活和微观世界，1900～1950》①、邢肃芝的《雪域求法记：一个汉人喇嘛的口述史》等。近年来，随着法学研究越来越提倡实证研究方法，个案研究也越发普遍，典型的如赵旭东的《权力与公正：乡土社会的纠纷解决与权威多元》、丁卫的《秦窑法庭：基层司法的实践逻辑》等。② 细致阅读这些个案研究方面的作品，可知大致有如下路径：民族志式的个案研究、参与式观察法、"深描"法、解剖麻雀法等。比如刘绍华的《我的凉山兄弟：毒品、艾滋病与流动青年》、怀特的《街角社会——一个意大利人贫民区的社会结构》、格尔茨的《文化的解释》、津巴多的《路西法效应：好人是如何变成恶魔的》等。③ 不过，即便是最纯粹的个案研究方法，也

① 有关王笛的方法论作品可参见王笛《从计量、叙事到文本解读：社会史实证研究的方法转向》，社会科学文献出版社，2020。

② 参见林耀华《金翼：中国家族制度的社会学研究》，庄孔韶、林宗成译，生活·读书·新知三联书店，2009；朱晓阳《罪过与惩罚：小村故事：1931-1997》，法律出版社，2011；朱晓阳《小村故事——地志与家园（2003—2009）》，北京大学出版社，2011；麦高登《香港重庆大厦：世界中心的边缘地带》，杨玚译，华东师范大学出版社，2015；吴毅《小镇喧嚣——一个乡镇政治运作的演绎与阐释》，生活·读书·新知三联书店，2018；罗伯特·埃里克森《无需法律的秩序：相邻者如何解决纠纷》，苏力译，中国政法大学出版社，2016；王笛《茶馆——成都的公共生活和微观世界，1900～1950》，社会科学文献出版社，2010；邢肃芝（洛桑珍珠）口述《雪域求法记：一个汉人喇嘛的口述史》，杨念群、张健飞笔述，生活·读书·新知三联书店，2008；邢肃芝《雪域求法记（续编）》，张志雯整理，生活·读书·新知三联书店，2022；赵旭东《权力与公正：乡土社会的纠纷解决与权威多元》，天津古籍出版社，2003；丁卫《秦窑法庭：基层司法的实践逻辑》，生活·读书·新知三联书店，2014。

③ 参见刘绍华《我的凉山兄弟：毒品、艾滋病与流动青年》，中央编译出版社，2015；威廉·富特·怀特《街角社会——一个意大利人贫民区的社会结构》，黄育馥译，商务印书馆，1994；克利福德·格尔茨《文化的解释》，韩莉译，译林出版社，2014；菲利普·津巴多《路西法效应：好人是如何变成恶魔的》，孙佩妏、陈雅馨译，生活·读书·新知三联书店，2010。

离不开与其他方法的配合，这比如刘易斯的《桑切斯的孩子们：一个墨西哥家庭的自传》、阎云翔的《礼物的流动——一个中国村庄中的互惠原则与社会网络》等。① 同时，个案之存在往往也在一定的空间、情景下，比如费孝通的《江村经济——中国农民的生活》、黄树民的《林村的故事：一九四九年后的中国农村变革》、应星的《大河移民上访的故事》、王明珂的《羌在汉藏之间：川西羌族的历史人类学研究》等就是基于一个地理单元来叙述的。② 当然也可以从一个点扩展到一个较大的面——区域，这比如施坚雅的研究。③

　　一个典型的个案研究思路无外乎以下三种：（1）有问题及假设前提，然后寻找个案进行支撑；（2）出现了个案，没有答案，从中尝试去发现问题，然后分析之；（3）案例与问题都不确定，慢慢从田野中识别。不过最理想的大概是研究者有自己的个案，然后慢慢去熬自己的研究。就具体的研究过程的展开，殷国瑞的思路是一种有益的路径。④ 对于其选择，有时候是专门挑选出来的所谓典型"样本"，有时候则完全是随机的——社会中有这样的个案，也有诠释、解释之价值，也就当然地成为研究者研究之个案。至于个案研究之目的在于解读还是解释，实际上在一定意义上并没有严格区分之必要，因为这二者之间存在一定的交叉，

---

① 参见奥斯卡·刘易斯《桑切斯的孩子们：一个墨西哥家庭的自传》，李雪顺译，上海译文出版社，2014；阎云翔《礼物的流动——一个中国村庄中的互惠原则与社会网络》，李放春、刘瑜译，上海人民出版社，2017。

② 参见费孝通《江村经济——中国农民的生活》，戴可景译，外语教学与研究出版社，2010；黄树民《林村的故事：一九四九年后的中国农村变革》，素兰、纳日碧力戈译，生活·读书·新知三联书店，2002；应星《大河移民上访的故事》，生活·读书·新知三联书店，2001；王明珂《羌在汉藏之间：川西羌族的历史人类学研究》，上海人民出版社，2021。这里还要特别提到的是历史人类学的"华南学派"之研究，这里仅举一本，即萧凤霞（Helen Siu）的《踏迹寻中：四十年华南田野之旅》[*Tracing China*：*A Forty-Year Ethnographic Journey*（Hong Kong University Press，2016），该书中文译本已于2022年7月由香港中文大学出版社出版]。

③ 参见施坚雅《中国农村的市场和社会结构》，史建云、徐秀丽译，中国社会科学出版社，1998。

④ 参见罗伯特·K. 殷《案例研究：设计与方法》，周海涛、史少杰译，重庆大学出版社，2017；罗伯特·K. 殷《案例研究方法的应用》，周海涛、夏欢欢译，重庆大学出版社，2014。

对于不同的学科来说其侧重点有所差异。

另外，尽管我们说个案研究与"案例分析"之间并没有实质上的区别，但在具体的作品中，我们还是应当注意这种细微的差别，比如科斯的《企业、市场与法律》。① 狭义上的案例分析，有时也专指针对法院某一案例的分析，比如大众点评网诉百度不正当竞争案。② 最后要指出的是，如果不做特别精细的区分，个案研究大体上可以分为两种：一类为完全的个案分析；另一类为作为样本的个案研究。前一类比较典型的如埃文思-普里查德的《努尔人：对一个尼罗特人群生活方式和政治制度的描述》，这本书就是紧紧围绕"努尔人"这一个案而展开；后一类则如威利斯的《学做工：工人阶级子弟为何继承父业》，这本书所选取的汉默镇的个案是为了阐述"工人阶级子弟为何从事工人阶级工作"。换言之，此处的个案不是为了个案本身，而是为了阐明其他的问题，个案在这里只是被挑选出来的样本。③

三 个案研究中"个案"的尺度

"个案"的尺度是意欲对何为"个案"再做一些补充，在前面有关个案适用范围的阐述中，笔者是对个案持一种非常宽泛的理解的，但这也带来一个问题，即似乎"一切皆可个案"。对于这种显得有些随意与难以掌握的研究思路，笔者是有很多困惑的，这里主要是把这一问题提出来。

笔者在阅读韦伯的《新教伦理与资本主义精神》一书时，读到卡尔贝格为这本书所写的《导论》中的一段话：

> 韦伯的《新教伦理》就是对一个特殊个案——资本主义精神——的出现所作的因果分析。他要通过经验证据和逻辑论证找出

① 参见罗纳德·H. 科斯《企业、市场与法律》，盛洪、陈郁译校，格致出版社、上海三联书店、上海人民出版社，2014。
② 参见上海知识产权法院（2016）沪 73 民终 242 号民事判决书。
③ 参见 E. E. 埃文思-普里查德《努尔人：对一个尼罗特人群生活方式和政治制度的描述》，褚建芳译，商务印书馆，2017；保罗·威利斯《学做工：工人阶级子弟为何继承父业》，秘舒、凌旻华译，译林出版社，2013。

这种精神的宗教源头，并使读者相信这些源头是可信的原因。用他的话说，他要力图证明新教伦理构成了资本主义精神的一个"恰当原因"。①

我们知道，《新教伦理与资本主义精神》《中国的宗教：儒教与道教》《印度的宗教：印度教与佛教》《古犹太教》等一起构成了韦伯"世界诸宗教之经济伦理"的研究。② 从世界范围上看，新教、儒教与道教、印度教与佛教、古犹太教是可以看作一个一个的个案的。与这种尺度非常宏大的个案相比，我们更常见的是一些典型的小的个案，比如我们熟悉的费孝通先生的《江村经济——中国农民的生活》研究。

> 这是一本描述中国农民的消费、生产、分配和交易等体系的书，是根据对中国东部，太湖东南岸开弦弓村的实地考察写成的……我所选择的调查地点叫开弦弓村，坐落在太湖东南岸，位于长江下游，在上海以西约 80 英里的地方……③

尽管我们会视韦伯、费孝通的研究为个案研究，但很显然这两个个案的尺度是不同的：一个仅仅是范围有限的小小村庄，另一个则是面积广阔的文化区域。对此，目前笔者还是坚持在最开始对于个案的界定，即是否有一个相对明确的分析单元。或许正是因为个案尺度上的这种弹性，所以对个案研究的一个批评便是"个案的代表性何在？"

四　对"个案代表性"批评的回应

偏向于经验的个案研究在今天还是面临很多的挑战，前文提及的张

---

① 斯蒂芬·卡尔贝格：《导论》，载马克斯·韦伯《新教伦理与资本主义精神》，阎克文译，上海人民出版社，2018，第 129~130 页。
② 康乐：《导言：韦伯与〈中国宗教〉》，载马克斯·韦伯《中国的宗教：儒教与道教》，康乐、简惠美译，广西师范大学出版社，2010，第 4~6 页。另见理查德·斯威德伯格《马克斯·韦伯与经济社会学思想》，何蓉译，商务印书馆，2007，第 192 页。
③ 费孝通：《江村经济——中国农民的生活》，商务印书馆，2001，第 20、26 页。

静的研究中已经给予了特别阐述，即个案研究的贡献何在。从较深层次上看，尽管我们可以说，我们要对社会进行一种整体、全面的理解是困难重重的，但这也不一定能够反推出自个体、部分的研究就是唯一的选择且具有当然的合理性。在这一点上，个案研究的正当性及所能作出的学术上的贡献就需要给予充分的阐述。而这涉及的就是个案的代表性问题，而代表性问题又是一个争议特别大的问题，对其质疑批评可以说一直都存在。[①] 在斯莫尔（Mario Luis Small）看来，这根本就是一个误区，个案研究的作用可能不在于揭示普遍的规律等方面，抽样逻辑与个案逻辑并不同。[②] 一如陈向明教授所言："这种研究的目的是展示和说明，而不是证实和推论。"[③] 这里也需要注意的是，在考虑这一问题时，我们可能忽视了一个方面，即某些个案研究，就是为了研究一个"个案"，比如对一家新成立的环保法院——祁连山林区法院的跟踪研究。退一步，如果暂时"悬置"关于个案之代表性这一问题，而具体去考察实际中的利用个案研究方法的作品，又会如何？

首先的一个问题是，这些个案研究作品中的个案是本来就具有代表性、典型性，还是作品完成之后作者联合读者赋予其代表性。其次，当我们在阅读这些个案研究作品时，思考最多的是什么？是个案本身，还是这一个案究竟有多大的代表性。再次，是否有纯粹的个案研究法？一如前述，我们发现对个案的研究，总是置于一定环境、语境、空间等之下的个案，而非真空之个案。最后，当我们考察一部以个案研究为主要方法的作品时，

---

① 参见董海军《个案研究结论的一般化：悦纳困境与检验推广》，《社会科学辑刊》2017年第3期；王伟臣《法律人类学个案研究的历史困境与突破》，《民族研究》2017年第1期；王刚《个案研究类推的方法与逻辑反思》，《中国农业大学学报》（社会科学版）2016年第1期；翟学伟《人情与制度：平衡还是制衡？——兼论个案研究的代表性问题》，《开放时代》2014年第4期；王富伟《个案研究的意义和限度——基于知识的增长》，《社会学研究》2012年第5期；陈涛《个案研究"代表性"的方法论考辨》，《江南大学学报》（人文社会科学版）2011年第3期；卢晖临、李雪《如何走出个案——从个案研究到扩展个案研究》，《中国社会科学》2007年第1期。

② 参见 Mario Luis Small，"'How Many Cases Do I Need?' On Science and the Logic of Case Selection in Field-Based Research," *Ethnography* 10, 1（2009）；李连江《戏说统计：文科生的量化方法》，中国政法大学出版社，2017，第61~63页。

③ 陈向明：《质的研究方法与社会科学研究》，教育科学出版社，2000，第107页。

最终的落脚点还是在于个案所阐述的问题本身。是以，如果我们发现在这一个案之外很快有了例外；那么客观的方法是再去解释、解读这个例外，即这个新的个案，而不是追究前一个个案为什么不能回答这个例外个案所反映出来的问题（"咬着自己尾巴的乱转的猫"）。因此，如果不断陷入对个案代表性及其延展性的无限追问中，就会落入一个死循环，势必无解。在形而上的意义上，个案研究需要面对与回答代表性这一问题，但矛盾的是，部分与整体是一个二选一的问题，无法在一个条件下同时得到满足。

我们是否可以说关于个案研究法的形而上争议与实际的个案研究法应用是一定程度上暂时分离的问题。我们回过头来再看笔者前文提及的几本运用个案研究法进行研究的著作，我们记住的是什么？是关于个案方法的讨论，还是具体个案所呈现出来的具体问题？是否可以说，个案研究首要和关键在于"讲好一个故事"。[①] 具体而言，我们通过笔者所列举之诸个案作品中之"故事"，理解其中所反映的问题。比如林耀华先生的《金翼：中国家族制度的社会学研究》，这部书成书于 20 世纪 40 年代，描述了辛亥革命至抗战前的家族故事，在今天，种种情景都发生了很大变化，但这并没有影响我们对这部作品的继续阅读；这也是一个再平常不过的家族史故事的小说体描述，但个案在最后不仅超越了个案，而且超越了时空。不过这显然不是其在代表性等方面的成功，因为林耀华先生是一个更会"讲故事的人"，而这恰恰是我们最缺的。[②] 其他的典范作品何尝又不是呢！

我们也清楚地看到，这些作者在进行这些个案研究时，很多情况下并不是有意规划，或者说这些个案研究与其最初的计划产生了很大出入，

[①] "讲好一个故事"，这只是一个比喻。一个严格的、规范的个案分析研究是与当下非常流行的非虚构类写作不一样的，也与一类接近于讲故事的案例研究是有区别的。前者如何伟（彼得·海斯勒）的中国三部曲（彼得·海斯勒：《寻路中国：从乡村到工厂的自驾之旅》，李雪顺译，上海译文出版社，2011；彼得·海斯勒：《江城》，李雪顺译，上海译文出版社，2012；彼得·海斯勒：《奇石——来自东西方的报道》，李雪顺译，上海译文出版社，2014）、《纽约客》上所发表的一些经过调查后撰写的文章，后者如夏树静子《与手枪的不幸相遇：日本司法物语》，李昊译，北京大学出版社，2017。

[②] 参见林耀华《金翼：中国家族制度的社会学研究》，庄孔韶、林宗成译，生活·读书·新知三联书店，2009。

有些时候完全是机缘巧合，甚至是偶然的结果。这些比较明显地体现在朱晓阳的"小村故事"系列、费孝通的《江村经济——中国农民的生活》的写作中。申言之，这些个案的选择是完全随机的，是根本不具有代表性的——反倒是作者的书写让这些进入读者视野的个案有了代表性，进而成为其他个案研究的样本及典范，这比如《金翼：中国家族制度的社会学研究》的续篇《银翅》，以及《罪过与惩罚：小村故事：1931-1997》的姊妹篇《小村故事——地志与家园（2003-2009）》。这些例子一再说明，前置地质疑个案之代表性等形而上问题固然重要，但更重要的是如何书写好手头的个案，并进而让这一个案成为经典。退一步，实际上除非能够穷尽所有样本——但这是不可能的，那么即便再科学的抽样方法得出的个案分析结论也只能更接近事物的原貌及其规律，而永远无法保证不出现"黑天鹅"的问题。总之，在采个案研究法的作品中，我们注意作者所描述之个案本身胜过由该个案推及之其他个案及其可能范围。某种意义上，这种由研究个案推及其他个案及其可能范围实非个案研究之核心所在。是以，笔者认为，宜从实际之作品来理解个案研究法，而非依个案研究法来设定作品的框架、结构——从作品出发的个案研究法给了个案研究无限的可能，也使具体的个案更为丰满。[①]

五 对"个案研究结论"质疑的回应

对于偏向于定性分析的个案研究而言，除却上述有关"代表性"的质疑之外，另一种比较严肃的批评是认为这类研究只有描述而没有结论。的确，对于偏向经验的个案研究而言，描述在其中扮演着十分突出的作用，但即便是被视为描述典范的格尔茨"深描"也不只是单纯的描述。我们要意识到，这些不同的描述的背后有或明或暗的"结论"：这或者是解释某种张力、悖论，并为未来的调整提供科学依据，或者是提炼某种理论模型——只是这里的理论模型的提出困难重重，而且也只有非常少

---

① 对于"个案研究法"界定的一个研究可参见王金红《案例研究法及其相关学术规范》，《同济大学学报》（社会科学版）2007 年第 3 期。

的研究最终达到了这一点。对此，或许可以再次检讨为我们所熟悉的韦伯"理想型"，以从中得到一些启发，便于未来的研究。

韦伯的"理想型"① 在今天已经成为社会科学领域一个非常重要的学术分析工具，一如库恩在 1962 年出版的《科学革命的结构》中提出的"范式"概念一样。"理想型"的意义与价值不仅仅在于其是一个概念，更重要的是它还构成了一种研究的方法论范型，即个案研究在通过对经验事实所揭示问题的不断抽象后，最终以生成"理想型"的样态而达致学术研究的理论贡献。在这个意义上，理想型一如概念化，不只是在一定程度上反映着学者研究的深度及其理论的可能贡献，还代表着经验研究意义自我实现的一种有效方式。②

对于韦伯"理想型"的理解不乏争议，特别是回到韦伯所在的时代及其所欲回答的问题。③ 不过，当我们暂时从韦伯"理想型"的历史场景中暂时抽身出来时，我们会发觉这一概念在某种意义上已经具有了很强的时代与空间超越性，成为一个学者日常研究所使用的经常性工具。在这个意义上，我们如果走得更远一些——如果我们把"理想型"不是那么固定地与韦伯联系在一起，就如韦伯所用的这个概念也是借用来的一样，就可以体会到，在最纯粹的意义上，完全可以将"理想型"视为学术研究中的一个一般性过程与可能的一个阶段。那么在这一背景下，我们所要关心的问题，可能就有所偏离。基于此，在本章，笔者比较关心的是，"理想型"是怎样生成的？但无论如何，为了这一概念不至于太大偏离韦伯本来的使用条件和方式，以致造成误解，此处主要结合韦伯本人的经验（个案）研究来展开文章的具体论述。

---

① Richard Swedberg, Ola Agevall（eds.）, *The Max Weber Dictionary: Key Words and Central Concepts*（California: Stanford University Press, 2016）, pp. 156-159.

② 贺欣：《街头的研究者：法律与社会科学笔记》，北京大学出版社，2021，第 16~18 页。

③ 有关韦伯科学方法论的讨论尽管没有硕果累累，但在今天毫不夸张地说，韦伯科学方法论也是一种非常流行的学术话语，在诸多的学术作品中不时可以看到对这一学术概念的讨论、阐释及应用。就国内的研究而言，关于以下内容的文献是很有代表性的：（1）韦伯"观念类型"提出的时代背景及要回答的问题与理论贡献；（2）韦伯"观念类型"概念本身的理解——变化及多义性；（3）这一概念的运用过程中可能会出现的问题。

（一）韦伯的"理想型"

韦伯在其作品的不少地方都有对"理想型"的阐述，不过最集中的还是在其 1904 年的方法论名篇《社会科学的与社会政策的知识之"客观性"》一文中。这里照录原文如下：

> 理想典型（Idealtypus）……它不是"假设"，但它将会为假设的形成指引方向。它不是对实在物的某种陈述，但它会赋予陈述明确的表现手段。……人们是透过某一个或某一些观点之片面的提升，以及透过将一大堆混乱而分离的、这里多一些那里少一些、有些地方甚至根本不存在的合乎那些以片面的方式挑选出来的观点的个别现象，整合成一个本身具有一致性的思想图像，而获得该理想典型的。就其概念上的纯度而言，这个思想图像是无法在实在的任何地方发现的，它是一个乌托邦……但是，对于"一探究竟并使人明白"的这个目的而言，该概念若能谨慎加以应用，却能做出其特有的服务。……这种理想典型式的概念……是对那些会被我们的想象力认为是可及的（亦即"客观上可能的"）、对我们的法则性知识而言显得适当的关联之建构。……抽象的理想典型的建构，并不是作为目标，而是作为手段而纳入考察的。
>
> "理想典型"这种思想图像并非历史实在、甚至根本就不是什么"固有的"实在，我们建构这种思想图像的目的，更不是要将它当作某种模型而将实在当作例子纳入其中，而是：它具有某种"纯思想性的界限概念"的意义，当我们想要阐明实在之经验性内容的某些特定的、有意义的组成部分时，我们便可以用它去测量实在，将实在和它进行比较。这种概念乃是一种构作物，在这些构作物里，我们运用"客观的可能性"这个范畴，将我们之取向于实在并在实在中受到训练的想象力判断为"适当的"的那些关联给建构起来。①

---

① 韦伯：《韦伯方法论文集》，张旺山译，联经出版事业股份有限公司，2013，第 216~241 页。

尽管目前学界就韦伯"理想型"的认识还存有一定的争议，[1] 但是很确切的是，人们对这一社会科学研究的方法所具有的意义与价值早已取得共识。上述引文比较清晰地呈现了"理想型"究竟为何及其具体的作用。[2] 在韦伯浩瀚的作品中，很多地方我们都能看到其对"理想型"的运用，最为我们熟悉的则是其在支配社会学中有关"传统型支配""卡里斯玛支配""法理支配"的支配——对此，笔者已经在本书其他地方做过讨论，这里不再赘述。以下仅就研究中"理想型"的生成提炼做一初步讨论。

（二）"理想型"的生成

如果暂且不关涉"理想型"背后的价值，而只是在较为纯粹的学术研究下来看这一概念，笔者更倾向于将其理解为对经验世界与理论话语进行勾连的桥梁。正是在这个意义上，"理想型"是不断往返于二者之间的。尽管"理想型"是一个乌托邦，但其对经验事实还是有较强的说服力的，即其是对经验事实的较好抽象，并作为一种更具普遍性的知识为之后的研究者所理解，进而产生能够进一步进行学术对话和讨论的可通约话语。

在这个意义上，可能最为要紧的是怎样形成一个好的"理想型"。要回答这一问题，可能有以下几个问题需要预先给予思考。是否所有的经验事实都有可能提升为一个有价值的"理想型"？"理想型"与学者们常言之"概念化""模型化"有何关联？"理想型"的提出是否更多是在比较的、历史的研究场景？最后，"理想型"的生成是靠运气还是有一定的规律可循？以下试以一些人们熟悉的作品为例进行说明。

吴思的《潜规则：中国历史中的真实游戏》是我们很熟悉的一本书，也是一部影响力很大的作品。[3] 这部作品之经典，不仅在于作者揭示了我

---

① 叶毅均：《论韦伯之"理想型"概念建构——兼与林毓生先生商榷》，《思想与文化》2016 年第 2 期，第 124~146 页。

② 吕新雨：《"价值无涉"与学术公共领域：重读韦伯——关于社会科学方法论的笔记》，《开放时代》2011 年第 1 期。

③ 吴思：《潜规则：中国历史中的真实游戏》，复旦大学出版社，2018。

们所了解的一些历史现象背后的某种逻辑，更主要的是，在学术上，作者将这种历史之中的现象提炼为"潜规则"这样一个关键词。这一关键词的提炼不仅使其研究具有了非常清晰、直观的所指，而且其还具有很强的解释力。我们在很多经典的著作中都能看到这种关键词的提炼，尤其在有关经济学的著作中，比如斯密提出的"看不见的手"。[①] 法学之中，比如达玛什卡从权力组织与司法目的两个角度所构建出的四种不同的司法与政治关系"理想型"，即"科层型权力组织的政策实施程序"、"科层型权力组织的纠纷解决程序"、"协作式官僚组织中的纠纷解决程序"及"协作式权力组织的政策实施程序"。[②] 又如陈瑞华对中国刑事诉讼模式"案卷笔录为中心主义"的提炼、王亚新关于日本民事诉讼基本结构"对抗与判定"模式的提炼。[③] 类似的经典研究我们还能举出更多的例子，但是相对于大量的基于事实与经验的研究而言，其数量还是相当有限的。即便是那些已经生成了"理想型"的研究，其说服力并不总是都很强。毫无疑问，"理想型"的达致是一项艰苦的工作，并不全然是运气的结果。至少有以下几点是重要的：（1）一个恰当的研究方法的选择；（2）对材料的熟稔；（3）一个开阔的视野及比较宽广的知识面。

"理想型"成为一种重要的学术分析工具或者研究深入的一个思维过程，一定意义上已经脱离了韦伯最初的设定，进而成为一种"公共话语"，但这并不是说这一概念的运用能力是无限的。在这个意义上，我们不应忘记韦伯的警告和提醒，这一方法的运用还是要谨慎一些，切莫在"理想型"提出后，以一种封闭及话语霸权，甚至意识形态的方式来对待之，因为这将与"普洛克路斯忒斯之床"（Procrustean bed）的比喻并无二致。换言之，理论一旦成为一种教条，与散乱的材料不能上升为"理想型"式的理论是一样的，甚至更糟糕。

---

① 亚当·斯密：《国富论》，郭大力、王亚南译，译林出版社，2011。

② 米尔伊安·R. 达玛什卡：《司法和国家权力的多种面孔：比较视野中的法律程序》，郑戈译，中国政法大学出版社，2015，第1～7、235～312页。

③ 陈瑞华：《刑事诉讼的中国模式》，法律出版社，2018，第23～24、266～332页；王亚新：《对抗与判定：日本民事诉讼的基本结构》，清华大学出版社，2010，第50～66页。

六 消解个案研究的误区

个案研究法之所以能够产生如此之广的影响，固然在于实证研究在近年来更为流行，但更主要是因为个案研究法有其优势，特别是灵活性（flexibility）的一面——既可以适用于微观的小型研究，也适用于一定规模的中间研究，亦能应付较大规模的研究。[①] 正是在这个层面上，在一些学科，比如法学中，对于未必受过非常系统之社会学、人类学训练，但又希望从事这方面交叉学科研究的研究者而言，个案研究法是其相对能够控制和把握的一种研究方法。[②] 同时，我们也知道在我国做实证研究面临较多之困难，而从个案出发，研究者可能更加容易借力于其所掌握的有限资源。比如笔者在前文曾提及费孝通先生之《江村经济——中国农民的生活》、林耀华先生之《金翼：中国家族制度的社会学研究》、朱晓阳先生之"小村故事"系列则主要是一种个人经验写作。在这一点上，可能大多数的研究者都能通过对自身该类资源的发掘而写出非常真实，又有价值的个案研究作品。

个案研究这种如德勒兹、瓜塔里"游牧思想"般开阔的视界并不代表其在研究上的容易。[③] 相反，但凡做过个案研究的研究者都会体会到其中的重重困难。[④] 个案研究在某种意义上就意味着田野，是以个案研究很少有不进入田野的；而对于研究者而言，首先则是选定自己的田野，并能顺利进入田野。[⑤] 或许，这才是我们最应关注的个案研究法的困难所

① 参见劳伦斯·纽曼《社会研究方法：定性和定量的取向》（第 7 版），郝大海等译，中国人民大学出版社，2021，第 374~400 页。

② 这里有必要特别交代的是，结合 2014 年以来国内法学界教义法学与社科法学之间的某些争议与讨论，不是说个案研究就一定是社科法学的，而完全不能是教义法学的。事实并非如此，个案研究仅仅是一种研究方法，同样的一个个案，也同样是经验的研究，但是在最终的成果上完全可以呈现为教义法学的模式，而并不必然是对社会—法律关系解释这种社科法学的样子。

③ 参见陈永国译编《游牧思想》，吉林人民出版社，2011。

④ 应星：《质性研究的方法论再反思》，《广西民族大学学报》（哲学社会科学版）2016 年第 4 期。

⑤ 参见克洛德·列维-斯特劳斯《忧郁的热带》，王志明译，中国人民大学出版社，2009；郑少雄、李荣荣主编《北冥有鱼：人类学家的田野故事》，商务印书馆，2016；王启梁《法学研究的"田野"——兼对法律理论有效性与实践性的反思》，《法制与社会发展》2017 年第 2 期。

在。即便只是初步进入田野尝试个案研究法的作者，也会体味其中的难度，诸多的作品都描述过这一问题。[①] 同时，田野只是个案研究的一部分。申言之，一是田野材料还需要后续的大量作业，比如从导演拍摄之大量镜头到最终的电影上映还需要做大量的工作，[②] 二是即便有田野也不一定能够写出好的文本。一部好的个案研究的作品，犹如一部制作精良、故事清晰、情节紧凑、引人深思、令人久久回味的影视作品。某种意义上，如果能够让读者以"标签式"的方式记住一部作品，一般来说这就是一部出色的作品。是以，对于个案研究而言，其最后的提升也在于一种模型或者一个核心关键词的提炼上。

基于这些认识与理由，笔者坚持应该超越关于个案研究法"质疑、批判—辩护、修正"的方法论争论死结，更加务实地尝试在个案研究法最基础的核心下写出更多更好的个案分析作品。亦即，我们不应陷入关于方法的迷思中，方法之运用最终还是在于研究具体问题。个案研究法是否有力，最后也必定是要靠具体呈现出来的个案本身来说话。"社会学家原本只不过是一个编织故事的艺匠而已。"[③] 某种意义上，个案研究法很重要的一个方面就在于能否"讲好一个故事"。[④] 在这一点上，对于我国正在不断发展成熟中的法社会学研究来说更是如此。不过，法社会学研究可能面临更为艰巨之挑战：首先是法学主流研究群体对于法社会学方法的包容问题；其次是法学之经典分析方法，特别是所谓"法教义学"方法对于法社会学方法的接受度；最后则是主要受法学方法训练的学者实际上对法社会学方法的理解与驾驭问题。不论是用社会学的方法来研究具体的法律问题，还是用社会学的思维来观察一定的法律现象，对于

---

① 参见勃洛尼斯拉夫·马林诺夫斯基《一本严格意义上的日记》，卞思梅、何源远、余昕译，广西师范大学出版社，2015。

② 参见奥斯卡·刘易斯《桑切斯的孩子们：一个墨西哥家庭的自传》，李雪顺译，上海译文出版社，2014；张靓蓓编著《十年一觉电影梦：李安传》，中信出版社，2013；开寅《电影的宿命》，北京大学出版社，2022。

③ 叶启政：《社会学家作为说故事者》，《社会》2016年第2期。

④ 刘子曦：《故事与讲故事：叙事社会学何以可能——兼谈如何讲述中国故事》，《社会学研究》2018年第2期。

这些主要受法学训练的学者来说都存在不少挑战。这种挑战不仅在于其适用社会学方法的规范性，还在于法学学科自身之特点，使具体研究在其可能之发展方向上受到一定规制。

法学学者的个案研究，首先需要跨越的是实证研究的第一道门槛，只有在对此形成一定共识的前提下，才有可能迈向比较的个案研究；其次则是寻求平衡社会学相对中立、客观之理路与法学之一定的价值预设或者试图通过法律设定一定价值的边界的思路之间可能存在冲突；最后则是等待那个适合自己研究的个案机缘的到来。对于钟情于个案研究的学者来说，能够找到一个可以研究的个案并且最终能够把这一个案作品写出来，想想都是一件幸福的事。祝愿个案研究者们能够实现这个梦想（理想）。①

---

① 丛小平的研究可以视为这方面的一个样本。参见丛小平著译《自主：中国革命中的婚姻、法律与女性身份（1940~1960）》，社会科学文献出版社，2022。

第 5 章

黄宗智实践社会科学：法社会学研究新路径

引　言

写这篇札记，一是回忆过去十多年间笔者阅读黄宗智先生作品的愉悦经历；二是要求自己以及自己指导的研究生——在他们不排斥经验研究的前提下，能够依照黄先生的探索与指引，尽量不要去写那些意义并不是很大的文章。①

2005 年，笔者读研究生的时候通过王亚新教授等翻译的日本著名法史前辈滋贺秀三等的《明清时期的民事审判与民间契约》② 中的内容了解到黄宗智先生的研究，特别是黄先生的《清代的法律、社会与文化：民法的表达与实践》（记得笔者是 2007 年元月自西北政法大学图书馆复印了这本由上海书店出版社在 2001 年出版的蓝灰色封面的薄薄的书）。之

---

① 黄先生在他著名的"社会、经济与法律：历史与理论"课程的课程大纲里，勉励国内的学生："首先应要求自己能在经验层面作出前人所未作的贡献，因为作为一个青年学者，思想上多未完全成熟，若能老老实实做经验研究，最起码可以在那个层面上作出新的贡献。但这不是说只作经验信息的简单堆积……最理想的状况是通过新鲜的经验证据来提炼新鲜的概念，用以解决重要的理论问题。"（黄宗智：《经验与理论：中国社会、经济与法律的实践历史研究》，中国人民大学出版社，2007，第 545~546 页）过去几年里，笔者越来越体会到黄先生这一方法的意义与价值。笔者所在单位地处我国学术研究的边缘，其中很大的一个制约因素是学术前沿把握及学术交流上的不足，不过退而求其次，运用黄先生的思路，在一定数量的经典作品阅读的基础上，再辅之以俯拾皆是的经验素材，即便不能写出一流的作品，也至少能够达到言之有物。

② 滋贺秀三、寺田浩明、岸本美绪、夫马进：《明清时期的民事审判与民间契约》，王亚新、范愉、陈少峰译，法律出版社，1998。

后看到在历史与社会高等研究所网站上贴出的《"社会、经济与法律：历史与理论"黄宗智 2022 年研修班课程大纲》。① 那一时期黄先生关于中国当前法律的几篇文章，比如《离婚法实践》《中国民事判决的过去和现在》《中国法庭调解的过去和现在》《中国法律的现代性？》也都已发表，② 这些作品带给笔者的，不只是智识上的增长，最主要的是思维上的启发。也正是在那个时候，黄先生出版了其首部方法论作品《经验与理论：中国社会、经济与法律的实践历史研究》（简称《经验与理论》）。③ 黄先生笔耕不辍，深耕"农村社会经济史""法律史"等多个领域，而且在每一个领域都做到了极致，令后辈晚学叹为观止。④ 囿于个人之资质，也只能了解一二。

基于个人的专业领域，笔者对黄先生关于法律（史）以及农村农业的研究关注得更多一些；不过最感兴趣的还是黄先生的方法论，相信能够通过对黄先生作品的阅读得到传说中的"金手指"。今次，重温黄先生的作品，对这本 2007 年就出版的书仍然觉得理解得很不够、阅读得也不够。黄先生写方法论，不是单纯地写方法论，而是以其本人的研究现身说法；黄先生方法论的另外一个特点是他站在中西比较之间——对中国、美国社会及相关的研究传统与特点都有非常清晰、准确的把握；黄先生写作这些方法论的作品一如他已经坚持了近 20 年时间的"社会、经济与法律：历史与理论"课程一样，心里装的全是学生。

黄先生（编）撰写的方法论作品，不只《经验与理论》，2015 年黄先生更是出版了近 700 页的《实践与理论：中国社会、经济与法律的历

---

① 至 2022 年，这门课程在国内已经开设 17 年。2022 年的课程大纲详见《"社会、经济与法律：历史与理论"黄宗智 2022 年研修班课程大纲》，历史与社会高等研究所网站，https：//www.lishiyushehui.cn/news/xin-wen/70，最后访问日期：2022 年 6 月 18 日。

② 这些论文之后都汇集在黄先生所著的《过去和现在：中国民事法律实践的探索》（法律出版社，2014）一书中。

③ 黄宗智：《经验与理论：中国社会、经济与法律的实践历史研究》，中国人民大学出版社，2007。

④ 黄先生对其至目前研究的一个小结，可参见其为三卷本"实践社会科学与中国研究"所写的总序《探寻扎根于（中国）实际的社会科学》。参见黄宗智《探寻扎根于（中国）实际的社会科学》，《开放时代》2018 年第 6 期。

史与现实研究》，① 2020 年又出版了《实践社会科学研究指南》。② 就个人
而言，对于主要偏重法学研究，特别是有法律社会学趣味的研究者来说，
黄先生 2007 年出版的这本方法论著作仍然是首选的精读书目，可以说这
本书历久弥新。之所以偏爱这部文集，一是尽管 2007 年以来，黄先生的
方法论还在不断地更新中，但黄先生的研究一以贯之——"即怎样通过
与（西方）现代主要学术理论的对话来建立符合中国历史实际和实践的
概念和理论"，所以即便是在这本 2007 年出版的书中，我们也能够看到
黄先生关于方法论的基本态度及其个人在具体的研究中是如何践行其方
法的。这本书对于那些旨在探究"社会、经济与法律"的研究者而言，
不仅提供了这方面研究写作的典范，而且还给出了怎样做这类研究的指
南，在这之上，黄先生认真地告诉研究者何以能够打破诸如意识形态、
范式牢笼等的桎梏，而做出有价值的研究来。二是相较于后来新出的大
部头《实践与理论：中国社会、经济与法律的历史与现实研究》，对于主
要是偏向于法律思考的学生，《经验与理论》篇幅更为适中，书中呈现的
法律议题更为集中。

以下是个人阅读学习的一些札记片段。

一 黄先生的《经验与理论》及其方法论研究

黄先生者何人，以先生在学界的盛誉及其作品的巨大影响力是不需
要笔者再去赘述的。黄先生在其《连接经验与理论：建立中国的现代学
术》③、《问题意识与学术研究：五十年的回顾》④、《探寻扎根于（中国）
实际的社会科学》⑤ 等学术自传中对其个人经历及研究都有很详细的介绍
和说明。

---

① 黄宗智：《实践与理论：中国社会、经济与法律的历史与现实研究》，法律出版社，
2015。
② 黄宗智编著《实践社会科学研究指南》，广西师范大学出版社，2020。
③ 黄宗智：《连接经验与理论：建立中国的现代学术》，《开放时代》2007 年第 4 期。
④ 黄宗智：《问题意识与学术研究：五十年的回顾》，《开放时代》2015 年第 6 期。
⑤ 黄宗智：《探寻扎根于（中国）实际的社会科学》，《开放时代》2018 年第 6 期。

2007 年出版的《经验与理论》一书，是黄先生自美国大学荣休到人大授课后所编写的一本体现其至彼时学术研究精华的作品，这本书也非常清晰地反映了黄先生最主要的研究方法。全书共收入黄先生的论文与著作专章（序言）等 22 篇，具体可进一步分为相对独立的五个部分，即乡村研究、法律史研究、治理与体制研究、方法总结、现实关怀。

黄先生的方法论研究，与一般学者的研究多有不同，非常明显的至少有两点：其一，黄先生的方法论是与其"农村社会经济史""中国法律史"紧密结合在一起的，即其研究是基于其方法论，方法论又是通过具体研究得出的——这与那种具体研究是具体研究、方法论是方法论，二者关联并不大的学者之研究并不一样；其二，黄先生的方法论呈体系性，不仅在本章主要阅读的《经验与理论》中有集中的 550 余页的呈现，在后来的《实践与理论：中国社会、经济与法律的历史与现实研究》中也进一步扩展至近 700 页。2015 年之后，黄先生还在继续完善其方法论，特别是 2020 年推出了针对学生的《实践社会科学研究指南》——在这本书里我们能够看到黄先生的方法论是"有用"的，这不仅在于其坚持了多年的"社会、经济与法律：历史与理论"课程已经形成国内的一个品牌课程，也在于受其指导的学生已经在学界独当一面，成为相关研究领域之翘楚。

细致阅读黄先生的方法论，以下诸点令人影响深刻。（1）研究问题的选择。尽管学者的研究完全可以根据个人的趣旨及偏好自由设定，不过对于最后所呈现出来的实际研究，我们会感觉有的与我们很近，也很期待；相应地，有的研究我们虽然也会很敬佩，但会觉得距离我们更远一些。黄先生的扎根于（中国）实际的研究给我们带来的就是前一种感觉。（2）基于经验与实践的研究取向。[①]（3）对待西方理论的态度。尽管黄先生的研究是基于经验与实践，但其作品的理论色彩一点都不淡，其中涉及众多的西方社会科学等领域的理论学说，但是通过黄先生的作

---

① 黄宗智：《建立前瞻性的实践社会科学研究：从实质主义理论的一个重要缺点谈起》，《开放时代》2020 年第 1 期。

品，我们看到的是一种十分理性、客观的态度，没有迷恋，也没有盲目的排斥。（4）开阔、包容的视野。黄先生收在《经验与理论》第 10 章"近现代中国和中国研究中的文化双重性"的文章很值得认真去阅读，较之主要在国内或域外研究中国问题的学者，黄先生能够避免二者的视野盲区，进而展现出一位会通中西的学者的开阔视野。（5）学科交叉的方法。即便是仅仅讨论黄先生的法律研究，我们至少能够看到"社会—经济—法律—历史—政治—……"这样相当开阔的研究进路。（6）历史纵深。即便只是单独检视黄先生的法律研究，其间历史的纵深感亦非常清晰。目前黄先生的法律研究至少已经形成从清代到今天的四卷本。（7）细微处见功夫。黄先生研究的独创性是很明显的，在这之外，我们也看到黄先生会指出过往一些研究中存在的不够严谨，甚至谬误之处，也会及时补上被忽视的研究。（8）持久的研究。

黄先生的方法论对法社会学或者"社会—法律研究"的启发也是显然的。黄先生的研究提供了一种"社会—法律研究"的思路，更准确地说是开辟了一条新路径，即所谓"新法律史"研究。而这一新的研究传统，其首倡者即黄宗智教授。

> 注重司法档案在研究中的运用，以及从社会科学理论中汲取灵感，这两大趋势，正日益在当今西方学界（尤其是美国）优秀的中国法律史研究者笔下交汇，从而构成如今方兴未艾的"新法律史"的重要特征。[①]

围绕这一研究方法，形成了不少带来"智识上的地震"的重要作品。黄先生的相关作品，则集中体现在《清代的法律、社会与文化：民法的表达与实践》、《法典、习俗与司法实践：清代与民国的比较》、《过去和现在：中国民事法律实践的探索》和《中国的新型正义体系：实践与理

---

① 尤陈俊：《"新法律史"如何可能?》，载黄宗智编著《实践社会科学研究指南》，广西师范大学出版社，2020，第 168~169 页。

论》等作品中。这几部作品之大意也在《经验与理论》一书的第 6、7、12、13、14、15 等章中得以呈现。

目光向下、面向现实与实践，这对于书斋中的学者来说，不仅很难迈出第一步，也很难去坚持，但黄先生的研究正是践行这一思路的典范。黄先生在 2015 年发表的一篇回顾性文章《问题意识与学术研究：五十年的回顾》中回忆到：

> 但是，对我来说，无论在认识上还是在感情上，该篇博士论文（《儒家的自由主义者：梁启超与现代中国》——笔者注）的研究和写作都远远没有解决自己心底里最关心的矛盾和问题……在完成此作之前，由于相反的感情驱动，便已经开始越来越认同于当时（毛泽东时代）的中国及其所提倡的思想/意识形态。而且，由于一种几乎是天生的，也是由于对母亲的感情驱动，要求自己更多地关心普通老百姓，尤其是农村人民。那些感情因素都没有在那本研究梁启超的书中得到表达，之后也就逐步脱离了集中于精英的思想史研究。
>
> 那样的转向的一个关键动力是因为自己在价值观上，一直把"老百姓"的福祉认作人生和学术的最高目的和价值。……出乎意料的是，这种感情和认识居然会牢牢地在自己心底里扎下了根，成为自己对这个世界的一个基本认识。其后，在自己儿童时期特别喜爱的《水浒传》、《三国演义》和武侠小说中，这种有点类似于侠义和抱不平的精神和价值观得到了进一步的营养。[1]

黄先生这一段自述，令人想起费孝通先生八十岁生日时写下的"胸怀全局，脚踏实地；志在富民，皓首不移"。以下着重讨论《经验与理论》中的四篇关于中国（古代）法律研究的文章，想来读者诸君一定会与笔者一样，不仅为黄先生的论述所折服，亦会体会到其中的深沉与情感。

---

① 黄宗智：《问题意识与学术研究：五十年的回顾》，《开放时代》2015 年第 6 期，第124 页。

二　黄先生的中国（古代）法律研究四篇

《经验与理论》一书收进了至少六篇黄先生的法律研究之作，涵盖了后来被编辑为三卷本的《清代以来民事法律的表达与实践：历史、理论与现实》的精华。在这部三部曲中，前两卷《清代的法律、社会与文化：民法的表达与实践》（1996）、《法典、习俗与司法实践：清代与民国的比较》（2001）发表后产生了特别大的影响，特别是在法史学界，已经形成了很多对话、评论作品。以下仅扼要摘引《经验与理论》一书中的四篇被收在《过去和现在：中国民事法律实践的探索》中的文章：第 12 章"离婚法实践"、第 13 章"中国民事判决的过去和现在"、第 14 章"中国法庭调解的过去和现在"、第 15 章"中国法律的现代性？"。尽管这四篇文章皆作于十多年前，但其意义是明显的，它们可以帮助我们在古今中外间理解今天中国的法律及司法。

（一）　黄先生法律研究的关切及其视角

黄先生的关切在他后来的文章，比如 2015 年的《问题意识与学术研究：五十年的回顾》、2018 年的《探寻扎根于（中国）实际的社会科学》等中有很细致的交代。这本 2007 年首次集中呈现黄先生研究理论及方法的作品《经验与理论》已经有十分清晰的叙述：

> 后现代主义关注的主要是话语，也可以说是"表达"，区别于实践……表达和实践的问题更清楚地凸现于我的新的法律史研究……1996 年的《清代的法律、社会与文化：民法的表达与实践》一书论证了清政府对自己的民事法律制度的表达和实践间的背离……《表达与实践》一书突出的结论可以这样总结：清代法律说的是一回事，做的是另一回事，但是，两者合起来，则又是另一回事。……在同书的第五章中，我突出了清代纠纷处理制度中的"第三领域"。民间的社区和宗族面对纠纷所做的是调解，而法官在正式堂审中所做的是断案，此两者之间实际上存在一个庞大的

"第三领域"。①

在完成了关于清代的《民法的表达与实践》之后，发表了清代与民国民法的比较的第二卷，用两者的比较来突出各自的特征，进一步论证了第一卷的一些初步的结论。②

笔者在 2009 年出版的法律研究第三卷《过去和现在：中国民事法律实践的初步探索》③ 详细梳理、论证了一系列今天的法律实践中仍然延续着的古代法律传统（如调解制度，家庭主义的赡养、继承和产权法则和制度），以及当代中国一直适用的、来自革命传统的法律（特别是婚姻和离婚法律）和革命所创建的、在法律"第三领域"（即由于正式和非正式制度之间的互动所产生的中间领域）中的行政和法庭调解制度。……《过去和现在》一书论析并提倡我们要从法律实践出发，从中找出连接社会实际和法律条文的实例——笔者把这样的研究进路称作"实践历史"。④

（《中国的新型正义体系：实践与理论》）的出发点是笔者 1990 年以来适用的"实践历史"研究概念和方法，用以探讨中国古代、现代（民国时期和解放区时期）以及中华人民共和国前三十年和之后三十多年的法律体系。用于法学，"实践历史"概念的核心是认为法律不可仅凭理论、条文、思想史或制度史来认识，必须同时看到其实践才能认识到其真正含义以及对人民的影响。同时，由于中国成文法律的增补和修改多源自实践经验，我们需要在"实践历史"中探讨、设想法律的走向。⑤

---

①　黄宗智：《经验与理论：中国社会、经济与法律的实践历史研究》，中国人民大学出版社，2007，第 3~4 页（前言）。

②　黄宗智：《经验与理论：中国社会、经济与法律的实践历史研究》，中国人民大学出版社，2007，第 5 页（前言）。

③　这本书，黄先生共收入了包括《经验与理论》一书第 12—16 章在内的 12 篇文章。——笔者注

④　黄宗智：《探寻扎根于（中国）实际的社会科学》，《开放时代》2018 年第 6 期。

⑤　参见黄宗智《中国的新型正义体系：实践与理论》，广西师范大学出版社，2020，第 1 页。

黄先生的研究让我们认识到了一个较之传统研究有很大不同的、新鲜的法律史研究样态。即便是对一些久久已经有定论的研究成果，我们不仅看到了另一种可能的解释方法，也进一步去反思此前结论的周延性。

法史研究中的诉讼/司法研究，反过来诉讼/司法研究中的法史进路，都有很多的内容，也有很不同的进路，但毋庸讳言，我们是很希望通过这些研究来理解和认识当下的。无论中外，政治在诉讼/司法中扮演着非常重要的作用，尽管有一些因素可能是隐而不见或者难以把握的。黄先生的研究为我们提供了比较的视角以及历史的大脉络。再组合新生代代表性学者的研究，我们得以更清晰地了解当下的司法/诉讼环境。①

（二）《经验与理论》法律论文四篇

黄先生在《离婚法实践——当代中国法庭调解制度的起源、虚构和现实》这篇 2005 年发表的论文的开篇便指出"中国法的讨论很容易陷入西方现代主义与中国传统的非此即彼的二元对立立场之中。这两种立场都基本不考虑近两个世纪里中国与西方不断的接触过程中所形成的'传统'"。② 黄先生基于其收集的 1953 年以来 A 县与 B 县的 336 个民事案件以及多次访谈，表明"离婚法实践是'毛主义法庭调解'制度传统的核心，对今日中国的民事法律制度影响深远"。"从中可以看到有关当代中国法庭调解的起源、虚构和现实。这种调解既与英语'mediation'（调解）一词的通常所指迥异，也与传统中国的调解大不相同；它也不同于中国官方对其所作的表达。我们最终只能将它理解为在中国革命过程的特殊条件下所形成的实践和法律。"③ 在文章的最后，黄先生总结道："（这种'调解'）它涵盖了一系列的实践和观念：它运用道德劝诫、物质刺激以及

---

① 这比如刘忠的一系列研究，参见刘忠《规模与内部治理——中国法院编制变迁三十年（1978—2008）》，《法制与社会发展》2012 年第 5 期；刘忠《"党管政法"思想的组织史生成（1949-1958）》，《法学家》2013 年第 2 期；刘忠《格、职、级与竞争上岗——法院内部秩序的深层结构》，《清华法学》2014 年第 2 期；等等。

② 黄宗智：《经验与理论：中国社会、经济与法律的实践历史研究》，中国人民大学出版社，2007，第 272 页。

③ 黄宗智：《经验与理论：中国社会、经济与法律的实践历史研究》，中国人民大学出版社，2007，第 272 页。

党政国家和法院的强制压力来抑制单方请求的离婚，从而尽量减少激烈的对抗；其构造性的观念是感情……它的实践逻辑是既要结束没有良好感情基础的旧式婚姻，又要最大限度地保护有良好感情基础的新式婚姻。这些构成了毛主义离婚法实践的核心，因而也是整个毛主义民事法律制度的核心。直到今天，它们仍是中国司法制度最具特色的一面。"①

在《中国民事判决的过去和现在》这篇 2007 年发表的论文中，黄先生给出了一种这样的观点："无论是清代还是当代的中国法，强调调解的官方表达与采用判决的法庭实践始终结合在一起……这种矛盾的共容展示了贯穿于从清代到毛泽东时代乃至改革时期的所有变迁之中中国法的特殊思维方式。"② 通过其研究，黄先生指出："中国法的逻辑体系支撑的法律推理模式，无论在清代还是当代，都是基于强调调解的官方表达与有规律地采用判决的法庭实践两者的结合……中国法的思维模式从一开始就与西方大陆法影响的形式主义模式不同，因为它坚持主张法律的原则和条文源自具体的事实情形并与之密不可分……从法律形式主义的立场来看，典型的中国法思维模式，无论过去还是现在，都似乎是朦胧不清和逻辑上矛盾的……尽管如此，从事实到概念到实践的中国法律思维方式，因倾向于将道德性和实用性结合起来，也有某些明显的优点……"③

《中国法庭调解的过去和现在》是前面一篇文章的姊妹篇。黄先生通过对清代、民国时期、1949 年之后的调解以及美国的庭外调解等的比较，指出："不论好坏，中国当代的法庭调解模式所暗含的认识方法，与现代西方大陆法的形式主义模式恰好针锋相对：形式主义法律要求从有关权利的普遍前提出发，然后通过法律的逻辑体系将那些前提适用于所有案件的事实情形；与此相反，中国的法官首先要考虑的是具体的事实情形的性质，然后才能够确定适当的解决纠纷的方式，或者调解，或者裁断，

---

① 黄宗智：《经验与理论：中国社会、经济与法律的实践历史研究》，中国人民大学出版社，2007，第 300 页。

② 黄宗智：《经验与理论：中国社会、经济与法律的实践历史研究》，中国人民大学出版社，2007，第 311 页。

③ 黄宗智：《经验与理论：中国社会、经济与法律的实践历史研究》，中国人民大学出版社，2007，第 344~345 页。

或者判决。中国的法官是将具体的事实情形和解决实际问题的考虑置于抽象原则之前的，从这一点来看，他们的法律思维仍然是非常接近于清代的法官。"①

在《中国法律的现代性?》中，黄先生首先指出："我们若仅从理论和话语的历史来回顾，近百年来中国法律所经历的道路真是万分曲折……在这样的历史语境中，有关中国法律现代性的讨论极其容易陷入意识形态的争论……中国法律改革的将来不在于移植论和本土论的任何一方，而应该在于两者在追求现代理念的实践中的长时期并存和相互作用。"② "问题的关键其实在于，形成一种允许移植和本土两者并存的制度，由它们长时期拉锯和相互渗透，允许代表各种群体的利益的公开竞争、相互作用和妥协。"③ 关于"中国法律的现代性"的问题，黄先生在 2020 年出版的新书《中国的新型正义体系：实践与理论》中有更为细致的论述。

黄先生这四篇文章以及他在其他地方所发表的有关新中国法律及司法研究的作品，为我们提供了一份非常敏锐而深刻的思考样本。连同笔者在本书第 10 章所阐述的日本学者对于清代民事审判的研究，它们共同绘出了另一幅有关中国传统民事司法的图景。2015 年以来，随着法院案件数量的剧增以及员额制的改革，未来的民事司法会如何还有待进一步的观察，但是无论如何我们都无法摆脱那些司法传统。

（三）黄先生与林端先生研究的比较：传统中国与韦伯

法律史研究是黄先生"农村社会经济史"研究、"理论与方法"研究之外最集中的一大部分，黄先生法律史研究的旨趣及方法在前文已有论述，而其所借鉴的理论资源，更准确说进行对话的理论资源，很突出的一部分是对"韦伯形式理性法"及相应观点的批评，这令人想起林端先

---

① 黄宗智：《经验与理论：中国社会、经济与法律的实践历史研究》，中国人民大学出版社，2007，第 351 页。
② 黄宗智：《经验与理论：中国社会、经济与法律的实践历史研究》，中国人民大学出版社，2007，第 392~393 页。
③ 黄宗智：《经验与理论：中国社会、经济与法律的实践历史研究》，中国人民大学出版社，2007，第 409 页。

生的研究，比如《韦伯论中国传统法律：韦伯比较社会学的批判》《儒家伦理与法律文化：社会学观点的探索》。在这一议题上，林先生恰也有专门针对黄先生研究的详细评论。①

黄先生关于韦伯法律思想的观点比较集中地体现在《清代的法律、社会与文化：民法的表达与实践》一书的第 9 章：

> 我虽然受益于韦伯，但也同时与他的初始观点分离。他最关心的垂直支配关系不适用于解释以民间横向关系为核心的民法课题，他的理性法与卡迪法的对立理论架构的任何一端都解释不了清代中国的实际……韦伯的试探性的矛盾命题是有用的。清代的法律和政治制度可以看做"世袭君主—实体的"表达和"官僚—理性的"实践的一个结合，道德主义和实用主义纠结在清律、县官和地方政府的实践中，权利在理论被否定但在实践中得到保护。20 世纪的法律改革者们将同时面对这份遗产的局限和实绩。②

林先生的研究，尽管也是对韦伯的批判，但大概是基于林先生受业于德国韦伯研究大师施路赫特的缘故，他们研究的风格是有差异的。林先生的研究是这样的：

> 我们简单整理一下韦伯对于中国传统法律与司法的看法……这些种种特征，我们可以跟随韦伯的脚步，概括的把分析的焦点放在"卡迪审判"作为中国传统法律与司法的特性之上。中国传统的法律与司法是否真的像韦伯讲的具有"卡迪审判"的"实质的不理性的"特征呢？这本书就是希望顺着韦伯比较社会学的脉络，立基在最近几十年全球重要的清代法律与司法审判的杰出研究成果之上，进一

---

① 林端：《韦伯论中国传统法律：韦伯比较社会学的批判》，中国政法大学出版社，2014，第 93~117 页。
② 黄宗智：《清代的法律、社会与文化：民法的表达与实践》，法律出版社，2014，第 190~191 页。

步来说明受当年的材料限制与研究方法、研究视野的限制，韦伯对于中国传统法律与司法审判产生不必要的误解与错误的认知。①

林先生基于对韦伯法律观——主要是韦伯对中国传统法律及司法"卡迪司法"的批判，进而展开对中国传统法律的研究，这要回到他更早期的作品《儒家伦理与法律文化》。详言之，林先生的关注点在于对中国传统法律的认识，更进一步还在于中国传统法律在今天的命运。这是一个特别重大的命题，有太多的学者对此倾注了精力。其中至少涉及四个问题：（1）传统中国法律是什么？（2）1902年以来的清末变法修律；（3）中西法律传统的比较；（4）中国法律何处去——特别是关于对传统的继承与对西欧法律传统的吸收这两个问题的处理。② 这里的问题如果进一步放大，不单单是法律的问题，还涉及近代以来中国社会的转型及对传统的继承问题，而这又深深地与19世纪中叶以来中国受到的外部冲击有太多的关联。

但与林先生的研究相对照，黄先生似乎没有这么沉重的历史包袱，在黄先生的脉络里，今天是自然同历史贯通的，他的这一思想，在《经验与理论》一书中有清晰的呈现。比如第4章"中国研究的规范（范式）认识危机"、第9章"学术理论与中国近现代史研究"、第17章"认识中国——走向从实践出发的社会科学"、第18章"悖论社会与现代传统"。这样也就很容易理解其关于"一个新型中华法系"的愿景。③

黄先生、林先生都深谙韦伯的法社会学理论，也都对传统中国法律及司法做出了标志性的研究，他们在这里所表现出来的落脚点上的些许差异，我想大概是由他们各自的境遇及思想情感决定的，尽管两位学者都曾表示过激励他们研究的是某种强烈的内心情愫——关于中国的。

---

① 林端：《韦伯论中国传统法律：韦伯比较社会学的批判》，中国政法大学出版社，2014，第9~11页（自序与导论）。
② 可参见张伟仁、李贵连、俞荣根、张中秋、王志强等诸位教授的相关研究。
③ 黄宗智：《中国的新型正义体系：实践与理论》，广西师范大学出版社，2020，第330~333页。

三 社会—法律视角下思考当代中国法律问题的前提背景

何以解读今天的中国法律，或者说今天的中国法律的未来走向会是哪里呢？我们所依凭的资源是什么？我们做出的道路选择理据何在？黄先生讲了三种传统，传统中国的、近代西方的、中国共产党的实践。黄先生的雄心在于"打通、贯穿长期被隔离的历史与现实"。

> 如果结合他一贯的研究风格稍做推衍，那么其言外之义可以说是：由于并不存在没有历史的法律现实，中国法律史的研究必须做到贯通不同的时段，发掘潜藏其间的变与不变，以增进人们对现实的理解，而不应该仅仅满足于为历史而历史（实则反而是历史虚无主义）……我将这种理念称为中国法律史研究中的"历史感"……正是在这种"历史感"支配下，黄宗智基于对清代、民国的扎实研究，提炼出"表达与实践的背离""实用道德主义""集权的简约治理"等中层概念及其相应的理论，使得人们即便在凝视现实之时，也能凭借其跨越时空的穿透力而达致洞悉背后隐藏的奥秘。①

对于历史与当下关系的态度，不仅涉及这里已经提出的当下的法律与传统法律关系的问题，还涉及另一个问题，即"为什么要学习法律史？"。

> 那个认为历史上的法就是时下的法，从而带给法律史无比辉煌和荣耀的时代已一去不返；而19至20世纪法律史学科草创之初，开宗立派、气象万千，学科巨擘横空出世，那种时代也再难重现。作为一门分支学科，法律史一定是专门之学，并且可能相对衰微；但是，作为一种方法和视角，它或许可能无处不在。当我们对法有更多、更广阔的理解时，都可以利用历史这个试验场，来检验、补充、

---

① 尤陈俊：《"新法律史"如何可能？》，载黄宗智编著《实践社会科学研究指南》，广西师范大学出版社，2020，第181~182页。

纠正、或加强这些理解，使法律史、包括中国法律史更多地回归法学、重获生机。①

　　法律史在国内的研究有很多不同的进路，本章中重点讨论的黄先生的法律史研究是一种新的——尽管在今天已经成为一种比较成熟而且风靡于世的方法——研究进路，此外，其所运用的方法大大丰富了法社会学研究的可能。法社会学研究不仅在于现实的法律与社会，也在被称为"法律社会史"的领域里乘风破浪，有声有色。

---

① 王志强：《我们为什么研习法律史？——从法学视角的探讨》，《清华法学》2015 年第
6 期。

第二编

经典阅读

第 6 章

法律的社会学理解：涂尔干《社会分工论》出版百三十年

引　言

对于这一章的涂尔干、下一章的韦伯、再下一章的埃利希，笔者都没有太多的抱负，也没有比前人更高明的看法；相反，尽管笔者花了一些时间去阅读、体会《社会分工论》《法律社会学》《法社会学原理》这三部作品，但是今天依然还是没有吃透作者的论述。我特别想搞清楚作者们为什么会写那个议题，但是至少在这一刻我还是感到比较模糊。① 这种力有不逮，我想固然有文化环境方面的原因，但更多可能还是因为个人学养的不足，在拙作将要完成之际，郑戈教授的新书《法学是一门社会科学吗？》② 出版了，细读之下，更觉得笔者还需要更多的积淀。

以下内容不免野人献曝，只是"客观"呈现我是如何进入这三本书的，以及我在理解这三份文本时又是如何切入的、目前我还存在哪些困

---

① 对此，大量的二手文献可以部分地帮助我们接近这些思想家和他们的理论，几乎每一本有关社会学，特别是古典社会学理论的作品都会论及涂尔干、韦伯的作品。另外，一如昂格尔曾经在其《现代社会中的法律》一书中表达过的，作为社会理论巨擘的涂尔干、韦伯，在滋养后世学人的同时，也成了后来者沉重的包袱——似乎不先从讨论他们的思想开始，后来的学问便不完备一样。另一个层面，或许要对这一问题能够有一定理解，还需要继续往前追溯，比如看看早期人类学家梅因、巴霍芬、麦克伦南、摩尔根等的研究，以了解古希腊古罗马社会以前的社会—法律。

② 郑戈：《法学是一门社会科学吗？》，法律出版社，2022。

感等这些很基础的问题。很有趣的是，在笔者所选取的《社会分工论》《法律社会学》《法社会学原理》三本书里，我们可以对三位大家作一些对比，涂尔干讨论社会中的分工、韦伯则讨论大家耳熟能详的理性化、埃利希则讨论其活法。尽管议题有所不同，但是他们所忧思的那个社会都是 19 世纪末 20 世纪初一段时间内的西欧社会——一面感叹那个成功的社会，一面又不免对其现状与未来忧心忡忡。这一背景也是他们法律研究的明显底色。

在国内的法社会学研究中，涂尔干尽管会被提起，但是并没有被特别研究。相对于涂尔干数量可观的作品，一般读者关注比较多的可能还是他 1893 年初版、1902 年二版的博士论文《社会分工论》。① 当然这并不是说涂尔干的法社会学没有意义，更大的可能是国内的法社会学研究还没有来得及消化涂尔干的理论。印象中国内关于涂尔干法社会学的研究，大约有 2006 年高鸿钧、马剑银编的《社会理论之法》、2018 年前后郑永流教授主编的《法哲学与法社会学论丛》的一个专题②以及有关其"惩罚/刑罚观"的一些评论。至于为何会如此，大约来自法学院的法社会学研究者，尽管认为涂尔干、马克思和韦伯这三大古典社会学大师对于法社会学的意义是突出的，但可能会觉得涂尔干的研究更偏向于社会学一些，对于法学的影响不是那样直接。有意思的是，倒是国内的社会学学者还是很强调涂尔干的法社会学的，比如渠敬东在早年的一段采访中这样说：

> 严格说来，《社会分工论》既不是经济学著作，也不是标准意义上的普通社会学著作，它的特色是法社会学。尽管这本书表面上是

---

① 《涂尔干文集·第 1 卷（道德社会学卷 1）：社会分工论》，渠敬东译，商务印书馆，2020。这里要特别列出一部描述"德雷福斯事件"的文献，即罗伯特·哈里斯《军官与间谍》，李昕璐译，社会科学文献出版社，2022。有关涂尔干与德雷福斯事件的研究，可参考孙飞宇《个体的自我保存与社会学的现代道德人格属性：〈自杀论〉中的双重结构》，《社会》2018 年第 6 期。

② 高鸿钧、马剑银编《社会理论之法：解读与评析》，清华大学出版社，2006；郑永流主编《法哲学与法社会学论丛》2017 年卷·总第 22 辑，商务印书馆，2018。

谈分工这个类似经济学的问题，实际上谈的是分工和维系这种团结的法的基础。①

　　亦如有学者所指出的："正是风俗、道德和法律构成了涂尔干社会学的主要研究对象。"② 的确，涂尔干指出"人们尤其可以看到，我是怎样通过司法规范体系来考察社会团结的"，"法律表现出来的社会团结是本质的，这才是我们必须去了解的问题"，"法律完全可以对劳动分工所导致的特殊团结作出表征"。③ 足见我们不仅需要重新审视涂尔干的这本书，也需要认真对待其法社会学思想。关于《社会分工论》我们熟悉的是涂尔干区别出来的"有组织的压制性制裁""纯粹的恢复性制裁"及与之相应的社会机械团结、有机团结。鉴于关于此的内容已为学界所广泛认可与接受，是以在本章，笔者更想讨论的是涂尔干在第二版序言中所讲的"现代经济生活存在着的法律和道德的失范状态"。尽管涂尔干关于失范更具体的研究是其1897年出版的《自杀论》这部标志性的著作，但是无疑《社会分工论》已经播下了种子。而"失范"作为一个命题在当下可能会比两种团结类型这一描述性概念更需要我们去跟进。

　　就涂尔干呈现在《社会分工论》一书中的法社会学思想，曾有观点批评其非法学人视角，但是笔者以为正是这种非法学人的社会学视野才使得涂尔干的研究更有意义。长期以来，"法社会学对于社会学家来说困难重重"，是以，社会学家的法社会学研究相对比较少。④ 如果我们愿意将涂尔干的研究与孟德斯鸠联系起来——事实上，涂尔干也确实写过一本与

① 《涂尔干的现代性主题：道德个人主义与法团公共性——青年学者渠敬东访谈录》，道客巴巴网，https://www.doc88.com/p-577321496434.html，最后访问日期：2022年6月21日。

② 陈涛：《涂尔干的道德科学：基础及其内在展开》，上海三联书店，2019。

③ 《涂尔干文集·第1卷（道德社会学卷1）：社会分工论》，渠敬东译，商务印书馆，2020，第107、109页。

④ 尼克拉斯·卢曼：《法社会学》，宾凯、赵春燕译，上海人民出版社，2013，第39~41页。

孟德斯鸠有关的书，而《孟德斯鸠与卢梭》——思路一下子就会开阔起来。

基于上述思路，在本章，笔者主要想阐述如下三个方面的问题：第一，涂尔干讨论法律的出发点；第二，涂尔干的法律观是什么；第三，涂尔干法律讨论带给我们的启示。

一 《社会分工论》法律讨论的起点

《社会分工论》一书共分为三大部分，即"第一部分：劳动分工的功能""第二部分：原因和条件""第三部分：反常形式"。这三部分中，第一部分占全书的一半篇幅，第三部分约40页，占全书篇幅较小。或许正是由于这种篇幅安排，一般的对涂尔干法社会学的研究比较突出地集中在法律与社会团结的关系以及压制法与恢复法上，而对于涂尔干第三部分失范讨论的研究则比较有限。这种基于篇幅大小考虑涂尔干法社会学思想主要内容的通常理解方式可能是不全面的。虽说《社会分工论》是涂尔干重要的代表性作品，而且其后来的研究几乎都可以在这本书中找到影子，但是确切地说，只有结合涂尔干《社会分工论》后来的作品，特别是《社会学方法的准则》《自杀论》《职业伦理与公民道德》，甚至《宗教生活的基本形式》，才能全面把握《社会分工论》一书的要旨。这一点，在涂尔干1902年的《社会分工论》第二版序言中得到了比较清晰的体现。

检视国内目前有关涂尔干法社会学思想的研究，相关成果还是比较有限的。目前有林端、刘思达的文章，[①] 以及若干有关涂尔干惩罚/刑罚观的研究——包括对与福柯相关研究观点的比较研究。这些研究给我们提供了一些有益的启示，但相关的研究还是有进一步扩展的空间的。具体到《社会分工论》一书，尽管法律在其中居于比较突出的位置，但我

---

① 林端：《爱弥尔·涂尔干：〈孟德斯鸠与卢梭〉》，《清华法学》2006年第3期；刘思达：《经典社会理论中的法律：马克思、涂尔干、韦伯与法律社会学》，载高鸿钧、马剑银编《社会理论之法：解读与评析》，清华大学出版社，2006。

们要清楚他不是涂尔干论述的全部。陈涛在一次讨论中称："涂尔干的全部社会学事业都始于这一设想：建立一门研究现实中的风俗、道德和法律的实证道德科学，从中确立起某种规范性，以取代传统上从人性出发借助哲学演绎去构建道德法则的伦理学。"①

同时，也是很明显的一点，即涂尔干并不是就法律论法律，而是在社会这个大的"场域"下谈法律，即作为一种"社会事实"的法律。这对于习惯了自法律内部看法律的法律人来说，还是要稍微转变一下思路的。尽管涂尔干将法律放在了很重要的位置，法律不仅体现了机械团结与有机团结两种社会的社会团结样态，而且还是机械团结社会下的必然团结要素，但仅此而已——在我们的这个社会里，法律很重要，但法律不过是社会构成发展的一个表征，社会本身才是神圣的，最终其还是要落到社会中去。申言之，他认为，现代社会需要法律，法律有其突出的作用，但社会并不是一个"法律帝国"，法律只是社会运作的一条"秩序"、一个组分，仅此而已。或者更准确地说，法律是被放在一个更广阔的体系，即社会法则下来议论的。② 这对于那些看重现代社会深刻作用，特别是将法律作为社会运作及发展"发动机"、组织"母体"的人士来说，是比较失落的。这在"破坏者"福柯那里，就更清晰了，在他那里，法律、司法实际的功用并不是法律最开始的承诺，而可能只是一种治理的规训工具，而且还不一定是为了法律的直接使用者——当事人自身。

涂尔干的法律分析的逻辑究竟是怎样的呢？

（一）作为"社会事实"的法律

1895 年，在《社会分工论》出版两年后，涂尔干的方法论作品《社会学方法的准则》面世了。一如韦伯的阐释社会学，涂尔干也有自己的独特社会学研究方法论。在涂尔干看来，社会学要想成为真正的关于社会的科学，就需要研究"社会事实"这一确定的"物"。何为"社会事

---

① 李猛、陈涛等：《涂尔干：被遗忘的道德科学》，澎湃新闻，https://www.thepaper.cn/newsDetail_forward_7212673，最后访问日期：2022 年 12 月 3 日。
② 陈涛：《涂尔干的道德科学：基础及其内在展开》，上海三联书店，2019。

实"，涂尔干指出：

> 一切行为方式，不论它是固定的还是不固定的，凡是能从外部给予个人以约束的，或者换一句话说，普遍存在于该社会各处并具有固有存在的，不管其在个人身上的表现如何，都叫做社会事实。①

更明确地说，便是涂尔干给出的"把社会事实看作物"这一命题。按照这一定义，法律当然地是一种"社会事实"。因为"这类事实由存在于个人之身外，但又具有使个人不能不服从的强制力的行为方式、思维方式和感觉方式构成"②。

这是我们理解涂尔干法律观的第一步。下面我们就可以讨论《社会分工论》一书中涂尔干的法律论述了。

（二）《社会分工论》一书中法律论述的开始

《社会分工论》一书的副标题是"高级社会组织的研究"。就其研究，涂尔干讲道：

> 我们研究的起点就是要考察作为人格与社会团结的关系问题。为什么个人越变得自由，他就会越来越依赖社会？为什么在个人不断膨胀的同时，他与社会的联系却越加紧密？……要解决这种非常明显的矛盾现象，就要从社会团结的转型过程着眼，而后者正是伴随着劳动分工的迅速发展而产生的。③

---

① 《涂尔干文集·第10卷（一般社会学卷）：社会学方法的准则 实用主义与社会学》，狄玉明、渠敬东译，商务印书馆，2020，第35~36页。
② 《涂尔干文集·第10卷（一般社会学卷）：社会学方法的准则 实用主义与社会学》，狄玉明、渠敬东译，商务印书馆，2020，第27页。
③ 《涂尔干文集·第1卷（道德社会学卷1）：社会分工论》，渠敬东译，商务印书馆，2020，"第一版序言"第9页。

我们的目的，绝不仅仅在于考察这些社会中是否存在劳动分工带来的社会团结。这是很显然的事实……最重要的是，我们必须要确定它所产生的团结在何种程度上带来了社会整合……然而，社会团结本身是一种整体上的道德现象，我们很难对它进行精确的观察，更不用说测量了。要想真正做到分类和对比，我们就应该撇开那些观察所不及的内在事实，由于内在事实是以外在事实为标志的，所以我们只能借助后者来研究前者。这种看得见的符号就是法律……法律表现出来的社会团结是本质的，这才是我们必须去了解的问题。①

在这里，我们能够清楚地看到涂尔干的法律论述是功能论的，具体而言，是法律于社会团结的作用，特别的社会形态下对应的是相应的法律。下面这段论述是十分清晰的：

正因为法律表现了社会团结的主要形式，所以我们只要把不同的法律类型区分开来，就能够找到与之相应的社会团结类型……在这项研究里，我们不能采用法学家们惯用的区分方法……我们应该把法规主要分为两类：一类是有组织的压制性制裁，另一类是纯粹的恢复性制裁。第一类包括刑法，第二类包括民法、商业法、诉讼法、行政法和宪法等，任何刑法都不应该划入到这种类型中来。②

对于这种社会—法律关系思路下的法律研究，在当今我们是比较熟悉的。我们都知道，19 世纪末到 20 世纪初法学研究史上出现了对概念法学的批评，我们也知道直到今天依然有具备一定影响力的龙勃罗梭、加罗法洛、菲利等人的研究。我们暂时不清楚涂尔干的研究是否回应了彼

① 《涂尔干文集·第 1 卷（道德社会学卷 1）：社会分工论》，渠敬东译，商务印书馆，2020，104~107 页。
② 《涂尔干文集·第 1 卷（道德社会学卷 1）：社会分工论》，渠敬东译，商务印书馆，2020，109~110 页。

时代法学研究的思潮，但的确暗含了那时一直到今天很强劲的一脉法学研究方法。我们知道涂尔干的研究是受孔德、斯宾塞、孟德斯鸠、卢梭等人的影响的，涂尔干也将这些前人的研究作为自己对话与讨论的对象。① 在这里我们需要预先记住的是，与现代社会相匹配的法律类型是"补偿性的法律"。申言之，如果并非如此，或者社会中的法没有维护有机团结，那么法律便是"失范"的。

二 涂尔干法律观的具体展开

（一）两种团结及两种法律

《社会分工论》中有关法律的阐述，不少内容是在第一部分，该书第一部分主要讨论"每一种团结相应的整体法律规范是什么"②。具体而言：第一，机械团结③以及在这种环节社会中呈现出来的压制法与相应的惩罚观念；④ 第二，分工形成的团结，或有机团结社会中的"恢复性制裁"——只是将事物"恢复原状"。⑤ 涂尔干关于上述内容的论述是非常细致具体的，但是鉴于在过去这些内容已经成为大家的一种常识，所以这里只作非常简略的交代。洪镰德教授在 20 年前的研究中总结的表格是非常清晰的，这里转引如下（见表 6-1）。需要补充的是，关于涂尔干作如此分类的理由，在其《社会学方法的准则》一书中有十分清晰的交代。

---

① 袁嘉阳：《迪尔凯姆〈社会分工论〉中的法律思想研究》，硕士学位论文，首都经济贸易大学，2018；贺淑娜：《涂尔干〈社会分工论〉中的法律思想研究》，硕士学位论文，新疆大学，2015；彭军：《法律演化的社会基础》，硕士学位论文，西南政法大学，2017。

② 《涂尔干文集·第 1 卷（道德社会学卷 1）：社会分工论》，渠敬东译，商务印书馆，2020，第 177 页。

③ 《涂尔干文集·第 1 卷（道德社会学卷 1）：社会分工论》，渠敬东译，商务印书馆，2020，第 151、233 页。

④ 《涂尔干文集·第 1 卷（道德社会学卷 1）：社会分工论》，渠敬东译，商务印书馆，2020，第 115、120、123、126、140、150 页。

⑤ 《涂尔干文集·第 1 卷（道德社会学卷 1）：社会分工论》，渠敬东译，商务印书馆，2020，第 156 页。

表 6-1 涂尔干论机械性与有机性的社会连带（团结）关系

特征　　　　类别	建立在相似性的基础上，原始社会之机械性连带关系	建立在分工基础上，现代进步的社会之有机连带关系
形貌（结构）的基础	横的区隔性关系（以血缘氏族为开始；其后发展为地缘的领土） 少许的相互依赖（社会连接弱） 人口数量相对的少 物质和道德密度低	纵的组织性类型（市场与城市成长的合致、业缘） 很大程度上的相互依赖（社会连接强） 人口数量相对的多 物质和道德密度高
法律的形态	以刑法为主 压制性的法律	以合作的法律（民法、商法、诉讼法、行政法、宪法）为主； 补偿（还原）性法律
集体良知的形式特征	高量 高强度 高度决定性 绝对的集体权威	低量 低强度 低度决定性 个人倡议和反思的空间大
集体良知之内容	高度宗教性 超现实（超越人群的利益、而不容讨论） 把最高价值赋予社会和社会全体之利益 具体的而又在地的	逐渐世俗化 以人群利益为取向（关于人事、容许公开讨论） 把最高价值赋予个人，重视个人的尊严、平等、工作伦理和社会主义 抽象而又普世的

资料来源：洪镰德《法律社会学》，扬智文化事业股份有限公司，2004，第 171 页。

"失范"这一在今天更多地被讨论的涂尔干的术语，在今天的涂尔干法社会学研究中受到的关注反倒还比较有限，以下将针对该问题作分析。

（二）失范的法律

"法律的失范状态"这一表达出现在涂尔干 1902 年所写的《社会分工论》第二版序言中："在本书里，我再三强调了现代经济生活存在着的法律和道德的失范状态。"[①] 但客观地说，有关失范的论述在《社会分工论》中是比较有限的，对此还要结合涂尔干在 1897 年出版的《自杀论》以及其他论述。但是不容否认的是，"失范研究"在涂尔干的全部研究中

---

① 《涂尔干文集·第 1 卷（道德社会学卷 1）：社会分工论》，渠敬东译，商务印书馆，2020，"第二版序言"第 11 页。

占据非常重要的位置。"失范"所指向的是涂尔干对现代社会或者现代性症状的一种判断,其研究及实践的努力便是为此寻找一个解决的方案。我国社会学前辈潘光旦先生所讲"位育"(adaptation)① 颇有与涂尔干"失范"理论相暗合之处。

何为失范?至少《社会分工论》一书中的表达是比较模糊的,而且在后来的学者的研究中还是变化的。② 我们先具体来看《社会分工论》一书中对"失范"的讨论。在该书的第三部分"反常形式"中,涂尔干分别以"失范的分工"、"强制的分工"及"另一种反常形式",对此作了初步研究。关于"失范的分工",涂尔干举了工商业的危机和破产、劳资冲突、科学发展的无政府状态等例子。涂尔干进一步指出"如果分工不能产生团结,那是因为各个机构间的关系还没有得到规定,它们已经陷入了失范状态"③,"强制的分工是我们所要区分的第二种病态类型"④。第三种类型下"团结的纽带松弛下来,松散和混乱的状态就产生了"⑤。对此,转引一段后来学者的论述:

> 涂尔干假设,正常说来,规则自发地从社会交往中发展出来,是惯例化这一渐进过程的一部分,其中交换最开始只是暂时地受到调节,之后才作为习惯并最终正当化。因此,这一社会生活自我调

---

① 潘乃谷:《潘光旦释"位育"》,《西北民族研究》2000 年第 1 期。

② 如有研究便指出:"一方面,从 1893 年出版的《社会分工论》直到他身后才问世的《职业伦理与公民道德》,涂尔干采取不同的理论路径对现实社会做出分析,并建立起两种不尽相同的失范理论,其中,以《分工论》为代表的第一种失范理论着重于社会功能之间不受调控的状态,以及由此而导致的诸多社会问题;而以《自杀论》、《道德教育》、《职业伦理与公民道德》和《分工论》'第二版序言'为代表的第二种失范理论则强调社会规范无法调节个人欲望的状态,以及随之而来的个人的不受规范调节的行动和社会混乱。"参见许松影《追寻正常社会:重构涂尔干的失范理论》,硕士学位论文,华中师范大学,2019,第 47 页。

③ 《涂尔干文集·第 1 卷(道德社会学卷 1):社会分工论》,渠敬东译,商务印书馆,2020,第 438 页。

④ 《涂尔干文集·第 1 卷(道德社会学卷 1):社会分工论》,渠敬东译,商务印书馆,2020,第 447 页。

⑤ 《涂尔干文集·第 1 卷(道德社会学卷 1):社会分工论》,渠敬东译,商务印书馆,2020,第 460 页。

节的假设有赖于"时间"和各种相关主题之间的"连续性接触"这两个因素。长期来看，有机团结"正常地"但也是神秘地从功能性相互依赖中产生。失范，调节的缺失或说社会生活的去调节，正是快速且激烈的社会变迁的结果。但是失范并不意味着一种根本性的系统危机，而是一种适应危机，连续性解除将生产出新的规则，在独立的器官之间生产出新的功能均衡，由此确保社会整合。①

《社会分工论》中论述的模糊性，使我们不易清晰把握问题的要紧处，吉登斯的一段研究传记可以让我们更进一步接近涂尔干此处的论述：

> 涂尔干承认，劳资之间日益尖锐的阶级冲突伴随着继工业化之后的社会分工的扩大而来。但是，如果认为这种冲突是直接由社会分工所导致的结果，那是荒谬的。实际上，经济功能的划分暂时超出了相适应的道德规律的发展，从而导致了上述结果。由于社会分工处在一种失范的状态之下，所以它不能处处产生凝聚。②

对于失范理论，进一步要补充的是，如同诸多的经典理论一样，在这些理论流传散播开来以后，其渐渐就脱离了其最初的文本，而有了新的生命，失范理论在后来至少还有如下新的解释：

> 社会失范概念的内涵分可为微观和宏观两个层面：宏观层面的失范是社会规范、制度体系的稳定性与社会秩序问题，主要指社会规范系统的瓦解状态，即社会解组；微观层面的失范主要指社会团体或社会成员的失范行为，它与越轨行为是同义语。前者是失范行

---

① Hans-Peter Müller, "Durkheim's Political Sociology", In Stephen P. Turner（ed.）, *Emile Durkheim: Sociologist and Moralist*（Routledge, 1993）. 转引自许松影《追寻正常社会：重构涂尔干的失范理论》，硕士学位论文，华中师范大学，2019，第 26~27 页。
② 安东尼·吉登斯：《资本主义与现代社会理论：对马克思、涂尔干和韦伯著作的分析》，郭忠华、潘华凌译，上海译文出版社，2018，第 110~111 页。

为产生的宏观社会背景条件；后者是规范对象与执行者的失范，是一个社会产生解组的外在表现。宏观层面的规范解组与微观层面的行为越轨是理解失范范畴的两个核心概念。①

尽管涂尔干在《社会分工论》的第二版序言中指出"现代经济生活存在着的法律和道德的失范状态"，但是其对于具体的法律失范状态的论述是非常少的。笔者的理解是，这还要从经济失范说起。经济失范可以通过相应的社会事实——法律表现出来。在正常的有机团结社会下，法律的呈现形式是恢复性的法律；但是处于失范状态的分工下，法律并不能够为有机团结提供足够的保证力量。从这个意义上讲，尽管《社会分工论》第三部分着墨很节省，论述也比较单薄，但是如果与前面的部分，特别是第一部分关联起来，其实还是能够得出比较完整的意思的。对于法律的失范，大体上可以作这样的延伸：一是社会发展了，法律却没有进行相应的调整或者依然保持已经脱离了时代的旧法律；二是本应得到法律调整的社会行为却偏偏失语了。②

三　涂尔干法律观的启发

读《社会分工论》，笔者的脑海里有两个问题一直在回旋：第一，和韦伯相比较，他们二人的问题意识、切入点、处理模式有何差异呢？第二，涂尔干的问题如果被放在中国——无论是传统中国，还是当下的中国，我们又该如何分析呢？是和涂尔干一样的思路吗？即从"机械团结"到"有机团结"。还是完全不同的并行的新思路？进而，中国到底有多特殊呢？③

在涂尔干的理论脉络里，法律起到的仅仅是一种表征具体的社会类

---

① 朱力：《失范范畴的理论演化》，《南京大学学报》（哲学·人文科学·社会科学版）2007 年第 4 期。

② 周少华：《法律中的语言游戏与权力分配》，社会科学文献出版社，2022。

③ 向德平、田北海：《转型期中国社会失范与社会控制研究综述》，《学术论坛》2003 年第 2 期。

型的作用；也只有在这个前提下，才去强调法律的价值。但在韦伯那里并非如此，韦伯认为现代社会本质上就是一个法权社会，因为法律——形式理性的法是这个社会最明显的组织母机，社会已经离不开法律；至于这种法律帝国将会带来的司法危机以及社会问题，可以通过对法律的完善来解决。

所谓涂尔干问题，主要是指经由机械团结—有机团结的分析框架对现代社会症状的分析，即有关失范的命题。对于涂尔干在百年前对现代社会的这一论断，我们要作何观？近百年来，特别是在与西方社会的比较下，何以认识与描述传统中国社会以及当下的中国社会，一直是一个常谈常新的议题。我们也禁不住会问："中国到底有多特殊？"的确，在社会基底方面，中西之间的差异是明显的，诸多学人的研究都证明了这一点。① 是以，当用一种基于西方社会的概念或者理论来分析国内的社会时，有时不免难以说清问题的实质。但是在当下，随着全球化的加深、中西之间交往的频繁，我们似乎发现中西之间那些差异正慢慢消失，那些发生在不同社会环境中的社会问题，越来越显示出很多相似性。在这个意义上，我们不会觉得涂尔干的"失范"理论是遥远的存在，而是依然有着很强的洞察性与诠释力，让我们时不时地审视我们周遭的这个有时候不免令人疑惑的世界的理论。

这里选一例 2022 年初影响很大的案例——"丰县生育八孩女子"事件来作初步讨论。② 2022 年 1 月 27 日（农历腊月二十五），网络平台流传"丰县生育八孩女子"的相关视频，视频中一女子被铁链拴着，口齿不清，疑为江苏徐州丰县欢口镇 8 个孩子的母亲。由于该事件的性质严

---

① 在这方面，笔者特意关注汉学家群体之外的那些会通中西的华人学者的研究，比如许倬云先生的论述。参见许倬云《中西文明的对照》，浙江人民出版社，2016。

② 参见《省委省政府调查组发布"丰县生育八孩女子"事件调查处理情况通报》，《新华日报》2022 年 2 月 24 日，第 1、3 版；《"丰县生育八孩女子"事件十三问》，《新华日报》2022 年 2 月 24 日，第 3、4 版；《江苏省委省政府调查组发布"丰县生育八孩女子"事件调查处理情况通报》，《人民日报》2022 年 2 月 24 日，第 4 版；《"丰县生育八孩女子"事件调查》，《农民日报》2022 年 2 月 24 日，第 4 版；等等。

重、加之临近春节，该事件发生后，引起社会持续的关注。① 2022 年 2 月

① 从这一事件发生至 2022 年 2 月 23 日江苏发布调查结果，笔者通过个人微信朋友圈大体记录下来一些不完整的议论、评论。就这一事件，最开始似乎是能够带给民众视觉直接感受的一些影视、文学作品，如《盲山》《红楼梦》里的香菱等不断被讨论；接下来，我们看到的有如罗翔、车浩、桑本谦等知名法律学者从刑事法律方面所作的分析；有借着特殊的时间节点，如 2 月 14 日的情人节所进行的控诉；也有透过裁判文书网等对事发当地徐州拐卖妇女案例的深挖（丰县法院多份判决书披露：老婆被拐卖至丰县，因当地公安机关解救未成而起诉离婚；被拐卖两女起诉离婚但均被驳回），甚至还追寻到"离婚冷静期"的首创（"6 个月感情冷静期"为徐州市贾汪区人民法院 2013 年末首创。2015 年 8 月，徐州市贾汪区人民法院出台了全国第一份关于"离婚冷静期"的规范性文件。2019 年 3 月，全国人大法工委专程到徐州市贾汪区人民法院开展《民法典》婚姻家庭编立法调研，听取了关于"离婚冷静期"的专题汇报）、妇联曾经的表彰（2022 年 2 月 17 日，江苏省人力资源和社会保障厅及江苏省妇女联合会联合下发文件《关于表彰江苏省妇联系统先进集体、劳动模范和先进工作者的决定》，丰县妇联被授予"江苏省妇联系统先进集体"荣誉称号，该荣誉 5 年评审一次，是妇联系统省级最高综合奖，在这次评审中，全省共 18 家单位获此集体荣誉，丰县妇联是徐州市各县区唯一获此荣誉的先进单位）；有人引用国家领导人习近平的讲话（"在联合国大会纪念北京世界妇女大会 25 周年高级别会议上的讲话"，2020 年 10 月 1 日，北京）、批示，《人民日报》等国家重要媒体的报道（1951 年 10 月 15 日，《人民日报》"坚决支持丰县妇女争取婚姻自主的斗争"）等来保持这一事件的"新鲜度"，以期让这一事件能够得到有关方面的重视与解决。"几十亿的点击量硬是突破不了一个村落，救不了一个女人！"，"魔幻丰县，把我们都逼成了福尔摩斯"，类似的帖子、网文标题便是的公众对该事件得到解决期待的一种呈现。在这中间，主流的新闻媒体人胡锡进也发文"铁链女与小花梅究竟是不是同一人？信息太多时我们该相信谁？"另外，在这一事件的发展过程中，恰值北京冬奥会，一位新星谷爱凌横空出世，当时就有评论发出这样的议论："谷爱凌、铁链女谁更代表中国"，"罔闻苦女铁锁链、乐道美妇韭菜盒"。这样的对比，太清晰不过地将社会的两极展现在我们的面前。另通过拓尔思网察大数据 2022 年 2 月 23 日发布的《徐州丰县"八孩"事件舆情观察》（参见新浪微博，https：//weibo.com/ttarticle/p/show？id=2309404740095386452172&sudaref=passport.weibo.com，最后访问日期：2022 年 6 月 21 日），我们可以看到一份更为完整的事件发展图像。据该报告，媒体的关注点主要在"报道江苏省委省政府成立'丰县生育八孩女子'事件调查组，期待事件真相调查清楚"，"聚焦官方通报中的可疑点，分析、报道该女子身份是否涉及犯罪等"，"针对此类事件进行反思，如何才能减少拐卖妇女现象的发生"，"建议在全国范围内对人口买卖行为进行打击"等几个方面；而网民的关注点则是"希望彻查事件真相和受害者身份"，"通报内容自相矛盾，许多细节存疑"，"江苏省成立调查组后有网民叫好称赞，但也有网民希望中央委派工作人员前往调查，当地政府可信度不高"，"当地是否存在类似情况甚至是相关产业链，能否彻底根除"，"拐卖人口买卖双方刑罚尺度问题"，"受害者后续生活能否得到保障"。对此，该报告也给出了几条应对该类事件的做法："政府部门应提高应对重大事件的能力，做到公开透明，及时对群众质疑做出回应"，"加强基层网信部门建设，出现重大舆情时由其统筹处理"，"有关部门应着手解决实际问题，深入走访调查，提供事实依据"，"针对涉事部门及人员，依法依规进行处罚，重树公信力"，"加强互联网治理，坚决打击造谣传谣等不良内容"，"主流媒体需及时对事件进行跟进报道，切勿'失声'，丢失舆论先机"，以避免政府公信力受损、民众安全感缺失以及别有用心者浑水摸鱼、混淆视听。

17 日，江苏省委省政府决定成立调查组，对"丰县生育八孩女子"事件进行全面调查，彻底查明事实真相，对有关违法犯罪行为依法严惩，对有关责任人员严肃追责，及时向社会公布结果。2 月 23 日，江苏省委省政府调查组发布关于"丰县生育八孩女子"事件调查处理情况的通报。此次通报对受害者身份认定情况、精神与身体状况、救助情况，以及犯罪嫌疑人和失职渎职人员的处理情况进行了详细说明。之后，全国公安机关打击拐卖妇女儿童犯罪专项行动动员部署电视电话会议于 3 月 2 日召开。公安部决定，自 3 月 1 日起至 12 月 31 日开展打击拐卖妇女儿童犯罪专项行动。再之后，2022 年"两会"期间，"两高"报告谈拐卖妇女儿童犯罪——依法追诉、从严惩治。也有消息称，"两会"期间最高检在回复全国人大代表姚劲波时称，最高检正在"督导江苏检察机关协同公安机关彻查'铁链女案件'"。2022 年 4 月，最高人民法院、最高人民检察院、公安部又联合发布《关于敦促拐卖妇女儿童相关犯罪嫌疑人投案自首的通告》……

相信对这一事件的后续处理还将继续。再次回到涂尔干的"法律失范"理论，我想这一事案是能够反映两个层面的问题的：第一，拐卖妇女儿童犯罪是一种严重的刑事犯罪，国家法律也一直将该类犯罪行为作为重点打击的对象，但是这并不能保证"天下无拐"；第二，如上述丰县这样的事件出现后，法律能够及时跟进处理，以使惩治犯罪的体系能够被修复完整。这里有些类似哈贝马斯生活变化引起系统回应的论述，这也大概就是前引穆勒（Müller）论述的含义："失范并不意味着一种根本性的系统危机，而是一种适应危机，连续性解除将生产出新的规则，在独立的器官之间生产出新的功能均衡，由此确保社会整合。"在这里，我们还可提出质疑的是涂尔干对于克服失范状态的解决思路。很明显的是，有别于涂尔干道德上的重建、法团重建，今天的社会希望通过法律、政治层面的国家社会治理扭转类似的社会局面。

结　语

尽管没有哪一条规矩说法律只能由法律人研究，非法律人士不能涉足。但客观地说，有关法律的研究更常见的的确是由法律人自己来完成的——即便是那些逃离法学院的叛逆者——他们当然也是曾经的法律人。根据笔者的了解，涂尔干未曾专门学习法律，更未曾职业教授或者实践法律，但笔者清楚的是，包括本章所要着重讨论的其 35 岁时的博士论文《社会分工论》等关于法律的讨论的意义和价值是明显的，一直到今天影响力依然很大。

从这个层面来讲，涂尔干的法律理解固然是社会学的，但是更确切地说，这不正是"常人"的法律理解吗？当然，涂尔干的论述是将其与现代社会联系在一起的。他讨论的是这个社会为什么会有法律，进而其又是一种怎样的法律，法律与社会存在怎样的关联，在社会中法律发挥着怎样的作用，社会中的法律又是如何同道德、风俗等分别发挥作用及相互影响的……

> 法学家、心理学家、人类学家、经济学家、统计学家、语言学家以及史学家则各守一摊，好像他们所研究的各类事实属于许多独立的世界似的。但是在现实中，这些事实却无时无刻地（不）发生着联系，相关的学科也同样如此。[①]

这段引文再清晰不过地呈现了分化越来越狭窄的学科格局与法律实际存在之间的张力。事实上，我们也会发现，随着法律专业性的增强，尽管在今天法律几乎存在于社会的每一个角落，但是对于专业化带来的认识困难，普通人，即便是受过一定训练的专业人士，也只能是"望法兴叹"。由此，社会如何防止法律越来越变成法律人的法律，这的确值得深思。

---

① 《涂尔干文集·第 1 卷（道德社会学卷 1）：社会分工论》，渠敬东译，商务印书馆，2020，第 437 页。

第 7 章

开风气之先：埃利希《法社会学原理》阅读

引　论

　　欧根·埃利希（Eugen Ehrlich），这位 1862 年出生在奥地利布科维纳的法学家，在我国享有盛名。不仅其"活法"理论，还有他那段"在当代以及任何其他的时代，法的发展的重心既不在于立法，也不在于法学或司法判决，而在于社会本身"的名言，都是法社会学界标志性的存在。令人诧异的是，尽管埃利希是如此的有名，但他仅仅只是有名，这么多年国内除了对《法社会学原理》一书的讨论外，再少有关注他数量庞大的其他作品。读埃利希的作品，确实如《论语》言："仰之弥高，钻之弥坚。"尽管在今天有观点认为"法社会学的鼻祖"应该是 1689 年的《孟德斯鸠法意》，但更恰当地说，埃利希的《法社会学原理》更有资格担当起这个名誉。

　　《法社会学原理》成书于埃利希 51 岁时的 1913 年，这本书出版时不知是否洛阳纸贵，但其影响力在今天依然很大。中文版直到 2008 年，才由在 2020 年完成百万皇皇巨著《法学的知识谱系》的舒国滢教授翻译出来。[①] 如今，国内对埃利希的研究似乎并没有明显的突破。这或许恰代表了法社会学的地位，不温不火。

---

　　① 欧根·埃利希：《法社会学原理》，舒国滢译，中国大百科全书出版社，2009。

《法社会学原理》不是一本特别晦涩的书，一如该书英译者莫尔所言："埃利希的风格是简单、直接的，他的句子在一定程度上被松散地串联在一起。没有复杂的长句，没有浮夸的段落，没有雕琢的修辞。他确实达到了语言的更高境界，因为他的思想中饱含了感情。所有这些形成了清晰、直接和简洁的风格。"① 如果与稍微晚一点的韦伯《法律社会学》比起来，那就友好多了，可能也更符合当下关于法社会学的想象。有趣的是，这两本书相映成趣，从一个视角呈现了法律社会学的时代图景。如果再拿这本书与1902年出了第二版的涂尔干《社会分工论》作比较，也能发现它们之间在内容上的某些深刻关联，特别是在它们所欲回答的问题及所借用的论证素材方面。细细品味，也能窥见当时欧洲法学发展的时代及社会背景。

《法社会学原理》全书共20章，500多页。乍看来，还是比较难与我们今天已经习惯的国内法社会学体系书相互关联起来。对于埃利希，我们既熟悉又陌生，这不仅因为我们常常挂在嘴边的"活法"理论一直到全书快要结束的时候才在一个很短的小节里被找到，还因为其他一些我们熟知的法社会学知识也只是点缀其中，甚至在全书我们都找不到一个埃利希对"法社会学"的定义。尽管"活法"理论是埃利希《法社会学原理》一书最主要的理论，但是他对该理论的论述是非常复杂的，特别是其对古罗马古今法学的评论以及经由实践对实证法学的深刻批判。由此，对埃利希的认识如果只有"活法"，却看不到埃利希在这一理论背后的深厚法学功底以及崭新的视角关怀，则太简单化埃利希了。难怪法社会学家塔玛纳哈（Brian Z. Tamanaha）会说要把埃利希从"活法"中解放出来，埃利希对法律与社会变迁的论述更具启发意义。②

接下来本章首先要阐述的是埃利希写作《法社会学原理》一书时的法学时局。在某种意义上，这本书就是一部论战之作。只有了解这一点，

① 欧根·埃利希：《法社会学原理》，舒国滢译，中国大百科全书出版社，2009，第576页。
② Brian Z. Tamanaha, "A Vision of Social-Legal Change: Rescuing Ehrlich from 'Living Law'," *Law & Social Inquiry* 36, 1: 297–318.

我们才能了解埃利希写作的出发点，也才能接近埃利希《法社会学原理》一书的思想脉络。本章的第二部分是对全书内容的一个速写，笔者尽量少评论，而是摘抄埃利希作品的原文，以求更准确地呈现这位深刻而有激情的前辈的思想风貌。本章第三部分是笔者简短、初步的阅读体悟——埃利希法社会学思想对于当下国内法社会学（法学）的启发。

一　《法社会学原理》写作的时代及其问题意识

要进入《法社会学原理》，需要从那个时代的"自由法运动"谈起。百年前，经由萨维尼历史法学派的不断发展，20 世纪初期，就德国法的思想传统与主流来看，法教义学的地位已经非常稳固，但对此，并不是没有任何反对意见，"自由法运动"便是兴起于这个时期。自由法学说是以批判将国家制定法作为唯一法源的制定法实证主义为前提的。可惜的是，自由法运动没有根深叶茂，连片成林。① 但即便如此，包括《法社会学原理》在内的一些作品已成为法学发展历程中的一抹色彩。

时年，埃利希在《哈佛法律评论　法理学精粹》发表《法律社会学》一文，罗斯科·庞德加了如下的按语：

> 作为一位熟悉英国法、精通罗马法和现代法典的学者，埃利希教授生活和教学于这样一个地方，在那里，现代法和原始法同在，现代复杂的工业社会与古老类型的团体并存。因此，他拥有无与伦比的有利条件，而他也利用了这些有利条件。他对法律发展中的非诉讼习俗（nonlitigious custom）的作用的研究将法律的历史理论置于更加稳固的基础之上。
>
> 他对德语、法语和英语同等地熟悉，为全世界的法律科学期刊撰稿。他的大作《孟德斯鸠与社会学法学》未经任何修改便径直刊登于《哈佛法律评论》第 29 卷第 582 页以下，这证明了他对英语的掌握。他本已受邀于 1914 年 12 月前往美国，在洛厄尔学院（Lowell Institute）

---

① 舒国滢：《法学的知识谱系》（下），商务印书馆，2021，第 1016~1036 页。

作一系列讲座，并在美国法学院协会（Association of American Law School）发表演讲，但因战争的爆发而未果，战争切断了切尔诺维兹（Czernowitz）与外界的联系。战争结束后，本希望他能再次接受邀请。不幸的是，切尔诺维兹在战时反复遭受战火浩劫，战争带来的艰苦生活损害了他的健康，他未能活到在重建的大学中恢复工作那一天。他的英年早逝是法律科学的重大损失。①

名噪一时的"自由法运动"，在闯将与代表人物康特洛维茨（Hermann Kantorowicz，1877-1940 年）② 1906 年《为法学而斗争　法的定义》的小册子中，是这样的：

> 一场新的法学运动降临了。它敦促所有法学家去认识自我，因为他们至今仍错误地认为，他们的行为与理念处于最和谐的状态之中。它认清并摧毁了这种妄想。现在是时候借助于新的、更鲜明的理念，来为我们实际上一直在进行着的活动，即法律创造，进行自我辩护了……自从斯塔姆勒重新泛起法哲学的小舟、埃利希为船舵把定新的方向之后，在各个方面……都响起了这样一种声音，它劝导法学朝着与迄今为止相反的方向行驶……现在让我们来考察一下这一新法律观的三层构造，即法、法学和司法……③

在交代上面这几段背景之后，我们现在进入埃利希《法社会学原理》的文本世界。这本书的第一章便是对"实用的法概念"的连珠炮批判。而后一步一步，不仅从彼时的主流法学研究范式，亦从法律史的角度揭

---

① 欧根·埃利希：《法律社会学》，翟志勇译，载霍姆斯《哈佛法律评论　法理学精粹》，许章润组织编译，法律出版社，2011。Roscoe Pound, "An Appreciation of Eugen Ehrlich", *Harvard Law Review* 36, 2 (1922)：129-130.

② 非写有《国王的两个身体》的恩斯特·H. 康特洛维茨（Ernst Hartwing Kantorowicz, 1895-1963 年）。

③ 赫尔曼·康特洛维茨：《为法学而斗争 法的定义》，雷磊译，中国法制出版社，2011，第3、7、8页。

示法学研究的重心是社会，真正的法律科学应该是怎样的——揭开了国法的神秘"面纱"，直观展示了国家法之外的非国家法存在的现实。接下来笔者将首先概要阐述埃利希《法社会学原理》的文本内容；而后是个人非常简单的几点阅读体会。

二　《法社会学原理》的主要内容

对于这本 20 章的书，笔者进一步将其分为不同的五大部分：第 1~5 章为第一部分；第 6~10 章为第二部分；第 11~15 章为第三部分；第 16~19 章为第四部分；第 20 章为第五部分。① 对于这五部分的结构安排，笔者目前把握得可能还不准确，只能作初步解读。大体上，第一部分在于批评彼时的法学研究，进而给出埃利希本人关于法概念的理解以及他所认为的科学的法学研究样态；第二部分表面上看来是在论述其在第一部分所反对的那种法学研究模式的具体内容，但是实际上是通过揭示这其中的种种问题来进一步阐明其对于法概念的理解；第三部分主要讲几种法学形式，一是检讨历史上的法学，二是为下一部分作者提出的科学法学研究方法提供依据；第四部分是本书很重要的一部分，实际上构成了埃利希法社会学观点的核心论证理据；第五部分讨论的是活法，这是埃利希本人观点的落脚点，在这一部分，埃利希还通过如何探究活法阐发了法社会学的研究方法。基于如上之初步梳理：埃利希的法社会学思想连贯的思路是在第一、四、五部分的 10 个章节中；第二、三部分则是重要的背景补充。总体上，埃利希的论证思路似乎不是很紧凑，主线安排上时有旁支出现，② 但总体上非常有力地阐明了其所认为的"法社会学原理"。

---

① 在本章将要完成之际，笔者检索到浙江财经大学法学院钱炜江教授在其微信公众号发表的一份非常详细的埃利希《法社会学原理》读书笔记，读者如需快速了解埃利希该书的大致内容，可以径行阅读这一笔记。

② 据《法社会学的原理》一书英译者瓦尔特·L. 莫尔介绍，埃利希出版了一系列著作和论文，所以仅以《法社会学原理》一书来梳理埃利希的法社会学理论肯定是不够的。欧根·埃利希：《法社会学原理》，舒国滢译，中国大百科全书出版社，2009，第 571~572 页。

（一）第1~5章 "实用法学"与"作为社会学的法律科学"

在第一部分，即前5章，具体的章名依次为"实用的法概念""社会团体的内部秩序""社会团体与社会规范""社会的规范强制与国家的规范强制""法的事实"。开篇第1章埃利希便归纳彼时法学（实用法学）之具体内容及逐步演变发展之历程，进而指出国法①如何于非国家法之上取得强势地位，这使得法学"完全委身于国法"，"非国家法在当代不被探究"②。但埃利希指出："从来不曾有一个时代，把国家以制定法形式宣布的法当作唯一的法律；故此，总是存在一股潜流，它力图使非国家法获得一个相应的地位。"③ 在埃利希看来，这不是科学的法学研究，这种抽象化和演绎性的法学，只不过是创造贫瘠的产物，它们越抽象，就越丧失与现实的一切联系；同时，法学家所理解的法也不是在人类社会中作为法存在和起作用的东西，而完全是法官在司法中作为法加以考虑的东西。但"现代自由的法的发现运动"不是如此，这便一步步指向埃利希所论述的法学观点，即"作为人类团体秩序的法"。更进一步，埃利希给出了他关于法社会学的观点。这里需要注意的是，不但百年前的社会学与今天的社会学在外延上一致，而且彼时的社会学更接近今天我们统称为社会科学的东西。在这样的观点下，法学当然是社会学的一部分。这便是埃利希在本章最后所讲的"作为社会学法律科学"以及"法社会学是法的科学理论"。

第2章是"社会团体的内部秩序"。埃利希认为"社会乃彼此存在联系的人类团体的总体"。这一章的观点大体在于下面这段话：

---

① "国法"有别于"国家法"。埃利希指出"国家法是国家的一种秩序，其目的不是裁决法律争议，而是确定国家机关地位和职能，确定国家机关的权利和义务"。与国家法构成概念体系的是社会法、私法（个人法）。"在历史上，国法的出现比国家要晚得多。不言而喻，国家首先创制了其自身的秩序，即国家法……"欧根·埃利希：《法社会学原理》，舒国滢译，中国大百科全书出版社，2009，第45、150页。

② 欧根·埃利希：《法社会学原理》，舒国滢译，中国大百科全书出版社，2009，第13、18页。

③ 欧根·埃利希：《法社会学原理》，舒国滢译，中国大百科全书出版社，2009，第16页。

　　人类团体的内部秩序不仅仅是原初的法的形式，而且直到当代仍然是法的基本形式。法条不仅很晚才出现，而且至今绝大部分依然来源于团体的内部秩序……团体的内部秩序由法律规范所决定。法律规范不应与法条相混淆……在过去若干世纪里，决定着团体内部秩序的所有法律规范均以习俗、契约、法人团体的章程为基础，人们至今还必须主要到这些地方去寻找它们。①

　　这一段话再清楚不过地向我们指出了社会团体的内部秩序、法、法律规范、法条之间的关系，特别是提出了不是法规定了社会团体秩序，而是社会团体的内部秩序构成了法的起源、发展和本质这一观点。

　　第 3 章是"社会团体与社会规范"。埃利希明确地指出，社会团体中的人类群体在他们的相互关系中"决定承认某些规则为其行为规则，而且至少大体上实际地依此而行为"，而"法律规则仅仅是一种行为规则"，但"主流的法学绝不强调这一点，而基于时间的理由强调法与其他规范、特别是与伦理规范之间的差异"。对此，埃利希认为，"并非一切人类团体均由法律规范所决定，而显然只有那些从属于法律的团体，其秩序才以法律规范为基础"，"法律团体……它们是法学家们称为法人的组织……最主要的是国家"。② 而在这里，"只有法律规则已经在某个团体中成为实际的行为规则……它们才创造团体中的秩序"，"唯有进入生活之中的规范，才是活的规范"。③ 埃利希进一步指出："法律是国家生活、社会生活、精神生活和经济生活的秩序，但无论如何不是它们的唯一秩序；与法律并行的还有其他许多有同等价值的、在某种程度上或许更为有效的秩序。"④

---

①　欧根·埃利希：《法社会学原理》，舒国滢译，中国大百科全书出版社，2009，第 40~41 页。

②　欧根·埃利希：《法社会学原理》，舒国滢译，中国大百科全书出版社，2009，第 42~43 页。

③　欧根·埃利希：《法社会学原理》，舒国滢译，中国大百科全书出版社，2009，第 44 页。

④　欧根·埃利希：《法社会学原理》，舒国滢译，中国大百科全书出版社，2009，第 57、58、61 页。

第4章是"社会的规范强制与国家的规范强制"。本章的关键词是"强制"。接续上一章，埃利希首先指出"社会规范只不过是人类团体中的秩序"；进而又给出一个问题，即"社会团体以什么手段促使属于该团体的个人遵守其规范？"在这其中，"畏惧刑罚和强制执行并不是唯一因素"。埃利希分析，由于所有人都是生活于团体之中，因而"一个人若需要团体的支持"，便会"服从或至少大体上服从社会规范"。"一个人按照法律来行为，主要是因为社会关系迫使他这样做"，① 埃利希详细列举了诸多案例来解释这一点。埃利希也指出相较于其他社会强制规范，"法律的力量仍然主要立足于将个人包含其中的团体之影响"。更进一步，埃利希明确指出"把社会规范的力量完全普遍地归结为国家的强制力，这个事实还需要澄清"。② 在这一章的结尾处，埃利希提出了自己的观点："规范的作用并非通过强制而是通过感应"，"人基于信念而服从规范，这使其行为具有恒常性；遵守规范在每个具体情形中所产生的社会压力一旦形成于人们的信念之后，它们就不可能再被其他的影响所抵消"。③ 另外，埃利希所补充的是"社会规范限于各自的团体"，这一点令人联想到法律在适用上的空间边界。

在第5章，一开始的这一段话振聋发聩："当今的法学家习惯于仰望一个由法和法律强制主宰的世界，他把自己的世界观归结为这个属于他的世界，他的世界观假定法和法律强制存在于万事万物之始。若没有它们，他根本不能想象有一种人类共同的生活。"④ 这不论会引起法律人怎样的不适，但这的确描述的是一种需要法律人自我反思的现象。埃利希接着指出，正是基于这一狭隘的观念，主流法学关于法律渊源的二元论——制定法和习惯法，是站不住脚的。在埃利希看来，"法律渊源的问题，根本不是法官或行政官员应予适用的法律规则如何采取对他们有拘

① 欧根·埃利希：《法社会学原理》，舒国滢译，中国大百科全书出版社，2009，第63~66页。
② 欧根·埃利希：《法社会学原理》，舒国滢译，中国大百科全书出版社，2009，第77页。
③ 欧根·埃利希：《法社会学原理》，舒国滢译，中国大百科全书出版社，2009，第81页。
④ 欧根·埃利希：《法社会学原理》，舒国滢译，中国大百科全书出版社，2009，第86页。

束力的形式问题……法源论的职责在于寻找法律制度发展的推动力"。
"有关法源的问题"是这样一个问题："何种事实上的制度在历史发展的
过程中变成法律关系，以及通过什么社会事件（过程）它变成了法律关
系？"埃利希进一步论述道，所要做的是陈述人类的思想与"为团体中的
每个人分配其地位和职能的规则"相勾连的事实——习惯、支配、占有
和意思表示。[①] "这些事实是通过它们的纯然存在决定着构成整个社会的
人类团体之行为规则；不言而喻，这些行为规则并不完全是法律规范。
它们是溶入我们的法律世界之现象、一定程度上也是其他规范世界之现
象的整个无限多样性的要素……重心处处都在于团体为自己创造的秩序
当中，国家和社会中的生活更多地依赖团体中的秩序，而不是依赖由国
家和整个社会创制的秩序。"尽管如此，"但这种无限的多样性也并不应
使我们忽视其相似性"[②]。总体上，本章可视为前面第 1~4 章与后面第
6~10 章之间的一个过渡章。

（二） 第 6~10 章　裁判规范—国法—法条—正义

第 6 章题为"裁判规范"。在前面的章节中，埃利希已经论述过他对
法学只有法官的裁判规范这一狭隘观点的质疑。在本章，埃利希的论述
重心在于专门讨论何为其眼中的裁判规范。"就裁判规范是一种法律规范
而言，它表现为一种特殊种类的法律规范，区别于包含一般行为规则的
法律规范。"[③] 埃利希所言之裁判规范实际上是越出了法院裁判的范围的，
其论述还是在团体的框架之下。这一章的几个小标题分别为"裁判规范
的来源""裁判规范的普遍化和统一化""针对纠纷关系的独特裁判规
范""社会对裁判规范的影响""法律以外的规范对裁判规范的影响"
"受制定法约束的效力""裁判规范的稳定性法则""裁判规范的内在变
化""裁判规范的继续发展"。最后，埃利希指出"裁判规范的稳定性促

---

① 欧根·埃利希：《法社会学原理》，舒国滢译，中国大百科全书出版社，2009，第 86~
88 页。
② 欧根·埃利希：《法社会学原理》，舒国滢译，中国大百科全书出版社，2009，第 123~
125 页。
③ 欧根·埃利希：《法社会学原理》，舒国滢译，中国大百科全书出版社，2009，第 127 页。

使它们脱离了原来的形式，变成了法条"①。

第 7 章的标题是"国家与法"。在第 6 章结束的时候，埃利希已经指出，国法是相对于"法条形式的裁判规范"，国法是"另一种形式的法"。"国法不是就其形式而是就其内容而言出自国家；它是一种仅仅通过国家而产生的法。"② 埃利希在该章具体讨论了以下几个方面的内容：①原初的国家与法；②原初的法院、法院的国家化；③国法产生的条件、国法的历史、国法的形式；④国家行政法的产生；⑤国家立法；⑥国家；⑦国法与社会秩序；⑧国家同罗马的家庭秩序、中世纪庄园、公社的关系；⑨对"法律规范为国家创制"这一法观念的批判；⑩与国家无关的生活关系以及独立于国家的法；⑪对"完全国家化之法"观念的批判；⑫法律规范与其他种类规范之区分及差异；⑬法律规范。

第 8 章是"法条的形成"，第 9 章是"法条的构造"，第 10 章是"正义的内容"。这三章表面上讨论的是法条，但是多与司法裁判相关。将这三章置于埃利希的法社会学脉络中，我们至少可以从中收获两点：一是埃利希有关"法条"的理论的观点；二是埃利希对基于法条之法学研究的批判，进而进一步明晰其在本书所阐述的法社会学中的价值与意义。相较而言，这一章在理解上是需要预先之知识准备的，这一部分内容也正是主流法学最为重视的内容。随便翻开一本法理学的教科书或者基本原理的书，埃利希这一部分所阐述、批判的内容随处可见，但是对于法学院的学生而言，这一部分往往作为金科玉律、基本的教义而需要当然地被接受，如果有疑惑，也只是如何让这个由法条建构起来的体系——法律原则—法律规则—法院裁判体系更为坚固。但是埃利希的论述告诉我们，对于法条完全可以有不一样的观点，我们需要看穿这种"迷思"。也正是在这里，我们真正感受到了一位高山仰止的前辈学人的睿智与洞见，法学研究的想象力在这里体现得淋漓尽致。

---

① 欧根·埃利希：《法社会学原理》，舒国滢译，中国大百科全书出版社，2009，第 141 页。
② 欧根·埃利希：《法社会学原理》，舒国滢译，中国大百科全书出版社，2009，第 142 页。

（三） 第 11~15 章 法学的知识谱系

第 11~15 章，分别讨论了罗马法学、英国法学、中古的共同法法学、共同体法学的历史学派以及法学的创作。这几章中，埃利希的论述是极清晰的，读者诸君如欲了解详情可细致阅读这 140 余页的内容。[①] 阅读这一部分内容，你不得不叹服埃利希知识的广博及对欧洲法学研究史的熟稔。表面上，这一部分内容呈现给我们的是一幅行云流水的"法学知识谱系"；深层次上，埃利希是要指出来，主流的法学研究是如何一步一步变成了今天的模样，即其一开篇就批判的那种"实用法学"。即便在今天我们再去看这段埃利希评论"中古的共同法法学"的文字，依然感悟颇多：

> 法学也变成了与其从前实际存在的样子完全不同的东西。它走到了社会的对面。它想履行的职能是把并非经过社会本身创制而从别处继受而来规则强加给社会，不管社会是否愿意，不关心社会如何承受得起，之所以如此，仅仅因为它们实际地存在着……法学的巨大二律背反在这里重新证明了其世界史的意义，在法学的手中，所有的思维模式一定程度上均变成了产生规范作用的力量。[②]

这一部分的第 15 章是非常精彩的，主要内容为法学与法律关系的讨论，略作笔记如下。这一章埃利希首先讨论的是"法学的创作中所包含的三个要素，即律师法学、法律行为的法学和法官法学"。"法学……它最初仅仅关注一系列能够直接构成法官判决之基础的裁判规范……但法学愈发展，它伸展的范围愈宽广，它进入的领域愈深入，它就愈发试图直接为司法适用准备好最终的裁判规范，而且也要准备好这些裁判规范

① 欧根·埃利希：《法社会学原理》，舒国滢译，中国大百科全书出版社，2009，第 261~402 页。
② 欧根·埃利希：《法社会学原理》，舒国滢译，中国大百科全书出版社，2009，第 326~327 页。

以之为前提条件的规范以及进一步设定为前提条件的规范。这样，法条变得数量愈来愈多，亦愈来愈枝蔓交错。"① 更确切地说，是"通过把事实问题转化为法律问题来形成裁判规范"，这其中的理路是"经过一般化、统一化和自由的规范发现之法律过程，事实问题就变成了法律问题"②。此即很熟悉的案例分析中的要件事实证明。在这一章，埃利希进一步对第一部分有关"团体内部秩序与法律"的议题作了阐述，指出"团体内部秩序作为法学的素材"③。也从这里，埃利希指出，"法学必须将事实构成涵摄于既定的法学概念之下，这个通行的说法是一个致命的错误"，因为"被人们所裁判的不是事实构成，而是法律关系"。"考察罗马法继受以降的法学工作……他们所做的事情实际上是一种相当自由的法的发现。"④ 埃利希还指出"法学根据对法律生活事实的感知及对这种感知结果的一般化来创制法条"，这是一种"实用技艺"，而非科学。基于规范发现上的这种特点，我们也就不难理解"大多数规范基于其表述或拥护之人的重要性而获得它们的生命力"，这一内部人之间的心照不宣多少会令法律界之外的人士惊诧。

（四）第 16~19 章　变迁社会中的法与法的法典化

在前面的部分，埃利希讨论的是法学以及法学创作，到这一部分，他转向了另一个层面：第 16 章的标题尽管是"国法"，但更多考察的是国法的实效；第 17 章讨论的是法律的变迁、法的续造，以及制定法与习惯法的关系；第 18 章讨论了法典化问题；第 19 章专门讨论"习惯法"。尽管第 16 章章名是"国法"，但是通过具体的论述，我们发现埃利希所讨论的是一些国法的周边问题。这一章安排了这些内容："国法依赖于国

---

① 欧根·埃利希：《法社会学原理》，舒国滢译，中国大百科全书出版社，2009，第 383~384 页。

② 欧根·埃利希：《法社会学原理》，舒国滢译，中国大百科全书出版社，2009，第 384~390 页。

③ 欧根·埃利希：《法社会学原理》，舒国滢译，中国大百科全书出版社，2009，第 391~395 页。

④ 欧根·埃利希：《法社会学原理》，舒国滢译，中国大百科全书出版社，2009，第 391~392 页。

家官员的执行""作为裁判规范或干预规范的国法""国家的裁判规范实效微弱""国家的裁判规范无实效性之例证""国家干预行不通""对国法的抗拒""国家权力的界限""国法主要在于禁止和破坏""国法在命令上大多无效""国家在各个法律形成中的分量有限"等。在这一章，埃利希有一个非常经典的小结：

> 但是，基本的社会制度，各种各样的法律团体，尤其是婚姻、家庭、氏族、公社、行会，支配与占有关系，继承和法律行为，要么全部、要么绝大部分不依赖国家而产生。法律发展的重心自古以来就不在于国家活动，而在于社会本身，这个重心在当代也必须到那里去追寻。这样说不尽适用于法律制度，而且适用于裁判规范。大量的裁判规范总是仅仅要么通过科学和司法从社会制度中提取，要么是从它们那里自由发现；甚至国家的立法通常也能够仅仅依靠社会制度、模仿科学的方法和司法的方法来发现裁判规范。①

在第 17 章，埃利希在法律变化的阐述上花了比较大的功夫。本章的脉络是很清晰的：①立法之外的法律变化、随着人类需求变化的法律变化、随着人类团体中力量对比关系变化的法律变化；②法条由于法律制度的变迁而丧失功能、法律变迁在法律文件上的反映；③社会之法与国法变化的比较、生活变动的需求和既定法律的字面意义之间矛盾的解决、社会之法向国法的过渡；④通过社会规范之意义变迁的法律变迁、通过法学发明的法律变迁、通过立法干预的法律变迁。

第 18 章是吾人相对熟悉的法典（制定法）化问题。法典化是 19 世纪特别明显的法律特征，也是这一时期最重要的法学工作——法学家法的法典化。

第 19 章是"习惯法理论"。这一章所占篇幅是比较大的，我们看到

---

①　欧根·埃利希：《法社会学原理》，舒国滢译，中国大百科全书出版社，2009，第 428～429 页。

的是一种与国内学人津津乐道的习惯法有所不同的习惯法。开篇埃利希讲的便是古罗马的私法，建立在罗马习惯法的基础上。[①] 接下去埃利希又分析了共同法法学家那里的"习惯法"、萨维尼和普赫塔所讲的"习惯法"，[②] 但是共同法学说和萨维尼、普赫塔的学说是贫乏的[③]。埃利希认为：

> 所有迄今为止的习惯法学说的贫乏性在于它们的目标不清楚。最古老的法学在这一点上仅仅力求为法官提供指导，即在什么情况下法官面对共同法时必须重视地方习惯或特别习惯，而历史学派在这个标题下最初试图创立法的起源学说。然而，它并没有就此弄明白，法律制度的产生和法条的产生是风马牛不相及的两码事：前者是社会本身……而法条则是由法学家表述的……他们在根本没有意识到这种差异的情形下，就提出了一种在本质上只适合于法学家法的学说，然后又把这个学说援引至社会中的法律发展……然而……法学家法也有双重任务。首先，为了在社会中产生的法律制度，它必须通过将社会的行为规则一般化和统一化来表达必要的裁判规范；其次，它还必须按照在社会中流行的正义思潮自主地去寻找裁判规范。对于这个双重任务，历史法学派的创立者们也未曾作出区分……[④]

基于此，埃利希指出，传统法学中的习惯法概念是混杂、拼凑在一起的，需要将其分解，分别进行讨论：法律制度不依赖国家而在社会之中产生的问题；法条经由法学家作为著作者、教师、法官之活动的产生

---

① 欧根·埃利希：《法社会学原理》，舒国滢译，中国大百科全书出版社，2009，第479~487页。
② 欧根·埃利希：《法社会学原理》，舒国滢译，中国大百科全书出版社，2009，第488~516页。
③ 欧根·埃利希：《法社会学原理》，舒国滢译，中国大百科全书出版社，2009，第516~520页。
④ 欧根·埃利希：《法社会学原理》，舒国滢译，中国大百科全书出版社，2009，第516~521页。

问题；在什么程度上法院和其他国家机关才受国家之外的法拘束的问题。但是遗憾的是，埃利希本人并没有给出一个习惯法的概念。①

（五）　第 20 章　法社会学与活法理论

这一部分是最后的一个章节，即第 20 章"法社会学的方法"。本章大概是埃利希《法社会学原理》一书最为国内学者所熟悉、也是引用最多的内容。这一章又分为"法律史与法学""活法的探究"两个部分。开篇，埃利希深情叙述了距其写作《法社会学原理》已 160 余年的孟德斯鸠《论法的精神》中的归纳方法对于今天的价值；接着便明确指出："法社会学是一门观察的科学。"② 而作为其方法，便是对如下事实，即"首先是法的事实本身……其次，就是纯粹作为事实的法条……最后还有导致法的形成的所有社会之力"的收集与解释。

在接下来的内容中，埃利希分析了"此前的法律科学"以及"实用法学"的成果对于法社会学研究的价值。"此前的法律科学只详细地讨论了……法条；对于其他现象，它至多一带而过。它为认识和解释法条所援引的事实几乎毫无例外地属于历史学和人种学的资料。"③ 对于法社会学而言，法律史上法律制度史、历史学派"法条和法律制度是从整体民族生活、从整个社会体制和经济体制中成长而来的"的观点都是有价值的。④ 实用法学的具体适用不仅仅是规范本身，其"必定呈现出一幅规范应为之生效的社会图景"，比如"不可能讲授家庭法却不描述家庭"，因而"实用法学的成果对法社会学也同等重要"。基于实用法学的不足，埃

---

①　除第 19 章，埃利希至少还在第 1 章"实用的法概念"、第 5 章"法的事实"等部分讨论过习惯法、习惯的内容。欧根·埃利希：《法社会学原理》，舒国滢译，中国大百科全书出版社，2009，第 13、86 页。

②　埃利希在后面的论述中，进一步补充道："法社会学的观察不仅仅要以生活去衡量法条，而且也要以生活去衡量法律文件……还要将现行法与活法区别开来。"欧根·埃利希：《法社会学原理》，舒国滢译，中国大百科全书出版社，2009，第 550 页。

③　欧根·埃利希：《法社会学原理》，舒国滢译，中国大百科全书出版社，2009，第 524 页。

④　在稍微往后几页的一处论述中，埃利希说："法律史和人种学法学总是仅对于法律发展的学说有用，而不能对现有法的认识有所利用。"欧根·埃利希：《法社会学原理》，舒国滢译，中国大百科全书出版社，2009，第 541、556~557 页。

利希认为"发展出一门一般的法律科学是完全可能的"①。"在私法领域，共同法法学已经以宏大的方式为社会学法学提前做了准备"，"首先，它创造了一套固定的法律术语，此外，还创造了一套为每个法学家所理解的法学语言"，"法社会学必定在共同法学的基础上继续工作……它应阐释的不是民族法学的形式主义抽象概念，而是它的活的内容"。②

对于活法理论，埃利希批评的是主流的法律科学"法条就是全部的法"这一并不符合实际的研究方法与思路。埃利希以这样一个形象的例子来作比喻："想把一个时代或一个民族的全部法律都框进某个法典的法律条文之中，其实就像欲把一条河流堵截在池子里一样愚蠢：凡被放进池子里的水就是不再是流动的活水，而是一潭死水，何况大量的活水根本不可能放进池子里。"③ 埃利希还指出"通过过去理解当下之困难"，以及以《奥地利民法典》上的婚姻契约、农业上的用益租赁契约、家庭法等来说明"假如法律科学仅仅阐释制定法作了什么样的规定，而不能告诉我们实际发生的情形怎样，那么它履行作为法的学说的使命便是非常糟糕的——商法是一个例外"④。

埃利希的活法是这样的："活法不是在法条中确定的法，而是支配生活本身的法。这种法的认识来源首先是现代法律文件（如司法判决、商业文件），其次是对生活、商业、习惯和惯例以及所有联合体的切身观察。"⑤ 对于法律文件，活法仅仅是当事人在生活中实际遵守的那部分内容。⑥ 埃利希还指出很重要的一点，即尽管判决的关键在于现行法，但是当事人平常所遵守的也只是活法。⑦ 除却这些已经被制作成文件的活法

① 欧根·埃利希：《法社会学原理》，舒国滢译，中国大百科全书出版社，2009，第524～528页。
② 欧根·埃利希：《法社会学原理》，舒国滢译，中国大百科全书出版社，2009，第528～531页。
③ 欧根·埃利希：《法社会学原理》，舒国滢译，中国大百科全书出版社，2009，第539页。
④ 欧根·埃利希：《法社会学原理》，舒国滢译，中国大百科全书出版社，2009，第540～545页。
⑤ 欧根·埃利希：《法社会学原理》，舒国滢译，中国大百科全书出版社，2009，第545页。
⑥ 欧根·埃利希：《法社会学原理》，舒国滢译，中国大百科全书出版社，2009，第549页。
⑦ 欧根·埃利希：《法社会学原理》，舒国滢译，中国大百科全书出版社，2009，第550页。

外，还有"未制作成法律文件、却大量存在、十分重要的活法"，比如"残存着的旧法""具有生命力的新法之萌芽"……它们需要通过"仔细观察生活"，"询访民众并记录下他们的陈述"来搜集。因此，"法社会学必须开始的工作就是活法的探究"，"它首先只应把目标指向具体之物"。具体的方法即"关注具体的习惯、支配—法律关系、契约、章程、遗嘱处分，进而研究它们的一般有效性"①；而活法的价值在于"它是人类社会法律秩序的基础"②。

三　启发：国法之外的法

尽管埃利希《法社会学原理》的研究对象是法社会学，但其首先是一部论战性的作品。是以，这部书虽然被冠以"一定意义上的法社会学开山之作"，但其微言大义需要在批判与比较中仔细搜寻。这部书并没有因为历史的冲刷而被淹没无影，而是愈加熠熠生辉。拨开那些基于时代及法学内部的恩怨，当我们再来看这部作品时，至少有以下几点在今天依然是对我们有很大启发的。

第一，何以理解法？埃利希法的观念在今天仍然是不过时的，他将法理解为团体的内部秩序。申言之，是团体的内部秩序形塑与成型了法律规范，而非相反。就社会团体中的人群而言，其行为受多种社会规范调整，法律规范也只是社会规范之一。法律规范有其特殊性，在日渐的发展中，其地位变得越来越突出，但真实社会生活中的法律并非如法律人所想象的那样。

第二，尽管在今天，作为法律规范之承载的法条（制定法）已经是一个"自创生系统"，但是如何才能保有法条与社会之间的应有关联呢？

---

① 埃利希特别强调，这一方法没有"最终穷尽法社会学的方法论"，另外，如"社会学采用的地理学研究方法""法感"等都可以作为法社会学的研究方法。欧根·埃利希：《法社会学原理》，舒国滢译，中国大百科全书出版社，2009，第 558~560 页。

② 欧根·埃利希：《法社会学原理》，舒国滢译，中国大百科全书出版社，2009，第 550~556 页。

这里所呈现的似乎是这样的画面：①已经有作为法院裁判依据的甲制定法存在，但是这个时候发现不仅甲制定法不能满足全部的裁判需求，而且社会生活之运行与秩序维持方面还有其他更多的非制定法的规范存在；②修法或者制定新的成文法，特别是吸收那些实际生活中的非制定法规范；③又出现如①之情形；④再次进入②……如此便形成了一个永恒的循环。

第三，司法裁判是否"依法裁判"？这在今天已经成为一个有些讨论泛滥的老问题，这不只是一个观念上的差别问题，因为司法裁判并不仅仅是一个法律问题，那种自动售货机式的法官永不可能出现。传统中国司法裁判中多讨论"情理法"问题，该问题在任何的司法中其实都是存在的，只不过在程度上有所差异罢了。埃利希给我们的启示则在于，司法裁判即便是依法，但依据的法律也不仅仅只是那些被制定出来的法条。

第四，国法与非国家法之间究竟是一种有张力的存在，还是各有天地的不同领域？目前，二者各有其广阔空间。在某种意义上，我们可以认为国法在不断吸纳非国家法，但非国家法总是在新的领地不断生长出来。那么，对于非国家法我们究竟会采取何种态度？非国家法的正当性要通过国法来确立吗？

埃利希的"活法"，更确切地说，其有关国法与非国家法二分的表述，在今天我们看得更真切。同时，在其非国家法的一面，或者说法律多元主义方面，很容易让人联系起晚其很多年的人类学家格尔茨（Clifford Geertz，1926-2006 年）有关法律乃地方性知识的论述。法律为一种在地知识这一比喻，尽管可能使规范具有比较明显的适用范围狭窄性，而不能是一种普遍的存在，但可能是对人类生活与规范关系的一种更准确把握。对此，也不用过多忧虑，因为人类社会总会根据个人之交往活动半径而产生相应的调整规范。

第五，尽管我们可能会反思埃利希的论述是否清晰，但毫无疑问他所提出的问题在百年后依然新鲜如初，或许这就是法学上的一个永恒议题，也从侧面反映了法社会学存在的价值与意义。

余　论

埃利希这部作品是复杂的，其语言看似平静，但力量蓬勃、异彩纷呈，名言金句俯首可见；其论述，看似枝蔓斜出，但论证充盈；其精神，看似把捉不易，但开一代之先。经由舒国滢先生之卓著功劳，埃利希如椽巨笔犹如万花筒、百宝箱，为后来者铺开了一幅广阔的法社会学图景。

作为一部批判性著作，埃利希的《法社会学原理》是成功的、影响深远的；但是作为法社会学的开创性作品是有遗憾的。于前者，埃利希对彼时实用法学的批判，不但在一百年前，而且在今天也是深具启发性的。埃利希的批判早已被其批判者认为是（部分）"正确"的，特别是法的自主性这一问题，即便在今天实证法学也没有能够解决。[①] 于后者，尽管埃利希成功开出了核心议题，但是没有能够为法社会学构建起一个哪怕是还比较初步的法社会学框架体系——虽然这部书名为"原理"。这部基于批判而产生的作品，尽管大大扩展了法学研究的视野，成为法学研究中的一颗明亮的星，但是一直到今天，法社会学也没有能够再往前走出明显的一步——虽然有些刻薄，但今天重复的还多是昔年的旧议题；或者更多的时候，我们看到的是经由法社会学经典之问题意识激发出来的已不知有多少类型的各种"法律+X"及"法律 X 学"。另外，今天已经很成熟的各类"经验法律研究"，它的特色在于典型社会科学研究中的质性、量化方法的运用，所围绕的其实还是"法律原则—法律规则—法律判决"的进路，但不足以建构起一个全新的体系。难道法社会学只能作为主流法学研究的边缘地带？其存在的价值就是不断刺激与促进中心的完善与优化？

---

① 阿图尔·考夫曼、温弗里德·哈斯默尔主编《当代法哲学和法律理论导论》，郑永流译，商务印书馆，2021，第 170~175 页；卡尔·拉伦茨：《法学方法论》，黄家镇译，商务印书馆，2020，第 86~93 页；於兴中：《重新认识法的自主性》，《浙江社会科学》2021 年第 6 期。

附录 埃利希《法社会学原理》精读课程试题

同事高成军老师研习法理学多年，在经典著作阅读上有独到见解。2022 年春季学期，高老师带领甘肃政法大学法学院 2021 级法学理论专业研究生精读了埃利希《法社会学原理》一书。现征得高老师同意，特将他针对这本书命制的期末试题完整呈现如下，以飨读者。高老师的这份试题不仅体现了他对学生的期待，也反映了他对埃利希法社会学思想的一种理解。

答卷须知：

1. 全卷共计 11 道题，满分 100 分，请在 180 分钟内作答完毕。

2. 答题请注意要点突出、逻辑清晰、语言精练、书写工整。

一 文本解读（每题 5 分，共 35 分）

1. 法学家所理解的法也不是在人类社会中作为法存在和起作用的东西，而完全是（除了公法的若干领域）在法官司法中作为法加以考虑的东西。

2. 法学首先不是关注法条，而是关注生活的塑造，也许人们可以根据法条来衡量这种生活的塑造，但不可以通过制定法的解释来得到它……法学家看不到法，而处处仅仅看到法条。

3. 假如法律科学仅仅阐释制定法作了什么样的规定，而不能告诉我们实际发生的情形怎样，那么它履行作为法的学说的使命便是非常糟糕。

4. 法的概念的本质特征既不在于它来自国家，也不在于它充当法院或其他国家机关判决的基础，或者构成此种判决之后的法律强制的基础……法乃是一种秩序。

5. 只有通过把人统一到团体并在团体中为他们规定行为规则，也就是加以组织化，统治人的权力才能持久地加以维持和运行。

6. 假如法律成了唯一的行动准则，任何国家机构都会失去控制。

7. 绝对有一些社会规范，其既不靠刑罚也不靠强制执行来威慑僭越者，尽管如此它们并非没有实效……任何规范强制均基于下面这个事实：

个人实际上从来就不是一个"孤立的个人"；他登记、加入、融入和受制于一系列团体。因此，对他而言，脱离这些团体生存是难以忍受的，甚至常常是不可能的……他的群体圈子将保证他获得其在生活中所珍视的这一切……支配这些团体的社会规范也不过就是团体对个人所提出之要求的普遍有效的沉淀物。因此，一个人若需要团体的支持，服从或至少大体上服从社会规范，这样做是明智的……国家并不是唯一的强制团体，在社会中还有无数的团体，它们实施强制比国家更加有力……暴力的法律实施和暴力的防卫只是用来对付外来人的，因为内部团体的规范对这些外来人没有效力。

二　延展讨论（每题 15 分，共 45 分）

1. 阅读下面文字，谈谈你对埃利希关于"裁判规范"和"行为规范"分析的见解

法似乎是人类行为的规则。当法学家出于纯粹科学的兴趣追踪外国法或者遥远时代的法律时，他完全无意识地采用这种概念，而当他转向研究自己本国和同时代的现行法时，则立即抛弃之。人们据以行为的规则，完全不知不觉地，一定程度上甚至悄悄、秘密地就变成了法院和其他国家机关应当据以裁判人们行为的规则。

整个法学所构想的只是一个法官的裁判规范体系；因为确实不再有人持有荒唐的想法，认为整个法律是一个预先规定一切可能关系中的一切人类行为的完美规则体系……法体系的逻辑完美性原则并未表达一种经过科学确定的事实，而仅仅表达了一种实践上的努力，即：为法官应对一切发生的案件提供储备充足的裁判规范，使法官尽可能受它们的束缚。确定法是什么不是它份内的事，它的职能仅仅在于向国家任命和委任的法官指出，所谓法，就是按照委任者（国家）的意志必须作为法加以适用的东西。

然而，只有法律规则已经在某个团体中成为实际的行为规则，也就是说：法律规则至少被人普遍地承认并加以遵行，它们才创造团体中的秩序。那些依然作为纯粹的裁判规范、只在很少的诉讼案件中有效的法

律规则不会为团体确定秩序；当然，更不用说现实中大量存在、却对生活根本没有什么影响的法条了。

2. 阅读下面文字，谈谈你对下面三种法学观的整体认识

真正的法律是与自然相一致的正确的理性；它普世、恒长、永续。去改变这种法律是一种罪过，也不允许试图限制它的任何部分，而完全废除它则是不可能的。

法律作为初级规则与次级规则的结合……如果能够理解这两种类型的规则以及两者间之相互作用的话，我们就能够厘清"法律"的大部分特征……不仅仅是法律人在专业上所关注之特定的法律概念，诸如义务与权利、效力与法源、立法和审判管辖权以及制裁等概念，从此等要素结合的观点，可以获得最佳的阐释。而且国家、权威和官员等概念也需要同样的分析。

法律发展的重心自古以来就不在于国家活动，而在于社会本身，这个重心在当代也必须到那里去追寻。这样说不仅适用于法律制度，而且适用于裁判规范。大量的裁判规范总是仅仅要么通过科学和司法从社会制度中提取，要么是从它们那里自由发现；甚至国家的立法通常也能够仅仅依靠社会制度、模仿科学的方法和司法的方法来发现裁判规范。

3. 阅读下面文字，结合本学期的学习和你既有的法理训练，阐述法社会学能否为法的规范性提供知识供给

法社会学往往被看作是一个对实然问题进行经验描述的学科。它能够处理并解决应然领域的规范性问题吗？此问题一直是西方法理学永恒的经典话题，在当今中国法学界也处于不遑多让的重要位置。无论是代表法学外部视角的"社科法学"与代表内部视角的"法教义学"间的争论，还是所谓"中国法理学的"死亡"，这些学术议题背后或多或少都隐含着对这一问题的求索。进一步讲，它更关涉在当今中国法治建设语境下如何定义法理学这门学科的功能，故而是法学研究众多问题的"元问题"。

三　方法训练

如果老师安排让你阅读下面文字，自拟论题写一篇论文，请告诉我

你论文写作的一个整体设计。你可以接受材料中的观点，丰富和拓展这一阐释，当然你也可以持批判态度，对其拒斥分析。你可以在既有知识谱系中进行理论研究，亦可以进行田野考察或实证分析。内容包括并不限于你问题展开的知识背景、你的问题意识、你研究的意义和目的、你研究的整体思路和方法、你研究的基本框架设计。

在原始的阶段，整个法律秩序就存在于人类团体的内在秩序之中。每个团体独立地创造整个秩序本身……他们不是通过法律规则，而完全是通过其团体的内部秩序来维持自己的平衡。

在封建国家之内，总还是有氏族、家庭和家族成员共同体之古老团体在继续生存着……法条只是构成法律秩序中极小的一部分，在封建国家中，法律秩序的绝大部分还不是依靠它们，而是依靠各种社会团体的内部秩序，这些团体既有传统的，也有新兴的。

人类团体的内部秩序不仅仅是原始的法的形式，而且直到当代仍然是法的基本形式……即使在今天，如同在原始时代一样，人的命运在很大程度上依然由团体内部秩序而非由法条所决定……法律规则仅仅从表面上触及当今的家庭秩序，法人团体法和公共机构法在当代也主要依靠团体章程……在任何社会，法律规范远比法条的数量多……法条是某个法律规定在一部制定法或者法书中偶然的、具有普遍约束力的表述，与此相反，法律规范是转化为行动的法律命令，比如它在某个特定的、也许规模很小的团体中居支配地位，哪怕没有任何字面上的表述……一般的法条，即使他们存在着，也不被人遵行。与这种公共生活中的无序形成奇异对比的是小团体、家族成员共同体、家庭中的传统秩序得到遵守的严格性。

第 8 章

走不出的韦伯：韦伯《法律社会学》阅读

引　论

在今天，为什么还要读韦伯？中国的读者，特别是其在面对《儒教与道教》这样的作品时，更有特别大的疑惑，进而也会质疑韦伯别的研究。① 对此，答案可能见仁见智，但不论如何，在今天，即便是在纯学术上，韦伯的作品亦是一座屹立的高峰——"高年级大学生要摸索自己的社会意识，研究生则必须发展自己的分析能力，而学者就必须和韦伯进行才智上的较量。"② "《经济与社会》为提出某些关于现代世界的由来与可能发展方向的大问题建立起了一个社会学的脚手架。韦伯试图为这些问题找到比过去更加明确、经验上更站得住脚的答案"③，这是《经济与社会》英译者对韦伯巨著的评价。本章对韦伯法律社会学的研究也正是从这里开始的。在法律社会学的研究中，韦伯的影响力自不待言——"社会学及法社会学的'伟大老人'过去和现在是马克斯·韦伯。"④ 包

---

① 这是一个特别难回答的问题，刘东早年的一篇文章对此有非常形象的阐述。参见刘东《韦伯情结是中国学界的"共通心病"》，载氏著《用书铺成的路》，北京大学出版社，2010。

② 京特·罗特：《导读》，载马克斯·韦伯《经济与社会》第一卷，阎克文译，上海人民出版社，2010，第8页。

③ 京特·罗特：《导读》，载马克斯·韦伯《经济与社会》第一卷，阎克文译，上海人民出版社，2010，第9页。

④ 阿图尔·考夫曼、温弗里德·哈斯默尔主编《当代法哲学和法律理论导论》，郑永流译，法律出版社，2013，第171页。

括《法律社会学》在内的韦伯作品是传奇的存在，即便是在韦伯逝世百年之后，其影响力一点都没有减小。

　　尽管韦伯《法律社会学》中所列逐项议题在这百余年中多得到了进一步的、更充分的阐述，甚至从单个来看，韦伯的论述是单调的、初步的，但是这丝毫没有影响到韦伯作品顽强而旺盛的生命力。韦伯关于法律的论述不仅俨然成为西方法治文明的桥头堡，还日益成为西方社会对包括中国在内的其他非西方社会批评、改造、输出的绝对范式；① 同时，韦伯的这一天才而充满魔力的论述，使得非西方国家的法治建设不得不首先回应韦伯所提出的诸命题，进而这些国家的理论家又不能不在韦伯的框架下进行研究，由此韦伯似乎变成了一个无法走出的先在存在。② 在过去的三十余年里，特别是自广西师范大学出版社 2004 年引入我国台湾地区康乐、简惠美译的 "韦伯作品集"③ 以及 2010 年阎克文自英译出版的《经济与社会》④ 以来，对韦伯的法律社会学的研究有了很大发展，但是客观地说，一来韦伯作品本身具有一定难度，二来国内法律社会学的整体研究水平有限，有关韦伯法律社会学的研究还有很大的发展空间。

　　本章的目的在于从教学的视角对韦伯的《法律社会学》作初步的解读，所依据的文献主要是前述已经翻译出版的中文韦伯作品一手文献。韦伯的法律社会学，不只是我们现在看到的有争议的《经济与社会》中

① 这样说韦伯的作品，也许是不客观的，因为这本身就有悖于韦伯自己提出的 "价值无涉" 的社会科学研究方法。事实上，品读韦伯的作品，我们其实很难说韦伯对于非西方社会是有明确的敌意的。但或许是近代以来西方社会所取得的成就，加上韦伯的问题——"在——且仅在——西方世界，曾出现朝着（至少我们认为）具有普遍性意义及价值的方向发展的某些文化现象……"，令我们感受到这种明显的强势文化所带来的效应。

② 参见唐磊《中国学的核心课题：从韦伯之问到谭中之问》，《中国社会科学报》2020 年 9 月 22 日，第 3 版。

③ 《韦伯作品集：法律社会学》，康乐、简惠美译，广西师范大学出版社，2005（后，2011 年广西师范大学出版社、2021 年上海三联书店分别出版了该译本的精装本）。

④ 马克斯·韦伯：《经济与社会》第二卷·上册，阎克文译，上海人民出版社，2010，第 782~1035 页（2020 年上海人民出版社推出精装新版）。康译与阎译各有特色：阎译本的优势在于我们可以相对清晰地找到包括《法律社会学》在内的文本于《经济与社会》整体中的位置；康译是将《经济与社会》诸部分分散开来，其优势是多从德文直译，并且有更为详细丰富的注释。

的"法律社会学"这一部分，《经济与社会》的其他部分也涉及法律社会学的研究。我们现在都很清楚，现在被称为"经济与社会"的研究，原本并不在韦伯的研究计划之中，而且这也是韦伯生前没有改定的译稿，这些都给我们理解韦伯的作品带来了很多的困难。在本章，笔者希冀能够较为全面地将这些背景以及韦伯在其整体研究中所展现出来的综合性的思想等融入其关于法律社会学的研究中，而不只剩下几个标签式的概念，比如理性化等这种正确但是抽象化且孤立化的片段式研究。实际上，在今天我们看到越来越多的关于韦伯法律社会学的评论，但是对于韦伯在其文章中究竟是如何论述的反倒有些忽视了，或者认为文本就在那里，并不重要。故此，文章的一个重点在于解释韦伯文本阐述的基本思路与核心内容。基于这样的基础性作业，笔者进一步就韦伯法律社会学研究中的一个比较重要的方面，即有关司法的问题作了进一步的分析，目的在于指出：韦伯的思路对我们的意义是什么？韦伯的思路是否阻碍了其他关于司法的理路的延展？假如我们力图超越韦伯的理想型，那么我们能够做的是什么呢？我们现在又站在哪里？

本章主要分为四个部分，第一部分是对国内韦伯法律社会学研究的简要回顾；第二部分是对韦伯《法律社会学》文本的初步解读；第三部分是对韦伯法律社会学中有关司法研究结合"中国问题"的分析；最后一部分是对"对话韦伯"的期待。

一 国内韦伯法律社会学研究及启发

目前的研究有两类，一类是针对韦伯法律社会学的整体性分析与评价；另一类是关于法律社会学中具体问题的分析。① 阅读这些研究文献，

---

① 尽管韦伯的法社会学影响很大，但大概是由于进入韦伯思想与理论的困难性，所以有关韦伯法社会学的中文的深刻研究并没有我们想象得那么多。以下是笔者认为一些比较重要的文献：李猛编《思想与社会·韦伯：法律与价值》第1辑，上海人民出版社，2001；沃夫冈·施路赫特：《现代理性主义的兴起：韦伯西方发展史之分析》，林端译，台湾大学出版中心，2014；林端：《儒家伦理与法律文化》，中国政法大学出版社，2014；林端：《韦伯论中国传统法律：韦伯比较社会学的批判》，中国政法大学出版社，2014；郑戈：《法学是一门社会科学吗》，法律出版社，2022；（转下页注）

一方面，韦伯的伟大理论给我们提供了分析现代问题的一手工具和思想启迪，但也给我们进一步的研究带来了比较大的理论和思想负担，对于新的法律/司法模型的分析，我们是否只能在韦伯的框架下进行工作？韦伯的理论是否早已超出其研究之基础——19 世纪的欧洲社会（工业革命取得成功)① ——而成为一种普遍的理论？更深入地说，于今天，尽管我们出于意识形态抑或现实表现对基于西欧社会的法律思想（包括司法原理）多有批评，但是不可否认的是，即便是伤痕累累，发自西欧，并经韦伯这样的时代的伟大思想家的描述的法律及司法"理想型"——特别是对于现代社会与其勾连的设定，在世界范围内仍然具有强大的影响力。即便是我们要设定新的法律及司法模式，这一韦伯笔下的模型还是需要我们首先能够给予认真的批判的对话的。

（接上页注①）鲁楠主编《清华法治论衡·第 27 辑：除魅世界与理性之法》，清华大学出版社，2020；黄宗智：《经验与理论：中国社会、经济与法律的实践历史研究》，中国人民大学出版社，2007；沃夫冈·施路赫特：《法律社会学——涂尔干与韦伯之比较》，吉砚茹译，载郑永流主编《法哲学与法社会学论丛》2017 年卷·总第 22 辑，商务印书馆，2018，第 9~14 页；张辉：《"秩序正当性"视域下的"法律理性化"——基于韦伯的法律社会学思想》，《苏州大学学报》（哲学社会科学版）2018 年第 3 期；张辉：《韦伯法律社会学中的理想类型及其困境》，《学术交流》2016 年第 1 期；孟宪亮：《韦伯法律社会学中的"英格兰问题"——以韦伯社会科学方法论为基础》，《经典中的法理》2015 年第 1 期；张剑源：《韦伯〈法律社会学〉论评》，《政治法学研究》2014 年第 2 期；赖骏楠：《马克斯·韦伯"法律社会学"之重构：观念论的力量与客观性的界限》，《中外法学》2014 年第 1 期；白中林：《韦伯法律社会学中的理想类型》，载郑永流主编《法哲学与法社会学论丛》2008 年第 1 期·总第 13 期，北京大学出版社，2008；李强：《马克斯·韦伯法律社会学中的方法论问题》，《法制与社会发展》2007 年第 1 期；张德淼、陈柏峰：《西方文明起源时期的法律人——以韦伯的法律社会学为分析框架》，《环球法律评论》2006 年第 4 期；吕芳：《韦伯法律社会学的理论背景》，《南京大学法律评论》2006 年第 1 期；董彦斌：《读韦伯〈法律社会学〉札记》，《政法论坛》2006 年第 3 期；周旋、陈颐：《理性化的宿命——马克斯·韦伯和他的法律社会学》，载何勤华主编《20 世纪外国经济法的前沿》，法律出版社，2002，第 420~430 页；莱因哈特·本迪克斯：《马克斯·韦伯思想肖像》，刘北成等译，刘北成校，上海人民出版社，2020；迪尔克·克斯勒：《马克斯·韦伯的生平、著述及影响》，郭峰译，法律出版社，2000；弗里茨·林格：《韦伯学思路：学术作为一种志业》，简惠美译，群学出版有限公司，2013；于尔根·考伯：《马克斯·韦伯：跨越时代的人生》，吴宁译，社会科学文献出版社，2020。
① 参见约翰·西奥多·梅尔茨《十九世纪欧洲思想史》，周昌忠译，商务印书馆，2016。

二 《法律社会学》文本阅读

目前我们看到的两种主要的韦伯《法律社会学》中译本一共包括八章，但遗憾的是，韦伯这八章并没有如总论一般的章节安排，而是相对独立的八章——我们要记得，韦伯的这一文本并不是其本人最终确定的文本。由此，这就需要我们不断联系韦伯的其他著作，甚至进行必要的想象。京特·罗特为1968年的《经济与社会》英译本所撰写的导读对韦伯《法律社会学》的文本结构有一个扼要的说明：

> 公法与私法的基本范畴；契约与法人的发展；非政治联合体实施的法律的早期形式；"专家"的职业类型学，包括从超凡魅力法律先知直到法律显贵和受过大学教育的法官；各种形式法律训练的类型学；神权法与世俗法的历史体系；对印度教、伊斯兰教、波斯人、犹太教的教会法与罗马法的比较；伟大的法典编纂；自然法的革命性力量；形式理性化与实质理性化；形式正义与实质正义根深蒂固的紧张关系（对一战前无理性发展趋势在法律领域发展的反应）……①

韦伯究竟是怎样安排他的《法律社会学》的，或者说韦伯在这里的论述思路是怎样的，都是有难度的问题。目前比较明确的是，韦伯法律社会学的总体思路，还是要从韦伯为其宗教社会学论著所写的总序说起："生为近代欧洲文化之子，在研究世界史时，必然且应当提出如下的问题：在——且仅在——西方世界，曾出现朝着（至少我们认为）具有普遍性意义及价值的方向发展的某些文化现象，这到底该归诸怎样的因果关系呢？"② 而再进一步，则是韦伯在《新教伦理与资本主义精神》等作

---

① 马克斯·韦伯：《经济与社会》第一卷，阎克文译，上海人民出版社，2010，第54~55页。
② 马克斯·韦伯：《新教伦理与资本主义精神》，康乐、简惠美译，广西师范大学出版社，2010，第1页。

品中所明确表达出来的"理性化"。① 理性化又明确地体现在韦伯关于法理型正当性支配的论述中——"一个支配结构之理性化、组织化的共同体行为，其典型特征可见于'官僚制'"②。自法理型支配而下，自然需要讨论这其中的法律与社会的关系——只不过在韦伯的脉络里，更多的是透过法律—经济的关系而呈现的。③ 郑戈的这一段论述再恰当不过地说明了这一点：

> 韦伯将这些起源于西方（主要是欧陆）而又具有普遍历史意义的文化现象统合在一个概念下，即理性化的"诸社会秩序"（die geselleschaftlichen Ordungen），其中包括"理性的、和谐的音乐"、"理性的、系统的、科学化的专门职业"、"理性的资本主义经济组织方式"以及"理性的法律"。而理性的法律以德国 19 世纪潘德克顿法学（Pandekten-Rechts，即以评注优士丁尼《学说汇纂》并对其进行体系化重构为业的学派）为最高成就……④

① 参见尤尔根·哈贝马斯《交往行为理论：行为合理性与社会合理化》第一卷，曹卫东译，上海人民出版社，2018，第 195 页；另见郑戈《探寻法学的内在品格》，《中国法律评论》2021 年第 2 期。

② 主要参见马克斯·韦伯《支配社会学》，康乐、简惠美译，广西师范大学出版社，2010，第 20、21~86 页；马克斯·韦伯《经济与历史 支配的类型》，康乐等译，广西师范大学出版社，2010，第 300~315 页。

③ 参见理查德·斯威德伯格《马克斯·韦伯与经济社会学思想》，何蓉译，商务印书馆，2007，第 112~145 页；另见马克斯·韦伯著，爱德华·希尔斯、马克斯·莱因斯坦英译《论经济与社会中的法律》，张乃根译，中国大百科全书出版社，1998（Max Rheinstein, ed., Edward A. Shils and Max Rheinstein, trans., *Max Weber on Law in Economy and Society*, Cambridge, Mass.: Harvard University Press, 1954），"导论"第 14~19 页。在这本韦伯《法律社会学》中，具体的文本不仅包括了我们所能看到的《经济与社会》中的"法律社会学"部分，还包括了《经济与社会》（英译本）第一部分第一章的 1~8 节、第二部分的第一章以及第九章的内容；同时还对现《经济与社会》中"法律社会学"部分的顺序作了一定的调整。

④ 参见郑戈《法学是一门社会科学吗?》，法律出版社，2022，第 59 页。相关的评论另见刘思达《经典社会理论中的法律：马克思、涂尔干、韦伯与法律社会学》，载高鸿钧、马剑银编《社会理论之法：解读与评析》，清华大学出版社，2006；鲁楠《民主法治图景中的马克斯·韦伯》，载鲁楠主编《清华法治论衡：除魅世界与理性之法》第 27 辑，清华大学出版社，2020。

尽管如此，仅仅有这样的一个大的思路框架，要进入韦伯的《法律社会学》文本，还是很困难的。至少就笔者而言，尽管已经接触过韦伯的《支配社会学》《新教》《儒教与道教》《学术与政治》等一手中译本与《马克斯·韦伯与德国政治》等二手文献及《跨越时代的人生：马克斯·韦伯》等二三十部相关作品，但仍然觉得韦伯的《法律社会学》文本并不很容易进入。一方面，随着阅读的深入，我们会被韦伯的论证完全折服，觉得任何个人的进一步阐发都没有意义；另一方面，我们也会不断进行反抗——难道所有的理论都被韦伯阐释完结了？是以，如果要跳出韦伯，有说服力的突破点在哪里？是否只是一厢情愿的徒劳无力？

就韦伯《法律社会学》的阅读，黄宗智先生建议"最好先读第一章结尾总结四大理想类型部分之后，跳过前三章直接进入第四章，掌握全书脉络后才回来读前三章"①。读罢全书，黄先生的建议是有益的，前三章的确在理解上难度更大。就笔者的阅读体会，前三章中第一章笔者就不太容易理解其逻辑——特别是前七节，不知道其与第八节以及全书的关联何在——尽管后文有不少地方都重新讨论第一章前七节的内容；第二、三两章涉及的是法理学上的"主观权利"与"客观规范"这个很有难度的问题；第四章至第八章相对而言是比较友好的，尽管韦伯几乎都是点到为止，着墨非常节省。

以下结合笔者的阅读体悟，试对这八章作初步解读。②

（一）第一章　实体法领域的分化

试想，在今天，当我们开始进行关于法律社会学的讨论的时候，会从哪里开始呢？可能是对于"法律是什么"这一问题的回答，也可能是"关于社会中的法律现象的描述"等，但是韦伯不是这样的。韦伯在第一

---

① 黄宗智编著《实践社会科学研究指南》，广西师范大学出版社，2020，第37页。

② 需要交代的是，由于包括《法律社会学》在内的《经济与社会》实际上是一部韦伯去世后后人编辑整理作品，所以我们会看到不同的版本在分节及标题的拟定上有所不同，比如本章所参考的两个版本康译与阎译就不尽一致。

章论述的八小节内容显得与众不同——我们似乎可以说，这里的第一章本来的作用就不像一般的著作一样是一个总起章，它就是一个如后面七章的并列章。也或许我们所疑惑的内容在韦伯看来，都是不言自明的，在这一章快要结束的时候，韦伯只是轻描淡写地说，他是"仅就影响到法律、法创制与法发现之一般形式特质的最重要的一些状况，提出简短的说明"①。

　　尽管如此，我们还是需要理解韦伯的法律观。除却我们已经很熟悉的"形式理性法"这一论述外，让我们还是再回到韦伯的文本。今天，已经有很多的信息帮助我们了解到韦伯《法律社会学》的成书背景。在某种意义上，我们现在看到的编在《经济与社会》（英译本）第一卷第二部分第八章的"法律社会学"很难说是一个完整的文本，还需要再结合韦伯在其他地方的论述才能理解。这也是我们看到爱德华·希尔斯、马克斯·莱因斯坦编辑的《法律社会学》文本会更长一些的一个理据。实际上，关于韦伯法律社会学论述的解说都不仅仅限于这一章。我们先了解一下韦伯在其论述中关于法律的观点，韦伯是从"法秩序的社会学概念与法学概念"开始的，韦伯指出：

　　　　对于法学教条者而言，法律规范的（观念上的）妥当性，在概念上是先验的。法律并未（直接）规制的行为，对他而言就是法律所"容许"的行为，因而，也就等于是（至少在观念上）连带受到法秩序所规制的行为。对于社会学者而言，相反地，行为的法律规则，尤其是理性制定下的规则，（在）经验上不过是共同体行为的动机里的一个要因，并且多半是历史上较后出的一种要因，其效力的强弱也极为不同。共同体行为的事实上的规则性和"习俗"，其开端在任何地方都是隐晦不明的，在社会学者看来……是人类"适应"既有的生活所需的行为、基于冲动与本能不断演练才生成的，并且，

① 马克斯·韦伯：《法律社会学　非正当性的支配》，上海三联书店，2021，第 28 页。

此种行为起初绝非依存于制定秩序，并且也不会借此秩序而有所改变。制定秩序之不断介入……不过是理性化过程和结合体组织化过程里的一个……要素，而（对于）此一过程之不断地渗透到所有的共同体行为里这件事，我们必须将之视为发展的最基本动力而全面地加以考察。①

或许，以韦伯百年来所奠定的宗师地位，我们暂且接受下面的评论是恰当的，并在这样的前提下先开始我们的阅读：

> ……这些问题正是系统的法律社会学的主题。韦伯并不有意写这样一本法律社会学著作。他对法律的兴趣集中于我们通常称为法律思想和司法程序的问题……韦伯理论的出发点是观察，在法律思想的研究领域里也不例外。在法律思想方面，西方人发展出一套在其他文明中没有的方法。这就是韦伯称为逻辑形式主义的东西。②

在结束了这一段有关韦伯法律观的冗长补充后，让我们回到韦伯的《法律社会学》第一章"实体法领域的分化"。韦伯为什么要从讨论这样一个问题开始呢？"分化"在韦伯的论述脉络里是与所谓"理性化"关联在一起的。这一章的内容，我们看到韦伯是围绕公法与私法的区分，进而推演至公法、私法在法律史上的不断发展而展开的。另外，作为一个有意思的参照，大略在那个时代，正常的讨论就是那样的，比如我们最为熟悉的马克思年轻时候的法律研究也是同样的思路：

---

① 马克斯·韦伯：《经济行动与社会团体》，康乐、简惠美译，广西师范大学出版社，2011，第344页；马克斯·韦伯：《经济与社会》第一卷，阎克文译，上海人民出版社，2010，第452页。关于"社会学的法律概念"，可参见哈贝马斯《在事实与规范之间：关于法律和民主法治国的商谈理论》，童世骏译，生活·读书·新知三联书店，2014；高鸿钧《心寄治邦：法理学论集》，法律出版社，2015。国内自社会学角度的法律研究，可参见陈涛《涂尔干的道德科学：基础及其内在展开》，上海三联书店，2020，第二章。
② 马克斯·韦伯著，爱德华·希尔斯、马克斯·莱因斯坦英译《论经济与社会中的法律》，张乃根译，中国大百科全书出版社，1998，导论第22页。

马克思写下了一份纲目以待父亲的教诲。他一开始就按传统大陆法系的方式区分了私法和公法，继而以契约法为侧重、将私法划分为人法、物法、物上的人法这几种同样传统的范畴……①

在这一部分，韦伯一共讨论了八个问题。韦伯首先讨论了三种不同的"公法"与"私法"划分样态，并且指出不仅在过去、即便在今天，"公法与私法的领域仍未得出全然一致的分判"。依照社会学的划分法，公法是"约制国家机构相关行动的总体规范"；私法可被视为"约制与国家机构本身无关而不过是受国家机构所规制的行动的总体规范"。在这一划分原则下，韦伯认为，可以将"公法"视为"行政法规"的总体。所谓行政法规，指单以对国家机关所下达的指令为内容的规范，其与主观权利的"请求权规范"相对。不过韦伯也很快指出，这并不是绝对的。韦伯还给出了另外一种划分原则："当法律事件是发生于法律意义上'同位格的'多数当事人相互对立的情况下时，即属'私法的'法律事件……当拥有权威性命令权的优势权力保有者，与在规范的法律意义下'服属于'他的人发生对峙时，即属'公法的'范畴。"② 就后一种情形，韦伯指出也有可能是"一整个行之有效的规范总体，就法理而言，具有'行政法规'的性格，亦即，所有的私人利益之所以享有被保护的机会，并非因其为受保障的主观请求权，而端在于其为一种反射……此种状态一旦确立……所有的法律便尽皆消融于管理的目的，亦即'统治'之中"③。韦伯所谓的"统治"，即与法创制、法发现共同组成"公的"管理——通过国家机构组织或其他由国家赋予权限的他律性机构实施管理行为的"行政"。韦伯在结束其有关"统治"与"行政"的历史论述这一在笔者看来是插入性的内容之后，便进入了我们今天视为"公法""私法"代表的第四节，即"'刑法'与'民法'"。尽管在今天，"刑法"

① 唐纳德·R.凯利：《法的形而上学——论少年马克思》，姚远译，载公丕祥主编《法制现代化研究》2014年卷，法律出版社，2015。
② 马克斯·韦伯：《法律社会学 非正当性的支配》，上海三联书店，2021，第5~6页。
③ 马克斯·韦伯：《法律社会学 非正当性的支配》，上海三联书店，2021，第4~8页。

"民法"相互有别已为我们所熟知，但并非一开始便是如此，而是"认为任何诉讼皆为对违法行为的诉讼"①。"同样的，原先诉讼在原则上往往不只是以客观存在的不法为其前提，同时也包括被告的某种罪行。这对实体法也产生了极为深刻的影响。所有的'债务'原先毫无例外地都是违法行为的债务……"② 尽管如此，基于"唯有西方的政治体方才完全具备（的）理性分派权限和权力划分的机构性格"，"公权力""逐渐地因此也程度有别地受到规则的束缚"——"权力限制"与"权力划分"。③ 以上诸部分，韦伯六个小节的内容讨论的主要是关于本章第一节所提出的"公法"的领域，韦伯也认为这主要属于"支配（社会学）"的内容。也因此，将论述的重心转向"'私法'与'民事诉讼'"这一与"经济直接相关的领域"。④ 本章第七节为"'法律'与'诉讼'"，韦伯欲讨论的是"法创制（立法）与法发现（司法）"，不过主要描述它们在法律史上的过去。这是我们今天所熟悉的"公法—私法"这一关于法律的类型划分之外的另一种分类——"实体法—程序法"。结束前面的七节的论述，便来到了韦伯法律社会学最光辉的一个部分，即本章的第八节"理性的法律思维的诸多范畴"，这一节已为无数的后来者所详细研究过，比如斯威德伯格教授归纳整理的关系图（图8-1）。⑤

这里仅引用韦伯关于形式理性法的阐述：

> 所有的形式的法，至少在形式上相对而言是理性的。法律之为"形式的"，是指无论在实体上或诉讼上，唯有真确无疑的一般性的事实特征才会被计入考量……其中，法律上重要的事实特征可能具有感官可以直接感受到的性格……或者借着逻辑推演而解明含义，

① 马克斯·韦伯：《法律社会学 非正当性的支配》，上海三联书店，2021，第14页。
② 马克斯·韦伯：《法律社会学 非正当性的支配》，上海三联书店，2021，第18页。
③ 马克斯·韦伯：《法律社会学 非正当性的支配》，上海三联书店，2021，第24、22、23页。
④ 马克斯·韦伯：《法律社会学 非正当性的支配》，上海三联书店，2021，第25页。
⑤ 另见沃夫冈·施路赫特：《现代理性主义的兴起：韦伯西方发展史之分析》，林端译，台湾大学出版中心，2014，第202～203页。具体为"形式非理性"的"天启法"、"实质非理性"的"传统法"、"实质理性"的"推定法"、"形式理性"的"制定法"。

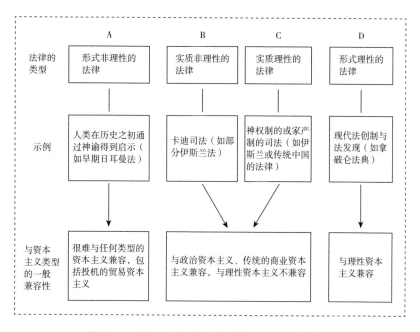

图 8-1 法律、理性的形式以及资本主义的类型

资料来源：理查德·斯威德伯格《马克斯·韦伯与经济社会学思想》，何蓉译，商务印书馆，2007，第 124 页。

并且以此而形成明确的、以相当抽象的规则之姿态出现的法律概念，然后被加以适用。①

在韦伯看来：

> 法律之所以可能达成现代意义上的那种特殊专门的、法学上的提升纯化，唯其因为其具有形式的性格……当今的法学研究，至少就其形式而言已达到最高度方法论理性与逻辑性的法学研究……乃是从下面几项假定出发的：（1）任何的法律决定率皆为抽象法命题之"适用"于具体"事实"上；（2）对于任何具体事实，必然皆能

① 马克斯·韦伯：《法律社会学 非正当性的支配》，上海三联书店，2021，第 30~31 页。

透过法律逻辑的手段而从现行的抽象法命题当中得出决定；（3）因此，现行的客观的法律，必然是法命题的一个"毫无漏洞"的体系。或者潜在内含着这样一个体系，或者至少为了法律适用之目的而被当作是这样的一个体系；（4）凡是未能在法学上被理性地"建构者"，即和法律无关紧要；（5）人类的共同体行动全都必须被解释为法命题的"适用"或"实现"，或者反之，解释成对法命题的"违犯"，因为相应于法律体系的"绵密无缺"，"在法律的规制之下"也理应是所有的社会事象的一个基本范畴。①

对于这长长的一段总结，我们不仅可以将其看作韦伯关于法律的核心观点，也可以看作韦伯对100年前——也很适合当下——法律—社会关系的确切描述。

接下来的第二、三两章，大抵是已经讨论了很久，但是在国内讨论可能还不是那样充分的"主观权利与客观法"的问题。②

（二）第二章 主观权利设定的各种形式

在本章100余页的篇幅里，韦伯主要论述了五个方面的问题。开篇韦伯讨论的是当"法形成"的所有主体都融入"单一的国家强制机构"时，法利害关系者的利益就会以法律的形式表现出来。即"主观权利"是由"客观的"法律所赋予的。③ 不过，韦伯很快又回到本书第一章第一节所讨论过的"反射"问题，即在某些情况下"个人并未被赋予'主观权利'"。韦伯也再次重申了他已经在其他部分所阐述过的法律与经济之间

---

① 马克斯·韦伯：《法律社会学 非正当性的支配》，上海三联书店，2021，第31~32页。
② 一些文献参见山本隆司《客观法与主观权利》，王贵松译，《财经法学》2020年第6期；赫尔穆特·科殷《论"主观权利"概念的历史》，纪海龙译，载高鸿钧主编《清华法治论衡：全球化时代的自由与秩序》第15辑，清华大学出版社，2012；方新军《权利概念的历史》，《法学研究》2007年第4期；黄涛《自由、权利与共同体：德国观念论的法权演绎学说》，商务印书馆，2020。
③ 在这本书的最后一章，韦伯又作了进一步的明确："法（＝权利）乃是某个人群团体成员的'有效'资格，并且为此一团体的成员所独占。"马克斯·韦伯：《法律社会学 非正当性的支配》，上海三联书店，2021，第325页。

的关系，① 并且强调这是"客观的法律特别为此目的而被理性地制定出来"，而这里的"法律"是已经发展到了"一种相当特殊的状态"② ——实际上就是我们今天已经很熟悉的有关"法命题"（法律规范）的一般理论。韦伯重点讨论的是"个人的处分权范围透过某类型的法命题而在实质上的扩大"，此即"契约的自由"。韦伯进一步指出：

　　和昔日的法律相比较起来，现代的法律生活，特别是私法方面，最基本的实质特性究属法律行为、特别是契约显著增长的意义——因其作为法律强制所保障的请求权之源泉。这一点在私法的领域里表现得独居特色，我们甚至可以直接将今天这种共同体关系称之为"契约社会"。就法律观点而言，个人正当的经济地位……一方面取决于财产的继承……另一方面则直接或间接取决于个人所缔结的或借其名所缔结的契约。③

　　……在法发现的领域里，自由协议的老早存在一点也不输于前述诸例，而且正是一切的原点。源自氏族间的赎罪契约的仲裁契约……不只是一切诉讼法的源头，而且……在相当广义上，私法上的契约的最古老类型亦是从诉讼契约而来。其次，诉讼程序上重要的技术进展，至少在形式上，多半是诉讼当事者间的自由合意的产

----

① 在今天其是被编排在《经济与社会》第一卷第二部分第一章"经济制度与社会规范"最后一节的内容里，韦伯详细论述了"法律与经济的最一般关系"。具体：（1）（社会学意义上的）法律所保障的绝不只是经济利益，而是极其多样化的利益；（2）在某些条件下，"法律秩序"可能会保持不变而经济关系却在经历着根本变化；（3）一事物的法律地位可能完全不同于按照法律制度的观点对它进行的考虑；（4）任何保障法律秩序的权威，都要以某种方式依赖于构成性社会群体的共识性行动，而社会群体的形成在很大程度上要依赖于物质利益的格局；（5）只有很少的措施可以成功地借助强制力的威慑以支撑法律秩序；（6）从概念上说，"国家"并非对任何经济活动都是必不可少的。但是，如果没有一种法律秩序，经济秩序尤其是现代类型的经济制度就不可能存在，而这种法律秩序的独特特征，在公共法律秩序的框架之外是不可能得到发展的，当今的经济生活有赖于通过契约获得的各种机会。参见马克斯·韦伯《经济与社会》第一卷，阎克文译，上海人民出版社，2010，第452~456页。
② 马克斯·韦伯：《法律社会学 非正当性的支配》，上海三联书店，2021，第34页。
③ 马克斯·韦伯：《法律社会学 非正当性的支配》，上海三联书店，2021，第36页。

物，并且官方的介入，在很大程度上是以独具特征的方式强制当事者来缔结某些协议，以促使诉讼得以进行……①

接下来的整整 100 页的内容韦伯都在讨论"契约自由"，即"契约自由的发展、'身份契约'与'目的契约'、'目的契约'的历史渊源""契约自由的各种实际意义及其限制""契约自由、自律、团体的法人性格"等内容。在这一章的最后几页，即第五部分"法律共同体里的自由与强制"中，韦伯首先指出在"财货交易的领域和人的劳动与服务的领域里"，"与他人步入契约关系而契约内容又全然是由个人协议而定的可能性，以及，自由利用法律为最广义的结合体关系提供逐渐增多的范型的可能性"，"比过去扩大得多"。对此，韦伯指出了两点：一是"这并不保证此种形式的可能性实际上是对任何人都管用的……而事实上，唯有有产者才用得上"；二是"法秩序在形式上无论保证或提供多大的'自由权'与'授权'，或者不管包含多少的命令规范与禁止规范，总还是能在其实际的效果上，不只促使强制在质与量方面大为强化，同时也使得强制力量的权威性格大为提升"。②

（三）第三章　客观法律的形式性格

在这一部分，韦伯一共论述了六个方面的问题。总体上我们可以视本章为西欧法律迈向理性化之发展（发达）简史，主要是对原始时期至中世纪的法创制（立法）、法发现（司法）过程的阐述。在第一节"新的法规范的成立问题、'习惯法'"中，韦伯指出，尽管在今天，"通常是透过制定法"以形成新的法律规则，但是在最开始的时候，则是如英国的普通法以及在德国被称为"习惯法"的东西。在比较早的时期，要处理的是"在一个要求具有普遍适用性的、理性的法律，和既已存在的、

---

① 马克斯·韦伯：《法律社会学 非正当性的支配》，上海三联书店，2021，第 41 页。
② 马克斯·韦伯：《法律社会学 非正当性的支配》，上海三联书店，2021，第 143～144、147 页。

地方性的（民族的）法律之间做调整"①。

接下来韦伯讨论的是"法发展的实际成因、利害关系者的行为与法强制"。对于"法规范观念的起源"，韦伯首先回顾了他曾经详述过的法秩序、习律与习俗。② 但是这里需要考虑一个问题，即"正是由于这种变成了规范的习俗被认为具有约束力，看上去好像不再可能产生任何新生事物，那么在这种惰性中为什么又总是会出现变化呢？"，这是要回答法律发展的动力，对此，韦伯作了如下分析，"实际的决定性要素始终是新的行为路线，它会导致现存法律规则的意义变化，或者导致创设新的法律规则……也有可能是社会行动的整体结构随着外部条件的变化而发生了变化……更为常见的则是，个人的创新及其随后因被模仿和选择而扩散，最终使某种新的内容注入了社会行动与理性联合体"③。韦伯也指出，尽管在上述导致新变化的情形下，可能并不在意是否"有机会受到法强制、至少是政治性的法强制保障"，但不应认为这就是常规，也不应将其当作普遍结论的依据——因为在社会分化广泛进行的条件下，情况会发生改变；同时，"法官的作为绝不只是在实际已基于共识或业经协议而妥当的秩序上加盖印章予以确认而已。他对当下个案所作的决定总是会产生超越个案范围的归结"。在后一种情形下，一如前述三种情形，法官亦促成了新法之成立。④

在接下来的第三节"原始的纷争解决之非理性性格"中，韦伯又将论述的笔触拨回到"原始"时代。"一切尚未于形式上按法律途径加以理性化的法发现里，即使本身已经超越了神判的阶段，个案的非理性仍然极为显著。在其中，一般性的'法规范'既不适用于个案具体决定的准则……也不成其为一旦被'确认'，将来也循此作'判定'的标准规

---

① 马克斯·韦伯：《法律社会学　非正当性的支配》，上海三联书店，2021，第 148~150 页。

② 马克斯·韦伯：《经济与社会》第一卷，阎克文译，上海人民出版社，2010，第 438~443 页。

③ 马克斯·韦伯：《经济与社会》第二卷·上册，阎克文译，上海人民出版社，2010，第 891~892 页。

④ 马克斯·韦伯：《法律社会学　非正当性的支配》，上海三联书店，2021，第 154~157 页。

范。"① 不过，"原始的、纯粹非理性的神谕性格一旦减弱，那么规范之形成在某种程度上的安定化与定型化便全然无可避免地显现出来"，尽管在这其中，"法官"的"判例"这一实际还是如"先知时代"一样越来越强大——这一点，我们知道，韦伯认为其是一个问题。

在第四节"卡里斯玛的法创制与法发现"中，韦伯首先讨论的是影响"新的法律规则形成"的诸要素，这特别包括"（从上而下的）有用意的指令"。不过，在最初的时候，实际上是并没有我们今天称作"规范"的这一概念的。那个时候，规范的"正当"存在，一方面，基于一定的惯例的绝对神圣性；另一方面，规范是作为被指令的新规则而刻意地形成的发生这种事情的唯一可能途径，正是新的卡里斯玛的启示。而这种启示在形式上，不仅包括了对个案的裁决，还包括对将来类似案例裁决的参考。② 接下来韦伯用不少的段落来阐述前述的"法的发明、法发现与法创制"的方法，究竟为法律带来了什么样的形式性质。韦伯讲道："巫术之渗入所有的纷争解决与所有的新规范的创造，结果是所有原始的法律程序皆典型带有严格的形式性格。"③ 韦伯还描述与评价了英王亨利二世的改革，即"民事诉讼里的陪审制"：虽然陪审取代了神谕，但是它同样未能对其决定提出理性的根据；同时，一般所认为的陪审团处理"事实问题"、法官处理"法律问题"也是错误的——在这一点上，韦伯不忘再次比较罗马与英国在法律生活上的不同。④ 在韦伯看来，法创制最直接的发展途径是这样的："从新命令的卡里斯玛启示，经过公权力，直到通过协议或指令而'订定'"——"一开始事情通常是这样发生的：具有卡里斯玛资格的巫师或智者向集会提出他们在忘我状态或梦中所获得的新原则的启示，然后与会成员则由于认定他们的卡里斯玛资格而将这些启示带回到自己的团体里传达，好让团体成员来遵守。"⑤ 不过，在

---

① 马克斯·韦伯：《法律社会学 非正当性的支配》，上海三联书店，2021，第157页。
② 马克斯·韦伯：《法律社会学 非正当性的支配》，上海三联书店，2021，第161~162页。
③ 马克斯·韦伯：《法律社会学 非正当性的支配》，上海三联书店，2021，第162~164页。
④ 马克斯·韦伯：《法律社会学 非正当性的支配》，上海三联书店，2021，第166~169页。
⑤ 马克斯·韦伯：《法律社会学 非正当性的支配》，上海三联书店，2021，第170~171页。

卡里斯玛时代，"制定法"的观念一般而言是付之阙如的——"今日的制定法概念的根源，无非是罗马的纪律和罗马的军事团体的特质"。在韦伯看来，卡里斯玛法宣示者的真正后继者是"显现于日耳曼的相对于法官之地位的审判人，以及北欧法律里宣法者的制度"①。

在第五节"作为法创制之担纲者的'法律名家'"中，一开始韦伯就指出，在欧洲中世纪，"判决本身是由卡里斯玛的宣法者或（后来）被任命的审判人来进行，而审判人则是从判决将成为其法律的那群人当中指定出来"。"卡里斯玛的宣法者后来变成经由定期选举、最后经由事实上的任命而被正当化的官吏"，而审判人则为国王所认证的法律名家。② 尽管如此，但能够宣示法律主要还是因其为具有卡里斯玛资质者。韦伯举了很多的例子来说明这一点。韦伯特别强调，那些多方面"皆高度理性化的政治—社会情境""纯粹世俗的司法行政"中等都保有古老的卡里斯玛法发现的重要特征。在这里韦伯仍然不忘比较罗马法与日耳曼法与此的差异。在德国是"审判人团取代了古老的卡里斯玛的法先知"。

本章第六节是"司法集会人团体的法发现"。③ 韦伯论述道，"司法集会人团体的"法发现是在"日耳曼的军事团体里实现的，同时也曾以相当理性修正的方式实现于罗马的军事团体里"。而所谓司法集会人团体的法发现，"法律伙伴的共同体的确参与法发现，但对于法发现并无主导支配权，只能接受或否决法知识的卡里斯玛担纲者或官方担纲者的判决提案，因此有时也可以通过诸如判决非难的特别手段来影响判决提案"。④ 司法集会人团体的裁判是"介于法卡里斯玛的权威与司法—军事团体的认可之间形态变化多端的一种权力分割"⑤。韦伯认为，如"手须护手"等"法谚"成立于此种裁判的时代。在这时，则需要训练有素的法律通达者，比如从事法发现的"法实务家"阶层、辩护人、律师等。对此，

① 马克斯·韦伯：《法律社会学 非正当性的支配》，上海三联书店，2021，第 175 页。
② 马克斯·韦伯：《法律社会学 非正当性的支配》，上海三联书店，2021，第 175、177 页。
③ 关于司法集会制度，特别请参见许小亮《从欧洲普通法到共同法——中世纪法律史的另一种叙事》，《法学》2014 年第 5 期。
④ 马克斯·韦伯：《法律社会学 非正当性的支配》，上海三联书店，2021，第 186 页。
⑤ 马克斯·韦伯：《法律社会学 非正当性的支配》，上海三联书店，2021，第 188 页。

韦伯明确指出，对于法律职业群体专门的、理性的训练也成为一种必然，尽管这种训练在方式上可能是有差异的。① 这便是下一章韦伯要讨论的问题。

（四） 第四章　法律思维的类型与法律名家

在这一章,韦伯的社会科学研究方法"纯粹类型"（理想型）得到了充分的展示。开篇韦伯就指出："对于'专门的'法教育发展而言……有两种彼此对立的可能性。其一是，由实务家来进行的经验性的法教育……即，讲求'经验'的'工匠式'训练。其二是，在特别的法律学校进行的理论性的法教育……即讲求'技术'的'学问式'训练。第一种方式的一个相当纯粹的形态，是英国交由律师来训练的工会式的法教育……第二种最为纯粹的类型，是以近代大学里的理性的法学教育为代表。"② 这也是本章第一节"经验的法教育与理性的法教育：由律师训练或大学训练"所阐述的内容。在第二节"神权政治的法教育"中，我们再一次回到第一章第八节韦伯所论述的实质理性法，这一法教育是前述第二种纯粹类型的一种特殊形态——以"非直观的、非具体的、就法律而言相当非形式的、仅仅相对而言理性体系化的方式，来处理法律的素材"③。第三节是"欧陆的法律名家与中世纪的'法书'"，对比的是一部不同于英国式法教育的欧洲大陆"法律名家"以及私人对某地方的习惯法加以记录、整理而形成的"法书"。

本章最后一节"罗马的法律家与罗马法的形式性质"，再一次显示了罗马法在韦伯法律论述里所具有的重要地位。韦伯首先论述的是古罗马法律家影响法律的方式，特别比较了雅典式人民法庭的"卡迪裁判"。④ 古罗马法一个重要的特色便是其"分析性格"。⑤ 基于拜占庭的官僚制，

---

① 马克斯·韦伯：《法律社会学 非正当性的支配》，上海三联书店，2021，第189页。
② 马克斯·韦伯：《法律社会学 非正当性的支配》，上海三联书店，2021，第190、196页。
③ 马克斯·韦伯：《法律社会学 非正当性的支配》，上海三联书店，2021，第203页。
④ 马克斯·韦伯：《法律社会学 非正当性的支配》，上海三联书店，2021，第208~209页。
⑤ 马克斯·韦伯：《法律社会学 非正当性的支配》，上海三联书店，2021，第212页。

罗马法具有了相当的体系性。① "到了帝政时期，司法终究成为专门的行当。" 基于法律顾问与真正的法律经营之间保持了相对的距离，"罗马法从最初强烈的经验性格，逐渐发展成技术越来越赋予合理化且具学术精纯性的法律体系"。② 在这一节的最后，韦伯重点比较了罗马法与伊斯兰教法、英国的预防法学之间的差异，突出了罗马法在概念、逻辑、法律思维等方面的特殊性以及其体系化的法学研究。

（五）第五章　法的形式理性化与实质理性化、神权政治的法与世俗的法

这一章开篇，韦伯便提了这样一个问题："政治的支配形态对于法律的形式性质会造成何种影响？" 支配社会学在韦伯社会学中所占的分量是怎样判定都不为过的。韦伯首先论述的是受君主和教权制支配的"古老的人民裁判"——氏族间的赎罪程序。这种"相互争斗的氏族之间以神谕或神判为手段的赎罪程序和仲裁程序"是"我们迄今所知最古老的、具备明确形式的法发现"，"恪守形式的期待"。③ 尽管形式的裁判处处损害了实质公道的理想，但是形式性裁判具有决定性的优点——少了非形式裁判中的"绝对的恣意和主观主义的非恒常性"。在这里韦伯也讨论了所谓的"卡迪裁判"。韦伯指出："市民阶层往往对理性的法实务表现出最为强烈的关注，也就是关心是否能有一种体系化的、毫不含糊的、合于目的理性所创造出来的、形式的法律，这种法律不仅能排除传统的束缚和恣意，并且主观的权利也因此只能以客观的规范为其唯一的根源。"④

本章的第二节是"法律的实质理性化：宗教法"；接下来第三至八节，韦伯用极简的笔法讨论了"印度法"、"中国法"、"伊斯兰教法"、"波斯法"、"犹太法"与"教会法"。在篇幅最长的"基督教的教会法"中，韦伯很明确地指出："基督教的教会法比所有其他的神圣法，至少相

① 马克斯·韦伯：《法律社会学 非正当性的支配》，上海三联书店，2021，第 215 页。
② 马克斯·韦伯：《法律社会学 非正当性的支配》，上海三联书店，2021，第 217 页。
③ 马克斯·韦伯：《法律社会学 非正当性的支配》，上海三联书店，2021，第 224~229 页。
④ 马克斯·韦伯：《法律社会学 非正当性的支配》，上海三联书店，2021，第 233 页。

对而言，具有特殊的地位。首先，教会法的一大部分，基本上比其他神圣法要来得理性，在法的形式上也有较高度的发展。再者，它与世俗法的关系，打一开始就采取较为明确的二元论立场，而这两个领域判然区分开来的情形，是其他地方未曾存在过的。"① 教会法也成为世俗法迈向理性之道的指导因素之一。教会法还对世俗裁判的诉讼程序产生了影响。②

（六） 第六章　公权法与家产制君主的法制定，法典编纂

在这一章的第一节"公权力"中，韦伯讨论的是"公权力对普通法的影响"，"特别是……对于法律的一般形式结构造成何种影响"③。第二节"家产制君主的法律之身份制结构与家父长制结构"所讨论的内容，一如节名所示，是家产制君主的司法审判的两种类型，即身份制结构与家父长制结构。④"司法与行政若属于身份制类型，则法秩序可说是相当严格的讲究形式，但却是……非理性的……只能发展出一种'经验式'的法律解释……（其）最重要且唯一完全发展成熟的例子，仅见于西洋中古时期的政治团体。"⑤ 而在纯粹的家父长制的法行政里，法律是非形式化的——"严格家父长制的君主裁判不仅破坏了主观权利的形式保障，同时也因为试图满足客观上的'正确'与'衡平的要求'来解决利害冲突，从而破坏了严格的'辩论程序'的原则。"⑥ 这一司法体系的理想型如"所罗门式"的"凯迪裁判"、东方的印度的司法、中国的司法等。在韦伯看来，前述家产制法律的特质，终究为近代西方世界里的"理性—形式"的要素所取代；而"君主与市民阶层的利害关系的结合，成为促进法之形式—理性化的最重要动力之一"。因为市民利益阶层需要一种毫无二义的明确的法律以保障其利益；君主为了其财政上和政治势

---

① 马克斯·韦伯：《法律社会学 非正当性的支配》，上海三联书店，2021，第 259 页。
② 马克斯·韦伯：《法律社会学 非正当性的支配》，上海三联书店，2021，第 264~265 页。
③ 马克斯·韦伯：《法律社会学 非正当性的支配》，上海三联书店，2021，第 267 页。
④ 马克斯·韦伯：《法律社会学 非正当性的支配》，上海三联书店，2021，第 275 页。
⑤ 马克斯·韦伯：《法律社会学 非正当性的支配》，上海三联书店，2021，第 276 页。
⑥ 马克斯·韦伯：《法律社会学 非正当性的支配》，上海三联书店，2021，第 276~278 页。

力上的利益，也需要拉拢市民阶层。最后，韦伯指出，君主的公权力对法生活的介入，无论在何处，都有助于法律的统一化与体系化，此即"法典编纂"。①

接下来的第三节，韦伯具体讨论了"法典编纂的各种推动力"。开篇，韦伯就指出法典之编纂的诸影响因素除却前述各项外，还"可能是法生活的一种全面而自觉的更新取向"，这比如古代殖民城市的行政法、以色列的誓约共同体、十二铜表法等。② 而对于法典编纂，韦伯指出除君主的法典编纂之外，还有如"法书"的制作等形式。在这里，韦伯批评了传统中国官方律令，认为这"虽然在编排上尚具有某些'体系性'，但与法典编纂式的法制定无关，因为那只不过是一些机械性的动作而已"。韦伯也批评了"其他的法典"。③ 在第四节"罗马法的承袭与近代法理论的发展"中，开篇韦伯就讲到："任何一种法典编纂，都无法比得上罗马法的承袭对于法思考（法律思想）的变革与现行实体法的变革的重大意义。"④ 在这一部分，韦伯对"罗马法的承袭史"作了一定的阐述。⑤ 本章最后一节是"家产制法典编纂的类型"，主要讨论了《德国民法典》，附带评论了《奥地利一般民法典》及《俄罗斯帝国法律集》。⑥

（七）第七章　革命创制的法的形式性质，自然法及其类型

本章第一节，如节名"法国民法典的特质"所示，讨论的是与"普鲁士的《普通邦法》（及）德国的其他法典"相对照的法国民法典与盎格鲁-撒克逊法及普通罗马法相并列的"世界三大法系"。韦伯觉得，《法国民法典》乃革命之子，其"完全未混入非法律的要素，也看不到教训

---

① 马克斯·韦伯：《法律社会学 非正当性的支配》，上海三联书店，2021，第 282 页。
② 马克斯·韦伯：《法律社会学 非正当性的支配》，上海三联书店，2021，第 283 页。
③ 马克斯·韦伯：《法律社会学 非正当性的支配》，上海三联书店，2021，第 287 页。
④ 马克斯·韦伯：《法律社会学 非正当性的支配》，上海三联书店，2021，第 290 页。对此，我国已经有了很清晰的研究，可以参见厦门大学徐国栋教授的诸多相关研究。如徐国栋：《罗马的第三次征服：罗马法规则对现代公私法的影响》，中国法制出版社，2016。
⑤ 这里另特别参考本章附录图 8-2 林端教授总结的"19 世纪初到 20 世纪初德国历史法学派的演变"。
⑥ 马克斯·韦伯：《法律社会学 非正当性的支配》，上海三联书店，2021，第 303 页。

的、单只是给予伦理训诫的规定，更无任何决疑论的踪影"，具体之法典"拥有（或者至少看起来是拥有）异常的明晰性与精确的了然性"。①

接下来的六节内容，韦伯所讨论的都是自然法，这是在讨论形成抽象的法命题内容之所谓"特定公理"——一定的法律准则具有特殊的"正当性"，也就是一定的法律原则具有直接约束力的信念。被人们称为"自然法"的便是这样的金科玉律。② 韦伯说"自然法是宗教启示或传统及其担纲者的权威神圣性失去运作力时，仍然留存下来的、法正当性的特殊且唯一首尾一贯的形式。因此，自然法是经由革命所创造出来的秩序的一种特殊的正当性形式。自然法的援用，是反抗既有秩序的阶级为了让自己的法创造的要求具有正当性——而不是依赖实定的宗教规范或启示——所一再使用的形式"③。在此，韦伯并不认同历史法学派的"民族精神"理论，认为唯有法律理性主义的自然法公理才能够创造出形式性的规范。

在诸自然法公理的不同类型中，韦伯主要讨论的是与经济秩序有密切关系的类型。在韦伯看来，实定法的自然法正当或与形式条件相关联，或与实质条件相关联。在前者，其纯粹类型是以"契约理论"出现的——原则上自由的竞争，亦属自然法不证自明的构成要素；除非违反将其正当化的自然法，契约的自由才会受到形式的限制。而在实质的一面，评判的基准是"自然"与"理性"，这两者被认为是合二为一的。④不过，自然法里的那种形式主义，因种种方式而缓和下来。"一旦既得权利的正当性不再依存于形式法学的标记，而是与取得方式的实质经济标记相联结，原则上形式的自然法便会转化为实质的自然法。"韦伯进一步讲道，"走向实质的自然法的关键性转折，主要是与'唯有借着一己的劳动所获取的东西才具有正当性'这样的社会主义理论联系在一起的"。⑤

---

① 马克斯·韦伯：《法律社会学 非正当性的支配》，上海三联书店，2021，第305~306页。
② 马克斯·韦伯：《法律社会学 非正当性的支配》，上海三联书店，2021，第308页。
③ 马克斯·韦伯：《法律社会学 非正当性的支配》，上海三联书店，2021，第309页。
④ 马克斯·韦伯：《法律社会学 非正当性的支配》，上海三联书店，2021，第311~313页。
⑤ 马克斯·韦伯：《法律社会学 非正当性的支配》，上海三联书店，2021，第314~315页。

此即契约自由下的形式自然法与根据劳动收益方具有正当性的实质自然法。

本章第六节是"自然法对于法创造与法发现的实际影响"。韦伯论述道："所有的自然法的教条多少都对法创造及法发现产生了重大影响。"这种影响，在形式上表现为强化了法律逻辑抽象化的倾向；实质上的影响也无处不在。不过，随着自然法公理的变迁与妥协，"自然法公理理论大失信用"，"日渐瓦解与相对化"。其结果是法实证主义马不停蹄地往前迈进。对此，这"有效地促进了人们对于坚称自己当下具有正当性的当局之权力的实际服从"①，这种态度在法律实践者当中尤为突出——"他们支持的是当下正行使支配的、'正当的'权威的政治权力。"②

（八）第八章　近代法律的形式性质

近代以来，不但"使得'主观的'权利与'客观的'法联结在一起的古老原理已消失"，而且"法之部族的或身份团体的属人性，以及因共同体誓约而被篡夺或因特权的授予而被合法化的法的分裂性"都不复存在了。③不过，法之属人性与分裂性在最近有了新变化，非常典型的便是商法。此处的分裂是由于：一方面，基于职业上的分化，工商业界利害关系者希望他们自身的法律问题能够由内行人来专门处理；另一方面，还希望他们的案子能够在正常的法律程序之外得到更合适、更迅速的审判。接着这里的论述，韦伯作了三段非常精彩的论述，兹照录如下：

> 法律与诉讼的一般发展，按照理论上的"发展阶段"整理的话，是从"法先知"的卡里斯玛启示，发展到法律名家的经验性法创造与法发现（预防法学与判例的法创造阶段），进而发展到世俗的公权力与神权政治的权力下达法指令的阶段，最后则为接受法学教育者

---

① 马克斯·韦伯：《经济与社会》第二卷·上册，阎克文译，上海人民出版社，2010，第1012页。
② 马克斯·韦伯：《法律社会学 非正当性的支配》，上海三联书店，2021，第324页。
③ 马克斯·韦伯：《法律社会学 非正当性的支配》，上海三联书店，2021，第325页。

（专门法律家）体系性的法制定与奠基于文献和形式逻辑训练的专门的"司法审判"阶段。以此，法的形式性质的发展阶段，则是从原始的诉讼里源于巫术的形式主义和源于启示的非理性的结合形态，时而源于神权政治或家产制的实质而非形式的目的理性的转折阶段，发展到愈来愈专门化的法学的、也就是逻辑的合理性与体系性，并且因而达到法之逻辑的纯化与演绎的严格化，以及诉讼技术之越来越合理化的阶段。

此处由理论所建构起来的合理性的阶段……我们只需谨记，各处的发展之所以大有不同，基本上取决于：（1）政治权力关系的不同……；（2）神权政治的权力相对于世俗权力的权力关系；（3）对于法律的形成具有决定性力量的法律名家之结构上的不同……

唯有西方认识到完全发展的司法集会人团体的审判，以及家产制的身份制定型化；也唯有西方见证到理性经济的发展，此种经济的担纲者起先是为了打倒身份制的诸权力而与君主的势力结盟，后来再以革命来对抗君主；因此也只有西方知道所谓的"自然法"；唯有西方经历了法的属人性和"自发性法律破除普通法"的命题之去除净尽；唯有西方有罗马法这样一种独特的形态，并经历承袭罗马法的那种过程。所有这些几乎都是缘起于具体政治因素的现象，西方之外的全世界各地仅见凤毛麟角的类似之处……①

这一章的第二节是"近代法发展里的反形式的倾向"。韦伯说，那些关注商品市场的人们是希望法律保有形式性的，但是另一方面，却又是在"助长法形式主义之弱化的各种倾向"。比如曾经受"形式束缚"的证据法为"自由心证主义"所取代；又如在实体法领域，原来"对外在明晰的形式特征的执著……为逐渐强化的逻辑意义解明所取代"——"全面将当事者相互间的关系建立在其行为的内在核心、亦即'心志'的基础上，也就是将法律结果联结于非形式的要件事实上。"这种变化不仅表

---

① 马克斯·韦伯：《法律社会学 非正当性的支配》，上海三联书店，2021，第328~330页。

现在财货交易领域，还体现在刑法、私法领域。① 韦伯也指出，"纯粹专门法学的逻辑"——以抽象的"法命题"为依据，并且依从支配性的定理，而将生活事实在法律上"建构"起来——是会造成私人法利害关系者的"期望"彻底落空的。因为在专门法学的逻辑里，凡是法律家无法"想到"的，在法律上也不存在；而这与一般"素人"的理解和认识是不一样的。② 在这里韦伯还描述了在今天我们不时提及并批评的司法实务情状——"就像是个法的自动贩卖机，人们从上头丢入事实（加上费用），他自下头吐出判决（及其理由）。"③ 这里也带出了一个后来在法学方法论上一直备受争论的问题，即法律漏洞的填补，不过韦伯在这个问题上并没有作过多阐述，而是很快切入到了笔者在本书其他地方已讨论的"自由法运动"。韦伯认为这"不止是非形式的，而且是非理性的法发现"④。尽管如此，韦伯还是很细致地讨论了那些对于法律缺陷的议论以及对于虚构法律体系的完备性抗议，这主要涉及的是法发现究竟是"一般规范之'适用'于具体的事实"，还是"'法命题'是从具体的判决经过抽象而获得的"以及"判例"与"客观规范"之关系。⑤ 基于此，所导出的就是在本章一开始就讨论过的以"社会学"的建构为基础的法学。

"现代的法源理论既瓦解了历史主义所造出来的那个半神秘的'习惯法'的概念，也瓦解了同样是历史主义的'立法者意旨'——可以通过研究法律成立的方式而发现的——概念。"也因此法律不断被贬低为仅仅"只是某个法命题的妥当、或被期望的妥当"的象征而已，或是"只不过是'技术'"，尽管这是法律家所强烈排斥的。在古老的"自然法"信用丧失后，出现了两种替代品："一者是（天主教）教义学者所主张的、束缚于宗教的自然法；一者是从法的'本质'来做演绎以获得客观价值

---

① 马克斯·韦伯：《法律社会学 非正当性的支配》，上海三联书店，2021，第 330~332 页。
② 马克斯·韦伯：《法律社会学 非正当性的支配》，上海三联书店，2021，第 332~335 页。
③ 这里特别需要强调的是，坊间多有传播韦伯比拟法官为"自动售货机"者，实际上并非如此。除在《法律社会学》中，韦伯至少还在《支配社会学》（康乐、简惠美译，广西师范大学出版社，2010，第 52 页）中讨论过该话题。
④ 马克斯·韦伯：《法律社会学 非正当性的支配》，上海三联书店，2021，第 335~337 页。
⑤ 马克斯·韦伯：《法律社会学 非正当性的支配》，上海三联书店，2021，第 337~338 页。

基准的尝试"。对于后者，韦伯指的是施塔姆勒的"正确的法"以及利益法学派的理论。韦伯对这些运动作了批判，认为其不过是"主智主义内部的历史关怀情景下的产物"①。这里还是要注意专心于法学教育与研究的法律家与具体从事实务之法律家可能的趣旨差异。

本章的第三节"现代的盎格鲁－撒克逊法"，是著名的韦伯"英国法问题"。即，近代资本主义无论是在英国还是在欧陆其他国家都同样地繁荣兴盛，但是它们无论是在实体法还是诉讼程序上都大为不同。尽管如此，在韦伯看来，"（1）英国的法思考至今在极大程度上仍是一种'经验性的'技艺……（2）法发现的真正'卡里斯玛'性格显然仍维持不坠……（3）和欧陆的法律比起来，不只法的合理性程度显得拙劣，法的合理性形态亦是另一回事"。总之，就英国的情况，法的形成由律师阶层掌握以及极高的诉讼费用使得法的合理化在其社会中不存在决定性的动因。②

本章最后一节是"素人裁判与近代法律家阶层的身份倾向"。在这一节韦伯讨论了现代社会发展中削弱形式的法律理性主义的一个因素，即民众的陪审制度。韦伯也详细描述了陪审裁判所遭受的两种攻击，并指出这是司法裁判的形式原则与实质原则之间"无法调停的对立所产生的结果"。最后，很特别的是，韦伯在本章也是这部《法律社会学》收尾的地方，作了一个预测与判断：

> 不管法与法实务在这些势力（法被驱赶到反形式的轨道上的势力）的影响下会发展成什么样的形态，作为技术与经济发展的结果，下述情形无论在什么情况下都将是法不可避免的命运：一方面，尽管有素人法官制度的种种尝试，随着法的技术内容的逐渐增加，素人对法的无知、亦即法的专门性，也无可避免地会随之升高。另一方面，现行有效的法律也越来越会评价为合理的、因此随时都可以

---

① 马克斯·韦伯：《法律社会学 非正当性的支配》，上海三联书店，2021，第337～340页。
② 马克斯·韦伯：《法律社会学 非正当性的支配》，上海三联书店，2021，第341～345页。

合目的理性地加以变更的、在内容上不具有任何神圣性的、技术性的机制……①

韦伯的思考停在了百年前，但是其思想却一直在延续。1920 年后又是如何呢？对此，无疑需要更多的研究，但是至少哈贝马斯 1992 年的《在事实与规范之间：关于法律和民主法治国的商谈理论》在某种意义上便是一种延续。② 就此打住，笔者将另文再作梳理。

这里再作一个关于韦伯《法律社会学》简短的暂时性附带评论。

第一，韦伯的法社会学与我们熟知的法律社会学，特别是那种关心"书本上的法" vs "行动上的法"之张力的研究趣旨有很大不同；韦伯的努力在于讨论现代资本主义社会中法律所起的作用，以及这是一种怎样的法律③——与其他时空下法律的差异。韦伯的这一研究思想在后来的哈贝马斯、卢曼的法律研究中得到延续。毋宁，将韦伯的法律社会学称作一种法哲学可能更为确切，因为它关心的是关于法律本身的元问题。④

第二，科特威尔在评论韦伯的法律思想时是这样讲的：

韦伯认为法律既对资本主义经济基础具有至关重要的意义，由此使得资本主义所依赖的社会行动形式更为便利，同时在培育和表达资本主义社会更普遍的生活理性化过程中也起着关键作用。法律之所以在现代西方社会被接受……仅仅是因为它提供了一个常识性的、包罗万象的可预见的规则框架，由此使人们有可能从事目标理

① 马克斯·韦伯：《法律社会学 非正当性的支配》，上海三联书店，2021，第 349 页。

② 哈贝马斯：《在事实与规范之间：关于法律和民主法治国的商谈理论》，童世骏译，生活·读书·新知三联书店，2014。

③ 韦伯的观点是不同于法律实证主义等的。参见马克斯·韦伯《法律社会学 非正当性的支配》，上海三联书店，2021，第 339 页等。

④ See Karl Engisch, "Max Weber als Rechtsphilosoph und als Rechtssoziologe", in Engisch, Pfister, B. & Winckelmann, Johannes, eds., *Max Weber*: *Gedächtnisschrift der Ludwig-Maximilians-Universität München* (Berlin: Duncker & Humblot, 1966).

性的社会行为，也就是说，以一种理性的方式来实现其预期的个人利益。[①]

如果是这样的一种法律观，还有必要再神话它吗？是不是也就表明世界不同的地方是有不同的法律存在的？

第三，对"法律"的认识是多角度的，不能以此角度否认彼视角。[②] 同时，韦伯对自西欧社会发展出来的法律（司法）思想的分析也只是诸多分析思路中最有影响力的一种。

第四，如果说韦伯笔下的法律代表的是 19~20 世纪的典型样态，那么在当下的数字时代，是否有一种新的法律正在酝酿之中？也是在这里，我们还要注意"一战"之于进步主义思想的粉碎以及对反理性主义思想的兴起的影响。

三　东西方对照下的韦伯"法理支配"

自 1920 年韦伯离世，百年以来，韦伯的影响力未曾减小，反倒是越来越大。韦伯之于当下中国法律理论的影响力也是很大的。在韦伯构筑的理论体系中，其中的支配社会学所占的比重及所具有的意义是特别重要的部分，而这其中，关于支配的三种理想型尤其以其中的"法理支配"最为关键——这是理解韦伯现代社会的关键。[③] 国内也有一些研究认为，我国需要将实现"法理支配"的转型作为实现现代化的一条路径。[④] 由此，对

---

① 罗杰·科特威尔：《法律社会学导论》，彭小龙译，中国政法大学出版社，2015，第 151 页。科特威尔的这一评论与帕舒卡尼斯的论断是一致的。"帕舒卡尼斯证明了现代法律本身就是资本主义市场经济中的财产关系抽象化的产物。"参见张盾《马克思唯物史观视域中的法治问题》，《中国社会科学》2021 年第 2 期。

② 翟志勇：《公法的法理学》，商务印书馆，2021。

③ 周雪光：《冬季读韦伯之四：支配方式的类型和合法性基础》，新浪微博，https://weibo.com/ttarticle/p/show？id=2309404078873515021749，最后访问日期：2022 年 6 月 18 日。

④ 陈洪杰：《转型社会的司法功能建构——从卡理斯玛权威到法理型权威》，《华东政法大学学报》2017 年第 6 期。

"法理支配"的理解，不只是韦伯的支配社会学的内容，[①] 更是其法律社会学的一个核心内容。

依照韦伯研究专家沃夫冈·施路赫特的观点，需要把支配社会学与法律社会学放在一起来阅读，这自然是为了更深入理解支配社会学，但反过来要理解法律社会学，就不能脱离支配社会学这个背景。[②] 而之所以说东西方对照下的韦伯"法理支配"，意在突出两个层面的问题：一是，韦伯的研究比较明显地呈比较化的特点，而这其中东西方的对照是相当明显的；二是，一如西方是独特性的，东方世界也是独特性的，中国更是如此。[③]

本部分主要讨论以下几个方面的问题：韦伯的法理支配是怎样的？法理支配与其他两种支配的关系如何？法理支配是更高级的吗？

（一）法理型支配

对于韦伯的"法理型支配"或"法制性支配"（以下简称法理支配），我们并不陌生，国内多有研究。[④] 从文本上，至少在《经济与社会》的第一部分第一章"社会学基本术语"之第四、五、六、七、十六部分，第三章"正当支配的类型"，第二部分、第十部分至第十四部分，都有涉及。这尤以前面所指第三章"正当支配的类型"中的"具有官僚制管理干部的法制型支配"相应之论述最为充分。鉴于这些内容在国内已有相当之文献研究，且已成为一般之常识，这里仅再摘录一段韦伯在他处的论述：

---

① 就国内的韦伯研究，对于韦伯的理论的诸多方面，国内已进行过一定的讨论，但相对而言，对其支配社会学的讨论还比较少。参见鲁楠主编《清华法治论衡·除魅世界与理性之法》第 27 辑，清华大学出版社，2020；田耕《韦伯支配社会学的启示》，《读书》2017 年第 8 期。

② 沃夫冈·施路赫特：《现代理性主义的兴起：韦伯西方发展史之分析》，林端译，台湾大学出版中心，2014，第 197 页。

③ 艾伦·麦克法兰："东方与西方：反思中国与欧洲"，四川大学讲座，2014 年 10 月 29 日。

④ 如白中林《诸神之争、法制型支配与正当性——韦伯合法性理论的再认识》，《南京师大学报》（社会科学版）2014 年第 2 期；赵淼《在合法性与正当性之间——马克斯·韦伯正当性理论的当代解读》，《贵州师范大学学报》（社会科学版）2009 年第 5 期。

我们（西方）现代的"团体"，尤其是政治团体，属于"法制的"支配类型。也就是说，持有权力者下达命令的正当性，是奠基于理性地经由约同、协议或指令所制定出来的规则。制定这些规则的正当化根源，反过来又在于被合理地制定或解释的"宪法"。命令是以非人格的规范之名，而不是人格的权威之名下达；甚至命令的发布本身即是对规范的服从，而不是一种恣意肆行的自由、恩惠或特权。①

笔者摘录上述这段文字，是想问：是否法理支配指向的就是现代社会的一般形式？进而任一社会要实现现代化，是否就绕不开这种基于科层制的法理支配？又进一步的追问是，韦伯的思路仅仅是针对某一历史社会的一种解释，还是对未来也有相当的解释力？此刻，至少在情感上会认为是这样的：韦伯的理论的确为我们理解西方社会政治与法律之关系提供了一个切入点，但是政治实践与意识形态等则有可能排斥这种类似进化论的支配类型发展，应当允许有其他选择——理解现代政治法律关系并非只此一途。

（二）法理支配于中国法治建设与实践的意义

法理支配是韦伯支配类型的一种理想型，韦伯明确说现实中并没有这样一种纯粹的、完全吻合的类型，加之韦伯复杂的论证，都使得要清晰把握法理支配的含义有很大难度。退一步，即便韦伯的意思是清楚的，但是在后人的不断解说、解读中，产生了新的问题。即东西方支配方式是否文明端赖是否由法理支配而定。一种非常强烈的声音是认为现代化之趋势即为法理支配的进一步加强。

具体到当下，进入现代社会后，我国也是要在法治轨道上运行的；但是我们是要在我们自己的而不是西方的法治道路上运行。问题在于这其中的"区别"及"差异"如何能够实现共存和互相承认。对此，之前

---

① 马克斯·韦伯：《宗教与世界》，康乐、简惠美译，广西师范大学出版社，2011，第438~439页。

已经有一些研究。① 于此的张力是，中国主流意识形态与民间意识特别是偏右思潮在对待西方文化特别是其民主传统上不能总是达成共识，特别是在视东方社会为威权社会以及如"文革"对法治造成严重破坏时更是如此。另外的一重困难是，在今天这个全球化时代——而且是中国正以积极的姿态融入世界之时，就不能不顾及自身价值观与世界主要价值观之间的相互接受问题。显然，新时代中国特色的社会主义法治理念与法理支配背后的典型西方社会法治理念之间是有区别的。

> 一些外国政要也经常跟我谈"法治"，听下来他们认为法治只是一种模式，就是他们搞的那一套东西，不亦步亦趋跟他们搞就要被打入"异类"。我告诉他们，中国是一个法治国家，中国法治有中国特色，我们需要借鉴国外法治有益经验，但不能照搬别国模式和做法，最好不要用你们那套模式来套我们。②

> 在当代中国，法律是在党的领导下，保证人民的根本利益，保证人民当家作主的权利，保证人民民主专政国体和人民代表大会制度政体，这就形成了与资本主义法系性质完全不同的当代中国法系。③

对于这一法治理念定位及愿景，我们又该如何做，以使对方能够理解与认同？诸如此类的问题使得具体思路及路线之设定颇为棘手。④

（三）法理支配病灶的克服

再回到韦伯法理支配所指向的现代西方社会，百年前，韦伯是很悲观的。一方面西方社会的成功在于法理支配及其背后的理性及官僚制；

---

① 如张康之、张乾友：《论支配的正当性与合法性问题》，《南京大学学报》（哲学·人文科学·社会科学版）2011 年第 1 期。
② 习近平：《论坚持全面依法治国》，中央文献出版社，2020，第 176 页。
③ 栗战书：《习近平法治思想是全面依法治国的根本遵循和行动指南》，《求是》2021 年第 2 期。
④ 参见泮伟江《当代中国法治的分析与建构》，中国法制出版社，2017；陈弘毅《法理学的世界》，中国政法大学出版社，2013；陈弘毅《法治启蒙与现代法的精神》，中国政法大学出版社，2013；陈弘毅《宪法学的世界》，中国政法大学出版社，2014；等等。

另一方面这种支配类型又带来一种社会疾病，即韦伯在《新教伦理与资本主义精神》中诗性地发出的警示：

> 也许，这种决定性作用会一直持续到人类烧光最后一吨煤的时刻。在巴克斯特看来，外在之物只应"像一件可以随时甩掉的轻飘飘的斗篷披在圣徒肩上"。但是，命运却注定了这只斗篷将变成一只铁笼。
>
> 在这种文化发展的这个最近阶段，"专家已没有精神，纵欲者也没有了心肝；但这具躯壳却在幻想着自己达到了一个前所未有的文明水准"。①

具体到韦伯之"理性法"，质疑同样存在。② 面对现代社会的这一复杂而困难的问题，诸多的思想家作出了进一步的判断，③ 这其中尤以哈贝马斯的理论影响力巨大。哈贝马斯认为"现代性是一项未竟的事业"，提出了著名的"商谈理论"。④

四 "法理支配"下的"司法—社会"模型检讨

研究韦伯法律社会学，一方面，固然是希望透过韦伯的研究来理解西欧社会发展至今的法律究竟是怎样的；另一方面，最终还是要反思自身的法律——中国是韦伯研究中的个案，韦伯的研究的影响如此深远，

---

① 马克斯·韦伯：《新教伦理与资本主义精神》，阎克文译，上海人民出版社，2018，第326~327页。

② 马剑银：《现代法治、科层官僚制与"理性铁笼"——从韦伯的社会理论之法出发》，《清华法学》2008年第2期。

③ 彼得·沃森：《虚无时代：上帝死后我们如何生活》，高礼杰译，上海译文出版社，2021；等等。

④ 于尔根·哈贝马斯：《现代性的哲学话语》，曹卫东译，译林出版社，2011；哈贝马斯：《在事实与规范之间：关于法律和民主法治国的商谈理论》，童世骏译，生活·读书·新知三联书店，2014；高鸿钧：《心寄治邦：法理学论集》，法律出版社，2015。相反的观点认为哈贝马斯的探索是一种"辉煌的失败"。参见泮伟江《法律系统的自我反思：功能分化时代的法理学》，商务印书馆，2020，第253~294页。

因此韦伯的模型似乎成了今天其他社会法律制度发展的基本典范——如一个"幽灵"。这种基于他者之批评而反观自身的研究几乎是自然而然的，事实上，至少在 20 年前我国台湾地区学者林端的研究中就已经很明确地论述了这一问题。① 又如黄宗智教授的很多研究都体现出对韦伯法律观及其思想的超越。②

韦伯法律社会学中，或者说现代法律制度中特别关键的一部分便在于"司法"（法发现）。但对于何谓理想的"司法"，以及现代社会下司法的基本要素是什么等，都没有一个普遍的答案，或者说是有一个我们认为并不标准的标准答案——基于西欧社会发展起来的司法模型——在那里。而对这一模型的论述，无疑韦伯的法律社会学是最关键和经典的一本书。是以，在本部分笔者想主要对这一议题作一些比较讨论。

基于对西欧社会的观察，韦伯得出了一种关于西欧司法的独特范式——程序正义的、形式的、理性的司法模式。这一范式的意义不仅是对一种社会下的司法特征的提炼与概括，还与其所谓现代社会正当性基础——法理型支配紧密相连。即法理型支配社会需要那样的一种司法，那样的一种司法正是构成法理支配型社会的重要部分。

韦伯这样的一种司法—社会关联公式的影响非常宽广与深远。不但西欧国家将此作为评价其他社会司法的尺度，而且在世界国家现代化的进程中，也难以摆脱这一强势司法—社会模型。

对此，是因为韦伯这一模型揭示了关于司法—社会的基本特征，还是因为这是一种司法话语的霸权？为此，我们需要进一步探讨韦伯这一关于司法—社会关系的模型。具体而言，一是给出韦伯模型的具体内容；二是韦伯模型的发展——特别是对其模型的修正；三是有无提出新的司法—社会逻辑，特别是在西欧社会之下；四是对韦伯司法—社会模型的中间评论；五是将韦伯模型作为特别时空下的一种司法—社会模型，作为对

---

① 参见林端《韦伯论中国传统法律：韦伯比较社会学的批判》，中国政法大学出版社，2014；林端《儒家伦理与法律文化——社会学观点的探索》，中国政法大学出版社，2002。

② 如黄宗智：《经验与理论：中国社会、经济与法律的实践历史研究》，中国人民大学出版社，2007。

比性参照，但不应当将其作为现代社会下司法—社会模型的唯一范式。①

今天，基于中国社会的进一步发展，特别是党的十八大以来中国特色社会主义司法制度的新发展，我们又需要作出怎样的回应？

（一）韦伯关于西欧社会的"司法—社会"模型及其批评与发展

韦伯有关司法的论述，对于我们来说最熟悉的莫过于"卡迪司法"，②这是韦伯实质非理性法对应的司法类型，而我们知道韦伯着力描述的是形式理性法，这种类型的法所对应的司法模型在前文的论述中笔者已经有所阐述。其中最明显的如建立在形式主义与辩论主义基础上的证据裁判制度、职业的法律职业群体等今天为我们十分熟悉的标准司法形象。韦伯的研究是如此有名，以至于其成为司法模型对比与评论的标准参考型——本书其他部分已经论述过，在日本学者滋贺秀三等对传统中国司法的研究中韦伯的影响太明显了。韦伯的研究也是如此的有影响力，即便是不同意其观点的新的研究也需要从对其的批评开始，如本书其他地方所分析过的黄宗智的研究。况且达玛什卡、夏皮罗这样具有国际影响力学者的研究，更使得韦伯的司法类型成为一个坚固的存在。③

尽管如此，也并不是说对韦伯的研究就没有批判，即便是在西欧社会，我们也会读到一些很深刻的研究，如哈贝马斯极具启发的研究。④ 又如福柯的研究。如果说韦伯对西欧现代司法之描述，其关键在于理性、科层化等方面，那么福柯完全是从另一个角度，特别是在司法实际运作上展开的。透过福柯的观察，韦伯所指出的现代司法的光环被"祛魅化"，在福柯的视野里，司法并不总是为了实现其所宣称的理想而存在，而是在

① 赖骏楠：《马克斯·韦伯"法律社会学"之重构：观念论的力量与客观性的界限》，《中外法学》2014年第1期；赖骏楠：《"家产官僚制"与中国法律：马克斯·韦伯的遗产及其局限》，《开放时代》2015年第1期；张旭东：《全球化时代的文化认同：西方普遍主义话语的历史反思》，上海人民出版社，2020；苏国勋等：《走出韦伯神话——〈儒教与道教〉发表百年后之反思》，《开放时代》2016年第3期。
② 须露：《大陆韦伯"卡迪司法"研究述评》，《中西法律传统》2022年第1期。
③ 米尔伊安·R.达玛什卡：《司法和国家权力的多种面孔：比较视野中的法律程序》，郑戈译，中国政法大学出版社，2015；马丁·夏皮罗：《法院：比较法上和政治学上的分析》，张生、李彤译，中国政法大学出版社，2005。
④ 张秀华：《哈贝马斯对韦伯现代法律观的批判及重建》，《哲学动态》2019年第9期。

某种意义上沦为了一种工具，其背后隐藏着"惩罚—监控"的暗面。[1]

在当下，福柯理论的丰富性及深刻性，较韦伯并不逊色，只是其论证方式有较大差异。这里论述福柯，一方面固然是在呈现一种不同于韦伯的司法理论的他种理论；另一方面也是想指出，即便是对于西方司法—社会的理解，也不只有韦伯这一种论证方式，除了福柯之外，还能够列出一些，比如很有争议的卡尔·施密特（Carl Schmitt，1888－1985年）。这些韦伯之外的理论，不仅呈现了与韦伯思路有所差异的他种解读，也在一定程度上提醒我们注意源自西欧、出自韦伯笔下的这种司法"理想型"不仅不是唯一的，而且也不是完美的。之所以如此，是因为司法之结构深受社会因素的影响。

（二）中国特色社会主义司法制度

韦伯的研究对于观察与反思中国的司法有一定意义。具体而言，直到今天不时还在争论的一个问题是，中国的传统司法是否就是"卡迪司法"。对此，包括林端在内的多位学者特别针对韦伯的中国法研究作了非常深入的研究。而对于现代中国之司法，韦伯之理论同样具有很大的影响力。在某种意义上，今天我们建设中国特色社会主义司法制度以及发展新时代中国特色社会主义司法制度也是无法绕开韦伯理论下的司法模型的。[2]

具体而言，中国特色社会主义司法制度，从中国共产党领导的新民主主义革命时期的司法实践中已见端倪，从那时起，中国特色社会主义司法制度先后经历了新民主主义革命时期、新中国成立初期、反右运动至"文革"期间、改革开放后至党的十五大期间、党的十五大至十八大

---

① 米歇尔·福柯：《法兰西学院课程系列：刑事理论与刑事制度》，陈雪杰译，上海人民出版社，2019；巢志雄：《司法的谱系：福柯论司法形式与真理》，载徐昕主编《司法的历史之维专号》，厦门大学出版社，2009。

② 于此的宏观研究可参见顾培东《中国司法改革的宏观思考》，《法学研究》2000年第3期；陈卫东《改革开放四十年中国司法改革的回顾与展望》，《中外法学》2018年第6期；等等。

期间、党的十八大至今几个重要发展阶段，经过了漫长岁月的洗礼。①

在《司法文明之光：十论中国特色社会主义审判制度》一书中，作者们归纳了中国特色社会主义审判制度的九个特点：政治性、人民性、正义性、统一性、规范性、高效性、透明性、回应性、适应性。② 李林认为，"中国特色社会主义司法制度……它从国情出发，学习、继承、借鉴了古今中外人类司法文明的有益成果，具有公开的政治性、鲜明的人民性、内在的合法性、充分的科学性、积极的建设性、与时俱进的实践性等特征"③。对于新时代中国特色社会主义司法制度，何帆作了如下评论：

> 新中国成立以来，经过长期探索和实践，我国司法制度逐步形成坚持党的领导、坚持群众路线、坚持服务大局、坚持集体负责制、坚持相互配合和相互制约等传统制度优势。党的十八大以来，随着全面深化改革、全面依法治国不断深入推进，中国特色社会主义司法制度更加成熟更加定型，传统制度优势被赋予新的时代内涵、有了新的内容延伸，并转化为新的治理效能。④

与中国特色社会主义司法制度一起被讨论的是 20 世纪 90 年代以来的司法改革。⑤ 2022 年 4 月 22 日，中共中央宣传部举行首场"中国这十

---

① 参见《习近平法治思想概论》，高等教育出版社，2021，第 163~164 页；姜伟《深化司法体制综合配套改革 加快建设公正高效权威的中国特色社会主义司法制度》，《民主与法制周刊》2022 年第 10 期；胡仕浩《完善和发展中国特色社会主义司法制度》，《人民日报》2017 年 8 月 18 日；虞政平《中国特色社会主义司法制度的"特色"研究》，《中国法学》2010 年第 5 期；等等。

② 姜启波主编《司法文明之光：十论中国特色社会主义审判制度》，人民法院出版社，2020。

③ 李林：《坚持和完善中国特色社会主义司法制度》，《学习与探索》2009 年第 5 期。

④ 何帆：《新时代中国特色社会主义司法制度优势转化为治理效能的实践路径》，《中国应用法学》2020 年第 5 期。

⑤ 最高人民法院编《中国法院的司法改革：2013—2018》，人民法院出版社，2019，第 3 页；刘峥等：《"新一轮司法体制改革的重点难点问题"研讨综述》，载"法影斑斓"微信公众号，最后访问日期：2022 年 6 月 28 日。另见谢海定《中国司法改革的回顾与前瞻——宽沟会议述要》，《环球法律评论》2002 年第 1 期。

年"系列主题新闻发布会，介绍党的十八大以来政法改革举措与成效。中央政法委副秘书长景汉朝介绍，党的十八大以来，政法系统加快建设公共、高效、权威的社会主义司法制度，为开辟"中国之治"新境界奠定了坚实的基础。[①]

（三）韦伯模型的评论

韦伯的贡献在于他以其深厚的功力指出了现代西欧资本主义社会发展与法律/司法的深刻关联，并进而指出了彼社会下司法的最根本特质。[②] 伴随近百年来西方资本主义社会的发展，韦伯的思考从客观中立的观察进而发展成一把衡量现代社会文明程度、标识政治正当性的尺子，进而在意识形态霸权与话语力量的推动下，这一关于司法—社会模式的表述日渐脱离韦伯最初的观察，进而成为一种政治划分意识，这特别对于后发国家来说，如果不去拥抱与接受此思路，就会招致种种质疑与非难。韦伯在其研究中高扬价值无涉的理念，但是现实却似乎与韦伯开了一个玩笑，完全背离了韦伯的初衷。尽管西欧社会生发出的这种司法—社会模式在过往的时代里显示出了特别的优点，也发展出了关于司法文明的各种良好配套制度，但这并不是说司法文明的样态就此而终结为最完善与高级的形式。无论是基于社会发展变化需要，还是基于司法发展的基本规律，显然，韦伯所归纳的西欧司法—社会模型都不是司法的最终样态。

五　我们的理论在哪里

现在去读一百余年前的作品，其价值与意义何在？客观上，就韦伯在其《法律社会学》中所讨论的诸问题，后人的研究不能说没有超越他，这是不客观的。[③] 问题可能在这里，即韦伯这部作品的伟大之处不仅在于

---

① 魏哲哲：《推进新时代政法领域实现历史性变革》，《人民日报》2022 年 4 月 23 日，第 4 版。
② 马克斯·韦伯：《宗教与世界》，康乐、简惠美译，广西师范大学出版社，2011，第 402 页。
③ 如卡尔·恩吉施：《法律思维导论》，郑永流译，法律出版社，2014；阿图尔·考夫曼、温弗里德·哈斯默尔主编《当代法哲学和法律理论导论》，郑永流译，法律出版社，2013；舒国滢：《法学的知识谱系》，商务印书馆，2020。

其对欧洲古代及中世纪以来的法律作出了理论性的阐述，而且还提出了具体的经典命题——运用其理想型的研究方法将法律类型化在"形式/实质+理性/非理性"这两组概念所组成的排列组合中，并将现代资本主义的发达与形式合理性的法律关联在一起，进而将其他时空中的法律排除在外。这也使得我们今天的工作难以绕开韦伯。韦伯不仅提供了一种关于社会理论之法的经典范式，还论述了（传统）中国之法律与社会。我们不只要提出一种新的理论，还要对其于中国问题的批评给出具体的回应。即我国法治的独立性如何得以有说服力的呈现？① 现在韦伯已经对发自西欧的法律/司法模型作了清晰的描摹，而且还是用了历史的比较研究方法。即，不仅有直接的叙述，还有通过对他者进行比较的我者叙事；在更深层次上，是要考虑这样的一个问题：我们又何以给自己的法律及司法画像？这一问题或许还是要依赖对法史的研究来完成，诸多的研究在这方面都作了有益的探索。②

"法治东西"借自於兴中《法治东西》一书的书名。在当下这个时代，对于中国的法治建设及其实践，我们需要在东方与西方，进一步来讲是中西之间进行对照。在理论解释方面，陈寅恪《冯友兰中国哲学史下册审查报告》当反思：

> 窃疑中国自今日以后，即使能忠实输入北美或东欧之思想，其结局当亦等于玄奘唯识之学，在吾国思想史上既不能居最高之地位，

---

① 顾培东：《中国法治的自主型进路》，《法学研究》2010 年第 1 期；又见张泰苏《超越方法论的欧洲中心主义：比较中国和欧洲的法律传统》，高仰光译，载周东平、朱腾主编《法律史译评》第六卷，中西书局，2018。

② 其中具代表性者，如张晋藩：《中国法律的传统与近代转型》，法律出版社，2019；黄源盛：《汉唐法制与儒家传统》，广西师范大学出版社，2020；徐忠明：《众声喧哗：明清法律文化的复调叙事》，商务印书馆，2021；徐忠明：《情感、循吏与明清时期司法实践》，译林出版社，2019；俞荣根：《儒家法思想通论》（修订本），商务印书馆，2018；袁瑜玲：《中国传统法律文化十二讲》，北京大学出版社，2020；金敏：《眼睛就是一切："法"的语词与源流辨析》，法律出版社，2019；马小红、刘婷婷主编《法律文化研究：中华法系专题》第 7 辑，社会科学文献出版社，2014；高明士：《中国中古礼律综论：法文化的定型》，商务印书馆，2017；何永军：《中国古代法治的思想世界》，中华书局，2020；等等。

且亦终归于歇绝者。其真能于思想上自成系统，有所创获者，必须一方面吸收输入外来之学说，一方面不忘本来民族之地位。此二种相反而适相成之态度，乃道教之真精神，新儒家之旧途径，而二千年吾民族与他民族思想接触史之所昭示者也。①

　　国内学者中，清华大学法学院江山先生的研究最值得关注。江山先生的研究不仅在于其为中国之法精神画像，还在于他超越了西方话语体系的中西对比，能够从中国法自身的框架与精神出发去比照其间中西法律之差异。② 在如前之本体论上的对话之外，另外的路径大体就是赵鼎新所言之"在方法论上与韦伯对话"，③ 以及前述如陈弘毅这样站在中西之间思考韦伯等的思路。④

　　洛维特在 1930 年写作的《韦伯与马克思》一书中，比较直观地阐述了韦伯写作的时代背景以及问题意识等内容；⑤ 在其他诸如斯威德伯格的《马克斯·韦伯与经济社会学思想》，希尔斯、莱因斯坦的《论经济与社会中的法律》等二手研究文献中，我们也能够比较容易感受到韦伯之研究并非仅仅只是就法律谈法律，而更多是从法律与经济的关系中谈法律。对于此，我们也能够在韦伯《法律社会学》一书中读到，对此笔者已经在前述有关该书第一章解读的内容中阐述。韦伯这一论述思路有助于我们将韦伯的法律论述置于其论述的可能时空语境下。稍稍扩展，我们也会发觉，在韦伯所处的时代及其更早一些的时代，比如马克思《资本论》第一卷出版的 1867 年，很多的学者都关注了"经济"这一主题。究竟是为什么？这也许我们可以从后来学者有关"长 19 世纪"（1789～1914 年）

---

① 《陈寅恪集 金明馆丛稿二编》，生活·读书·新知三联书店，2001，第 284~285 页。
② 其中的一些研究可参见江山《中国法理念》，中国政法大学出版社，2005；江山《中国法思想讲义》，中国经济出版社，2014；江山《王道与人法——周公旦与吕库古的创制及文化背景比较》，载《历史法学：立法者》第九卷，法律出版社，2015，第 9~33 页。
③ 赵鼎新：《我是如何理解韦伯的？》，《信睿周报》2021 年第 12 期。
④ 陈弘毅：《法理学的世界》，中国政法大学出版社，2013。
⑤ 卡尔·洛维特：《韦伯与马克思以及黑格尔与哲学的扬弃》，刘心周译，南京大学出版社，2019。

的研究中找到一些答案。不过问题是，我们为什么会将韦伯在百年前针对特定时代的论述一步步"神化"，进而将一如韦伯所担忧的"牢笼"框架在自我社会的发展之中？真是因为如阿隆（Raymond Aron，1905~1983年）所说的"韦伯，我们的同时代人"？[①] 客观而言，在今天我们对韦伯的法律观是既熟悉又陌生的：熟悉的是，当下的法律发展正是沿着韦伯的思路来的；陌生的是，这毕竟是一百年前的"故事"，而且是一段异邦的"故事"。就后一点，也许我们可以放下韦伯。但对这种矛盾心理的化解，首先可能还是需要从了解韦伯开始。假如，我们在读韦伯的时候，能够将目光与侧重点稍微偏移，或者回到韦伯的出发点，即将这些作品看作对西方社会的理解，那么由此我们完全可以从自我出发去考量与评估韦伯的论述，而不仅是质疑韦伯对我们社会的评论的某种"外行"。从这个意义上讲，韦伯给我们提供了一条对话欧美的捷径——尽管可能简单化问题，但大体不太失真——这不仅在于韦伯对欧美社会理论的抽象，还在于其论域的宽广；申言之，一方面可以透过韦伯审视欧美，另一方面可以将其作为中西文化社会比较、批判、会通的一个切入点。况且，不论韦伯理论对今天社会科学研究的深刻影响力即轻言超越其实有些不自量力。走向世界的中国，需要有将中国置于比较中以及世界体系中来省思的格局。

附　录

林端教授在其《韦伯论中国传统法律：韦伯比较社会学的批判》（中国政法大学出版社，2014，第160页）一书中绘制了一幅"19世纪初到20世纪初德国历史法学派的演变"的大图，在今天依然有很强的参考价值，笔者将其附录于此。

---

① 雷蒙·阿隆：《社会学主要思潮》，葛秉宁译，上海译文出版社，2015，第533~539页。

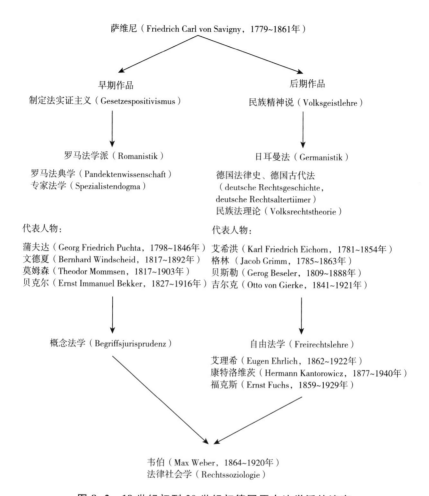

萨维尼（Friedrich Carl von Savigny，1779~1861年）

早期作品
制定法实证主义（Gesetzespositivismus）

后期作品
民族精神说（Volksgeistlehre）

罗马法学派（Romanistik）
罗马法典学（Pandektenwissenschaft）
专家法学（Spezialistendogma）

日耳曼法（Germanistik）
德国法律史、德国古代法
（deutsche Rechtsgeschichte,
deutsche Rechtsaltertiimer）
民族法理论（Volksrechtstheorie）

代表人物：
蒲夫达（Georg Friedrich Puchta，1798~1846年）
文德夏（Bernhard Windscheid，1817~1892年）
莫姆森（Theodor Mommsen，1817~1903年）
贝克尔（Ernst Immanuel Bekker，1827~1916年）

代表人物：
艾希洪（Karl Friedrich Eichorn，1781~1854年）
格林（Jacob Grimm，1785~1863年）
贝斯勒（Gerog Beseler，1809~1888年）
吉尔克（Otto von Gierke，1841~1921年）

概念法学（Begriffsjurisprudenz）

自由法学（Freirechtslehre）
艾理希（Eugen Ehrlich，1862~1922年）
康特洛维茨（Hermann Kantorowicz，1877~1940年）
福克斯（Ernst Fuchs，1859~1929年）

韦伯（Max Weber，1864~1920年）
法律社会学（Rechtssoziologie）

图 8-2　19 世纪初到 20 世纪初德国历史法学派的演变

第 9 章

变迁社会中的法律：《二十世纪美国法律史》 阅读

美国法社会学巨擘弗里德曼教授的著作《二十世纪美国法律史》于 2016 年在北京大学出版社出版。① 这本经由著名旅美法律学者周大伟先生主要翻译、季卫东先生作序推荐的著作甫一出版便洛阳纸贵，足见这本千页大书的影响力。就其价值和意义而言，我们不只可以透过弗里德曼教授的笔端了解 20 世纪美国社会及其法律发展变迁的历程，更重要的是，这还促使我们去反思、警醒现代法律——特别是以美国法治为其样本的国家、地区自身的法治，所可能存在的问题。同时，这对于"建设中国特色社会主义法治体系，建设社会主义法治国家"的我国来说，也是一个非常有益的实践对照样本——借此，可以在一定程度上检讨我们实践法治的基本理路和其中的司法逻辑。

本章共分七个部分。首先是方法上的，即在具体的社会—法律研究展开思路上，弗里德曼教授方法的价值。其次，基于弗里德曼教授的研究，我们是否也对我国类似的研究充满期待。在这两个较为宏观的问题之外，是如下几个方面的具体问题，即实践中的法律及具体的司法过程可能与我们的理论期待与理念设想间存在一定之差距。在导致这些张力的具体因由中，政治的维度和社会的维度是无论怎样强调都不为过的。

---

① 劳伦斯·弗里德曼：《二十世纪美国法律史》，周大伟等译，北京大学出版社，2016。2021 年周大伟又翻译出版了《二十世纪美国法律史》的姊妹篇《美国法律史》（劳伦斯·弗里德曼著，北京大学出版社，2021）。

基于这些关于法律及司法的描述，我们会看到法律很大程度上更是一个空间概念，尽管如此，我们还是可以在最低的共识基础上维系一个基本的关于法律的理解而不致分裂实践中的法律。

一　方法论上的尝试

法律之于变迁社会的轨迹是怎样的？又如何去描绘这样的一种变化过程？在笔者看来，弗里德曼在本书中所运用的方法提供了一种将社会学的基本理论与法律研究很好地结合起来的典范。客观地说，在法社会学发展变化不太短的历程中，除却比较明显的美国法社会学研究模式与欧陆法社会学研究上的旨趣差异外，之于具体的法社会学研究也一直缺乏清晰的研究框架。① 退一步，即便是法律与社会学的研究依然如此。② 或许我们可以说法社会学研究本来就是一种开放的思维体系，其魅力也正在于这种开放性。

季卫东先生在其推荐序中说，弗里德曼"把历史学的时序观与社会学的结构观密切结合在一起，乃法社会史研究的经典之作"。③ 弗里德曼也在其简体中文版序中指出："尽管 21 世纪在法律和社会方面发生了巨大变化，然而在法律结构中某种特定和根本的连续性也是 20 世纪故事中的组成部分。""美国的故事是一个在变化过程中发生的一个稳定性的故事，新酒倒入了旧瓶。"④

结构主义或者结构功能主义是社会学的一种经典理论，尽管在社会学理论的不断发展中，这一理论也不断受到冲击和挑战，但在其不断的调试、修正中，它的理论阐释力仍然巨大。⑤ 今天的结构主义较之其最初

① 如果暂且不论"法社会学"自身复杂的因名称、旨趣而带来的差异的话，可参见韩宝《各归其位："社会—法律研究"方法的展开》，载周赟主编《厦门大学法律评论》第30辑，厦门大学出版社，2017。

② Michael Freeman（ed.），*Law and Sociology*（Oxford：Oxford University Press，2005）.

③ 劳伦斯·弗里德曼：《二十世纪美国法律史》，周大伟等译，北京大学出版社，2016，"推荐序"第 2 页。

④ 劳伦斯·弗里德曼：《二十世纪美国法律史》，周大伟等译，北京大学出版社，2016，"简体中文版序"第 25 页。

⑤ 有关结构主义的理论发展，一个简述可参见帕特里克·贝尔特、菲利佩·卡雷拉·达·席尔瓦《二十世纪以来的社会理论》，瞿铁鹏译，商务印书馆，2014。

的经典模式，已经有了很多的发展，比如吉登斯的研究。① "第一，结构主义最明显的特征是它提倡一种'整体论的观点'……结构主义的第二个特征是，它倾向于优先考虑不变的东西而不是暂时易变的东西……结构主义的第三个特征是，它反对实证主义……第四个特征是结构主义者共同具有的，他们都承认社会结构的约束性质。""结构主义思想中至少有两个组成部分：一个可以追溯到涂尔干的社会学，另一个可追溯到索绪尔的结构语言学。"②

正是沿着这一理论脉络，我们发现在这本《二十世纪美国法律史》中，弗里德曼首先是将过去一个世纪的美国社会分为较为明显的三个部分，即"旧秩序""新政和它的继承者们""现在的社会方式：里根和后里根时代"。其次在每个部分"分别考察和比较了法律秩序几个重要的领域——权力结构、根本规范、审判程序、法律职业、民商法、犯罪与刑法、民权运动、法律文化等——的变化"。③ 弗里德曼是这样解释的："法律最直接的来源不是社会，而是我们称之为法律文化的东西。我是指人们关于法律的观念、态度、价值观和期望。""但是什么创造了法律文化？""一些社会条件的改变……在这些变化发生前，人们的思想如何改变，依赖于人们如何感觉、思考和行为，以及他们日常生活的运行。也依赖于一直存在那里的结构：它们是一个体系的骨架……当然，没有一成不变的东西。但是这些新东西……并没有记录在空白的思想版面上。它也没有进入结构性的真空里。它将它的印记刻在一个复杂的、现存的系统里，这个系统是横向的、相互关联的，是一个价值和标准的网络。"④

---

① 参见安东尼·吉登斯《社会的构成：结构化理论纲要》，李康、李猛译，中国人民大学出版社，2016。
② 帕特里克·贝尔特、菲利佩·卡雷拉·达·席尔瓦：《二十世纪以来的社会理论》，瞿铁鹏译，商务印书馆，2014，第14~17页。
③ 劳伦斯·弗里德曼：《二十世纪美国法律史》，周大伟等译，北京大学出版社，2016，"推荐序"第3页。
④ 劳伦斯·弗里德曼：《二十世纪美国法律史》，周大伟等译，北京大学出版社，2016，第718~719页。

二　呼唤中国的 20 世纪法律社会史

历史有很多写法，法律史也不例外。[①] 一定意义上，我们可以将弗里德曼的这部《二十世纪美国法律史》看作一部简略版的法律通史。在浩如烟海的法律史作品中，不乏经典的作品，[②] 但对于当代史的叙述却并不容易，这固然有如中国古人所言当代人不写当代史的背景，也如弗里德曼本人所言："描述结束于最近时间的事情，是有特殊风险的。近期的历史难以总结概括。像陈年的美酒一样，历史需要时间去沉淀。近期历史总是充满争议。并不是很多人对拜占庭的希腊有自己的看法；而只有少数人对美国内战有自己的看法；但是每个人都认为自己是自己那个时代的专家。"[③]

我想这部书的意义不只在于弗里德曼如何巧妙地讲述了一个美国法律的百年史，更主要的还在于在历史的长程中我们更容易比较清晰地观看、反思法律在过去的发展脉络。学者冯象说："中国法学和法律教育须具备起码的史识，才能走出新法治话语的寄生领地，抗拒'灭人之史'；才能使受教育者如自由的雅典人那样，获得为有效履行公民义务、投身公共政治而必需的美德和智慧。否则，当'文明'建成异化之日，凡自称其公民者，必再一次受到立法者梭伦的谴责……"[④] 至于具体的叙述路径传统可以追及年鉴学派大师布罗代尔的"长时段"理论[⑤]以及沃勒斯

[①] 对比我国时下出版的大多数法律史作品，这部作品"在具体而生动的真实故事中发现法律命题的脉络和涵义，透过不同类型的现象甚至日常观感来探索规范秩序的共性和规律"。劳伦斯·弗里德曼：《二十世纪美国法律史》，周大伟等译，北京大学出版社，2016，"推荐序"第 2 页。

[②] 如哈罗德·J. 伯尔曼：《法律与革命：西方法律传统的形成》第 1 卷，贺卫方等译，法律出版社，2008。

[③] 劳伦斯·弗里德曼：《二十世纪美国法律史》，周大伟等译，北京大学出版社，2016，"自序"第 30~31 页及第 637 页。

[④] 冯象：《法学三十年：重新出发》，载氏著《信与忘：约伯福音及其他》，生活·读书·新知三联书店，2012，第 201~202 页。

[⑤] 参见费尔南·布罗代尔《地中海与菲利普二世时代的地中海世界》，唐家龙等译，商务印书馆，2013。

坦①等学者；又如我们更熟悉的黄仁宇先生的"大历史理论"②。

我们为什么需要历史地理解法律？我们是一个很重视历史的国家，但客观地说，我们的法律史研究还有比较大的提升空间。这固然有当下法律学人普遍偏科——对自己的学科较为了解而缺乏对其他部门法应有的了解而不能胜任、难以下手的原因，更主要的还在于不知从何说起，我们的法治还在建设之中。那么，如果不是带有关于"法治"理念的某种"先见"，"实践中的法"及具体的"司法过程"又是如何的呢？弗里德曼教授的论述让我们在认识 20 世纪美国法律及司法的实际生态之时，回顾与反思我们自己。在这个层面上，我们看到的法及司法不只是其理念的一面，还有其具体的展开面向。

三　实践中的法

就实践中法的具体运行而言，它可能并不如我们的理论探讨及理念设想那般，法自有其实践逻辑及"动作"。这种理论与实践的差距，一如我们的头脑和脚步之间的距离，永远存在一定之张力。理论不仅是以实践为基础进行反思，理论一定程度上还试图为实践画出路线图；实践也不总是根据理论之研究而发展，不少时候可能还是"实践先行"。理论与实践间的这种张力为各自在长时段上平衡起到了一定作用。

（一）"程序法—实体法"二分法反思

这一经典的区分方法带来了人们认识研究法律的方便，但实质在一定程度上限制了司法的实际运行逻辑——比较明显地在程序和实体问题上做选择。③弗里德曼在他的著作中指出："程序也是维持政治斗争的一种方式。许多案件的争议涉及程序，是因为诉讼当事人的枪膛里除此之

---

① 参见伊曼纽尔·沃勒斯坦《否思社会科学：19 世纪范式的局限》，刘琦岩、叶萌芽译，生活·读书·新知三联书店，2008。
② 参见黄仁宇《〈万历十五年〉和我的大历史观》，载氏著《万历十五年》，中华书局，2007。
③ 对于程序法、实体法划分的质疑，参见李颂银《走出实体法与程序法关系理论的误区》，《法学评论》1999 年第 5 期。

外没有其他的子弹可用。"① 如果不是过于神化程序的价值的话,② 或许真是因为思考角度与行为习惯上的不同,中美在对待司法之上诉审理结果的达成上差异明显。国人对于法外关系等的相信胜于实际的司法程序本身。这并不必然说明美国司法更公正,我只是想指出,司法正义的达成并不必然蕴含在表现为实体和程序的法律中,而完全有可能在这之外;退一步讲,即便是在那些透过法律来实现正义的个案中,往往也并不容易。实际上,"一社会真正的法律难题必然包含该社会无法妥协的根本价值间的冲突……是光靠分析'中立'的法律关键词、非语境化地推演法律规则所解决不了的"。③ 比如弗里德曼不断论及的案例——"洛克纳诉纽约州案"、④"罗伊诉韦德案"⑤。对于罗伊案,2022 年 6 月 24 日美国联邦最高法院作出判决,推翻 1973 年的裁决,并将堕胎的合法性问题留给了各州应对,这一裁决颠覆了近 50 年前具有里程碑意义的先例。也颇值玩味的是,这一事件冲上了国内百度热搜榜(见图 9-1)。

　　退一步,即便是从实际的司法过程出发,我们也要意识到:"法律人往往把司法权理解为一种判断权,认为在特定的制度安排下法官可以摈除杂念、不偏不倚地面对事实、适用法律。然而,每一位法官都深深地镶嵌在他所处的社会环境中,他的头脑不是一部接收信息并分析判断的

① 劳伦斯·弗里德曼:《二十世纪美国法律史》,周大伟等译,北京大学出版社,2016,第 320 页。另可参见一本有意思的研究。中国社会科学院近代史研究所法律史研究群编《近代中国的法律与政治》,社会科学文献出版社,2016。

② 尽管我们常常批评我国是"重实体、轻程序",要拔高"程序"之地位,但在注意程序之于正义实现的同时,还要注意到对程序之实现正义的可能不加怀疑地肯定,这或许是另一个极端。弗里德曼指出:"20 世纪,就其本身以及很多令人印象深刻的方面而言,是一个程序改革的时代。"劳伦斯·弗里德曼:《二十世纪美国法律史》,周大伟等译,北京大学出版社,2016,第 312 页以次。

③ 冯象:《木腿正义》,北京大学出版社,2007,第 26 页。

④ 劳伦斯·弗里德曼:《二十世纪美国法律史》,周大伟等译,北京大学出版社,2016,第 21~22、197、665 页。另见任东来、陈伟、白雪峰等《美国宪政历程:影响美国的 25 个司法大案》,中国法制出版社,2005,第 147~164 页。

⑤ 劳伦斯·弗里德曼:《二十世纪美国法律史》,周大伟等译,北京大学出版社,2016,第 236、406~408、647~649、738 页。另见方流芳《罗伊判例:关于司法和政治分界的争辩——堕胎和美国宪法第 14 修正案的司法解释》,《比较法研究》1998 年第 1 期。

图 9-1　冲上百度热搜的美国"罗伊诉韦德案"

资料来源：百度热搜，https：//top. baidu. com/board？ tab＝realtime，最后访问日期：2022 年 6 月 25 日。

计算机。"①　笔者很喜欢弗里德曼教授讲的这句话："法律现实主义最后几乎完全地击败了它的敌人。"②

（二）　两种"习惯"

弗里德曼在他著作的最后说："法律是社会的产物。或许法律有其独立享有的生命，但即便如此，它的生命也是非常有限的。法律确实有自己的语言。它有自己的惯例和仪式……每件案件——每个成文法，每个实施细则——都有其各自的来龙去脉。是这个背景首先让这个问题成为问题——定义它、构建它，并协助控制、影响最终解决问题的制度（或者无法解决问题）路径。"③　在简体中文版序中，他还指出"一个法律制度是它被植入社会的一种反映。"④　在这里我们看到的是法律自身的生长"习惯"（law），或者说逻辑。

---

① 郑戈：《知更鸟呼唤正义的慈悲》，《情感读本》2016 年第 2 期。
② 劳伦斯·弗里德曼：《二十世纪美国法律史》，周大伟等译，北京大学出版社，2016，第 602 页。
③ 劳伦斯·弗里德曼：《二十世纪美国法律史》，周大伟等译，北京大学出版社，2016，第 632 页。
④ 劳伦斯·弗里德曼：《二十世纪美国法律史》，周大伟等译，北京大学出版社，2016，"简体中文版序"第 24 页。

在另一种情形下，我们也看到，在法律之外，还有很多的习惯（custom）同样发挥着作用——或独自、或与法律共同发挥着作用，这在民事法领域表现得尤为明显，如婚姻家庭等。① 弗里德曼说："事实上，习惯法从来没有'荒芜'或'贫瘠'过。""我们看到习惯法的惯例依旧充满生机，它要么以不承认的方式改变法律，或者以某种奇怪、添加式的乃至不声不响的方式改变着法律。"②

在第一种意义上，当我们说法律是社会的产物、法律是社会的反映的时候，很容易与卡多佐的"法律的成长"③ 观念以及哈耶克的"法律与自发秩序"④ 联系起来。不过如果按照季卫东先生的说法，"弗里德曼教授的法律社会史观与波兰尼的经济社会史观之间，或多或少有些异曲同工之妙"，那么我们就要注意弗里德曼的这种法律观可能与哈耶克的观点大异其趣。周大伟先生在他的译者序里对这个问题进行了一定的提示，即法律制度是整个社会中不可或缺的组成部分，一旦世界发生了改变，法律也必然改变。⑤ 在这部大书的最后，弗里德曼对此给予了明确的回答："法律是社会的创造物的说法平淡无奇……真正的问题是社会中的哪个方面使得法律体系运行起来，还有如何运行；而且是以什么样的步履和以什么样的理由来运行。社会的变化导致了法律的变化，但不是自主性的。"⑥

在第二种意义上，习惯主要指的是在（法律）人类学者眼中的"习惯法/民间法"一类。⑦ 不过这是一个复杂的问题。首先，尽管"习惯法/

---

① 参见劳伦斯·弗里德曼《二十世纪美国法律史》，周大伟等译，北京大学出版社，2016，第 528 页。

② 劳伦斯·弗里德曼：《二十世纪美国法律史》，周大伟等译，北京大学出版社，2016，第 440、442 页。

③ 本杰明·N.卡多佐：《法律的成长》，李红勃、李璐怡译，北京大学出版社，2014。

④ 邓正来：《哈耶克法律哲学》，复旦大学出版社，2009；夏纪森：《自由·法治·秩序——哈耶克的"自生自发秩序"思想研究》，上海三联书店，2017。

⑤ 劳伦斯·弗里德曼：《二十世纪美国法律史》，周大伟等译，北京大学出版社，2016，"译者序"第 17 页。

⑥ 劳伦斯·弗里德曼：《二十世纪美国法律史》，周大伟等译，北京大学出版社，2016，第 718~719 页。

⑦ 参见学者谢晖的诸多作品。如《大、小传统的沟通理性：民间法初论》，法律出版社，2019；《民间法的视野》，法律出版社，2016。

民间法"的所指并不非常清晰，也不是很容易描述清晰"习惯法/民间法"的具体运作程序，但是没有人会否认"习惯法/民间法"在实际社会生活中的作用。其次，"习惯法/民间法"这样的概念之称或许更多地带有了从国家法视野出发以相对照的意思，① 其实际发挥作用也不必然要进入国家司法裁判的话语系统。更准确地说，习惯实际作用的发挥更多表现在司法活动之外的日常社会生活中。只不过在法学的研究视野中，我们急切地想寻找一个所谓习惯法与国家法正面遭遇时的解决思路。对于这种习惯法与国家法可能的冲突，究竟是一个怎样的问题，可能见仁见智，但是如果换一种思路，这可能原本就不是一个问题。如果不是将习惯界定在上述含义狭窄的少数民族等群体的习惯这一层面，而是能够扩展到如商事习惯等领域，我们会发现国家法也是尊重习惯的。② 况且，无论承认与否，司法有其自身之规律，法官之裁判也有其逻辑——即便是最严格的成文法国家，我们又怎会一定保证法官之思维不受习惯之限制呢。③ 最后，一如弗里德曼所说，"习惯在减少"。这有要担心的吗？如果不是太过怀旧，那又何妨！旧习惯湮没退去了，这并不是说新的习惯不会形成。之于这种消退多少是由法律的突进而带来的，其实值得怀疑。一定意义上，人之交往总是选择最便捷和最有利的规则，当法律规则成为人之交往选择时，这并没有什么不好。那么，当下最恰当的做法莫过于各安其道、顺其自然！

（三）法律运行的怕与痛

当我们将法治作为一种意识形态，或者作为一种有标准模式可资参照的制度框架来看时，法治似乎有其范本与蓝本。实际上，这一点也一直为

---

① 当然需要注意的是，我们目前对于一些少数民族的地方自治规范统之以"少数民族习惯法"，这似乎需要进一步讨论，在我们看来是习惯法，但在地人看来却不一定是习惯法，而是他们的正式法。

② 如《最高人民法院关于适用〈中华人民共和国合同法〉若干问题的解释（二）》（已废止）第 7 条规定："下列情形，不违反法律、行政法规强制性规定的，人民法院可以认定为合同法所称'交易习惯'……"现《民法典》第 140、321、480、484、509、510、515、558、599、622、680、814、888、891 条等都涉及"交易习惯"。

③ 劳伦斯·弗里德曼：《二十世纪美国法律史》，周大伟等译，北京大学出版社，2016，第 4~5 页。

一些政治学者所突出强调,比如福山在其著作中就指出,"成功的现代自由民主制,把这三种制度(国家、法治、负责制政府)结合在稳定的平衡中"。① "法治"一词的确变得意义含混,有学者就质疑"'法治'是否仍然可以作为一个有效的分析概念"。② 更具体说,该学者在其著作中曾指出"在中国实现法治的十大困难"——"传统与建构""'更高的法'的观念""普遍的宗教信仰""最终权威的困境""等级分层与人人平等""专业化和民粹化的冲突""权利原则与关系原则的冲突""心性文化和知性文化的冲突""形式主义和实用主义""激进主义和极端主义"。③

当我们不是如此宏大地去看待法治,而是去关注具体的、实际的司法展开时,会发现每个国家实行法治面临的问题并不一样。④ 此即笔者所言之"法律运行的怕与痛"。阅读弗里德曼的这卷书,我们对美国法律实际运行中的几个法律问题印象深刻。比如其中的法律与宗教问题、"堕胎之战"等,面对这些问题时我们发现的是法律能力的不足。⑤ 这倒不是说这些问题在中国不是问题——或许我们的法律制度就没有提供讨论这些问题的实践场;笔者要强调的是,不同的社会恰恰造就了实际上有所差异的具体法律制度。因为,法律,它是一个空间概念。在这个意义上,我们很容易想到一些在我国司法中所面对的问题,在美国的语境下却根本不成其为问题。⑥

---

① 弗朗西斯·福山:《政治秩序的起源:从前人类时代到法国大革命》,广西师范大学出版社,2014,第 21 页。

② 於兴中:《"法治"是否仍然可以作为一个有效的分析概念?》,载《人大法律评论》第 17 辑,法律出版社,2014。

③ 於兴中:《法治东西》,法律出版社,2015,第 120~129 页。

④ 客观地说,这一点是非常难以实现的。在弗里德曼的书中我们在不少地方看到麦卡锡主义、冷战、种族等对于司法正义实现的影响。

⑤ 劳伦斯·弗里德曼:《二十世纪美国法律史》,周大伟等译,北京大学出版社,2016,第 618 页以次。

⑥ 这比如的我们的"执行难"问题。参见《最高人民法院关于人民法院解决"执行难"工作情况的报告》(2018 年 10 月 24 日在第十三届全国人民代表大会常务委员会第六次会议上,最高人民法院院长周强)、《最高人民法院关于研究处理对解决执行难工作情况报告审议意见的报告》(2019 年 4 月 21 日在第十三届全国人民代表大会常务委员会第十次会议上,最高人民法院院长周强)、《最高人民法院关于深化执行改革健全解决执行难长效机制的意见——人民法院执行工作纲要(2019—2023)》等。在 2022 年 6 月 21 日召开的十三届全国人大常委会第三十五次会议上,最高人民法院院长周强就《中华人民共和国民事强制执行法(草案)》向全国人大常委会作说明。

四 司法过程

法律实践之一个重要部分是具体的司法过程，关涉司法的内容也是十分复杂的。弗里德曼教授书中描述之诸多内容，尤其是其关于美国法院司法创新、司法改革及现代司法功能的论述对我们颇具启发意义。

（一）司法创新

尽管我们说司法总体上偏向于保守，但长时段来看，事实上其也是处在不断地变动中，而这些变动之一些，即成为之后的"制度创新"。弗里德曼的著作中例举阐述了过去这个时代美国司法的诸多创新之处，比如"少年法庭制度"。[①] 弗里德曼在这里的讨论是，这样一项"将儿童带出普通法院，为他们提供属于自己的法庭""在理论上，这完全不是刑事法庭，少年犯甚至不应受到庭审或遭受刑罚，而应该代之以接受某种督导，或是被送到专门的机构，预期他们在那儿被改造和充实，以便得到一个更美好的生活"的制度并不是得到了大众普遍的接受，而是其具体之实践带来了一些问题。特别是当发生这样的事情的时候，就更需要进一步反思这样的一项制度创新——"年轻的流氓、对任何事情与任何人都不尊重的危险男孩、十几岁无所顾忌的暴徒，他们甚至还嘲笑警察，其中一部分原因是，他们觉得自己可以免于起诉……年轻的犯法者确实越来越暴力、越来越孤绝、越来越具有威胁性。普通人不敢上街……"我们知道少年司法改革不仅在美国，也在我国及世界很多国家不断推进，[②] 但是究竟怎样的改革才能达到我们最初的改革设想，这的确是一个恼人的问题，或许任何的改革都会如此。是以，在改革时候，我们需要预料到可能会带来的后果，甚至是那些根本不曾预料到的结果，但是这不是说永远不要改革，因为唯有在改革中，才可能不断进步。

---

① 参见劳伦斯·弗里德曼《二十世纪美国法律史》，周大伟等译，北京大学出版社，2016，第 109~111、262 页。

② 肖姗姗：《改革开放以来我国少年司法的演进及前瞻》，《预防青少年犯罪研究》2018 年第 5 期。

（二）社会情境中的司法改革及其内容选择

在弗里德曼的这本书中，构成第二部分的"新政和它的继承者们"一共用了 11 个章节，为我们生动、清晰地展示了罗斯福新政与包括联邦最高法院在内的司法者的"斗法"过程。很有意思的一点是，一般地，改革之本意大抵是当下之制度不能满足社会之要求，需要变革。但是在现代政治体制下，即便是最为迫切之改革，也需要有一个合法性理据。这种理据的获得，在法治社会背景下，往往是立法授权。但这又有一个问题，改革很少是没有争议的，既然有争议，就使得立法在授权上可能出现分歧——不仅在于改与不改，还在于改什么。但是对于着急的社会来说，这种等待还是太长了。由此，我们就看到弗里德曼书中用大篇幅阐述的罗斯福新政及其"新法"。对比党的十八大以来我国的司法改革，还是能够发觉中美在法律文化及制度设计上的差异。我们看到，我国本轮的司法改革，主要是通过执政党的决议及具体的文件来推动的，这也是我国制度改革的一个明显特点。①

（三）现代社会与审判

"现代社会与审判"，这是一个重要的议题。日本学者田中成明写有一本同名书，在这本书中田中教授虽然不是像弗里德曼那样严格依照时间，而是较为概括地论述了一段现代社会与司法审判的故事，但这也足以表明这一问题在世界范围的普遍性。② 显然地，今天中国的法院司法同样需要认真对待这一问题。笔者在这里主要是想表达以下几层意思：首先，所谓诉讼爆炸以及各种或主动或被动探索的替代性纠纷解决机制或者多元化纠纷解决机制；其次，当事人对司法的期待以及司法理念的更新；再次，建设一个怎样的司法体系；最后，司法崇拜的神话是否还在？

---

① 参见冯象《木腿正义》，北京大学出版社，2007，第 68 页。
② 参见田中成明《现代社会与审判：民事诉讼的地位和作用》，郝振江译，北京大学出版社，2016。

这又回到了英美等国家 ADR 制度的起源。① 从自由主义的观点来看，人们为什么就一定要将纠纷交由司法程序通过诉讼来解决，而不能选择自我认为更合适的其他方式来解决呢。在这里，要特别注意的是英美社会里 ADR 制度的出现并不首先是为了给法院减负，而更多地是当事人及社会民众对自我权利的一种表达及实现。反过来，我们再看我国的实践，一如笔者在本书其他章节中已经详细讨论过的，其中最为积极的是法院，而不是社会民众。这种多元化纠纷解决机制趣旨上的差异也许是由不同之文化决定的，也许这需要一个理念的转变过程。抑或正如范愉教授曾指出的——现代司法发展的一个趋势即诉讼的非讼化。② 这里所讨论的只是现代社会与审判的一个方面，还有其他如大规模侵权、科学证据大量增加、公益诉讼等问题。

五　社会与法律关系的多重面向

（一）　改变何时发生？

"重大的法律改革常常来自相当平凡的事实""重大的法律改革不会从天而降"，这是弗里德曼书中看似矛盾的两句话。③ 那么，变化要什么时候才发生？不合理的法律何时才能废止？期待中的法律又什么时候才能到来？当我们透过弗里德曼的文字来看待那些过往的历史时，尽管也有相当的情景感，但现实要远比文字残酷。我们要问的是，要付出怎样的代价，又要经过怎样的过程，那些当时看来是不合理，甚至是荒唐的曾经的法律才能改变；要等到怎样的时刻，一项合理的、让人期待的法律才能出台。无论中外，经验地看，有些可能是相当戏剧性的事件，有些则可能完全是一些偶然事件——历史的确让人难以捉摸。弗里德曼论

---

① 西蒙·罗伯茨、彭文浩：《纠纷解决过程：ADR 与形成决定的主要形式》，刘哲玮等译，北京大学出版社，2011。

② 范愉：《司法资源供求失衡的悖论与对策——以小额诉讼为切入点》，《法律适用》2011年第 3 期。另外，关于诉讼案件的非讼化，参见张卫平《民事诉讼法》，法律出版社，2019，第 467~468 页。

③ 劳伦斯·弗里德曼：《二十世纪美国法律史》，周大伟等译，北京大学出版社，2016，第324 页。

述的有关学校种族隔离的"布朗诉教育委员会案"便很好地说明了这一点,这个案件的成功不只是因为有瑟古德·马歇尔这样的律师全力以赴,还有其他一些更具戏剧性的情节,比如态度犹豫的首席大法官弗雷德·文森的突然病逝,厄尔·沃伦法官的"反水"……①尽管从长时段看,一定的法律较好地回应了一定的社会事实,但不少时候它们却是错位的:要么一定的事实没有相应的法律,要么法律"装聋作哑",要么法律成了"帮凶"。如弗里德曼的评论所言:"有时候是法律在挡路。即使当法律不是障碍时,法律制度实际上是个很大的障碍……"②

这特别令笔者想起 2021 年的一件我国的法律故事。2021 年 11 月 12 日,广州市中级人民法院对全国首例证券集体诉讼案件作出一审判决,判令康美药业因年报等虚假陈述侵权赔偿证券投资者损失 24.59 亿元,其中 5 名曾任或在职的独立董事被判需要承担连带责任,合计赔偿金额最高约 3.69 亿元(尽管根据之后 11 月 19 日的重整方案,5 位独立董事可能不再赔偿)。此事一出,引发 A 股上市公司独立董事辞职潮。据媒体统计,仅 11 月 12~19 日这 8 天内,就有 21 名独立董事辞职。2021 年 11 月 22 日,开山控股集团股份有限公司对其独立董事史习民先生"执意辞职的行为表示强烈不满,对他的职业操守给予谴责",在这份"严正声明"中,开山股份称:"2021 年 11 月 18 日,开山股份独立董事史习民先生在'康美药业'事件一审判决公布后,以个人原因向公司提交辞去独立董事的报告后,给公司造成了极大的负面影响,给投资者带来了损失。"上市公司独立董事制度在中国已经运行了约 20 年,但独董群体一直被质疑是"不独不懂""漂亮花瓶"。有论者称,这件判决引发的"中国金融史上最急'集体辞职潮',暴露了一个'不懂事'的制度漏洞"。③

---

① 劳伦斯·弗里德曼:《二十世纪美国法律史》,周大伟等译,北京大学出版社,2016,第 355~356 页。

② 劳伦斯·弗里德曼:《二十世纪美国法律史》,周大伟等译,北京大学出版社,2016,第 433 页。

③ 方重:《上市公司独立董事,独立吗? 懂事否?》,《清华金融评论》2021 年第 9 期。

（二）被利用的社会与被劫持了的法律

一般地，我们都会比较容易接受这样的观点，即一定的事件在一定程度上可以成为一些法律的出台、修改或者废止的一个背景，这比如弗里德曼关于"隐私权"的阐述。[①] 这些事件，大多数时候的确是社会法制不完善的侧面呈现；但有些时候却可能是由舆论及其他有意营造出来的，申言之，对于事件本身我们是需要辨识的。弗里德曼在他的著作中提及了一段可能已经形成公案的"神话"——"一位老妇人赢得成千上万的美元，因为她在麦当劳喝咖啡时烫伤了自己"。[②] 弗里德曼说，"侵权行为的责任激增是反改革的又一主题"，"一项积极的运动开始抑制侵权行为法律的泛滥"，"1986年成立的'美国侵权法改革协会'就是来游说这些问题的。它的成员都是大型企业……他们散布有关离奇案件的恐怖故事……报纸兴高采烈地报道这些愚蠢的行为"，[③] 比如前面的这位老妇人。

尽管我们不能将这个案例视为法律变迁的普遍模式，但它的确表明了一种现象。更直接地来说，这便是利益的博弈。在过去我们国家法律较少、案件数量也不多的时候，我们会当然地将法律神圣化。但当法律越来越多，案件数量也巨幅增加的今天，我们会不时看到立法过程中利益衡量与博弈，也会惊奇于法院的某一个裁判。[④]

当然，更大范围来说，我们还是认为法律的变革来自社会生活的变化

---

① 最为典型的是2003年的"孙志刚案"与《城市流浪乞讨人员收容遣送办法》的废止。

② 劳伦斯·弗里德曼：《二十世纪美国法律史》，周大伟等译，北京大学出版社，2016，第656页。弗里德曼没有直接援引案例，而是用了评论文章。一个可能出处见 *Liebeck v. McDonald's Restaurants*，*P. T. S.*，*Inc*，No. D - 202 CV - 93 - 02419，1995 WL 360309（1994）。转引自下面张千帆文。学者张千帆在其论文中也指出这样的个案不能代表美国司法的全貌。参见张千帆《如何设计司法？法官、律师与案件数量比较研究》，《比较法研究》2016年第1期。

③ 劳伦斯·弗里德曼：《二十世纪美国法律史》，周大伟等译，北京大学出版社，2016，第656页。无独有偶，这种因游说而引起的法律改变也存在于程序法的领域，比如"证据开示"制度。参见斯蒂文·N. 苏本等《民事诉讼法：原理、实务与运作环境》，傅郁林等译，中国政法大学出版社，2004，第356~357页。

④ 另见尹伊君《社会变迁的法律解释》，商务印书馆，2003。

（压力）。弗里德曼说："重大的法律改革常常来自相当平凡的事实。"[①] 他又说："改变并不是在一夜之间发生的。"[②] 是的，尽管我们会很怀疑，一些不合理的社会事实/事件为什么不能得到及时的法律调整；或者说一些过时的法律早已不能适应社会的需要，但为什么不能及时修改，乃至废除。其中的原因，固然有法律的修改、调整是一个过程——这也是为什么长时段叙述的一个重要理由，但还要看这种修改、调整是否迫切，或者更明确地说，它是否直接关系立法者的利益和刺痛了他们的神经或者引起了他们的兴趣。[③]

这本书里弗里德曼叙述的另一令人印象非常深刻的案例是"第一部联邦食品和药品法（1906 年）的通过"。"食品公司及肉类企业极力抗拒这些法律的通过，但是最后他们也只好听天由命地屈服了，甚至还热切地拥抱这些法案。"吊诡的是"一部严格的法律或许可以帮助肉类工业与食品公司修复民众的信心。接下来，民众将再度心甘情愿地购买芝加哥的肉类产品"。[④]

前面的案例还能举出不少，或许如果不是这些个案的出现，我们不会相信法律是以那样的一种方式制定/变化的；也更不会想到法律是以那样的一种方式发生效果的。真的是"人类一思考上帝就发笑吗"，但现实的确是以这种方式得以呈现。只能说现实远比理论精彩。

（三）法律能为当下社会做什么？

客观而言，每个社会都有每个社会的问题，不晓得过去时代的人来到今天会不会惊叹于现代社会的问题是如此之多——大卫·哈维在他的

① 劳伦斯·弗里德曼：《二十世纪美国法律史》，周大伟等译，北京大学出版社，2016，第324 页。

② 劳伦斯·弗里德曼：《二十世纪美国法律史》，周大伟等译，北京大学出版社，2016，第431 页。

③ 综观我国这些年的立法，一方面我们会惊异于某些法律的难产，另一方面又会惊奇于一些法律的立法速度。在司法上更是如此，除却一些时候法院在面临所谓敏感案件而直接拒绝时，我们也会惊异于其快速反应。这比如有关网络信息传播、转发等在刑法（司法解释）上的体现。

④ 劳伦斯·弗里德曼：《二十世纪美国法律史》，周大伟等译，北京大学出版社，2016，第72~74 页。

书里一口气讲了当代资本主义社会的 17 个矛盾。① 在矛盾的化解上，不同的视角会有不同的思路，进而具体的方案也会有差异。在这些思路中，法治被放置在了一个非常显眼的位置，也视法治为解决全部问题或者说多数问题的最佳选择。在我国，"依法治国，是坚持和发展中国特色社会主义的本质要求和重要保障，是实现国家治理体系和治理能力现代化的必然要求"。② 是故，一方面，我们也看到越来越多的法律出台，但另一方面也感到法律永远不够，还需要制定更多的法律。无论接受与否，"事实上，所有的现代社会都是受法律所驾驭的"。③ 可以说，现代法律的触角已伸及我们社会的每一个角落，也干预我们生活的里里外外。"法律帝国"的描述不再是一个夸大的比喻，而是一种现实。但当我们去观察我们的法律时，发现它并不一定总是在其预想的轨道上运行；实践中的司法也不总是实现其关于正义的承诺。同时，法律/司法本身也深陷自身争议不断的逻辑体系中——法律是自足的吗？

基于此，我们是否要怀疑我们的法律呢？在笔者学习法社会学的有限经历中，感觉到这种存在。④ 弗里德曼也描述道："从历史上说，社会学对法律总是持有怀疑……法律是正规的、无生命力的和虚饰的，它把社会真实的运作遮蔽了。"⑤ 法律能为我们的社会做什么？难道它只是被怀疑吗？在弗里德曼的论述中，我们会发现尽管一些法案以及法院的裁判会有一些反复，甚至是剧烈的波动或者说倒退，但我们会发现这些法案以及司法裁决最终大多回到了我们所期待的一种理想状态。变化总会发生，只是快与慢的问题，此为一个方面。1964 年的《民权法案》很好

---

① 大卫·哈维：《资本社会的 17 个矛盾》，许瑞宋译，中信出版集团，2017。

② 《中共中央关于全面推进依法治国若干重大问题的决定》，2014 年 10 月 23 日。

③ 劳伦斯·弗里德曼：《二十世纪美国法律史》，周大伟等译，北京大学出版社，2016，第 14~15 页。

④ 韩宝：《各归其位："社会—法律研究"方法的展开》，载周赟主编《厦门大学法律评论》第 30 辑，厦门大学出版社，2017。

⑤ 劳伦斯·弗里德曼：《二十世纪美国法律史》，周大伟等译，北京大学出版社，2016，第 615 页。

地揭示了法律很重要的另一个方面——"争议到此为止"。① 在更远的层面上，或许有必要从根本上思考我们的法律本身，在这方面其实一直都不乏极具探索性和富有建设性的理论常识，比如塞尔兹尼克、诺内特等人的"迈向回应型法"。② 再往前一步，我们可能就要去看法律存在的空间维度了。无论如何，法律的空间性是很明显的。

六 法律，一个空间概念

"从历史的角度去考察，人们终将意识到，法律并没有一个稳定、牢固、可见的边界，而社会环境和社会意识则是其生存、呼吸和运动的关键所在。"③ "如我们所说过的，没有一个普遍同意的法律定义，没有什么达到了普遍共识。也不可能有这样的定义。法律不是存在于现实世界中可以精确描述的事情。没有法律的纯粹客观定义这回事。我们把什么叫作法律，取决于为什么我们把一些东西叫作法律。"④ 某种意义上，这只是关于如何界定法律理论的困惑，现实地看具体的法律更为复杂。不管是强调主权的角度，还是文化相对论、多元主义的角度，都较明显地在排斥唯一的法律方法与模型。如果是从法律地理学（legal geography）的角度来看，法律更像是一个空间概念。⑤ 弗里德曼在他的书中业已指出法律的这种特点，不过他还是在全书的倒数第二章，即第 19 章用了"法律：一个美国的输出品"这样的题目，其中之意义值得反思。这一方面指出美国的法律现象及成就；另一方面也反映当下世界范围内法治国家建设的一个现象——美国法的强大影响力。

---

① 劳伦斯·弗里德曼：《二十世纪美国法律史》，周大伟等译，北京大学出版社，2016，第 366~373 页。
② 季卫东：《法治秩序的建构》，商务印书馆，2014，第 379 页以次。
③ 劳伦斯·弗里德曼：《二十世纪美国法律史》，周大伟等译，北京大学出版社，2016，"自序"第 30 页。
④ 劳伦斯·M. 弗里德曼：《对"法律与社会"运动的若干思考》，张铮、宾凯译，《交大法学》2011 年第 1 期。
⑤ 相关的研究可参见 Irus Braverman, Nicholas Blomley, David Delaney, and Alexandre Kedar (eds.), *The Expanding Spaces of Law: A Timely Legal Geography* (Stanford, California: Stanford University Press, 2014); David Delaney, *The Spatial, the Legal and the Pragmatics of World-making: Nomospheric Investigations* (Abingdon, Oxon: Routledge, 2010)。

（一）何种法律——一个美国的输出品

在其译者序中，周大伟先生说："今天的世界上，每个人也大致都有两个国家——自己的国家和美国……无论人们是否情愿，从某种意义上说，人人都感觉自己成了美国公民。"① 从法律的角度来看，不可否认，在欧美国家之外，特别是对那些极力想要建设法治的国家而言，美国都是其理想中的"范本"，哪怕是在表面上对美国法律表现出种种不屑和批评。即便是在传统上法律文化非常发达的德、法等国，其法律也日益受到美国法律的影响。② 尽管如此，在有关法律移植的种种讨论中，不乏这种扩散到美国之外世界的美式法律的水土不服。是故，在问题的另一端，我们越来越多地看到各种或许是真诚的法律探讨，或是夹杂着意识形态，甚至是民族主义/民粹主义裹挟下的具体法治——反美国法。不过，"在20世纪末……强迫灭绝的步伐已经停止……同化仍旧是目前的危险。威胁不再来自残酷、冷漠的政府，而是来自另一个更强有力的宿敌：美国大众文化、电视，以及现代性的诱惑"。③ 一如弗里德曼进一步指出的："然而，在另一方面，也存在着某种形式的全球性法律……如果文化和贸易全球化了，法律也几乎不可避免地随之效仿。而新兴的全球化法律开口说话时，越来越多地带着美国的口音。"④ 这不得不使我们联想到英国著名法学家威廉·推宁所倡导的"一般法理学"所具有的意义。⑤

① 劳伦斯·弗里德曼：《二十世纪美国法律史》，周大伟等译，北京大学出版社，2016，"译者序"第15页。

② 沈宗灵：《二战后美国法律对民法法系法律的影响》，《北京大学学报》（哲学社会科学版）1995年第5期；於兴中：《法理学前沿》，中国民主法制出版社，2015；马蒂亚斯·赖曼、莱因哈德·齐默尔曼编《牛津比较法手册》，高鸿钧等译，北京大学出版社，2019。

③ 劳伦斯·弗里德曼：《二十世纪美国法律史》，周大伟等译，北京大学出版社，2016，第395~396页。与此比较接近的一个主题，当下一个非常深入的研究可参见刘绍华《我的凉山兄弟：毒品、艾滋病与流动青年》，中央编译出版社，2015。

④ 劳伦斯·弗里德曼：《二十世纪美国法律史》，周大伟等译，北京大学出版社，2016，第701页。

⑤ 参见 William Twining, *General Jurisprudence: Understanding Law from a Global Perspective* (Cambridge: Cambridge University Press, 2009)。类似的反思性作品还可参见博温托·迪·苏萨·桑托斯《迈向新法律常识——法律、全球化和解放》，刘坤轮、叶传星译，中国人民大学出版社，2009。

（二）谁之法律——文明与发展

弗里德曼在他的书中论及的两个案例/故事令人深思。一是印第安人问题；二是他在第 13 章论及的有关城市分区的制度。弗里德曼在他著作的诸多部分写到了有关印第安人的问题。"一直到新政时期之前，对美国原住民都是最低劣的时期。经济大萧条对原住民保留地区的打击很大……他们被一个接着一个的政策劫掠、欺骗和压迫，包括那个《道斯法案》。大部分的美国原住民都变成'贫困者'；'没有土地、无家可归、落入贫穷的陷阱'。"① 具体地说，我们的法律究竟是一种怎样的法律？其所具有的开放性、包容性到底有多大、多远？从其本意上，人类借助法律是为了生活地更好；但现实中，当法律渐次成为大多数人的信条和意识形态，进而去改造那些少数群体，甚至是剥夺/掠夺他们原本的生活/生存时，这种法律是否需要一定的反思。另外，在城市化的进程中，我们是否需要考虑在法律名义下的种种城市扩张的合理性及正当性。非常残酷的现实是，一如笔者在前文提及的弗里德曼关于法律的某些批判。或许不太恰当的是，法律究竟能为社会正义做什么？

七　理想还在

阿摩司书（5：24）上说："惟愿公平（Justice）如大水滚滚，使公义（Righteousness）如江河滔滔"。或许正是由于理想实现上的困难，我们才从心底发出种种祈愿。弗里德曼一书导言的标题是"回首以往，面向未来"，在这篇导言的最后，作者指出："历史是一条永不干枯的河流，不断流动，水流中总是充满了旋转迂回的惊奇。这些取舍变幻、正反交织的事情，将把我们带往何方，将是人们无法解开的悬念……但是，不论走向何方，有一点则是清楚稳固的事实：法律和法的运用将一直存在……。"在这本书的最后，作者又说："在我们的时代里，我们的社会里，法律无所不在。在一年或者一个世纪的结尾，千禧年并没有打断法律的工作。它的故

---

① 劳伦斯·弗里德曼：《二十世纪美国法律史》，周大伟等译，北京大学出版社，2016，第 392、162~165 页。

事还会继续在行进中。"21世纪已走过20多个年头，在这个时间，焦虑也罢，意气风发也罢，对于要建立中国特色社会主义法治体系的中国而言，不管是蓝图还是路径都在变化中。

想必很多人对乔治·弗里德里克·瓦茨（George Frederick Watts，1819~1904）的《希望》印象深刻，或许那才是对希望最深的阐释。当我们在继续探索"全面推进依法治国""为建设法治中国而奋斗"时，要意识到即便是法治成熟的国家，法律依然不能解决全部问题，甚至还会不断带来新的问题。在弗里德曼的这本书中，他用不少的笔墨叙述和反思刑事司法及审判等方面的内容，2015年，非虚构作品《正义的慈悲——美国司法中的苦难与救赎》以具体个案清晰地描述了美国建构的司法制度及其背后的问题。① 这种困惑很早就有，借用汉密尔顿的话语："人类社会是否真正能通过深思熟虑和自由选择而建立一个良好的政府，还是他们永远注定要靠机遇和强力来决定他们的政治组织"②？法律人也一直认为"法律是可以设计的"是一种制度迷信。尽管如此，但正如学者于兴中所言："法治虽然具有其不可否认的优点，但也绝不是最佳的善，也绝不是唯一的选择，认识到法治的局限性，以一种建设性的批判的眼光来看待法治对建设中国特色的理想社会不无裨益。"③

---

① 布莱恩·史蒂文森：《正义的慈悲——美国司法中的苦难与救赎》，于霄译，上海三联书店，2015。
② 汉密尔顿、杰伊、麦迪逊：《联邦党人文集》，程逢如等译，商务印书馆，1980，第3页。
③ 於兴中：《法治东西》，法律出版社，2015，第7页。

第 10 章

传统中国的民事诉讼：日本学者法社会学研究三书读记

缘　起

2004 年笔者读研究生，彼时出版的有限几册日本学者研究中国传统社会诉讼与审判的著作吸引了笔者的注意力，这些作品的论述风格特别新奇，所带来的思想冲击力也比较大。笔者读研究生所学专业方向是民事诉讼法，那个时候民事诉讼学界的领军学者有人大的江伟教授与西南政法的常怡教授，以及人称"八大金刚""两蔡一汤"的诸位教授。但更能激起笔者兴趣的是彼时刚从日本回国到清华任教的王亚新教授的研究，王亚新教授的民事诉讼法研究明显与其他的民事诉讼法研究在风格上有很大的不同。尽管那个时期王亚新教授的《对抗与判定：日本民事诉讼的基本结构》已经为国内的比较民诉研究树立了一个典范，但更能代表他那个时期风格的是他"纠纷解决、民事诉讼及司法制度的法社会学研究"。这一时期，王亚新教授出版了他早期的论文合集《社会变革中的民事诉讼》。同时，一些民诉经验研究的典范作品，如《程序·制度·组织——基层法院日常的程序运作与治理结构转型》《农村法律服务问题实证研究（一）》《论作为证据的当事人陈述》《民事诉讼中的证人出庭作证》《证人出庭作证的一个分析框架——基于对若干法院民事诉讼程序的实证调查》《实践中的民事审判——四个中级法院民事一审程序的运作》《实践中的民事审判（二）——5 个中级法院民事一审程序的运作》等也集中发表。当然，更为大家所熟悉的是王亚新教授翻译的棚濑孝雄教授的《纠纷的解决与审判制度》以及与刘荣军教授合译的谷口安平教授的《程序的正义与诉讼》。

在王亚新教授这些偏向实证的一系列作品之外，另有其与梁治平教授合作编译的日本学者滋贺秀三、寺田浩明等的论文集《明清时期的民事审判与民间契约》①。如果说前述实证研究已经带给笔者非常多的新鲜感和阅读上的兴趣，那么这本编译作品则进一步扩大了笔者民事诉讼研究的视野。在这本法制史著作中，其一，笔者进一步感受到民事诉讼法的经验实证研究不只是可以面对当下的制度及具体的司法过程，还可以进一步延伸到历史中；其二，笔者进一步加深了在法律问题思考上的"社会—法律研究"进路，更习惯将诉讼、法律置于一定的社会之下，而不是规范法学研究上的法律是一个自足系统的假定；其三，我国今天的司法裁判是无法同传统中国割裂开来的，这其中的影响或隐或现一直都存在；其四，总体上，日本学者的旁观者视角提供了一种我们自身可能比较难或者容易忽视的反思能力。当然，这还包括滋贺秀三、寺田浩明等人的研究本身令人叹服的精深与细致程度。

滋贺秀三、寺田浩明等教授的法制史研究，也让笔者想起最早在本科课堂上接触的张晋藩先生的《中华法制文明的演进》，以及在研究生时期了解到的黄源盛先生的研究，他们之间的风格差异是明显的。但的确前者那种时时考虑社会之特质、考析司法过程之实践的风格可能对笔者更有触动。这之后王亚新教授又翻译了寺田浩明教授研究中国法史的代表性论文集《权利与冤抑：寺田浩明中国法史论集》，② 这本论文集中寺田浩明的一些判断，在今天依然成为学术讨论中的经典话语。2020 年，国内又出版了夫马进教授编的《中国诉讼社会史研究》。③ 这几本近 20 年

---

① 滋贺秀三等：《明清时期的民事审判与民间契约》，王亚新·梁治平编，王亚新、范愉、陈少峰译，法律出版社，1998。
② 寺田浩明：《权利与冤抑：寺田浩明中国法史论集》，王亚新等译，清华大学出版社，2012。
③ 夫马进编《中国诉讼社会史研究》，范愉、赵晶等译，浙江大学出版社，2019。

逐渐引进国内的日本学者撰写的关于传统中国司法与诉讼研究的作品，不仅对个人的司法研究，还对法社会学研究带来了很多启发。正是这些作品所呈现的思路和方法，让笔者更进一步追寻法律社会史、历史人类学的相关作品，也在研究中考虑区域社会法律研究等基于法律地理学的新的知识增长点。同时，这些作品让笔者在阅读如孔飞力的《叫魂：1768 年中国妖术大恐慌》等时除却做一些方法上的比较外，更进一步思考法律与社会之间的关联。

过去 20 年里，这些作品曾经新颖的视角和展现的学术理论建构之力，在今天日渐"习以为常"，甚至成为基本的训练方法和研究范式，因此重温这些作品的意义毋庸多言。日本学者有关中国传统司法及诉讼的研究远非本章所主要关注的三本书能够涵括，笔者对中国法史的学习也是一知半解，写在下面的仅仅是个人一时的学习体会。但是，这些近 20 年的阅读体验，的确使笔者保持了对这一领域持续的兴趣，近几年以邱澎生等为代表的学者新出版的作品①同样令人兴趣盎然。下面内容将围绕笔者阅读的三本书展开。

一　滋贺秀三等《明清时期的民事审判与民间契约》

《明清时期的民事审判与民间契约》一书于 1998 年在国内翻译出版，这本文集同一般文集不一样的地方在于除论文外，还附有编者王亚新教授撰写的 4 篇解说文章及梁治平教授撰写的 1 篇评论文章。译介的 10 篇文章分别是滋贺秀三的《中国法文化的考察——以诉讼的形态为素材》《清代诉讼制度之民事法源的概括性考察——情、理、法》《清代诉讼制度之民事法源的考察——作为法源的习惯》；寺田浩明的《日本的清代司法制度研究与对"法"的理解》《明清时期法秩序中"约"的性质》《权利与冤抑——清代听讼和民众的民事法秩序》；岸本美绪的《明清契约文书》《伦理经济论与中国社会研究》《"市民社会论"与中国》；夫马进的

---

①　如邱澎生、陈熙远编《明清法律运作中的权力与文化》，广西师范大学出版社，2017；邱澎生、何志辉编《明清法律与社会变迁》，法律出版社，2019。

《明清时代的讼师与诉讼制度》。

滋贺秀三在《中国法文化的考察——以诉讼的形态为素材》的开篇就讲道:"对于所谓法来说具有核心般意味的社会事实就是诉讼的形态……"① 在今天这一点我们似乎并不觉得新鲜,但是在 20 余年前主要还是自制度角度考察传统中国司法的时代,其间的方法论意义是显然的。另外,滋贺秀三这篇文章还经由昂格尔《现代社会中的法律》搭建的分析框架在与欧洲诉讼形态的对照中考察了传统中国的诉讼样态。

滋贺秀三教授有关民事法源"情、理、法"的研究不知道启发了多少国内学者。开篇滋贺秀三教授讲道:"笔者在一定程度上查阅了清代包括审判在内的有关一般民政的史料文献后,注意到当时的人士在处理公务之际、考虑作为自己判断指针的时候,时常在用语中将'情'、'理'、'法'三者相提并论。如果在这三个字之前各冠一字以阐明其含义的话,就成为:'国法'、'天理'和'人情'。"② 此处让笔者受启发的是滋贺秀三教授论证的具体方法。具体而言,滋贺秀三教授对于"情理"方面的论证,所使用的事例有《天台治略》《徐雨峰中丞勘语》《诚求集》《判语录存》《府判录存》《槐卿政绩》《汝东判语》《雅江新政》等。

滋贺秀三教授《清代诉讼制度之民事法源的考察——作为法源的习惯》一文的方法同样是极具启发性的,也深刻呈现日本学者研究的特色。在这篇文章中,滋贺秀三开篇就讲到前述自史料研究"情、理、法"的方法运用于"习惯(法)"的考察有困难,需要找其他的途径。滋贺秀三详细列出了他在此处依凭的材料:"首先可以想到的是记载习惯的书籍……其次可以想到的是民间的法谚……第三,是让熟知习惯的第三者在法庭上就什么是习惯作证……第四,如果当事者提出对自己有利的某一习惯并力图证明其存在的话,法院也必然会就是否真存在这样的习惯

① 滋贺秀三等:《明清时期的民事审判与民间契约》,王亚新、梁治平编,王亚新、范愉、陈少峰译,法律出版社,1998,第 2 页。
② 滋贺秀三等:《明清时期的民事审判与民间契约》,王亚新、梁治平编,王亚新、范愉、陈少峰译,法律出版社,1998,第 22 页。

以及是否承认其具有法律效力作出认定或判断……以上部分着眼于'风俗'、'土俗'、'土例'等词语探讨了习惯的问题，这里还想围绕'成规''旧规'以及有关水利的'渠规'等词语就'规'的含义作一点简单的考察。"① 在笔者已经摘引过的滋贺秀三教授的方法论之外，文章详细的论述已有王亚新教授详细的解说，笔者仅就滋贺秀三总结的"民事纠纷由听讼这样一种教谕式调解来处理"这一理论抽象略作发挥。我们今天知道的是，滋贺秀三教授这一提炼是相当成功的，具有很强的说服力。对于后学来说，能够从事实及现象中抽象出恰当的概念或者提出"理想型"的确是非常困难的一步。滋贺秀三教授的研究给我们提供了一个范例。

滋贺秀三的高足寺田浩明教授的三篇文章已经收在下述《权利与冤抑：寺田浩明中国法史论集》一书中，这里暂且略过。岸本美绪教授的三篇论文不属于民事审判这一研究领域，限于本章之主题及篇幅暂且不表。夫马进教授在诉讼研究上颇有造诣，由于下文还将摘录夫马进教授编的《中国诉讼社会史研究》，这里也暂且不表。

二　寺田浩明《权利与冤抑：寺田浩明中国法史论集》

《权利与冤抑：寺田浩明中国法史论集》这本寺田浩明不同时期的论文合集，"内容包括我国明清时期的土地制度、民间的契约形态及效力，相当于民事诉讼的州县衙门'听讼'的程序与结构、性质与历史定位，作为审判基准的'情理'，重罪案件的刑事程序和律例的适用"。在这四大部分中，笔者阅读较细的是有关"民事诉讼"的第三部分。

《日本的清代司法制度研究与对"法"的理解》是一篇发表于1990年的述评文章。具体是介绍日本的中国法制史研究"在旧中国的'法'与司法活动方面都搞清楚了哪些事实，根据这些事实又是如何理解旧中

---

① 滋贺秀三等：《明清时期的民事审判与民间契约》，王亚新、梁治平编，王亚新、范愉、陈少峰译，法律出版社，1998，第 55~62 页。

国'法'和司法活动性质的……"。① 寺田浩明教授具体以滋贺秀三和中村茂夫两位学者关于清代司法制度的研究为考察对象分别论述了"清代的司法制度""命盗重案审判论中对'法'的理解""州县自理审判论中对'法'的理解""现阶段关于'法'与法的认识"四个方面的内容。

《权利与冤抑——清代听讼和民众的民事法秩序》是一篇对清代民事审判性质研究影响力很大的作品。寺田浩明教授的意图在于，通过提示一幅包括从民间的民事秩序到民事审判场面的完整图景，从而把以前过分集中在法官判断基准这一焦点上的清代听讼性质问题重新置于更广阔的社会背景中。寺田浩明教授具体讨论的问题如下："首先，在第一节以清代土地法秩序为素材，探讨所谓'权利'在那里具有什么样的内容，又存在于什么基础之上。第二节则考察当时的人们在什么认识框架下来把握理解一个个小家庭之间的利害冲突，又存在什么样的制度性框架来对这些矛盾纠纷进行处理。最后的第三节用来讨论这样的审判制度不得不面对的各种内在的矛盾或难题。"② 在这篇70余页长文的最后，通过对这种"冤抑·伸冤型审判"的详细论述，寺田浩明教授提出了一连串发人深省的问题，对于这些问题的回答，也将在下面的几篇文章中渐次展开。

在《清代的民事诉讼与"法之构筑"——以〈淡新档案〉中的一个事例为素材》这篇演讲稿中，寺田浩明教授意欲回答的问题是清代的"民事审判"是否是"基于法"的。通过对《淡新档案》中一件围绕家产分配的民事诉讼文书档案（文书号：22615）之叙述，③ 寺田浩明教授讲道："……通过一个个的诉状，不是主张法所赋予其的权利，而是控告对方的种种暴力行为与不法侵占……提出诉状的目的，是通过添油加醋

---

① 寺田浩明：《权利与冤抑：寺田浩明中国法史论集》，王亚新等译，清华大学出版社，2012，第184页。
② 寺田浩明：《权利与冤抑：寺田浩明中国法史论集》，王亚新等译，清华大学出版社，2012，第215页。
③ 寺田浩明：《权利与冤抑：寺田浩明中国法史论集》，王亚新等译，清华大学出版社，2012，第276~284页。

地说对方是怎样不法地压迫、侵害自己，结果自己被置于何等的、不当的境遇，来加深……地方官的印象；而不是以客观的权利秩序为前提的、其侵害事实的客观的论证。"进而，寺田浩明教授透过其"拥挤电车"模型的比喻描述了一个不同于西欧近代法秩序所呈现的诉讼模型："将我方视为弱者并坚守道理，对方则不断有'欺压'行为；因此，给人的印象是，自己处于不当的、不得已的'冤抑'状态；然后请求地方官替天行道，惩罚这样的欺压行为，为自己平反昭雪（'伸冤'）。"① 西欧之模式则是与此全然不同的，即"事先设想存在一套由此在逻辑上推导出一定的具体的解释那样的规范。要求法官由此推导结论；另外，只要由此推导结论，作为法官就履行了职责，完成了最低限度的工作"②。在寺田浩明教授看来，如其所讨论的这件事案（案件）所表现的清代民事诉讼，构成规范之形式的是"情理与法"，而所谓情理并不是独立于某一具体个别之纠纷及解决纠纷之外的存在，而是就该案件具体的、实际的解决方法；法即为这里的情理。总之，"在这样的制度下，实时处理的、具体的法产生于一个个的事案之中，而且逐渐塞满被总称为'情理'的一个整体的法之中"。在今天习惯了"形式理性法"的思维看来，是难以把握的，但寺田浩明教授说这些"活的规范"就是一套人们之间形成的共识（公论），官员的纠纷解决过程也就是所谓之"审判"，只要结论能为当事人及其周围的人所接受，就是一种妥当的解决——显然这是一种不同于前述所谓依一定预先存在之普遍规范所做的"依法裁判"现代司法模式。

《清代民事审判：性质及意义——日美两国学者之间的争论》这篇讲演稿再现了黄宗智教授与滋贺秀三教授有关清代地方官针对人民就"户婚田土细事"提起诉讼而进行审理的性质之认识的首轮争论，以及1996年9月21~23日日本镰仓市的国际学术研讨会"后期帝制中国的法律、社会、文化——美日两国学者之间的对话"上黄宗智教授与滋贺秀三教

---

① 寺田浩明：《权利与冤抑：寺田浩明中国法史论集》，王亚新等译，清华大学出版社，2012，第287页。

② 寺田浩明：《权利与冤抑：寺田浩明中国法史论集》，王亚新等译，清华大学出版社，2012，第289页。

授的二次讨论。寺田浩明教授"作为半个当事人"细致梳理了两位教授的观点，也阐明了自我的观点。对此，寺田浩明教授的研究成果是前述《权利与冤抑——清代听讼和民众的民事法秩序》一文。①

《清代民事审判与西欧近代型的法秩序》这篇演讲稿是对今天我们已经比较熟悉的话题——"如何理解清代民事审判与西欧近代型法秩序的关系"的讨论。寺田浩明教授分别讨论了"清代民事秩序与民国时期民事秩序的连续性""清代民事审判的逻辑结构""近代中国的民事法秩序""'近代型法秩序'的历史透视法"等几个方面的问题。在最后的结论中，寺田浩明教授的总结深具启发："……中国近五百年来围绕民事法秩序形成而展开的历史，其实也是世界史上普遍面临的所谓'近代型社会的状况'在中国引起了有中国自身特点的反应的历史。中国史中的这个过程本身亦构成了世界近代法发展史的一个部分。"② 可惜在目前西方强势法治话语的背景下，这样的真知灼见不仅为各种法律东方主义所掩盖，而且我们自身认识还不够。

《"非规则型法"之概念——以清代中国法为素材》这篇寺田浩明教授 2007 年发表的论文的研究目的是："以传统中国法为素材，考察当时人们对社会正义的认识，以及这种认识又如何贯穿于具体的法制度和审判制度中，并在此基础上，提出以'非规则型的法'为名的另一个法的制度化模式。以此为客观公正地比较东西方法制史提供一个新的立脚点。"③ 在这篇文章的开篇，寺田浩明教授便给出了自己的观点，他不认同新田一郎教授的观点，认为传统中国并不是一个那样保持法的自然状态——"规范和现实不即不离交织（在一起）"——的国家。文章分别讨论了"传统中的社会和审判""法＝社会正义的存在形态""审判制度的基本构造""实定法的位置""法的制度化的两种类型"等几个方面的

---

① 寺田浩明：《权利与冤抑：寺田浩明中国法史论集》，王亚新等译，清华大学出版社，2012，第 310 页。

② 寺田浩明：《权利与冤抑：寺田浩明中国法史论集》，王亚新等译，清华大学出版社，2012，第 322 页。

③ 寺田浩明：《权利与冤抑：寺田浩明中国法史论集》，王亚新等译，清华大学出版社，2012，第 358 页。

问题。寺田浩明教授通过对清代中国法和审判的研究指出，这是一种与"西方所谓'规则型的法'模式"形成鲜明对照的他种"法的制度化"方式。① 寺田浩明教授论述道：②

> 　　在规则型法的模式中，法与正义的内容自身被理解为社会中的规则性或自然法似的存在。将这个自然法中的重要部分抽出来加以外在化、客观化并赋予其社会的强制力，即提供公共权力的支持，其就成为了制度上的法……在西方的观念中，这种制度化的法被描绘为在公共权力和社会中保持自身的自律性，并能够发挥将权力和社会二者统一起来的功能，据此实现一种称为法治或"法的支配"的秩序……
>
> 　　相对于此，在传统中国的观念世界里，法与正义的理念要实现的是一个个主体或家族相互之间恰当的位置关系（谁也没有冤抑的现实状态），这个理念以"情理"或者"情法之平"这样的词语来表示。但是，（对于）这个理念本身……需要某种能够将这些判断在日常生活的现实中整合起来的主体，为了实现全体民众的共存作为公平无私的第三者而出现……（尽管）当事人在日常生活中或者审判官自身也不是对社会关系没有规则性的认识。但在那里的"规则性"只是作为解决问题之判断形成的逻辑过程中要素之一而发挥与其他要素同等的寻常作用，没有出现"规则"与权力交叉影响并得以客观化的构造，换言之，就是没有像西方那样，出现以权力来强化社会关系中的规则性，或者把公共权力作为社会内某些规则的特殊拥护者那样的正统性定位方式。

寺田浩明教授的这一论证是非常有说服力的，不仅可以深化我们对

---

① 寺田浩明：《权利与冤抑：寺田浩明中国法史论集》，王亚新等译，清华大学出版社，2012，第 385、392 页。
② 寺田浩明：《权利与冤抑：寺田浩明中国法史论集》，王亚新等译，清华大学出版社，2012，第 385~387 页。

传统中国法律与司法的认识，也提供了一种在今天我们对待西方法学理论的思路。

《"拥挤列车"模型——明清时期的社会认识和秩序建构》这篇发表于 1999 年的论文所涉议题，其实在前面已有所论及。每每读到这一段，笔者总会想起那些尽管已经进入诉讼程序但是经年不能解决的纠纷，尤其是那些家事类、邻里类纠纷。在这篇 10 余页的短文中，寺田浩明教授考察了"'等级'抑或'互助'""'欺压'和民事诉讼""'拥挤列车'模型：主观性权益主张和相互均衡""秩序建构的模式和权力的角色""传统中国型秩序建构模式的历史位相"等几个问题。文章的开始，寺田浩明教授借沟口雄三教授的一个研究指出，"仅将前近代（中国）社会当作一种压迫机构"以及"以西方的近代价值观为基准，仅论证东方前近代社会的'缺失缺陷'"都是不可取的。寺田浩明教授具体是以见诸明清史料中的"勿恃强凌弱"表达来考察当时的民事诉讼的，并得出这实际是"孕育着与明清时期民间民事秩序整体结构相关的问题"。① 在这里，寺田浩明教授详细阐述了他的"拥挤列车"模型——"在拥挤的车厢里，被临近者挤压时如何反应才是对的？""无疑无论是谁都占有最低限度的一定的空间，但反过来说，并非车厢内的每个人都均等地占有一定空间才是正确的答案……"——"这是一个原先就不存在确定的专有面积之世界；秩序和争端的分界，不在于属于权利范围的现实状态和其被侵害状态之中，而在于面对现实是否诉诸争端的'是'或'否'之间。裁判的首要工作是促使（当事者双方）返回到默然的互助和相互推搡的状态（'边界线'）中……"② 要特别指出的是，尽管在这一小段一开始笔者就联想了一个不能为法院所解决的积案的例子，但这并不是说"拥挤列车"模型就是一种从价值来看要持否定态度并进行批判的模型，这恰恰是寺田浩明教授所不同意的，毋宁说这里显示的是一种有限资源分配下

---

① 寺田浩明：《权利与冤抑：寺田浩明中国法史论集》，王亚新等译，清华大学出版社，2012，第 410~414 页。

② 寺田浩明：《权利与冤抑：寺田浩明中国法史论集》，王亚新等译，清华大学出版社，2012，第 414~418 页。

的实际状态——今天，"我们生活在一个以地球冠名的拥挤的电车之中"。寺田浩明的研究一者固然是提出一种有关明清法律及其民事审判的新观点，另者则是在回应本段刚一开始便已论及的史观、理论观问题。

前述寺田浩明教授的见解和观点——不排除民族情感，我们读来的确很受用；但是我们不得不正视的一个事实是直到今天，关于中国传统司法的评价争议还是很大的。这令笔者不由联想到马克斯·韦伯在《新教伦理与资本主义精神》一书中阐发的现代资本主义"铁笼"隐喻——这倒不是要以西方现代化所带来的"病症"为传统中国社会辩护。笔者想要表达的是，关于传统中国社会纠纷之生发及解决，我们不一定都是要有寺田浩明教授这样的观点，但是一些观点还是值得反思的，比如下面我们将要看到的同样为日本学者的夫马进教授在《中国诉讼社会史》一书中的讨论。夫马进教授将中国诉讼社会的样态归因于"专制统治"。① 或许我们可以再回味赵鼎新教授的一段评论：②

> 然而，工业资本主义只不过是欧洲带给整个世界的、今天我们无法抗拒的现实，而不是什么我们必须欢呼的东西。在工业资本主义不到两百年的历史里（甚至于比一个典型的中国朝代还要短），它已经制造了足够毁灭人类文明好几次的武器，导致了环境的日益恶化，在可以预见的未来将会耗尽石油和其他自然资源。儒家政权模式在中国持续了两千多年，我对工业资本主义是否也可以维持这么久持强烈的怀疑态度。我们假想一下，下个世纪，由于某种自然资源日益紧缺而引发了全面战争，只有少数的幸运儿能侥幸活下去。未来的人们会怎样看待这段历史呢？生活在一个混乱的时代，他们很有可能会对工业资本主义持一种极端否定的态度。他们甚至可能

① 关于传统中国法律及司法质疑的内容可以参见黄宗智的一些研究，如《中国法庭调解的过去与现在》，载氏著《经验与理论：中国社会、经济与法律的实践历史研究》，中国人民大学出版社，2007，第380页。

② 赵鼎新：《国家、战争与历史发展 前现代中西模式的比较》，浙江大学出版社，2015，第33页。

会把韦伯的《中国的宗教》反过来读，亦即，将其视之为一部分析一种更具有持久性的文化得以维持的杰作，因为这一文化成功地约束了人们的欲望，使人类能够进行"理性地自我调整来适应世界"而非试图"理性地掌控世界"，而后者会在解决旧有问题的过程中不断制造出更多的问题。他们也许还会著书立说，谴责西方的传统（就像国人在当前谴责中国传统一样），认为它是一切罪恶的根源。

笔者以这样十分偷懒的方式摘引了寺田浩明教授的几篇文章，即便是摘抄在这里的几篇文章，笔者也没有自信说已经完全读懂吸收了。仅仅摘引这部文集里 15 篇文章的一部分还是有一些遗憾的，因为尽管笔者关注的是所谓"民事诉讼"，但是不能不去理解审判（裁判）的重要一半——"法"。同时，要更深层次分析为什么会是那样的审判、那样的法，因此，不能不去了解那样的审判与法背后的社会以及其文化、政治等。实际上，寺田浩明教授的论文包含这里的三项全部内容，即"从传统中国审判的性质如何等问题扩展到传统法秩序整体的存在方式，以及成文法规在其中的位置等更加广阔的领域"。寺田浩明教授受人尊敬，原因不仅在于其接续传承了滋贺秀三的衣钵，还在于他进一步推进了中国法制史的研究、贡献了这方面的智识与洞见，2018 年其出版的《中国法制史》便是这方面的结晶。① 令笔者敬佩的是，寺田浩明教授撰写的《读例存疑》电子版。笔者描述这些倒不是嫉妒一名域外学者对中国法制史作出了令多少国内学者汗颜惭愧的研究，而是觉得我们在有关自己的研究上可以有更大的作为，一是我们要更深入地珍视我们的资源，二是我们要有更开阔的视野——即便是在亚洲范围内。

三　夫马进等《中国诉讼社会史研究》

2019 年翻译出版的《中国诉讼社会史研究》是汇集了由夫马进教授

---

① 中国政法大学法律古籍整理研究所《中国古代法律文献研究》第 12 辑（社会科学文献出版社，2018）刊发了 4 篇书评。该书中文版已于 2022 年由广西师范大学出版社出版。

领衔的《巴县档案》研究小组诸多顶尖学者集体研究成果的文集，无疑是一本近年不可忽视的大作。夫马进教授在开篇的序言中便指明全书关注的问题：①

> 传统中国曾经发生过大量的诉讼、或者说当时的人们热衷于诉讼，这在中国史研究的领域尚未成为学界的共识。实际上，一般的研究者在听到"中国诉讼社会史"或"中国好讼社会史"的时候往往会感到一丝诧异。……我想致力于更加深入广泛地认识中国人与诉讼的关系。具体说来就是，人们在诉讼中有何种诉求？该诉求究竟得到何种程度的满足？传统中国究竟发生了多少诉讼？当时的人们是否真的好讼？历代政府对于多发的诉讼究竟采取了何种抑制政策等。进一步说，中国是从何时开始出现诉讼多发的情况的？民国年间是否出现过某种变化？诉讼的多发是不是某种具有中国特色的想象呢？

全书在中文版、日文版序言外，有 14 章的内容，第 1 章是夫马进教授撰写的《中国诉讼社会史概论》，是一篇 100 页的长文，占全书 14 篇文章的 1/6 篇幅。笔者这一部分的阅读笔记主要围绕夫马进教授这篇长文，另撮要其余各章之大义。夫马进教授一开始就摆明观点，传统中国社会并不如一般所言的那样，同样是一个"好讼社会"或者说"诉讼社会"。② 因为，"首先，'健讼'或'好讼'这些用语，在中国上千年以来的文献中随处可见……其次，……在前近代的中国，确实不存在权利意识这一用语或概念，但却存在着一种可与权利意识相互替代的'情理意识'……汉代以后，根据这种情理意识主张自己的正当性而提起诉讼，完全是理所当然之举……诉讼在中国曾经是更严重的社会问题。这是因

---

① 夫马进编《中国诉讼社会史研究》，范愉、赵晶等译，浙江大学出版社，2019，"日文版序"第 vii 页。

② 国内学者在这方面的研究，参见尤陈俊《聚讼纷纭：清代的"健讼之风"话语及其表达性现实》，北京大学出版社，2022。

为，诉讼并不都是基于情理意识之类冠冕堂皇的理由而提起的……这种行为通常被称之为'图赖'……"① 接下来的5个部分具体论述里，夫马进教授首先讨论的是"无讼理念与费孝通的无讼论"，具体是《论语》中的名言"听讼，吾犹人也，必也使无讼乎"以及《乡土中国》中的"无讼"篇。夫马进教授指出，其所分析的巴县与费孝通《乡土中国》笔下的农村——太湖附近的吴江县（今吴江区）开弦弓村的个案是不一样的——"任何人在读了同治年间的《巴县档案》后，恐怕都会感到用'诉讼社会'一词来形容当时的情况实在是过于温和了。"② 夫马进教授另举了《太湖厅档案》以表明费孝通对江村无讼社会的感受是没有问题的，但是由于"两地的人口问题不同""社会形态的差别""巴县正处在开发过程中……太湖厅已臻成熟"而出现差别，由此，是需要检讨"无讼论"的，至少"中国在同一历史时期曾经出现过诉讼社会与非诉讼社会并存的局面"。③ 对于无讼理念及其实践，夫马进教授指出，"必须与无冤的理念并论""被寄予厚望的农村的调解，其作用并不足以被依赖"。④ 具体而言，无讼与"冤抑"相反相成。"所谓'无冤理念'是要求为官者必须尽力通过公正的判决而消除民间的'冤'即'怨气'，同时自身也需要防患于未然，避免因诉讼造成冤情，引发或扩大民众对自己的怨气。"⑤ "然而，在一个已然是诉讼多发的世界里追求无讼，要对大量包含着诬告或图赖诉讼的上诉一件件慎重审理，必须耗费大量的经费，而行政效率的问题更不可等闲视之""相对于……'有良心的'减少诉讼的对策，更为普遍的是地方官往往采用一种粗暴的办法，即直接对诉讼不予受理"，因此"无讼"只不过是一种假象罢了。⑥ 在接下来的部分，夫马

---

① 夫马进编《中国诉讼社会史研究》，范愉、赵晶等译，浙江大学出版社，2019，第5~6页。
② 夫马进编《中国诉讼社会史研究》，范愉、赵晶等译，浙江大学出版社，2019，第11页。
③ 夫马进编《中国诉讼社会史研究》，范愉、赵晶等译，浙江大学出版社，2019，第15~17页。
④ 夫马进编《中国诉讼社会史研究》，范愉、赵晶等译，浙江大学出版社，2019，第17页。
⑤ 夫马进编《中国诉讼社会史研究》，范愉、赵晶等译，浙江大学出版社，2019，第19页。
⑥ 夫马进编《中国诉讼社会史研究》，范愉、赵晶等译，浙江大学出版社，2019，第22~30页。

进教授先以东汉的诉讼实践来检讨"官者所信奉的无讼理念及其表现"。"有关东汉的诉讼，可以得出如下结论。正如王符所言，2 世纪前半期，全国每天有十万人以各种方式参与诉讼，可谓诉讼多发。""由啬夫或亭长审理农民们的诉讼，是因为县城非常遥远，所以常常由他们代替县令、县长就近受理诉讼、进行审判。在乡亭里提出的诉讼，表明那些纠纷已经不能在当地居民内部调解解决……"① 到了宋代，夫马进教授说道："'健讼'一词可以当之无愧地作为宋代以降诉讼之特征的关键词。"② 就清代的情状，夫马进教授通过对"一个县每年实际提出的诉讼文书的数量以及每年新提出的诉讼的数量进行细致考察"得出"当时的人们确实生活在于诉讼近在咫尺的社会环境中"③，"从诉讼件数和诉讼文书的数量可以看出，将清末的巴县称之为诉讼社会是恰如其分的"④。在这篇概论的最后，夫马进教授指出"中国诉讼的多寡及其形态与其统治方式有着密切的关联"；同时，中国的司法近代化正是在上述的事实上开始的。⑤夫马进教授这一议论，是非常具有启发意义的，无论如何，今天我们的司法改革都无法不去重新检讨传统中国，以及清末变法修律以来域外制度和新中国的革命司法传统。

　　全书第 2 章是籾山明教授的《长沙东牌楼出土木牍与东汉时代的诉讼》。文章通过对出土的 1001 号木牍的释读分析印证了王符《潜夫论》中《爱日》的内容——"我们可以确定的是，王符目睹的现实是后世所谓'健讼'的诉讼多发现象，以及无法应付这种情况的地方行政的真实情况"⑥。

　　第 3 章辻正博教授的论文《隋唐时期相州的司法与社会》所关心的

① 夫马进编《中国诉讼社会史研究》，范愉、赵晶等译，浙江大学出版社，2019，第 30~42 页。

② 夫马进编《中国诉讼社会史研究》，范愉、赵晶等译，浙江大学出版社，2019，第 43~60 页。

③ 夫马进编《中国诉讼社会史研究》，范愉、赵晶等译，浙江大学出版社，2019，第 77 页。

④ 夫马进编《中国诉讼社会史研究》，范愉、赵晶等译，浙江大学出版社，2019，第 105 页。

⑤ 夫马进编《中国诉讼社会史研究》，范愉、赵晶等译，浙江大学出版社，2019，第 111 页。

⑥ 夫马进编《中国诉讼社会史研究》，范愉、赵晶等译，浙江大学出版社，2019，第 129 页。

问题是："在中国史上，选择审判作为纠纷解决的手段，这种倾向的强化始于哪个时代。一直以来，有关这一问题的讨论，总是以'健讼'这一语词作为关键词……唐代以前并没有把'健讼'当作一个问题，为何宋代以后就把它认为是严重的事态了呢？"① 作者提出的一种答案是："……一定是唐代以前不存在、宋代以降才登场、普及的'东西'。例如可以推测，印刷术的普及和出版业的发展等是原因之一。"②

第4章水越知教授的论文《中国近世的亲子间诉讼》提出的问题很有意思："在前近代中国，虽然所有种类的纷争都曾被提交法庭，但亲与子之间的诉讼依然是最不适宜诉讼的。"③ 就档案及外围史料，从宋代以降至清末的亲子间诉讼实态来看也并非全是如此，还呈现"严罚与轻罪这两种处置的暧昧态度"。④

第5章谷井阳子教授的论文《为何要诉"冤"》是一篇与前述寺田浩明教授的论文《权利与冤抑——清代听讼和民众的民事法秩序》商榷的文章。作者认为："民事性诉讼中'冤抑'申诉形式的形成过程，与民事秩序无关的制度性背景起着作用。当政者重视的事态以及与此相关的政策，总会和民众需求有一定的差距，但民众又无力去改变当政者的政策，为了自身利益，民众只能顺着官方的思路间接地来处理问题。"⑤

第6章陈宝良教授的论文《"乡土社会"还是"好讼"社会？》的核心观点是："尽管儒家知识分子追求一种'无讼'的理想境界，而明清社会的现实状况却是一个'好讼'的世界。于是，'无讼'的理想与'好讼'的现实必然会产生冲突。冲突的结果，则是'息讼'观念的出现乃至在具体司法事务中的实践，以及'好讼'社会的最终形成。"⑥ 这一研

---

① 夫马进编《中国诉讼社会史研究》，范愉、赵晶等译，浙江大学出版社，2019，第137~138页。
② 夫马进编《中国诉讼社会史研究》，范愉、赵晶等译，浙江大学出版社，2019，第157~158页。
③ 夫马进编《中国诉讼社会史研究》，范愉、赵晶等译，浙江大学出版社，2019，第161页。
④ 夫马进编《中国诉讼社会史研究》，范愉、赵晶等译，浙江大学出版社，2019，第198~200页。
⑤ 夫马进编《中国诉讼社会史研究》，范愉、赵晶等译，浙江大学出版社，2019，第202页。
⑥ 夫马进编《中国诉讼社会史研究》，范愉、赵晶等译，浙江大学出版社，2019，第229页。

究对于我们今天的法治建设是有不少启发意义的，比如对于涉诉信访问题的反思与完善。

在第 7 章的《把持与应差——从巴县诉讼档案看清代重庆的商贸行为》一文中，范金民教授首先指出"现存十一万三千余卷《巴县档案》中有大量工商人户承应官府差事的诉讼内容，堪为反映清代重庆工商铺户活动极为珍贵的资料，至今未见人专门研究过"。① "分析重庆的大量商贸诉讼案件，对照清代律条有关行业把持的相关规定，巴县县衙的审理过程和结果，实际上已是承认和许可清政府所反对的行业把持。然而判定商贸行为是否属于把持，裁判权既不操于经营者，也不操于商贸同行，而是完全操于官府之手。官府判案的依据既不是大清律令，也不是官府告示，而单凭是否承应差事，是否遵守同行约定……官府以经营上的独断权抵偿甚至无偿地要求工商人员承应差事，而工商人户则以承应差事获得了把持或垄断经营的特权。"②

第 8 章阿风教授的《清代的京控——以嘉庆朝为中心》从嘉庆四年（1799 年）八月二十八日嘉庆皇帝的一道谕旨（"嗣后都察院、步兵统领衙门遇有各省呈控之案，俱不准驳斥"）切入，细致考察"为什么嘉庆四年发布这样的谕旨？这样的谕旨对于清代的京控有什么影响？嘉庆朝开始的京控扩大化的原因何在？"等问题。③ 作者指出："面对潮水般涌来的京控案件，皇帝或派钦差，或交督抚审理。由于钦差审案的时间和次数都十分有限，所以绝大多数京控案的承审者都是督抚等地方大员。皇帝一直对地方大员抱有厚望，希望他们通过振作来肃清积案、减少京控……不过，正是督抚整饬地方不力，才导致京控的扩大，与地方利益攸关的督抚根本没有解决京控案件的积极性。随着京控案件的增加，地方积案现象开始日益严重，这反过来又导致了京控的扩大，从而陷入恶

---

① 夫马进编《中国诉讼社会史研究》，范愉、赵晶等译，浙江大学出版社，2019，第 263 页。
② 夫马进编《中国诉讼社会史研究》，范愉、赵晶等译，浙江大学出版社，2019，第 308~309 页。
③ 夫马进编《中国诉讼社会史研究》，范愉、赵晶等译，浙江大学出版社，2019，第 310 页。

性循环。"①

第9章伍跃教授的《传统中国行政诉讼的一个场景：民告官》研究分析的是尚未得到足够重视的"中国传统社会中……由'平民百姓'提起的涉及行政问题的诉讼"。该文"比较详细地介绍围绕着旌表烈妇和要求恢复被褫夺的举人身份而展开的一场诉讼"——上海图书馆藏《山阳县陈参令挟嫌诬陷孙孝廉案》。②通过研究，作者认为"明清时代的法律中存在着通过行政诉讼取消或更正行政措施的途径。也就是说，法律承认并且保护民众就官吏的不法行为提起行政诉讼的'权利'。这种权利距近代法概念下的'权利'无疑相去甚远，但是那种认为传统中国的法律只规定了平民百姓的义务，而没有规定权利的观点多少有些失之偏颇"。"国家的法制度无疑是'统治人民手段的一部分'，但是由于使用方法的不同，它在一定条件下可以变成人民和平地抵抗官僚统治的工具。"③

第10章寺田浩明教授的论文《自理与解审之间——清代州县层级中的命案处理实况》切入点是"过度惯用民、刑二分法的论述，能否充分概括历史上的实际情况，则不无疑问。至少在两者之间，仍有一部分尚待说明"。"就最后的处理结果而言，的确仅有州县自理与解审两种可能。然而，这两种可能并非一开始即壁垒分明；而是透过州县层级的审问后，游移其中的事例始出现分离的情况……唯目前为止，多只着眼于一般理解的民事、刑事裁判之两极部分，至于其间所蕴含的问题，则尚未完全突显出来。"④寺田浩明教授通过对《巴县档案》（同治朝）"命案部分"案件 No.2059 的分析，最后得出结论："若暂时搁置律例的原则，持平而论传统中国法的实况，传统中国的政府在面临命案时，可能将手法分为金钱解决与刑罚两种。而州县长官以当事者所处的社会为对象，操作拟

---

① 夫马进编《中国诉讼社会史研究》，范愉、赵晶等译，浙江大学出版社，2019，第350~352页。
② 夫马进编《中国诉讼社会史研究》，范愉、赵晶等译，浙江大学出版社，2019，第359页。
③ 夫马进编《中国诉讼社会史研究》，范愉、赵晶等译，浙江大学出版社，2019，第386、396页。
④ 夫马进编《中国诉讼社会史研究》，范愉、赵晶等译，浙江大学出版社，2019，第403~404页。

罪以前的运作过程。""换言之，支持事案解决的规范基础（即'法'），乃案发现场中，由州县长官领衔，对案件逐一加工。官方受理民众的提诉时，亦不分暴行或者经济上的利害关系；透过一件裁判，灵活处以刑罚或分配利益。在以往区分民事裁判、刑事裁判的讨论中，或许即欠缺此种较大的共通框架之诠释。"①

接下去的第 11、12 章，分别是田边章秀馆员的《民国北京政府时期的覆判制度》与黄源盛教授的《从民刑混沌到民刑分立——民国初期大理院民事审判法源》。通过对民国北京政府时期覆判制度的研究，田边章秀馆员指出："鉴于当时司法上处于财政困难与人才不足的严峻状况，无法在各县都设置审判厅，政府乃将清代的传统处理方式调整为新式制度，利用覆判制度以求克服多数地区仍由行政官的县知事进行裁判的状况。这一制度的运用，既填补了县知事判决的不足之处，同时更进一步维系了整个诉讼制度。"② 黄源盛先生言明他的研究在于："借着拥有大量的史料之便，拟从实证的角度出发……尤其，要对下列几个问题做一些精进的思考：在立法功能不彰及成文法阙如的年代，大理院如何去探寻民事规范的法源？当法源相互冲突时，规范间的效力高下又该如何解决？在民国初期，帝制中国的最后一部传统刑法典如何改头换面成民事裁判的法源依据？大理院时期'判例要旨'的性质是否属英美法系的判例法？是否从事'司法兼营立法'的权宜作为？……《大清民律草案》的性质及地位究竟如何？"最后黄源盛先生指出："继中华法系倾圮之后，值司法方向迷茫之际，大理院的推事们虽职属冷曹，却清流品高，凭着睿智与胆识，在一片荒野法林中摸索前进，一面济立法之穷，一面求情理之平，倒也建立出一套独特的司法运作模式。"③

这部大书的最后两篇是比较法视野的文章，分别为第 13 章王志强教

①　夫马进编《中国诉讼社会史研究》，范愉、赵晶等译，浙江大学出版社，2019，第 437～440 页。

②　夫马进编《中国诉讼社会史研究》，范愉、赵晶等译，浙江大学出版社，2019，第 478～479 页。

③　夫马进编《中国诉讼社会史研究》，范愉、赵晶等译，浙江大学出版社，2019，第 482～483、521～522 页。

授的《官方对诉讼的立场与国家司法模式——比较法视野下清代巴县钱债案件的受理与审判》、第 14 章大平祐一教授的《宣判之后——"诉讼社会"视角下的江户时代》。王志强教授通过其研究指出,尽管中国帝制时代的官方意识形态对通过诉讼解决民事性纠纷普遍抱持着相对排斥的态度,但民间及实践中的状况呈现的则是相反的图景。通过与近代英格兰相比,王志强教授得出结论:"在清代中国,虽然每名州县官要处理的民事性诉讼总体数量相对并不更多,但他们却疲于应付……州县官们不可能在这种无所不管的程序制度下处理数量庞大的案件。他们希望尽可能少受理案件、节约行政成本,并尽可能减少职业风险,将应上报的重案简化为自理词讼。于是,一方面千方百计打击讼师、压制好讼,一方面加强冤抑—伸冤型的意识形态宣传,有选择地处理民事性纠纷,表现出相当程度的非讼立场……这种结构性关联所展示的普遍性意义,依然值得深入思考。"① 大平祐一教授的研究则通过延伸传统有关诉讼的研究中对执行问题重视不够的现状,希望能够重新反思关于"诉讼社会"研究的观念线索。②

以上为笔者摘引的《中国诉讼社会史研究》一书诸位作者论文的主要观点。笔者的摘记是很粗糙的,仅显示这本书此一刻最吸引笔者的观点。这部书的启发意义是明显的:其一,其较之传统的中国法制史研究有不同的思路,即其对诉讼档案等史料的运用,这令人想起近几年时有发表的诉讼社会史研究作品;其二,这部书对传统中国是否为"诉讼社会"进行细致分析,尽管我们可能不认同部分作者的分析结果,但是就其分析论证的细密而言不可否认我们还存在一定的差距;其三,尽管今天国内的诉讼社会史研究较 20 年前有了长足进步,但是我们依然需要与包括日本学者在内的域外研究者开展真诚的对话、交流,乃至学习。

---

① 夫马进编《中国诉讼社会史研究》,范愉、赵晶等译,浙江大学出版社,2019,第549~551 页。

② 夫马进编《中国诉讼社会史研究》,范愉、赵晶等译,浙江大学出版社,2019,第556 页。

结　语

滋贺秀三、寺田浩明、夫马进等日本有代表性的中国法制史学者的作品已如前所示作了扼要摘引阐述，这些作品的启发意义是显然的。若要再重复一遍，至少有以下几点：首先，这些成果相当清晰地为我们呈现了一种法社会学研究的思路。其次，这一法社会学之下的中国传统诉讼审判研究，增进了我们对于我国诉讼制度历史纵深感的实际理解。再次，在比较研究的世界里，我们能够通过域外学者对传统中国民事诉讼的研究反思我们自身——对于我国的法律与社会，我们不仅要做到自我认知，还要看到他者对我们的透视。最后，纯粹就个人的阅读学习而言，在不短的时间里，尽管笔者一直读马克斯·韦伯，但总觉得有些"隔阂"，难以疏通其中的一些关节，透过日本学者的研究，笔者大大减少了那层障碍。

笔者还想表达的是，这几位日本学者的研究大大扩展了我们关于法社会学研究的想象。某种意义上，法社会学研究可以分为理论的法社会学研究与作为方法的法社会学研究，但是我们需要考虑，法社会学研究的最终目的是什么？如果这种研究对于社会—法律关系的认识没有多少助益——既不能通过诉讼来观察反思社会，也不能通过社会来反思诉讼的进行，那么其价值就是有限的。而在这几位日本学者的研究中，笔者感受到了法社会学研究的力量。在笔者后来的学习阅读中，得以了解到日本学者在中国传统法律研究上的深层次抱负，也对日本在研究中国传统法律上重视法社会学方法的背景有了一定的体会，[①] 但是这一切都不妨碍我们抛开曾经的时空背景而在当下反思并发展中国自己的法律及法治。

---

① 参见赵刘洋在《妇女、家庭与法律实践：清代以来的法律社会史》（广西师范大学出版社，2021）一书中所撰写的导论——《海外学术界中国法律社会史研究方法论反思》。

第 11 章

中国法人类学的一个时期：霍贝尔《原始人的法》（《初民的法律》）中译本出版 30 年反思[*]

这些社会带给我们的意义并不在于它们可能展现了我们遥远过去的某些阶段。更确切地说，它们展现的是一种普遍现象、一个人类状况的共同点。[①]

——克洛德·列维-斯特劳斯

---

[*] 本章曾在 2021 年 7 月 29 日举办的第 8 期"法律人类学云端读书会"上汇报过，本期读书会另有包含各位师友主要观点的会议纪要，参见"法律人类学世界"微信公众号，2021 年 8 月 8 日。某种意义上，本章可视为经由霍贝尔的《原始人的法》（《初民的法律》）一书，国内法律人类学老中青三代学人对当下国内法律人类学发展现状及其所面临问题的一次小范围对话。笔者特别感谢两位尊敬的前辈师长周勇教授、张晓辉教授对晚辈后学的提携与指导；笔者也感谢王伟臣、李江峰、李宏基、郭婧、曾令健、尹韬、刘顺峰、刘阳等师友的不断鼓励以及细致的批评意见，在此一并致谢。"法律人类学云端读书会"酝酿于 2020 年 10 月 4 日上海外国语大学王伟臣发起的一次圈内小型腾讯会议，当时参与的有湖南师范大学刘顺峰、西南政法大学曾令健、上海师范大学刘振宇、哈尔滨工程大学尹韬、复旦大学熊浩、中国社会科学院林叶及笔者。经过近两年的运作，"法律人类学云端读书会"已形成比较成熟的小规模研究共同体。至 2023 年 5 月初已举办读书会 26 期；在读书会以外，另有"学术专访""法律人类学云端讲座""法律人类学云端观影会""法律人类学研习营""法律人类学博士生论坛""法律和人类学通识大讲堂"等系列学术活动。一个详细的介绍参见侯猛等《法律人类学的经典阅读（上）：为何读，如何读》，载澎湃新闻，https://www.thepaper.cn/newsDetail_forward_16128242，最后访问日期：2022 年 1 月 7 日。

[①] 克洛德·列维-斯特劳斯：《面对现代世界问题的人类学》，栾曦译，中国人民大学出版社，2017，第 14 页。

引　论

《原始人的法》(《初民的法律》) 原书初版于 1954 年,[①] 彼时的霍贝尔 (Edward Adamson Hoebel, 1906～1993)[②] 48 岁, 已是非常成熟的关于原始部落法律研究的专家; 这个时候, 距离让他博得大名的 1941 年出版的《夏延人的方式》[③] 已是 13 年之后。13 年前, 35 岁的霍贝尔还是一个新人。较之最有名的《夏延人的方式》,《原始人的法》或许没有那样耀眼, 但是却更为成熟。借用赵旭东的研究, 这是一本经典的关于"原始人的法"的教科书。[④] 中文世界里, 在 1992 年、1993 年分别出版了该书的两个译本。[⑤]

---

① E. Adamson Hoebel, *The Law of Primitive Man*: *A Study in Comparative Legal Dynamics*, (Cambridge: Harvard University Press, 1954).

② 关于霍贝尔的一个简略的传记, 参见 Frank C. Miller, "E. Adamson Hoebel (6 November 1906-23 July 1993)," *Proceedings of the American Philosophical Society* 139, 1 (1995): 107-108, https://snaccooperative.org/ark:/99166/w6xw54kb#biography, 最后访问日期: 2021 年 7 月 14 日。

③ Karl N. Llewellyn, E. Adamson Hoebel, *The Cheyenne Way*: *Conflict and Case Law in Primitive Jurisprudence* (Norman: University of Oklahoma Press, 1941); Ajay K. Mehrotra, "Law and the 'Other': Karl N. Llewellyn, Cultural Anthropology, and the Legacy of The Cheyenne Way," *Law & Social Inquiry* 26, 3 (Summer, 2001): 741-775.

④ 赵旭东:《法律与文化: 法律人类学研究与中国经验》, 北京大学出版社, 2011, 第 1 页。尽管在整个法律人类学发展的长河中, 这本书可能不是最耀眼的, 但是的确如中译本之一的译者周勇先生所言, "它既是在此之前人类学家研究原始法的集大成之作, 同时又代表了当今法人类学研究的方向和主流"("译后记")。在笔者阅读过程中, 无论是这本书所讨论的议题, 还是随处信手拈来的案例, 以及作者在最后一章极富深情和启发意义的"法的发展趋向"的论述, 都令人印象深刻, 可以说是我们学习法人类学的一个非常好的指引和灯塔。

⑤ 霍贝尔:《原始人的法: 法律的动态比较研究》, 严存生等译, 贵州人民出版社, 1992; 霍贝尔:《初民的法律: 法的动态比较研究》, 周勇译, 中国社会科学出版社, 1993。两个译本的翻译书名不尽一致, 但有意思的是恰代表了霍贝尔这一研究的两种观察视角。"原始人的法"是契合当时霍贝尔研究的时代背景的, 即那个时候的原始社会研究热潮;"初民的法律", 是在今天看来更准确也更客观的表述, 因为在后来的反思中, 我们都认可"原始社会"是制造发明出来的概念。这后一方面可参考刘禾主编《世界秩序与文明等级: 全球史研究的新路径》, 生活·读书·新知三联书店, 2016。另据《初民的法律》一书译者周勇的介绍, 他当年选择这一书名是经过仔细考虑的, 一是为了避免"原始"一词在中文语境下带有的某种贬义, 二是为了避免理解上落入社会发展五阶段论之中。所以在参照吕叔湘先生翻译的罗伯特·路威 (Robert H. Lowie)《初民社会》(霍贝尔在本书中有引用该书, 参见霍贝尔《初民的法律: 法的动态比较研究》, 周勇译, 中国社会科学出版社, 1993, 第 170 页) 一书之后, 将 primitive 一词翻译为"初民"。

就国内的法律人类学研究而言，在《原始人的法》中译本出版后的这 30 年，霍贝尔是绝对绕不开的，无论是他提出的议题，还是他所展示的方法，抑或他的思想。

今天，我们对霍贝尔最好的怀念，就是认真对待他的研究。[①] 而首要的就在于我们要去看看他的作品里到底讲了什么，他的问题意识及其对话对象是什么，他又希望通过他的研究得出什么，只有在完成这些工作的基础上，我们才有可能与作者即霍贝尔进行对话，也才能有望进行批判性的反思及考虑我们的法律人类学的发展与这背后的核心问题关切。以下首先是对霍贝尔《原始人的法》中译本出版 30 年来在中国传播情况的概览，而后是对霍贝尔《原始人的法》核心内容的梳理，最后是笔者基于对霍贝尔的了解以及其《原始人的法》的阅读所思所想。

一 霍贝尔《原始人的法》（《初民的法律》）的国内传播

中文世界目前能够收集到的关于霍贝尔《原始人的法》的研究，主要有以下几个方面：首先是对霍贝尔本人及其《原始人的法》的介绍与评价；其次是对其法律人类学研究方法的评价；最后是对法律人类学学术贡献的评价。上述研究内容主要集中在期刊论文及若干著作的章节中，尚未有专门的关于霍贝尔研究的专著。[②]

---

① 1972 年，霍贝尔从明尼苏达大学退休。次年，著名的《法律与社会评论》（*Law & Society Review*）出了一辑专号，详细回顾与讨论了这位人类学家的重大贡献。See Leopold Pospisil, "E. Adamson Hoebel and the Anthropology of Law," *Law & Society Review* 7, 4 (1973): 537-559.

② 目前能够检索到的研究作品主要有：严存生《霍贝尔的法人类学》，《法律科学（西北政法学院学报）》1991 年第 4 期；岳纯之《人类法律的早期演进——霍贝尔法律思想述评》，载南开大学法政学院编《南开大学法政学院学术论丛》，天津人民出版社，2001；张敏《初识法人类学——评介霍贝尔先生的〈初民的法律〉一书》，载苏力主编《法律书评》第 2 辑，法律出版社，2004；李小妍《霍贝尔的法人类学思想研究》，硕士学位论文，山东大学，2006；何欢《法律之芽——从〈初民的法律〉说起》，载贵州省法学会《当代法学论坛》第 2 辑，中国方正出版社，2006；杨军《评〈原始人的法〉》，《云南大学学报》（法学版）2009 年第 5 期；王述炜《霍贝尔〈原始人的法〉述评》，《哈尔滨师范大学社会科学学报》2016 年第 3 期；叶昌斌《法律到底是什么：霍贝尔法律人类学思想研究》，硕士学位论文，西南政法大学，2018。

考虑到法律人类学（法律社会学）在国内的发展境况，应当说霍贝尔及其《原始人的法》在国内的地位是比较高的。尽管霍贝尔最主要的作品《夏延人的方式》到目前还没有中译本，① 也尽管可能大多数人对霍贝尔的了解仅限于"霍贝尔"这个名字以及"原始人的法"这个书名，但无论如何霍贝尔及其法律人类学都是一种在国内很便捷的法律人类学交流符号话语——不论是真懂还是一知半解，都可以凭借这几个字快速地在法律人类学这个很边缘也相当小众的圈子里找到共同的话语。霍贝尔及其《原始人的法》的尴尬之处也许就在于，人人都能说两句，但又说不清楚其贡献到底在哪里。②

　　客观地说，当下国内对于霍贝尔及其作品的热情比起后来的格尔茨（Clifford Geertz，1926~2006），特别是在研究的深入性上差了不少，也不如纳德（Laura Nader，1930~）与梅丽（Sally Engle Merry，1944~2020）。但问题是，为什么在今天国内法学人谈起法人类学首先想到的还是霍贝尔呢？为什么在 20 世纪 80 年代末期两个中译本的译者都选择的是霍贝尔这本书，③ 而不是霍贝尔更具代表性的《夏延人的方式》以及后来看来可能更有价值的其他法人类学学者的作品呢？霍贝尔是如此的"家喻户晓"，但为什么国内对霍贝尔的介绍仅限于这本《原始人的法》呢？而且，为什么在这之后的 30 年，尽管国内的法学翻译蔚为大观，但法人类学的翻译还是几

---

① 据悉，《夏延人的方式》一书已由中国社会科学院胡昌明老师译妥。

② 霍贝尔的研究除我们熟悉的外，还有非常多的其他研究，在 JSTOR 上可以检索到近 200 篇文章。比如下面这篇，就是我们非常不了解的。See E. Adamson Hoebel, "Fundamental Cultural Postulates and Judicial Lawmaking in Pakistan," *American Anthropologist* 67, 6 (1965)：43-56.

③ 为什么在 20 世纪 80 年代末期会有两位译者不约而同地翻译了同一本书，笔者没有当面求证过严存生先生，但猜测是彼时严老师在澳大利亚访问时带回国的资料。另一位译者周勇老师介绍当时翻译这本书是经过精心选择的。主要考虑到两点，一是这本书所介绍的关于"法律"的观点，在 20 世纪 80 年代是非常有冲击力和启发性的；二是这本书承前启后——"研究法人类学，本书是一个较为合适的切口，从其入手，上溯下追，便可一窥堂奥"。他早在读研究生时就看过英文本，后来在他追随中国社会科学院罗致平学习过程中，又在罗先生处看到日译本，所以翻译这本书也就自然而然——只是令笔者好奇的是，《初民的法律》这个译本在出版后似乎未再版过——周勇介绍说《初民的法律》是中国社会科学出版社最后一本铅字排版印刷的图书。另据周勇介绍，他与严老师本人并不熟识，这样，同一时间出现两个译本，可谓英雄所见略同。

乎可以忽略不计呢？对于第二个问题，王伟臣给出了他的观点：

> 首先，当时国内对于西方法律人类学的学术谱系并不了解；其次，《原始人的法》似乎可以回应当时法学界的一场争论。严存生版的"译者前言"开篇就提到：原始社会有没有法律？100 多年来，这个很有魅力的问题一直在吸引着许多历史学、人类学、民族学、社会学和法学等学科的研究者。的确，这个问题的解决对以上各个学科都有着重大意义。①

对此，笔者大体是同意的。相比较而言，同样处在东亚的日本，其法律人类学研究较之中国是发达的。直到今天，20 余年前翻译出版的千叶正士的《法律多元》一书对年轻的国内学子还有不小的影响力。就霍氏这本书而言，无论是翻译时间还是传播之深度，都较国内要好一些。霍氏的这本著作在 1984 年就有了日译本，这是比中国早的。霍氏该书的译者之一便是千叶正士，他曾在明尼苏达大学跟随霍贝尔学习了一段时间。② 千叶也将其《法律多元：从日本法律文化迈向一般理论》献给霍氏。而关于中译者，严存生先生大约是与霍氏没有太多交流或者没有直接交流的。而周勇先生介绍，他与霍氏的交往则要到《初民的法律》一书译毕写信寻求授权的时候，而等到这本书出版后霍氏已经去世了。③ 而中译者周勇与日译者千叶正士的会面，据周勇介绍要到 1995 年 8 月在日本东京大学举办的法社会学国际协会第三十一届学术大会上。④

---

① 王伟臣：《从边缘到边缘：法律人类学在中国的译介与传播》，《法治现代化研究》2019 第 1 期。

② 千叶正士：《法律多元：从日本法律文化迈向一般理论》，强世功等译，中国政法大学出版社，1997；徐晓光：《日本法人类学及民族法学研究的历史与现状》，《中南民族大学学报》（人文社会科学版）2006 年第 3 期。

③ 译者周勇老师感念霍贝尔先生彼时为中国社会科学出版社《初民的法律》一书中译本出版慷慨授权及 2000 美元的出版资助——"这是他个人对于法人类学在中国发展的贡献"。据周勇老师 2021 年 8 月 3 日给笔者的邮件。

④ 这次会议的信息，参见季卫东《面向 21 世纪的法与社会》，载氏著《法治秩序的建构》，中国政法大学出版社，1999，第 394~395 页。

二　霍贝尔《原始人的法》（《初民的法律》）主要内容

（一）为什么要研究"原始人的法"？

为什么要研究"原始人的法"，霍贝尔在这本书中并没有做直接的交代，但这却是一个要首先回答的问题，也只有从这里开始，才能理解霍贝尔在这本书里的工作。下面从"原始人的法"之研究的时代背景以及霍贝尔本人的研究做一些初步的分析。

在周勇老师译本罗致平老师的"校者前言"里大致勾勒了 19 世纪中叶到 20 世纪初期的（法）人类学研究历史，而这之中，我们能够感觉到一个曾经十分辉煌的关于"原始社会"的研究。[①] 到霍贝尔 1941 年与卢埃林合作出版《夏延人的方式》，又特别是 1926 年马林诺夫斯基《原始社会的犯罪与习俗》[②] 等作品对原始社会法律研究的铺垫，再到 1954 年霍贝尔能够全面梳理这一问题时，可以说这是自然而然、水到渠成的。事实上，在《原始人的法》一书一开始的地方，霍贝尔就拉出了一条"原始法—古代法—现代法"的路线，而在全书结尾的地方是（未来）世界法。[③]

其次，就霍贝尔本人的研究来看，这也是其长久以来的研究兴趣的自然扩展。早在 1933 年，27 岁的霍贝尔所作的博士学位论文就是"科曼奇人的法"。[④] 在这次论文写作过程中年轻的霍贝尔遇到了一定的困难，但

---

① 这一时期西欧学界对于"原始社会"的热心，黄应贵在他的研究中作了清晰的论述。"19 世纪……西欧所说的'原始'，不仅假设了进步的观念在内，更是一种时间的概念，是一种类别，而不是客体。是进步的概念'创造'了原始人，而不是以原始人证明文化的进步。"参见黄应贵《反景入深林——人类学的观照、理论与实践》，商务印书馆，2010，第 19~20 页。另见王铭铭《裂缝间的桥——解读摩尔根〈古代社会〉》，山东人民出版社，2004，第 16 页；克洛德·列维-斯特劳斯《面对现代世界问题的人类学》，栾曦译，中国人民大学出版社，2017，第 30 页。

② 关于这本书最早的中译本可能是林振镛翻译、1930 年华通书局出版的《蛮族社会之犯罪与风俗》。今天常见的译本是原江的《原始社会的犯罪与习俗》（另有 1994 年夏建中在台湾桂冠翻译出版的《原始社会的犯罪与习俗》）。

③ 霍贝尔：《初民的法律：法的动态比较研究》，周勇译，中国社会科学出版社，1993，第 5、372~374 页。

④ 霍贝尔至少出版过两本与"科曼奇人的法"有关的书，分别是：*The Political* （转下页注）

正是这一困难，使得其师哥伦比亚大学人类学教授博厄斯为其引荐了当时已是著名教授的法学家卢埃林。三年前，卢埃林已经出版了誉满天下的《荆棘丛》。这次相遇，不仅促成了霍贝尔与卢埃林终生的友谊，也使得法人类学的研究在此走向了一个新的发展点。八年后，即1941年，霍贝尔、卢埃林二人合作的《夏延人的方式》出版了，这本书代表了法人类学发展的一个新的高度。自然而然，1954年，48岁的霍贝尔已经在"原始人的法"这一领域获得了可观的成就，顺理成章可以回顾与总结这一领域的研究。事实上，《原始人的法》一书再无新的经验材料，而增添的是其关于这些经验材料的两部分理论抽象内容。

结合以上两点，可以说《原始人的法》的写作不仅是时代的自然发展，也是霍贝尔个人学术的自然延续。而更深层次的理由，一如赵旭东转述亚当·库柏（Adam Kuper）的观点："法律人类学最初的问题意识是跟'原始法律'概念的发明密切地联系在一起的，并且进一步与部落社会概念的发明联系在一起。"① 即，"原始人的法"研究本就是法律人类学研究的经典命题。即便是将1926年马林诺夫斯基的《原始社会的犯罪与习俗》作为法律人类学研究的起点，到20世纪50年代，已经快30年了，这个时候已是美国犹他大学文理学院院长的霍贝尔站出来作关于这一议题的阶段性总结也是非常正常的。事实上，霍贝尔在《原始人的法》一书第一部分、第三部分有关理论阐述的内容中，较之其之前的学者不仅将"原始人的法"这一议题向前推进，而且还有明确的对话对象——特别是对梅因的名言"所有社会的运动，到此为止，是一个从身份到契约的运动"的批评。② 这不仅让我们看到了霍贝尔这本书的学术传承意义，而且还看

（接上页注④）*Organization and Law-Ways of the Comanche Indians*，1940（在霍贝尔的博士论文基础上改写而成，关于霍贝尔博士论文的一个初步介绍，参见戴兴邦《霍贝尔哪有时间修改博士论文呢？》，载"法律人类学世界"微信公众号，2021年7月16日）；*The Comanches：Lords of the South Plains*，1952。这两本书也都出现在《原始人的法》一书中，参见霍贝尔《初民的法律：法的动态比较研究》，周勇译，中国社会科学出版社，1993，第386页。

① 赵旭东：《法律与文化：法律人类学研究与中国经验》，北京大学出版社，2011，第30页。

② 霍贝尔：《初民的法律：法的动态比较研究》，周勇译，中国社会科学出版社，1993，第367～369页。

到了霍氏更大的学术抱负。①

　　作为一种也许是补充思路的解释的，是涂尔干的研究。涂尔干在晚年出版了其非常重要的《宗教生活的基本形式》，在这本书中有这样一段话：

　　　　本书的宗旨，就是要研究实际上已经为人所知的最原始和最简单的宗教，分析这种宗教，并尝试作出解释……我们为何要赋予原始宗教以特殊的地位呢？我们为何要选择它们，而不是任何其他宗教作为我们的研究主题呢？……首先，对那些最近出现的宗教来说，除非我们去追踪它们在历史中逐步形成的方式，否则我们就很难了解它们……我们不能通过历史过程中所出现的各种复杂的宗教来实现这个目的……在低级社会中，情况则迥然不同。在那里，个性很少能够发展起来，群体的规模很小，外界环境也没有什么差别，所有这些都把差异和变化减小到了最低效度……原始文明所提供的各种事例是极其重要的，因为它们非常简单。因此，在人类活动的所有领域内，民族学者的考察往往会给人带来货真价实的启发，使有

---

①　除却笔者在正文中所交代（猜测/推测）的诸点外，叶舒宪先生的《现代性危机与文化寻根》（陕西人民出版社，2020）还是很有启发性。云南大学法学院张晓辉教授提供了另一种解释的思路，笔者照录如下："关于霍贝尔写作《初民的法律》的初衷，我的看法是：自从与卢埃林合作以来，霍贝尔一直充当卢埃林的研究助手和资料贡献者。在《夏延人的方式》一书两位作者写的'前言'中，有一部分是关于两人写作分工的内容，说明霍贝尔承担了田野调查和资料整理的工作，卢埃林承担了构建理论和案例分析的工作。如果说该书的'前言'对此分工的说明还不是十分明晰的话，在纳德的《法律的生命》一书的第二章中，对二人的分工就有清晰的说明，并强调该书是以卢埃林为主完成的。在康利和欧巴尔的《一部经世不衰的经典：夏延人的方式和法律人类学的案例分析方法》中也有说明。霍贝尔在后来与卢埃林的合作中，一些观点与卢埃林相左，且他一直有建构自己的法律人类学理论体系的抱负，《初民的法律》就是霍贝尔独自建立自我理论体系的尝试。《夏延人的方式》与《初民的法律》的旨趣并不一样，前者以法学家为主，主要解决的是法学（或者说是法理学）的问题，诸如法学的跨学科研究方法、判例的效力、法律的程序、疑难案件及发现法律的途径等；而后者则关注作为人类学研究范畴的法律问题，诸如法的概念、法的成长、法的功能和法的未来。这些问题的研究关乎法人类学对法学传统理论的挑战，也关乎人类学与法学的对话能否如人类学家的愿望得以进行。实际上，法学与人类学的对话十分艰难，以至于到了 20 世纪 70 年代，人类学家干脆抛开了关于法的概念。"据张晓辉 2021 年 8 月 4 日给笔者的邮件。张晓辉教授的观点也部分地回答了霍贝尔对于法律概念的执着，特别是对于霍菲尔德理论的细致论述。

关人类制度的研究得到更新。①

（二）法律人类学＝法律的文化分析？

在大体了解了为什么会研究"原始人的法"之后，接下来就是如何进入"原始人的法"的世界，这就是《原始人的法》第一章"法律的文化背景"所要回答的问题。从"文化"的背景切入，这不仅是下面要讨论的霍贝尔"功能的现实主义"的立场所决定的，还是霍贝尔作为一个人类学学家其根本的"本体论"起点所决定的——况且，霍贝尔又是博厄斯、本尼迪克特学术脉络中的学生，他们所看重的就是"文化"。事实上，有观点就认为"法律人类学的理论、方法均来自文化人类学……法律人类学是文化人类学的一门分支学科"②。

不过我们还是要仔细检读霍贝尔本人给出的理由。在第一章中，霍贝尔旁征博引、纵横捭阖，点出了其对"文化"的观点，即"由一个社会的成员创制和共同使用的习得方式的总体"③。霍贝尔转述他人的观点"就人类学的观点来看，法只是我们文化的一个方面"，进而表明"我们须充分地了解社会和文化，以便在总的社会结构中发现法的地位"，并进一步指出"人类学对法的研究完全是行为主义的和经验主义的"，"一方面，我们远离了以假设一种超自然的直觉为特征的传统的自然法的研究方法；另一方面，我们也抛弃了奥斯丁逻辑的抽象研究方法"，"功能的现实主义所追求的是对社会各种制度进行经验的观察和解剖，并对与社会整体功能密不可分的法律机制及其在社会有机体之中的生理学上的原动力加以分析"④。

---

① 爱弥尔·涂尔干：《宗教生活的基本形式》，渠东、汲喆译，上海人民出版社，2006，第 1~5 页。
② 董建辉、徐雅芬：《西方法律人类学的产生、发展及演变》，《国外社会科学》2007 年第 6 期。
③ 霍贝尔：《初民的法律：法的动态比较研究》，周勇译，中国社会科学出版社，1993，第 7 页。
④ 霍贝尔：《初民的法律：法的动态比较研究》，周勇译，中国社会科学出版社，1993，第 4~6 页。

法的功能现实主义研究的主要问题之一，就是将法律制度建立于其上的基本的社会前提原理先分立抽象出来。①

这一"前提原理"的理论和方法也是霍氏本书的一个明显的论证特色。在第一章并不是很好读的内容中，还需要我们多做一些工作。对于法律与文化之不可分，霍氏首先认为是由于文化是人类所特有的一种东西。人不像动物，人的行动大量的是学得的，而不是本能的。霍氏还指出，行为方式的完整一致是通过社会选择进行的，而选择不是偶然的和随意的，有某些选择的标准，即"公规""公理"②（周译"前提原理"，③ 原作表述为"postulates"）。通过选择，一个社会的人们就会按照特定文化的需要采取某种生活方式，就会对特定的刺激作出同样的反应。而那些反复出现的方式我们就称为平均数或习惯，即社会规范。法律正是社会规范的一种。④

以上可看作需要透过文化来研究法律的理由。当然，用今天的眼光来看，法律人类学研究的文化视角，可以比较好地避免关于"法为何"这一可能永远都没有答案的争论。事实上，我们也看到了法律的文化研究所带来的巨大学术成果，这在国外是这样，在国内也是一样，对于比较法研究显得尤为明显。⑤

在结束了第一章"法的文化背景"的分析之后，第二章霍贝尔讨论

---

① 霍贝尔：《初民的法律：法的动态比较研究》，周勇译，中国社会科学出版社，1993，第17页。

② 霍贝尔：《原始人的法：法律的动态比较研究》（修订译本），严存生等译，法律出版社，2012，第57页；E. Adamson Hoebel, *The Law of Primitive Man: A Study in Comparative Legal Dynamics*（Cambridge: Harvard University Press, 1954），p.69。

③ 霍贝尔：《初民的法律：法的动态比较研究》，周勇译，中国社会科学出版社，1993，第17页。

④ 霍贝尔：《原始人的法：法律的动态比较研究》（修订译本），严存生等译，法律出版社，2012，"译者前言"第4~5页。

⑤ 笔者略有了解的是奥斯汀·萨拉特、梁治平等人的研究。参见梁治平编《法律的文化解释》，生活·读书·新知三联书店，1994（此外梁治平先生主持的"法律文化研究文丛"自1996年起已出版20余种）；马蒂亚斯·赖曼、莱因哈德·齐默尔曼编《牛津比较法手册》，高鸿钧等译，北京大学出版社，2019，第706~734页；保罗·卡恩：《法律的文化研究：重构法学》，康向宇译，中国政法大学出版社，2018。

的是"法是什么"。在这一章，霍贝尔回应了为什么说原始社会没有法律是错误的这一观点——不能将习惯与法律混同。① "什么是法？"霍贝尔明确地指出，"它不是主权者的命令"。霍贝尔接受的是卡多佐、霍姆斯、萨蒙德、马克斯·雷丁——本书的题献者之一——等的观点。最后霍贝尔总结道：

> 法是这样一种社会规范，当他被忽视或违反时，享有社会公认的特许权的个人或团体，通常会对违反者威胁适用或事实上使用人身的强制。②

这是呼应其在第一章中关于法是"维持社会秩序的控制体系"这一观点的。③

那又如何才能实现通过文化的法律分析呢？第三章即为"方法和技巧"。霍贝尔批评了民族法学上的"理想学派"（改进后的"荷兰学派"）及 R.S. 拉特雷、巴顿、马林诺夫斯基等人的"描述的方法"，④重申了其与卢埃林在《夏延人的方式》一书中所运用的方法——"以纠纷案例作为法律研究的方法"。

> 案例研究法的倾向是归纳……运用这种方法，就是从更多的案例分析中求得原始法的规范。这是科学的研究方法——是一个从特殊到一般，再通过对一般的进一步检验回到特殊的过程。
>
> 除此之外，还有一个重要的前提……我们对法的性质的假定：法围绕着利益的冲突这一中心。……法在现实的或预期可能发生的

---

① 霍贝尔：《初民的法律：法的动态比较研究》，周勇译，中国社会科学出版社，1993，第20~23页。
② 霍贝尔：《初民的法律：法的动态比较研究》，周勇译，中国社会科学出版社，1993，第30页。
③ 霍贝尔：《初民的法律：法的动态比较研究》，周勇译，中国社会科学出版社，1993，第4页。
④ 霍贝尔：《初民的法律：法的动态比较研究》，周勇译，中国社会科学出版社，1993，第31~37页。

争议中孕育成长，其存在是为了引导人们的行为在利益发生冲突时，不致酿成公开的对抗。[①]

　　霍贝尔用 10 页的篇幅概要回答了"你是怎样获取你的案例和资料的？"这一人类学家"无法回避"的问题。具体包括研究方法选择上需要考虑的"所调查的文化的性质、被调查对象对外来人总的态度"等方面的内容，调查程序开始后要遵循的原则以及基本的要求，保护人、报道人的选择，案例材料的筛选、整理、分析，等等。[②] 这一方法是需要特别注意的，这也是我们研读《原始人的法》一书第二部分七个主要案例的一条重要路径。这一案例分析方法将看似散乱的诸个案串联了起来，读者得以一窥"原始人的法"的堂奥。记住这一方法是很重要的，否则我们很难把握后面第二部分霍贝尔对七个原始社会法律的论述。

　　在结束了前三章的论述之后，第四章是"原始法研究中所运用的基本法律概念"。霍贝尔的一个基本态度是，原始社会存在与文明社会"意义相同的法"，进而"学习西方法理学的基本方法也应该适应学习原始法的需要"。这一点在后来的研究中曾引起非常大的长久性的争议。[③] 在本章我们暂且不讨论这一点，只是比较困惑的是霍贝尔对于霍菲尔德理论的选择。

（三）霍贝尔心中的神：卢埃林、霍菲尔德——霍氏法律人类学法律分析的起点

　　1933 年，霍贝尔结缘卢埃林（Karl N. Llewellyn，1893~1962），彼时卢埃林尚为哥伦比亚大学法学院教授，从此二人便从最开始的导师—学生关系，成为终生的典范合作者———一直到 1962 年卢埃林去世。年长霍贝尔 13 岁的卢埃林在耶鲁的学生时代，最崇拜的一位法学家便是以"法

---

①　霍贝尔：《初民的法律：法的动态比较研究》，周勇译，中国社会科学出版社，1993，第 38 页。

②　霍贝尔：《初民的法律：法的动态比较研究》，周勇译，中国社会科学出版社，1993，第 39~48 页。

③　王伟臣：《法律人类学的困境——格卢克曼与博安南之争》，商务印书馆，2013。

律概念分析理论"赢得大名，却不幸英年早逝的霍菲尔德（Wesley
Newcomb Hohfeld，1879~1918）。[①]

霍贝尔将其《原始人的法》一书题献给卢埃林，并在全书多处引用
其观点；而对于霍菲尔德的观点，则在全书第四章"原始法研究中所运
用的基本法律概念"中，不仅作了非常详细的阐述，而且还作了一定的
实例分析。霍贝尔对霍菲尔德观点的引用，特别是将这作为其论证的基
点，还是让笔者有些疑惑。无疑，法人类学对于"法"为何是有框定的，
但是分析实证法学的"法"概念分析框架是否能够作为其具体的分析工
具呢？对此，霍贝尔在书中是有解释的：

> 一、用霍菲尔德的概念来描述原始材料是可行的；二、更重要
> 的是，这种描述方法增强了人们对案件的感性认识，更明确了所存
> 在的问题和涵义以及法律上的有关限制……第三点：运用霍菲尔德
> 的概念来替代一切过于宽泛的和不恰当的术语词汇，就可以避免一
> 些不必要的争执和混乱。[②]

考虑到霍贝尔的合作者同时也是其法学知识的主要贡献者的卢埃林
也表现出对霍菲尔德的法律关系分析理论的尊崇，[③] 似乎就不难理解霍贝
尔的思考理路，但卢埃林的法律现实主义与霍贝尔的法律人类学在研究
趣旨上还是有所差别的。霍贝尔在后文的论述中，表明自己是一个"功
能现实主义者"。[④]

随着国内对霍菲尔德理论的翻译与研究的加深，我们现在可以更全

---

① 王涌：《私权的分析与建构：民法的分析法学基础》，北京大学出版社，2020，第74页；
卡尔·卢埃林：《荆棘丛：我们的法律与法学》，王绍喜译，中国民主法制出版社，
2020，第150~157页。

② 霍贝尔：《初民的法律：法的动态比较研究》，周勇译，中国社会科学出版社，1993，第
58~59页。

③ 卡尔·卢埃林：《荆棘丛：我们的法律与法学》，王绍喜译，中国民主法制出版社，
2020，第151~157页。

④ 参见霍贝尔《初民的法律：法的动态比较研究》，周勇译，中国社会科学出版社，1993，
第6、299页。

面和细致地看到这一理论（霍菲尔德法律概念矩阵见表 11-1）。①

表 11-1　霍菲尔德法律概念矩阵

法律上的 相反关系	权利	无义务（自由）	权力	无责任（豁免）
	无权利	义务	无权力	责任
法律上的 关联关系	权利	无义务（自由）	权力	无责任（豁免）
	义务	无权利	责任	无权力
法律上的 矛盾关系	权利	义务	权力	责任
	无义务（自由）	无权利	无责任（豁免）	无权力

资料来源：王涌：《私权的分析与建构：民法的分析法学基础》，北京大学出版社，2020，第 141~142 页。

　　尽管法人类学是有一个关于"'法'为何？"的认识图式的，但是至少多数的法人类学法律分析框架及其旨趣是不同于规范的法学分析流派的。《原始人的法》一书中对于霍菲尔德理论的介绍几乎只存在于这一章——下一次的出现是在本书并不太重要的一个地方——关于阿散蒂人社会中"祖先的惩罚"的个案。② 同时，在后文中，霍氏也没有展现其是如何用霍菲尔德理论来分析原始人的法的。这仅仅是因为卢埃林吗？或者说难道霍贝尔的研究是为了证明霍菲尔德概念体系是合理的吗？是为了证明原始法与现代法之间是共同的基因吗？笔者的一个暂时的结论是，霍贝尔接受的是一种分析法律关系的方法，而不是规范法学分析学派关于法的定义。否则对照全书其他地方关于其所认为的法律的概念、性质以及功能的阐述，就会进一步困惑于其第四章的安排。特别是在全书的第十章"宗教、巫术和法"中，霍贝尔指出，宗教、巫术与法是不一样

① 纪格非、王约然：《霍菲尔德法律概念的原点及其逻辑展开》，《北京联合大学学报》（人文社会科学版）2018 年第 4 期。知乎上的一个举例：乙向甲借 100 元并约定到期还款。则到期后甲有要求乙还款的 right，乙有还款之 duty；甲有免除乙还款义务之 power，此时乙得还款义务免除之 liability；免除之后，乙仍有向甲还款之 privilege，甲则对还款处于 no-right；若期间甲将债权转移给丁并通知了乙，则此时甲对于免除乙之债务为 disability，乙针对甲的免除则为 immunity。https：//www.zhihu.com/question/25654852，最后访问日期：2022 年 6 月 22 日。

② 霍贝尔：《初民的法律：法的动态比较研究》，周勇译，中国社会科学出版社，1993，第 245 页。

的，即便在原始人那里，也是不一样的。这确实是在讲法的独立性。这再一次令人困惑，尽管霍贝尔全书都在阐述法律与社会是关联的，是相互作用的，但在霍菲尔德的理论框架里，无疑是讲法律是独立的。或许正如王涌的解释所言，"霍菲尔德所提炼的八种基本关系并非法律所独有，它是所有规范关系的'最小公分母'"。①

在交代完前述第一部分所谓"原始法的研究"之后，就来到了第二部分"原始法的几种形式"，其在篇幅上占400页正文的一半以上。在这一部分，霍贝尔呈现给我们的不仅是因纽特人等七个原始社会的法，还有其个案研究方法。其间之个案研究方法可能是今天影响力最大的，因为对于今日来说，人们肯定会好奇"原始人的法"究竟是怎样的，但是在几十年后，人们再回望"原始人"这一发明出来的概念时，大略地说，霍贝尔的描述其实只是一种对于所谓原始社会法律的想象，或者更准确地说是对与我们同时代的异文化"法律"的一种描述与解读。但是这些并不妨碍我们具体去了解霍贝尔浓墨重彩的这200多页内容。

不过要阅读这200多页的案例，至少在笔者这里还是有不少的挑战和困难。其中的困难首先在于霍氏所描述的诸原始人的法与我们今天常见的法律体系至少在外观上是有很大的差异的，我们需要在"原始法—现代法"不断的往返中，想象原始人的法的样子。其次则在于霍氏在这一部分论述中所依据的个案材料几乎全部是二手文献，而非一手的田野材料。深陷这些眼花缭乱的二手文献，犹如进入了一个微型的弗雷泽《金枝》世界。要完全读懂这些基于二手文献的案例分析，就需要不断回到所引用的原作中去。

---

① 王涌：《私权的分析与建构：民法的分析法学基础》，北京大学出版社，2020，第98页。有论者认为霍氏在这部书里用这么大的篇幅来讨论"法律"是什么，这在法人类学的作品中是比较少见的。也有论者认为，霍氏用这么大的篇幅来讨论"法律"，特别是对霍菲尔德理论的运用，主要还是为了能够得到法学界的认可。贵州民族大学郭婧副教授根据她的研究提醒笔者注意，在《夏延人的方式》一书中，卢埃林并不建议对"法"下定义，该书最终的内容也是如此；但是为什么霍贝尔在自己的这部独著《原始人的法》中却反转了呢？对此，下文的一个注释中，云南大学张晓辉教授对两本书的分析部分地回答了这一问题。

需要补充的是，霍氏该书中二手材料的大量运用，也成为本书最为研究者诟病的地方，有观点认为这种在二手材料运用基础上的研究是难以成为经典的法人类学的——这是对以一手"田野"为基础的人类学经典范式的背离，当然，所据以分析的文献其信度不可避免地将受到不同程度的折损，有可能将刚从"摇椅上的人类学"研究范式中走出来的研究又带回去。在人类学研究进入田野时代之后，似乎自然地就会得出进入"田野"才是关键的，但是在今天要获得理想的"田野"效果困难是很大的，所以我们才看到不少的蜻蜓点水、浅尝辄止的粗糙甚至无意义的"田野"。显然，这种低质量的"田野"其意义是比不上二手材料的。在今天，也许，我们要接受个案素材的来源既可以是一手的直接"田野"，也可以是二手材料的再加工。原因在于，一是大型的、多点的"田野"实际上也很难由研究者以一人力量独自完成；二是对于学术研究我们更需关注其所得出的理论，而不仅仅是对方法的局限与框定。①

（四）"遥远的目光"——原始社会的法：法律调整社会的范围

　　霍贝尔这近 200 页关于原始人的法的个案分析具有一些相似的地方，最突出的便是其所归纳的诸"前提原理"—"推论"，以及其做这样一种分析时对相应部落社会之性质的界定。即是说，霍氏的论述是通过这样的思路来组织的，首先为个案的研究——让法律在一个一个的具体个案描述中呈现出来；其次是这样的一种（套）法律是与相应的社会情境紧密相连的。不过，霍氏的描述毕竟是与我们对自己所处熟悉社会的描述有所不同的"原始社会"，在这里笔者借用了列维-斯特劳斯的表述"遥远的目光"来界定霍氏的描述。

　　1. 第五章"爱斯基摩人：原始无政府社会中法的萌芽"

　　在这一部分霍贝尔的个案素材主要来自拉斯马森（Knud Rasmussen）的探险笔记和其他二手材料。因纽特人（爱斯基摩人）群体是一个分布广阔但地方群体或村落社区规模很小的狩猎社会。在这一章，霍氏首先

---

① 　关于人类学研究对二手材料的态度，可以参阅詹姆斯·克利福德、乔治·E. 马库斯编《写文化——民族志的诗学与政治学》，高丙中等译，商务印书馆，2006。

指出"相对于内容丰富的禁忌规范体系，在爱斯基摩人文化中，法律规范就显得颇为缺乏……巫术和宗教而不是法律，规范了他们大多数人的活动。违反这些规范的行为就是作孽……"① 霍氏进一步归纳出"我们可以发现一条法律的原则，即有意的、持续违反禁忌的行为将会受到逐出社区的制裁"②、"杀婴、杀病残者、杀衰老者以及自杀，都是行使特许权的行为，它们是社会认可的杀人"③、"一切自然资源都是无主物或公共的东西"、"猎物和个人使用的大多数物品是个人财产关系的标的物"④、"爱斯基摩人就是某些可以称作为无政府主义的人"⑤、"为占有妇女持续不断的竞争和经常的暴力冲突"以及纠纷解决中的"血亲复仇"⑥、证据不充分时候的"占卜"⑦、依"摔跤、拳击和抵撞"的决斗方式来裁判争议的方法⑧。

霍氏还用了比较多的篇幅叙述"斗歌（song duel）可以用来解决除杀人以外的一切正常秩序中所发生的怨恨和纷争"⑨。

歌唱的风格是高度规范化了的，成功的歌手运用传统的曲调格式，以赢得观众的热烈喝彩。被衷心鼓掌喝彩的便是胜利者。赢得

---

① 霍贝尔：《初民的法律：法的动态比较研究》，周勇译，中国社会科学出版社，1993，第75页。

② 霍贝尔：《初民的法律：法的动态比较研究》，周勇译，中国社会科学出版社，1993，第79页。

③ 霍贝尔：《初民的法律：法的动态比较研究》，周勇译，中国社会科学出版社，1993，第79页。

④ 霍贝尔：《初民的法律：法的动态比较研究》，周勇译，中国社会科学出版社，1993，第85页。

⑤ 霍贝尔：《初民的法律：法的动态比较研究》，周勇译，中国社会科学出版社，1993，第88页。

⑥ 霍贝尔：《初民的法律：法的动态比较研究》，周勇译，中国社会科学出版社，1993，第94页。

⑦ 霍贝尔：《初民的法律：法的动态比较研究》，周勇译，中国社会科学出版社，1993，第100页。

⑧ 霍贝尔：《初民的法律：法的动态比较研究》，周勇译，中国社会科学出版社，1993，第100页。

⑨ 霍贝尔：《初民的法律：法的动态比较研究》，周勇译，中国社会科学出版社，1993，第101页。

斗歌的胜利，其结果并不带来任何经济上的补偿，唯一的得益是个人社会威望的增长。

"斗歌在其用来解决纷争和恢复社区内冲突双方的正常关系时，是一种司法的手段。""诉讼当事人（斗歌双方）发泄了怨恨之情——冤屈的包袱卸了下来——心理上得到了满足，心理平衡重新恢复。"

"斗歌不同于决斗断讼法，因为没有审判的因素。""如同法庭上的辩论会成为一种双方诉讼代理人之间欢闹的论争游戏一样，具有司法性质的斗歌，首先是一场娱乐戏弄色彩很浓的竞赛，并且几至于使其解决纷争的功能为人所淡忘。而就在这种淡忘之中，其原先的宗旨却更好地达成了。"①

2. 第六章"伊富高人：吕宋岛北部的私法"

"伊富高人对于研究初民的法律及其政治制度的本质和功能的重大意义，就在于它显示了在十分初级的社会结构基础之上所建立的亲属法制度究竟能达到怎样完备的程度。"② 在这一部分，霍贝尔的案例主要来源于 R. F. 巴顿的《伊富高人的法》一书。霍氏抽象出了伊富高人具有法律意义的基本前提 6 项、相应的推论 18 项。

对于伊富高人的法律，霍贝尔首先给出一个观点："伊富高人成了经济上以精耕细作、灌溉锄耕的农业文化为中心的园耕民。这种灌溉文化不可避免地孕育了法的诞生，因为用水权利的控制和维护复杂的不动产制度，需要建立一套有效的裁判争议纠纷的机制。"接下来，霍氏用了很大的篇幅描述伊富高人的"社会结构"，这主要是其家庭制度、社会等级制度。比照现代法律分类上的"实体法—程序法"二分法，霍氏比较强

---

① 霍贝尔：《初民的法律：法的动态比较研究》，周勇译，中国社会科学出版社，1993，第108、109 页。贵州民族大学郭婧副教授特别提醒笔者注意因纽特人的"斗歌"与在我国西南苗侗社会中存在的歌师"用歌"调解纠纷是有差异的。在后者，不是当事人之间"对歌"，而是作为纠纷解决第三者的歌师"用歌"。参见郭婧《侗族地区民事纠纷非正式解决机制研究》，《贵州师范大学学报》（社会科学版）2012 年第 3 期；吴旭梦、吴滢《社会变迁背景下黔东南苗侗习惯法之传承与创新》，《原生态民族文化学刊》2019 年第 1 期。

② 霍贝尔：《初民的法律：法的动态比较研究》，周勇译，中国社会科学出版社，1993，第110 页。

调伊富高人的实体法，细致讨论了"关于财产法、家庭法的基本内容和有关灌溉、买卖、债务偿还方法的法律规范，这一切都具有合同的性质"①。霍氏又论述道："由于伊富高人社会组织的特性，其社会中没有被认为是犯罪的行为。其他一切被确认为违法的行为，都是我们所熟知的相当于英美法上的侵权行为。""伊富高人具有侵权性质的违法行为有实施邪巫术、杀人、共谋杀人、通奸、诬陷、屠杀、恶意宰杀牲畜、纵火、乱伦、侮辱、诽谤和诬告、非法拘禁等。"②

对于伊富高人的法律，霍氏最后指出，"在总结和评价伊富高人的法律制度时，我们发现：他们的法律制度中最具有特色的方面，不是其内容庞杂的实体法，而是蒙卡卢（monkalun）所发挥的作用。他代表了司法程序出现之前的一种形式……一个代表着社会普遍成员意见的官员（或准官员）出面干涉"③。

3. 第七章"科曼奇人、基奥瓦人和切依因纳人：平原印第安人法律的发展"

在这一章，霍贝尔比较了三个部落——科曼奇人、基奥瓦人和夏延人（切依因纳人），作者意在比较"在一个单一文化区域内由于社会着重点的不同给法律带来的影响"。④

对科曼奇人的研究，霍贝尔是比较熟悉的，因为他的博士论文研究的就是科曼奇人。在正文中霍贝尔也比较多地引用其在博士论文《科曼奇印第安人的政治组织和法习俗》中的研究成果。霍贝尔提出如下的观点："科曼奇人的制度是最初级的"，"科曼奇人的法律，既非立法机关制定的，也不是法官订立的……它几乎完全是一套私法制度，一套涉及个

① 霍贝尔：《初民的法律：法的动态比较研究》，周勇译，中国社会科学出版社，1993，第124页。
② 霍贝尔：《初民的法律：法的动态比较研究》，周勇译，中国社会科学出版社，1993，第124~125、129页。
③ 霍贝尔：《初民的法律：法的动态比较研究》，周勇译，中国社会科学出版社，1993，第137~138页。
④ 霍贝尔：《初民的法律：法的动态比较研究》，周勇译，中国社会科学出版社，1993，第144页。

人行为和责任的规范体系，一种判例法"。① 在接下来的论述中，霍氏指出"科曼奇人是极好争讼的人"，他用较大篇幅叙述有关"拐走人妻和通奸的争讼事件"的个案，"其结果不是加害人对他人任何有关妻子的性的权利的剥夺，而是事实上对其丈夫的威望的一种有意的挑战……他必须对此作出反应"。② 最后，霍氏论述了"滥施邪巫术的行为成了科曼奇人的法律制度中唯一的犯罪行为"。特别值得注意的是，霍氏在这一部分运用了前述第 4 章霍菲尔德的理论，至少提到了"权能"(power)、"特许权"(priviledge) 这两个概念。③

霍贝尔对夏延人也是很熟悉的，13 年前，令霍氏名满天下的《夏延人的方式》便已出版。霍氏关于夏延人的论述也是三种印第安人部分最详细的，在文中，霍氏大量引用《夏延人的方式》一书中的个案。霍氏一开始就指出，"对他们来说，法律很明显是用来调节、平衡个人的行动自由和对社会成员的行为加以必要限制的一种工具……夏延人视其文化以及文化中的法，是一种可供操作的工具，而不是他们必须拜倒在其脚下的绝对神圣的东西"④。

夏延人的"第一条前提原理是有关宗教的：人类受超自然力和神灵的控制，后两者就其本性而言是宽厚仁慈的"。"前提 4：个人是重要的，他被允许和鼓励有最大的自由发挥与团体生存相一致的潜能，但同时个人隶属于团体，其一切首要的义务是维持部落的健康生存。"⑤ 接下来，霍贝尔比较详细地讲述了"夏延人有一个半神话性质的传说，讲述了 44人议事会的产生情况……一个有超自然襄助的妇女的创造"。"这 44 位首

---

①　霍贝尔：《初民的法律：法的动态比较研究》，周勇译，中国社会科学出版社，1993，第144、146 页。

②　霍贝尔：《初民的法律：法的动态比较研究》，周勇译，中国社会科学出版社，1993，第147 页。

③　霍贝尔：《初民的法律：法的动态比较研究》，周勇译，中国社会科学出版社，1993，第151～154 页。

④　霍贝尔：《初民的法律：法的动态比较研究》，周勇译，中国社会科学出版社，1993，第157 页。

⑤　霍贝尔：《初民的法律：法的动态比较研究》，周勇译，中国社会科学出版社，1993，第157～158 页。

领中，有 5 位是祭祀首领……在他们中间，又有一位最高祭祀首领，称为'甜药人'——一切夏延人文化中的英雄和创新者。""议事会的权能既有新政的也有司法的。"①

"夏延人管理机构的另一分支，同时也是一个强有力的法律机构，就是他们的战友会或者军事会社。""军事会社法律的职能，大多集中于维持共同狩猎和部落大型仪式活动时的秩序。""除了通奸和杀人案件之外……军事会社享有广泛的处理各种纠纷和违法行为的管辖权。""军事会社也享有立法权。"②

夏延人部落"拥有两件很古的圣物。一件是药箭包，另一件是圣帽包"。在这一部分，霍贝尔细致地讨论了药箭的神圣以及圣箭在"洗涤罪孽"中的仪式程序。霍贝尔还以少有发生的通奸、诱拐人妻案例为例，用较长篇幅讨论了不同于"和平烟斗"的首领烟斗——"这种抽烟礼仪的真正含义，在于它使双方负有恪守协议的义务。这是一种协议签署方式，是真实情况的一种神圣证明"。最后，霍贝尔指出，"夏延人法律的另一明显特色值得一提，就是它的宗教庇护权。圣帽掌护人的棚屋是可供任何人避难的场所"③。

在经过对夏延人 30 余页的论述之后，便来到了基奥瓦人。对基奥瓦人的讨论只有七八页的内容，"我的宗旨在于展示他们面对着一个像科曼奇人那种个人主义盛行的社会，是怎样努力用一套类似夏延人的控制机制而又未能很好地掌握其技巧来进行调整的"④。在这里，霍贝尔依据的材料是简·理查森的《基奥瓦印第安人中的法律与社会地位》。霍贝尔首先论述的是基奥瓦人的四个社会阶层——"奥代""奥代固帕""靠奥因""达波

---

① 霍贝尔：《初民的法律：法的动态比较研究》，周勇译，中国社会科学出版社，1993，第 160~165 页。
② 霍贝尔：《初民的法律：法的动态比较研究》，周勇译，中国社会科学出版社，1993，第 165、173、174 页。
③ 霍贝尔：《初民的法律：法的动态比较研究》，周勇译，中国社会科学出版社，1993，第 174~190 页。
④ 霍贝尔：《初民的法律：法的动态比较研究》，周勇译，中国社会科学出版社，1993，第 190 页。

姆"，"全部头领都是奥代阶层的成员，大多数的十束药包的掌户者属于这一阶层"。霍氏还提出"战友会（military fraternities）在基奥瓦人管理机构中和司法上发挥的作用与夏延人的基本相似"。① 接下来的部分，霍氏主要研究的是基奥瓦人运用"礼仪性的烟斗和十束药包的情况"。"每当构成暴力冲突的威胁时，十束药包的掌户者便会带着他神圣的烟斗到场进行调处"，"拒绝带着烟斗前来的十束药包掌护者的请求，是一种很不明智的举动，而且行为人对此要冒受超自然责罚的风险"。"大多数基奥瓦人社会中的违法犯罪事件都是野心勃勃的奥代固帕阶层成员所为，而且案由几乎总是对他人身分地位的挑衅。""在最后紧要关头，真正掌有司法权的军事会社对失控人施加压力。这是基奥瓦人法律制度的关键所在。"②

经过对三个部落社会与法律的比较，霍氏在这一部分作了如下小结：

> 在这块大平原上的部落团体中，法律就是这样发挥作用的。科曼奇人的法所呈现的明显的个人主义倾向，对其他个人在社会中的行为加以了批判的抑制。夏延人法中所表述的一种至上的社会整体观念，由于夹杂着一种对个人主义的不断关注而得以保持其弹性。对于个人或社会整体，基奥瓦人的偏爱缺乏一种明确的观念，他们将两者混合起来，试图做到个人、社会两不误。③

行文至此，笔者以为我们与其纠结于霍贝尔个案是否为一手材料，倒不如去仔细追查霍贝尔对于个案的选择，我们能够看到本章三个个案的比较，以及全书第二个部分五章七个部落的排列不是随意的，是作者的有意安排。我们需要进一步追问的是，在作者的有意选择中，何以让其前见降到最低，能够呈现出科学研究所期待的客观来。

---

① 霍贝尔：《初民的法律：法的动态比较研究》，周勇译，中国社会科学出版社，1993，第 191~192 页。

② 霍贝尔：《初民的法律：法的动态比较研究》，周勇译，中国社会科学出版社，1993，第 193~195 页。

③ 霍贝尔：《初民的法律：法的动态比较研究》，周勇译，中国社会科学出版社，1993，第 197~198 页。

4. 第八章 "特罗布里恩德岛人：布罗尼斯拉夫·马林诺夫斯基所见的原始法"

在这一章，霍氏所借用的材料是被誉为法律人类学开启之作的马林诺夫斯基的《原始社会中的犯罪与习俗》以及1934年马林诺夫斯基为霍格宾《波利尼西亚的法律和秩序》一书所作的序。① 在此之外，霍贝尔还大量讨论了马林诺夫斯基的作品《珊瑚岛上的园耕民及其巫术》与《西太平洋上的航海者》。在这一章，我们也更容易看出，基于同样的材料，又会是怎样的一种不同分析。在这一章，霍氏对于马林诺夫斯基的分析是有保留的。霍氏在概括归纳了马林诺夫斯基关于特罗布里恩德岛海上及岸上的"法"之后，评论道："无论如何，他所见的并一再重申的法律，是人们礼貌地相互提供帮助并彼此遵循不悖的互惠法则……马林诺夫斯基的这个法的概念并不是很有意义的，因此也不是最有用的。"②

接下来霍氏又评论了马林诺夫斯基"有关犯罪"的研究，这主要是"启米案"——一个有关乱伦的案例。霍氏就马林对这个案例的分析，指出"马林诺夫斯基是现实主义法学的先驱学者之一，他意识到法律有着比其他正式表述的内容更为广泛的范围"。③

霍贝尔还讨论了所谓马林诺夫斯基思考的"邪巫术与自杀的法律观"（Sorcery and Suicide as Legal Influences）。④ "巫术（magic）以一种积极的方式渗透到特罗布里恩德人生活的许多方面"，"在特罗布里恩德社会，也有专门从事邪巫术的人"，"邪巫术被用来作为'一种真正有效的、在任何有秩序的社会都离不开的威慑力量，它也是违法者对惩罚和报应感

---

① 霍贝尔：《初民的法律：法的动态比较研究》，周勇译，中国社会科学出版社，1993，第214页。

② 霍贝尔：《初民的法律：法的动态比较研究》，周勇译，中国社会科学出版社，1993，第203页。

③ 霍贝尔：《初民的法律：法的动态比较研究》，周勇译，中国社会科学出版社，1993，第205~209页。

④ 霍贝尔：《初民的法律：法的动态比较研究》，周勇译，中国社会科学出版社，1993，第209页。

到畏惧的主要来源'"，"社会秩序的维持除了互惠的方式外，还得有其他一些必要的手段"。①

霍氏又指出：

> 由于马林诺夫斯基耽于详细阐述互惠关系以及母系原则与父权倾向之间的冲突情况，以至于他既无兴趣也无余暇对他所了解的作为特罗布里恩德法的内容做更多的涉及。在任何社会的法律制度中都具有重大意义的世仇，他只用了短短的两小段篇幅来阐述……呈现在我们面前的特罗布里恩德上的法律制度是一幅稀奇古怪而又使人易生误解的图景。②

在做了前述大量的批评后，霍贝尔要"重述特罗布里恩德人的法律"。③ 特罗布里恩德岛不仅因马林诺夫斯基的作品而成为一个热点，时不时我们也会因"甘薯节"而在多少有些"标题党"的新闻里看到一些描述。霍贝尔首先讨论的是特罗布里恩德人的"社会组织"——母系制社会。其中首先阐述的是头人/首领的身份地位、权力、特权。④ 其次是"同等级的个人之间和村落之间的纠纷"——比如"亚卡拉"——"在我看来，卡亚拉不是什么诉讼，也不是诉讼的一种等价物，他源于争执，但与涅斯爱斯基摩人的斗歌不同，他不解决任何问题"；或者诉诸长矛和棍棒的混战——"布内贴拉乌罗"。⑤ "因争吵而产生的一种白热化的紧张气氛，也可以通过在收获的季节举行一次有点类似竞争性展示的活动

---

① 霍贝尔：《初民的法律：法的动态比较研究》，周勇译，中国社会科学出版社，1993，第 209~211 页。

② 霍贝尔：《初民的法律：法的动态比较研究》，周勇译，中国社会科学出版社，1993，第 213 页。

③ 霍贝尔：《初民的法律：法的动态比较研究》，周勇译，中国社会科学出版社，1993，第 214 页。

④ 霍贝尔：《初民的法律：法的动态比较研究》，周勇译，中国社会科学出版社，1993，第 215~221 页。

⑤ 霍贝尔：《初民的法律：法的动态比较研究》，周勇译，中国社会科学出版社，1993，第 223 页。

而缓解——这种形式称为'卡亚沙'。"① 霍贝尔不忘对马林诺夫斯基的
互惠观进行批评，"每当由于干旱所造成的饥荒发生时，社区之间的均衡
关系便为灾难性的暴力冲突所取代。海边渔民和内陆甘薯种植者之间曾
引以为傲的互惠关系，即社会秩序的法律纽带，产生了可怕的事与愿违
的结果"②。看到霍贝尔这些论述，我们的脑海中很快会浮现国内社会学
界的如下研究，比如关于山西分水的纠纷、江西好讼的研究。③

由此，霍氏在其重述之后，对马林诺夫斯基关于特罗布里恩德人法
律的论述予以反驳。④ 霍氏接着又批判了马林诺夫斯基"后期对法律的论
述"。霍氏主要讨论了马林诺夫斯基 1942 年论文所阐述的关于法的四种
含义：法 1——"它们是人类所必须依循的自然法则"、法 2——"它相
当于人们称之为习惯的东西，也大致相当于社会学家所称的民俗"、
法 3——"大体与实体法的内容相一致"、法 4——"与程序法内容相吻
合"。最后霍氏肯定了马林诺夫斯基的"积极贡献"：

> 他有力地坚持法作为社会和文化总体的一个方面，坚持在理想
> 的和现实的法律规范之间差距的存在。他冲破了人类学上法的形式
> 主义的藩篱，予法律人类学的发展以一种新的动力。⑤

霍氏也指出了马林诺夫斯基理论上的缺陷。这里特别值得注意的是霍
氏提及马林诺夫斯基在面对"信奉法西斯主义或极权主义者的威胁时"对

---

① 霍贝尔：《初民的法律：法的动态比较研究》，周勇译，中国社会科学出版社，1993，第
229 页。
② 霍贝尔：《初民的法律：法的动态比较研究》，周勇译，中国社会科学出版社，1993，第
230 页。
③ 参见赵世瑜《分水之争：公共资源与乡土社会的权力和象征——以明清山西汾水流域的
若干案例为中心》，《中国社会科学》2005 年第 2 期；龚汝富《清代江西财经讼案研
究》，江西人民出版社，2005。
④ 霍贝尔：《初民的法律：法的动态比较研究》，周勇译，中国社会科学出版社，1993，第
233 页。
⑤ 霍贝尔：《初民的法律：法的动态比较研究》，周勇译，中国社会科学出版社，1993，第
236 页。

其法理论的反思。① 在这一章的分析中，霍氏给马林诺夫斯基取了两个名号："现实主义法学的先驱学者之一""法的蒙昧主义者"。②

在结束一个小部分的讨论之前，笔者想要指出的是，哪怕仅仅只是透过这一篇，我们也可以看到霍氏的理论功底，面对同样的材料，我们又能对马林诺夫斯基所研究的特罗布里恩德人的法律作出怎样的分析呢？

5. 第九章"阿散蒂人：君主立宪政体和公法的成就"

阿散蒂人的法在霍贝尔的安排中属于诸原始社会中的最高级的形式了，霍氏这样论述道："在非洲西部的黄金海岸，阿散蒂人建立了一个在政治结构和法律事务的某些方面都较为著名的原始社会制度。这是一个大众的军事国家，城市和乡镇具有除了文字以外的一切初生文明的因素……他们的法可以同亨利·梅因先生致力分析的古代文明中的法律相比较。"霍氏"论述阿散蒂人法律的基本材料来源，是 R. S. 拉特雷上尉的《阿散蒂人的法律和政体》等三部著作，③ 外加 K. A. 布西亚新近对阿散蒂人的研究成果"。④

霍氏首先叙述了阿散蒂人的历史，进而指出"阿散蒂人政治结构的基础是母系血亲团体"。"在一切阿散蒂人的前提原理中最重要的一条，就是'社会的福祉'，有赖于与祖先保持一种良好的关系"，"当一个人受到其世系群内部的亲属侵犯时，他很可能在其群体内部任请一位德高

---

① 霍贝尔：《初民的法律：法的动态比较研究》，周勇译，中国社会科学出版社，1993，第 236 页。

② 霍贝尔：《初民的法律：法的动态比较研究》，周勇译，中国社会科学出版社，1993，第 209、236 页。

③ 对于《阿散蒂人的法律和政体》书名之"Constitution"的翻译，王伟臣指出，这指的是"阿散蒂人的政权组织形式"。(作为一种参照，可比较邓正来《〈自由秩序原理〉抑或〈自由的宪章〉——哈耶克 The Constitution of Liberty 书名辨》，载郑永流主编《法哲学与法社会学论丛》，中国政法大学出版社，1998，第 82~97 页) 王伟臣也指出："对于 20 世纪上半叶的人类学而言，其一切研究的出发点或者核心关切就是部落社会的社会控制，由此滋生出了政治、经济、宗教、亲属制度、法律等分支研究。"参见王伟臣《阿散蒂人的 Constitution 应该怎么翻译?》，载"法律人类学世界"微信公众号，2021 年 7 月 22 日。

④ 霍贝尔：《初民的法律：法的动态比较研究》，周勇译，中国社会科学出版社，1993，第 239 页。

望重的长老处理此事"，"世系群头领（headman）是沟通祖先对其世系群成员权力的渠道和桥梁。藐视和违抗头领所提出的解决方案，便是对祖先的藐视"。① 在这里，也在霍氏《初民的法律》一书其他多处的论述中，我们是能够通感任一社会都有其权威系统的，权威的行使也各有其正当性来源——或是超自然神力、宗教巫术、群体情愫（亲属群体、军事会社等），或是今天我们习以为常的特定规范，比如法律的授权。

基于霍氏对阿散蒂人社会与其法律之间矛盾关系的怀疑，霍贝尔认为"须进一步研究其村落的组织、世系群以及盛行于早期发展阶段的法律"。霍贝尔列举了一个叫作"韦奇"的地方的个案：

> 每位头领都是在亲属地域的基础之上精选出来的，并且每位头领都有权作为家族、世系群、村落和部落祖先灵魂的代理人。国王所处的地位和与外部的联系也与之恰好相同。
>
> 在阿散蒂人的社会意识形态中，最关键的一点就是确认其祖先作为一种活生生的力在日常事务中所起的重要作用……它产生了一种土生土长的自然法的观念……这是一个女性原则渗透到继嗣和社会团体忠诚之中的社会。
>
> 阿散蒂人政体作为一种起作用的政权组织形式……是使人定法与自然法相关联，并使人定法从属于自然法的一种尝试。②

我们要记得，在本章霍贝尔论述的一个主题是"君主立宪政体"（Constitutional Monarchy）。下面是所谓阿散蒂人的"公法的成就"，霍贝尔用了约 30 页的篇幅来讨论这一问题。首先是不动产（财产）。"土

---

① 霍贝尔：《初民的法律：法的动态比较研究》，周勇译，中国社会科学出版社，1993，第241、243、244 页。

② 霍贝尔：《初民的法律：法的动态比较研究》，周勇译，中国社会科学出版社，1993，第248~253 页。关于自然法，作为一种对比可参考马克斯·韦伯《法律社会学 非正当性的支配》，康乐、简惠美译，上海三联书店，2021，第 308 页以次。

地是属于天地本身的"，"阿散蒂人的财产分为三类：金登（皇家）的、家族的和个人的"。霍贝尔依案例分析了阿散蒂人的财产继承及其流转等制度。① 其次是"犯罪"——"俄曼阿克依瓦代"、"家族法"的变迁、罚金规定的秘密以及阿散蒂人司法机构与诉讼制度存在的问题等内容。② 再次是 12 种被列举的"刑事犯罪行为的种类"及其"详细的检讨"与列举的曼普恩首邑的地方禁忌。③ 最后是由于"自负、不恭、吹牛和专横"等而遭受的特别刑罚，如"割去鼻子""割耳""割唇""去势"等。④ 这令人联想到传统中国的"封建旧五刑"。

　　在结束上述论述之后，霍贝尔又论述了"在首领颁布的新敕令后面附加一条重誓的方法来保证新订法律的执行"⑤ 以及基于立誓与神判的刑事司法程序。⑥

　　　　回顾一下整个阿散蒂人的法律制度，我们发现它尽管表面上纷繁复杂，但仍然是很原始的。其君主的出现不是为了抑制世仇相杀，而主要是为了获得对敌人的控制权，并阻止阿散蒂人各部落之间发生战争……一旦君主制得以确立，人们便越来越多地将解决纷争的功能交由行使权力的第三方即君主制国家来承担。阿散蒂人的文化从总体上看尽管还比较原始，但的确是煞费苦心、精雕细琢的……⑦

---

① 霍贝尔：《初民的法律：法的动态比较研究》，周勇译，中国社会科学出版社，1993，第 254～261 页。
② 霍贝尔：《初民的法律：法的动态比较研究》，周勇译，中国社会科学出版社，1993，第 261～263 页。
③ 霍贝尔：《初民的法律：法的动态比较研究》，周勇译，中国社会科学出版社，1993，第 264～275 页。
④ 霍贝尔：《初民的法律：法的动态比较研究》，周勇译，中国社会科学出版社，1993，第 275 页。
⑤ 霍贝尔：《初民的法律：法的动态比较研究》，周勇译，中国社会科学出版社，1993，第 276 页。
⑥ 霍贝尔：《初民的法律：法的动态比较研究》，周勇译，中国社会科学出版社，1993，第 277～283 页。
⑦ 霍贝尔：《初民的法律：法的动态比较研究》，周勇译，中国社会科学出版社，1993，第 284 页。

这是霍贝尔对于阿散蒂人法律的最后小结。

霍氏针对上述 7 个部落法律的叙述对于普通读者来说，不一定就是有趣的，相反有可能是令人感觉到比较杂乱的，尽管霍贝尔主要是针对该原始社会之特征以及遵循其归纳之"前提—推论"的，笔者比较强烈地感觉有如下几条线索：（1）原始社会与文明社会一样是有法律的；（2）原始社会之有法律其关键点在于，除宗教、巫术、禁忌等之外，同样存在如今天的法律一样的规范，在发展了的部落社会中，还存在专门的司法人员（机构）；（3）与其具体的社会相适应，尽管文明社会所调整的大量案件类型并不存在于原始社会，但原始社会也有如文明社会一样需要法律予以专门调整的内容，比如"杀人""婚姻""财产"等案件。从中也可以看出，伴随原始社会的发展，法律对于"社会"的调整范围是越来越宽的。

到这里，笔者的一个好奇之处是：霍贝尔虽然很整齐，但还是令人感觉"眼花缭乱"的二手引用，让人想起 1748 年孟德斯鸠的《论法的精神》。① 周勇译本的罗致平先生的"校者前言"里对此就有一定的阐述。但《原始人的法》并没有任何一处引用《论法的精神》。这究竟是为何呢？或许如同笔者在其他地方提及的韦伯的论述一样，霍贝尔只是要叙述原始部落，而不是从古希腊、古罗马以及其他文明开始其论述。

在进入下一部分的论述之前，有必要再给出笔者的一些分析或者猜测。上述 7 个案例，读者当然可以认为只是 7 个个案，但是在笔者看来，其实是讲了关于原始人的法的 7 种不同的类型，从因纽特人几乎不成部落的最简单的社会到最后的阿散蒂人将要进入梅因古代文明社会的高级社会这样的安排，细细品味，其实已经是比较令人信服地阐述了关于原始人的法的诸面向。申言之，经由这 7 个精选的案例，原始人的法已经

---

① 笔者之所以会觉得霍贝尔《初民的法律》一书需要给《论法的精神》一书一个位置，是因为在霍氏全书对诸原始社会法律的描述中大量涉及在今天看来不人道、残酷的解决方法，比如外放、私刑以及随处可见的赔偿金等。这些内容同样体现在孟德斯鸠的作品中，难道不应该有一些对话吗？或许霍氏关注的就是原始人的社会，而孟氏关心的则是法国大革命前的旧制度。

全部展露在世人面前。①

（五）原始社会的法研究的启发

经过这近 200 页的关于 7 个不同原始社会的法律的比较后，终于来到了全书的第三部分"法律与社会"。第十章、第十一章是对前述经验材料的进一步分析、讨论总结，分别是通过"宗教、巫术和法律"对原始社会为什么是有法律的以及其法律是什么的一个论证，进而摆出了这一法律分析旨趣下对"法的功用"的观点。

> 首先，法律规定社会成员之间的关系，它宣布哪些行为是允许的，哪些是禁止的，以使一个社会内个人和团体之间至少达到最低限度的和谐一致。其次……它涉及到权威的分配，决定由谁来行使作为一种社会所公认的人身强制的特许权，以及选择最有效的制裁方式来达到法律所致力于服务的社会目标。第三是处理发生的纷争案件。第四是当生活的情势变迁时，重新调整个人和团体之间的关系，以保持人们对变化了的环境和情况的适应能力。②

在接下来的两页内容里，霍贝尔发表了他关于原始人的法的结论：在变化多样的初民世界的文化中，尽管具有普遍性意义的原则为数甚少，而且绝大部分十分粗略笼统，但这并不代表没有：

---

① 云南大学法学院张晓辉教授给出了另一种特别有启发意义的解释："理解这七个案例可能得从霍贝尔的人类学知识背景来考虑。霍贝尔的人类学训练来自博厄斯学派（也称历史特殊论学派），该学派强调人类的文化是由各民族的历史、社会环境和地理环境所决定的，所以，各民族的文化都是适合其民族生存和发展的，具有平等的价值，不存在优劣或高低之分，衡量文化的标准是相对的，每种文化都有其独特之处。这就是文化相对论。尽管当下文化相对论颇受质疑，但是，在霍贝尔时代，这是一种得到普遍赞许的理论。霍贝尔在对这七个案例的分析中贯彻了这一理论，但又不局限于这个理论，他还使用了源自英国人类学传统的功能主义理论，比较了七个不同社会的法律功能。"据张晓辉教授 2021 年 8 月 4 日给笔者的邮件。
② 霍贝尔：《初民的法律：法的动态比较研究》，周勇译，中国社会科学出版社，1993，第309 页。

构成一切初民的法律和社会制度的一个最重要的假定，就是巫术宗教的力高于人类，而且神灵也具有与人类相同的情感和理智。

无论在什么地方，社会中的杀人行为在一定条件下都是为法律所禁止的。同样，在某种特定的情况下，它又被普遍地视为一种特许权。

每个社会都相对地贬低妇女的社会地位。

一般说来，法律都对相对排他的夫权原则加以维护。

在初民社会中，土地在法律上通常直接或最终被视为属于部落或亲属团体所有，而很少被视为私有财产。①

总之，"尽管许多社会可以在范围广泛的法律规则中挑挑拣拣，但是没有一个社会可以置法律的职能于不顾"。② 我们只要略微想想早期关于法律—社会的经典问题中，是缺少不了关于"复仇""婚姻""家庭""家族"等问题的法律规范的。于笔者而言，霍氏原始人的法研究，固然其所应用的"原始"这一描述语在今天看来非常不恰当，但是在普遍存在的"我者—他者"视角差异之下，从自我出发，我们总需要一种对于他者的观照及认识，在这个意义上，霍氏的研究不论成功与否，是否为我们所认可，都提供了一种尝试的可能。另者，就我国而言，特别是在各种"边地"，我们需要研究这些地域空间法律及其司法的路径——在毫无章法与有一定对比参照之间，肯定后者要好一些，有胜于无。

（六）法的发展的动态比较

"法的动态比较研究"，这是全书的副标题，也是第十二章"法的发展趋向"的前半部分的内容。霍氏首先指出其与进化论的不同，他是"功能主义的"，即：

---

① 霍贝尔：《初民的法律：法的动态比较研究》，周勇译，中国社会科学出版社，1993，第321~322页。

② 穗积陈重：《复仇与法律》，曾玉婷、魏磊杰译，中国法制出版社，2013；滋贺秀三：《中国家族法原理》，张建国、李力译，商务印书馆，2013；等等。

法律是怎样作为一个整体而发挥作用的？为什么它能够像那样起作用？它所能做的各部分工作为什么会和怎样才能彼此相关联，并与总体文化和社会整体相联系？文化和社会都不是转瞬即逝的事物，他们渊源于过去，存在于现在，延续于将来。①

　　在这里，除却全书第二部分论及的七个原始社会，还有其他的，比如安达曼岛人、肖肖尼人、巴拿马河加勒比人、澳大利亚部落、北美西北海岸印第安人、萨摩人、易洛魁人等令人眼花缭乱的其他原始社会群体一一登场，霍贝尔告诉我们"在法的进化过程中，没有一条笔者的发展轨迹可循"，而是"从简单而复杂，由同质而异质"，"法律发展的主流不是作为一种压迫的工具，而是社会的成员为了适应社会本身的内在条件，探求实现其基本的社会文化前提原理的措施和方法，以及对它们加以维护和解决其利益冲突的一种手段"。② 也正是在这里，霍贝尔展开了与梅因关于法律发展趋势的对话。霍贝尔并不完全认同梅因的观点，而是提出了例证予以反驳：

　　　　在原始法的发展过程中，真正重大的转变并不是在人与人之间的关系中实体法上的从身份到契约，而是在程序法上所发生的中心的重大转移，维护法律规范的责任和权利从个人及其亲属团体手中转由作为一个社会整体的政治机构的代表所掌管。③

　　霍贝尔进一步指出了"人们普遍所确认的进化论思想中的一个错误

<hr />

① 霍贝尔：《初民的法律：法的动态比较研究》，周勇译，中国社会科学出版社，1993，第 323 页。
② 霍贝尔：《初民的法律：法的动态比较研究》，周勇译，中国社会科学出版社，1993，第 323、324、367 页。霍贝尔的这种观点，与马克思很相似。参见岳纯之《人类法律的早期演进——霍贝尔法律思想述评》，载南开大学法政学院编《南开大学法政学院学术论丛》(2001)，天津人民出版社，2001，第 62~74 页。
③ 霍贝尔：《初民的法律：法的动态比较研究》，周勇译，中国社会科学出版社，1993，第 369 页。

的观念"，事实是"人类社会从一开始就竭尽全力解决如何维持社会内部的安定和谐问题"；"人们发现了一种创制并行使司法和行政权力的方法，这种方法使得在更大的社会范围内两败俱伤的相互残杀受到了阻碍并最终被祛除"。①

最后，霍贝尔的法律发展观很容易让人将其与韦伯的观点联系起来。霍贝尔的思路与韦伯自家父长、家产、官僚制这三种支配类型角度来做的人类社会分析是有颇多旨趣上的相近之处的。② 但借用哈贝马斯的观点，"在古典社会学家当中，只有马克斯·韦伯摆脱了历史哲学思想的前提和进化论的基本立场，而且把欧洲的现代化理解为具有普遍历史意义的合理化过程的结果"。③ 同样非常令人好奇的是，《原始人的法》一书并没有引用韦伯的任何作品及观点，或许是由于韦伯思想在美国的传播并不是那么顺畅，尽管霍贝尔的作品是在晚于韦伯三四十年后才出版的。④ 也正是在这个意义上，笔者认为霍贝尔关于霍菲尔德分析框架的引用是差强人意的，毕竟它是一部法人类学/法社会学的作品。

（七）未来法是怎样的

在《原始人的法》一书的最后 3 页里，霍贝尔表达了世界社会需要"世界法"的理由。在这里，霍贝尔将"原始部落"相对化，他认为，"作为世界社会的各个组成部分的国家对于世界社会，就其功能的发展水

---

① 霍贝尔：《初民的法律：法的动态比较研究》，周勇译，中国社会科学出版社，1993，第370~371页。
② 《韦伯作品集Ⅸ：法律社会学》，康乐、简惠美译，广西师范大学出版社，2005；李强：《马克斯·韦伯的法律社会学与法律文化研究的相关性》，《辽宁大学学报》（哲学社会科学版）2011年第5期。
③ 尤尔根·哈贝马斯：《交往行为理论 第一卷 行为合理性与社会合理化》，曹卫东译，上海人民出版社，2018，第195页。
④ 据韦伯《经济与社会》英译者京特·罗特、克劳斯·维蒂希的研究（参见马克斯·韦伯《经济与社会》，阎克文译，上海人民出版社，2010），韦伯作品大量传播到美国大约是在20世纪50年代之后了，这是很遗憾的。比如韦伯法律社会学较早的英译本是1954年出版的，参见 Max Rheinstein ed., *Max Weber on Law in Economy and Society*, trans. by Edward A. Shils and Max Rheinstein（Cambridge, Mass: Harvard University Press, 1954）。最有名气的帕森斯的英译本《新教伦理与资本主义精神》在1930年就出版了。

平而言，仍然是最原始的部落"。① 霍贝尔对于"世界法"的期待，是为了世界之永久和平。20 世纪 50 年代，确实是一个令人充满期待的年代，② 这令人想起康德。③ 但在今天看来，霍贝尔"世界法"的远景展望仍然是愿景，并没有实现；反倒不时为各种文化"霸权"所主宰。④ 由此我们看到的是"霸权"与"自我主张/保护"之间的紧张关系，而不是一个"世界法"时刻的到来。或许问题在于，"世界法"是好的，但究竟是要何种"世界法"？

不得不说，霍贝尔这一理想是好的，但我们可能需要思考另一种更为实在的关于未来法的思路。在《原始人的法》一书中，霍贝尔这样表述人类社会历史的思路："人类社会历经旧石器时代、新石器时代、青铜时代、铁器时代、蒸汽时代，并从电力时代进入原子时代……（数据时代）"，"就人类获取食物的经济方式而言，他们从简单的采集到渔猎，发展为更高级的狩猎；又进而从事耕作（园耕）或简单的畜牧；由此，又发展为农业（涉及到犁耕的运用）或更高形式的畜牧；再继续发展为现代工业"。⑤

这又令人想起於兴中借用维柯（Giovanni Battista Vico，1668 ~ 1744）关于"神的时代、英雄的时代和人的时代"三个时代及其相应法律的观点来提醒我们注意："今天，我们已经进入了机器时代。机器

---

① 霍贝尔：《初民的法律：法的动态比较研究》，周勇译，中国社会科学出版社，1993，第 371 页。
② 玛丽·安·葛兰顿：《美丽新世界：〈世界人权宣言〉诞生记》，刘轶圣译，中国政法大学出版社，2016。另见基思·罗威（Keith Lowe）《恐惧与自由：第二次世界大战如何改变了我们》，朱邦芊译，社会科学文献出版社，2020。
③ 参见《康德历史哲学论文集》，李明辉译注，联经出版事业股份有限公司，2013。
④ 於兴中：《法治与文明秩序》，商务印书馆，2020，第 3 ~ 16 页；劳伦斯·弗里德曼：《二十世纪美国法律史》，周大伟等译，北京大学出版社，2016。另见一些影视作品，比如魏德圣的《赛德克·巴莱》（2012）。
⑤ 霍贝尔：《初民的法律：法的动态比较研究》，周勇译，中国社会科学出版社，1993，第 326 ~ 327 页。作为一种对照，也可以参照距离霍氏 70 年的今日的另一种人类社会历史论述方式，比如尤瓦尔·赫拉利《人类简史：从动物到上帝》，林俊宏译，中信出版社，2017。

时代召唤与之兼容的法律以及与其相匹配的法律认识论和法律方法论。"① 机器时代需要怎样的法律呢？於兴中将之概括为人—物关系法、科学自然法或艺术与科学的混合方法。无论其名称是什么，该法律调整的主要目的都是"人与自己的工具之间"的关系，包括自动的或手动的工具，以及类人的工具。而这种关系并不是财产关系。他指出，算法、智能合约、预测分析都构成了一种挑战现有法律理论和实践的新的法律方法。法律人工智能现在已应用于许多法律领域，比如，预测编码在电子发现中的应用，区块链在证据保存中的应用，以及算法决策在审判中的应用。法律不再仅仅被定义为社会科学知识的一个分支，而更是科学的分支。

当然我们不能以后见之明来渴求霍氏在其作品中做到与时代的合拍。由此，尽管霍氏的论述出现了在今天看来很值得商榷之处，但是进一步思考，我们还是不由地赞叹霍氏原始人法律研究意义上的新颖性，其没有堕入常人之见，而是提出了一种颇具启发意义的思路。这样的研究就将过去与现在联系了起来，并伸展到将来。

三 霍贝尔《原始人的法》（《初民的法律》）再思

霍贝尔不是最耀眼的，却是平静的、令人感觉到热情的；霍贝尔的研究可能不是影响力最大的，也不是最规范的，却是易于接受的，他满足了法学人对于故事与事实的期待，又不让他们太脱离个人最熟悉的话语和场景，也免去了不是每个人都能接受的田野之劳。今天再去读《原始人的法》，不仅是致敬作者、译者，更重要的是寻求其中的可能的启示，与作者对话。

笔者有以下一些疑惑，提出来求教于方家。

---

① 李念：《海内外专家：开发自觉守法的人工智能是否人类一厢情愿?》，载文汇报，http：//www.whb.cn/zhuzhan/jtxw/20200726/362940.html，最后访问日期：2022 年 6 月 29 日。另见郑戈《数字社会的法治构型》，《浙江社会科学》2022 年第 1 期。

（一）人类法律的童年/过去何处寻：法人类学与法史学

霍贝尔书中有一段是与梅因的《古代法》对话（批评）的。在某种意义上，霍贝尔"原始人的法"、梅因"古代法"都是在寻找人类法律的童年，都是从今人的角度出发的，只不过一个是在现时的空间内，一个是在历史的时间内。① 申言之，这两种方法都有可能存在不足。对此，还要进入另一层讨论场域，即霍贝尔对于梅因的批评是一回事，而其中涉及的法人类学与法史学在早期人类法律研究上的趣旨与分工差异倒是可以讨论一番。首先来看看第三者的一个评论，《马丁·盖尔归来》译者序里有一段话：

> 历史学的主流做法，是从甲地找到一个翅膀，从乙地找到另一个翅膀，从丙地找到触须，从丁地找到身体，最后将它们拼凑在一起说，这就是蝴蝶；而人类学家在田野中看到的是整只的蝴蝶。②

这是对人类学家与历史学家工作方式的一个比喻，是不是也能够用来解释前述霍贝尔对梅因的批评呢？某种意义上，法人类学者与法史研究者所做的研究在终极目的上是相通的。法史学人研究的是过去的法律，如果从线性时间观来看，相对于今天，过去代表的是不完备、低等级；法人类学的研究，如霍贝尔的原始部落法律研究，则指向的是一种相异于研究者所处之文明社会之原始非文明法律。问题是，法人类学的批评却无法回答一个基础性的问题，即何以从一个与研究者处于同时代但不同空间的"部落"中就可以发现人类社会法律最初的形式——如果有那样一种关于"法律为何"的最基本的共识的话！申言之，部落法，何以就是今天法律的童年，而不是另一种关于法律的范式呢？反过来，部落

---

① 参见亨利·梅因《早期法律与习俗》，冷霞译，上海人民出版社，2021。
② 娜塔莉·泽蒙·戴维斯：《马丁·盖尔归来》，刘永华译，北京大学出版社，2015。

社会又会如何审视所谓文明社会的法律呢？① 这似乎又回到了法律多元主义的话题，或者强势法律文化对其他法律文化的霸权。②

另外的疑惑是，针对上述议题的研究，在对法人类学与法史学研究的比较中，我们甚至会觉得法史学的研究可能更"靠谱"一些——长时段的大历史描摹让读者能够感觉到其"信度"。③ 再如近年来多有发展的法律社会史研究，展现了曾经社会中的法律非常丰富的面向，而不仅仅是研究者的一种单面说教——前述《马丁·盖尔归来》，以及《王氏之死》《公主之死》等体现得很明显。④ 这类法律社会史（历史社会学）作品主要是透过被（偶然）发现的特定社会下的个案，来反思过去的法律，在趣旨上与法律人类学的方式有关联又有差别。或许，这里的问题是何以讨论法史学与法人类学的分工了！

接下来的问题是，要寻找人类法律的童年，就需要回答"法律是什么？"这一元问题，但这可能是一个永远难以说清楚的问题。对于"法"的理解究竟是套用"任何历史都是当代史"⑤ 这样的观点，进而理解为任何关于法律的理解都是当下的理解，还是有一个基本的先在的存在？进而，"原始人的法"代表的究竟是一种以今天的眼光对法的界定——一种不同于今天的法，准确地说今天的法的过去形态的描述——还是文

---

① 对于这一问题的疑惑，笔者在后来关于克洛德·列维-斯特劳斯的阅读中获得了一些启发，特别是《野性的思维》（李幼蒸译，中国人民大学出版社，2009）、《面对现代世界问题的人类学》（栾曦译，中国人民大学出版社，2017）。云南大学法学院张晓辉教授的解释是"霍贝尔是一位人类学家，其受到的教育和其学术抱负要求他平等地看待共时研究中呈现的各个不同的社会，进而反躬自省，发现西方社会的不足。自马林诺夫斯基和博厄斯以来，人类学家的学术训练就要求他们这样做"。据张晓辉教授2021年8月4日给笔者的邮件。补充一个有趣的文献：劳拉·博安南《丛林中的莎士比亚》，丁晓辉译，《三峡论坛》（三峡文学·理论版）2013年第2期。

② 於兴中：《法治与文明秩序》（第二版），商务印书馆，2021。

③ 比如我们所熟悉的中国法制史/法律史。参见仁井田陞《中国法制史》，牟发松译，上海古籍出版社，2018。

④ 略需补充的是，法律人类学在目前研究上的某种"窘境"，的确需要一些反思。如这里的正文中所提到的一些作品，微观（法律）社会史的研究确实带来了很大的冲击，提升了学科本身的影响力，其他的学科也乐意借鉴其研究思路。国内非常有人气的历史人类学研究其实是可以带给法人类学研究一定启发的。

⑤ 贝奈戴托·克罗齐：《历史学的理论和实际》，傅任敢译，商务印书馆，1982。

明社会对于"不文明社会"的一种描述？霍贝尔所讲的"原始人的法"，是否能为"原始人"所认可、接受或者理解呢？接下来，还要回答的是，"法律"仅有一个范式吗？多元论是一个有力的回应吗？如果是多元的、地方的，人类学的"法律"交流的基础又何在？还是能够比较的吗？如果法律有一个"最大公约数"，那又是什么？① 对这些问题的回答要更具体一些，即我们需要看看在特定的社会里，法律到底发挥了怎样的作用。即便在今天这样一个高度法治化的社会，我们也知道社会并不是完全由法律来治理的，社会治理并不全是法律治理。具体而言，在霍贝尔一书所举的诸"原始社会"中，家族、氏族、部落、军事会社、初级政治组织在社会的治理中位置很突出。到今天，比如国家对于新冠肺炎疫情的防控，人口的数字化治理表现得异常明显，是以福柯的思考变得非常的重要。在其中，法律究竟起到了什么样的作用，其实值得认真反思。如果从这个思路出发，我们是不难理解初民社会中那种在今天看来相当初级的法律运用的——没有成体系的法律制度，缺少今天的科层制的司法机构，也少有今天我们习以为常的种种保障法律实施的配套制度及文化。似乎我们可以说，从过去到现在，法律从来都不是社会的全部。

这里要特别补充的是《原始人的法》第十章关于原始社会为什么也有法，以及"法起源于宗教的观念是十分幼稚和荒唐可笑的"这一部分的说理。② 在这里，E.E. 埃文思 - 普里查德的阿赞德人出场了。于此，笔者不仅赞叹霍贝尔驾驭文献材料的高超技术，也赞叹霍贝尔背后的学术圈子，这部书里霍贝尔引用的不少文献的作者都与其有着或深或浅的学

---

① 王伟臣：《浅议法律起源的研究范式》，载何勤华主编《外国法制史研究》第 21 卷，法律出版社，2019；刘希：《法律：概念的多元还是事实的多元》，载《光华法学》第 3 辑，西南财经大学出版社，2009；於兴中：《重新认识法的自主性》，《浙江社会科学》2021 年第 6 期。

② 霍贝尔：《初民的法律：法的动态比较研究》，周勇译，中国社会科学出版社，1993，第 298 页。清华大学李宏基博士在他的研究中指出，霍贝尔对梅因的态度其实比较复杂，并不全然是否定。参见李宏基《亨利·梅因的古代法典及其现代启示》，《中西法律传统》2021 年第 2 期。

术关联。不过，很可惜的是，不知为何，霍贝尔的学术衣钵似乎并没有被发扬光大。①

对于这些问题，尽管依然重要，但可能还是可以悬置，倒是采用何种视角来观察法律，不时占据了法律讨论的版面。这就是笔者要讨论的下一个问题。

（二）法律与社会：法律是进化的，生长的，抑或其他？

霍贝尔《原始人的法》，全书之副标题是"法的动态比较研究"，最后一章是"法的发展趋向"——在这里霍贝尔用的词是"趋向"，而不是"进化""演化"等让人联想到达尔文的语词，但是原始法—古代法—现代法这样的线性思路表明的难道不正是达尔文意义上的法律的起源追查吗？②

法律的生长/成长（growth），这是早于霍贝尔的卡多佐（Benjamin Nathan Cardozo，1870~1938）的观点。③ 今天看来，法律当然是发展变化的，但是这一论述又有何种学术意义呢？我们看到了越来越多的法律分析视角，比如"话语/权力"分析的观点④，又如季卫东"议论的法社会学"的观点⑤，再如法国思想家福柯的观点——法律，特别是刑法，其体现出的可能是国家治理的方法——这不仅是与前述霍贝尔的观点，也是与我们惯常的讨论趣旨相异的。⑥

笔者对于侧重进化思路的法律分析的不满意之处在于，尽管我们看到今天的法律相对于过去"先进""完善"了，但是我们并没有感到今日

---

① 这些学术关系史的细节来源于王伟臣的研究。参见第 8 期"法律人类学云端读书会"纪要，载"法律人类学世界"微信公众号，2021 年 8 月 8 日。另见 Charles King, *Gods of the Upper Air: How a Circle of Renegade Anthropologists Reinvented Race, Sex, and Gender in the Twentieth Century* (New York, NY: Penguin Random House, 2019)。

② 参见 Sally Falk Moore, "Law and Anthropology", *Biennial Review of Anthropology* 6 (1969): 252-300。中译文王伟臣已译妥。

③ 本杰明·N. 卡多佐：《法律的成长》，李红勃、李璐怡译，北京大学出版社，2014。

④ 尤陈俊等：《话语/权力分析在法学研究中的运用》，载郭为禄、叶青主编《自主性与共同体："东方明珠大讲坛"讲演录》第 1 期，商务印书馆，2021。

⑤ 季卫东编著《议论与法社会学：通过沟通寻找最大公约数的研究》，译林出版社，2021。

⑥ 参见米歇尔·福柯《刑事理论与刑事制度》，陈雪杰译，上海人民出版社，2019；杨帆《法国法社会学的发展与转型——兼议中国语境下的法学研究范式之争》，《法学家》2018 年第 1 期。

就比古人在运用法律进行治理上更加从容，或许是更为窘迫——因为每个时代都有每个时代的特殊问题，这些新的问题所带来的挑战或许是前所未有的。① 关于进化论与历史主义这两种分析路径，费孝通先生的一个总结特别有启发："前者有普遍性而后者无之，前者无时空性而后者绝不能脱离时空。"②

（三）作为法人类学研究方法的个案研究法

霍贝尔这本书典型的研究方法是所谓个案研究法。个案研究法，不仅避免了直接回答原始社会有没有法这一价值判断上的困扰，而且也使得一种新的田野方式得以呈现——不是从一种全面的民族志中等待"法律"的出现，而是直接从纠纷及其解决出发，并发现其中的"法律"。霍贝尔、卢埃林运用的个案研究法其重要意义无论怎样强调都不为过。王伟臣在他的研究中指出，自霍贝尔、卢埃林在《夏延人的方法》之后，法律人类学才有了更恰当也更容易复制的法律研究方法，而在这之前，即便是那一时期的代表性作者，如马林诺夫斯基、沙佩拉、霍格宾等，都没有能够形成一种确定的研究方法。而在霍贝尔这里，法律民族志清晰地登场，不再是之前广义民族志中时隐时现的法律。③ 这是笔者所同意的，但笔者更愿意站在法律人类学的个案脉络之外，在一个更大的范围内来审视其中的个案研究法，即"什么样的个案"才能成为法学研究者的个案，个案如何被发现，个案如何被分析。

某种意义上，我们可以说《原始人的法》一书就是个案/案例的海洋，除却全书第二部分第 5~9 章涉及的七个原始社会的个案，全书第一部分、第三部分也引用了很多个案。全书的案例分析法不仅延续了霍贝

---

① 比如 2020 年以来国家出台的关于数据信息的法律及司法解释：《数据安全法》《最高人民法院关于审理使用人脸识别技术处理个人信息相关民事案件适用法律若干问题的规定》。

② 参见费孝通《师承·补课·治学》，生活·读书·新知三联书店，2021，第 34~35 页。

③ 对此，不仅在王伟臣的文章中，而且在其与笔者的交流中，都表达了其对霍氏个案研究法关键意义的肯定。参见王伟臣《田野案例为法律人类学奠基》，《中国社会科学报》2021年8月18日，第 4 版。在本章前述 1973 年《法律与社会评论》的霍贝尔退休专号上至少有 3 篇都是论述霍氏的个案研究方法的。

尔《夏延人的方式》一书中的主要思路，而且带来了更为成熟的法人类学研究方法。[①]（1）个案的地理位置从极地、西非、北美、南亚一直到大洋洲，遍及全球，类型上涵盖渔猎、游牧、农耕，几乎将人类早期文明全覆盖。（2）个案不只是作者的"田野"，还能是各种二手材料[②]，比如其他作者的田野笔记、游记、发表的著作。（3）个案是做什么的，个案能做什么，针对下文马上就要论述的朗代尔案例研究法，的确就普通法之判例法而言，在判例中是能够抽象出法律规则的。[③] 这一点也正好能够印证霍贝尔从对原始人部落问题的案例分析中发现一定的规则，这不正是法律吗？但是毕竟在田野中发现的个案与摆在法律人面前以判例形式呈现的案例是有区别的。当然，在今天的研究中，案例研究的使命早已不是去发现规则，更多是为了解释行动中的法与纸面上的法之间的差异。（4）怎样进行个案叙述。这包括两个方面，第一个方面是个案叙述手法本身，即何以让叙述出来的个案能够全面呈现作者所指向的问题，不至于信息残缺不全，也不至于过于累赘臃肿。第二个方面，法人类学的研究很困惑的一个点是偏重于描述的一面——尽管这是其特点，但也正是这一点一直为规范法学所诟病与批评。如果不体味法人类学的趣旨，仅仅以描述本身而否认这一研究的意义，其实是不值一驳的。很多观点都注意到了霍贝尔从卢埃林那里学来的案例研究法对法律民族志的革命，但是没有注意到下面这一点：

---

① 张晓辉教授给出了一种更为细致的看法："如果比较《夏延人的方式》和《初民的法律》中的案例可以发现，前者的案例是具体的纠纷，而后者的案例则是以地区性的整体状况为主，具体个案为辅。这种差别一方面说明卢埃林对法律人类学的贡献——将法学的个案分析引入到了人类学研究中；另一方面也说明，霍贝尔头脑中铭记着人类学的传统研究范式：民族—国家（地域）。所以，法律人类学有两种案例分析方法，即以具体个案切入的方法和以区域为个案切入的方法。"据张晓辉教授2021年8月4日给笔者的邮件。

② 需要补充的是，对于二手材料，笔者并不会觉得其就不能作为可以使用的案例材料。但是在坚持正统的法人类学研究方法的学人看来，一手的"田野"是最起码的，也是其法人类学研究的典型特征。

③ 这一点，与如德国等典型的大陆法系国家的案例研究在趣旨上是不同的。也有一种很有趣的思路，是将教义学和法社会学的思路贯通起来的法律案例分析，比如河上正二《民法学入门：民法总则讲义·序论》，王冷然、郭延辉译，北京大学出版社，2019。

案例法教学。事情的真相是如此明显和老套，以至于它经常被学生们所忽视了。判例自身不具有任何含义！判例自身无法为你们提供指导，它无法告诉你们判例的适用范围和表述所囊括的确切内容。起作用的、能指导你们的、能够为你们提供确信的是与你们必须阅读的、与判例相关的其他案件的背景。①

在这里，我们可以清晰地看到，个案分析并不全在个案本身，重心还在于个案的背后，也只有在这个意义上，才能将规范分析法学派的案例分析②与法人类学/法社会学意义上的案例分析区别开来，也才能凸显后者的"外部视角"。

在今天，问题可能在于，个案研究法还有没有其他的可能性，以及法人类学是否还能够在个案研究法之外再提出新的研究方法。对于前一个问题的回答是肯定的，已有比较多的反思性作品。③ 对于后者，恐怕还要进一步探索。学科交叉、方法融合可能是一种思路。④

（四）法人类学到底能够给我们带来什么？

法律人类学究竟贡献了什么？西方法律人类学已经走过了百余年的历程，但是法律人类学并没有成为显赫的法学研究流派，比较小众，这在我国更是如此。⑤ 但不管是回顾过去，还是观察法人类学的新发展，⑥

① 参见卡尔·卢埃林《荆棘丛：我们的法律与法学》，王绍喜译，中国民主法制出版社，2020，第 97 页。
② 非常典型的如著名的王泽鉴先生的"天龙八部"。参见王泽鉴《民法学说与判例研究》，北京大学出版社，2015。
③ 王伟臣：《法律人类学个案研究的历史困境与突破》，《民族研究》2017 年第 1 期。
④ 如北京大学出版社"博雅同文馆·历史-人类学译丛"书目研究思路及方法的启发，载豆瓣读书，https://book.douban.com/series/5673，最后访问日期：2022 年 1 月 17 日。
⑤ 国内的法律人类学研究确实太过微弱了，2021 年出版的《人类学与中国社会》（周大鸣等著，社会科学文献出版社，2021）中并没有法律人类学的位置。相关的研究参见侯猛《法律和人类学研究：中国经验 30 年》，《法商研究》2008 年第 4 期；祁进玉《中国法律人类学研究三十年：1978~2008》，《西北民族研究》2009 年第 3 期；赵旭东《法律与文化：法律人类学研究与中国经验》，北京大学出版社，2011，第 1~29 页；张晓辉《法律人类学的理论与方法》，北京大学出版社，2019，第 78~127 页。
⑥ 有关西方人类学的评价性作品，可参见劳拉·纳德《法律的人类学研究》，（转下页注）

其理论阐释力都是明显的。首先，尽管霍贝尔这本书没有引用马克斯·韦伯所抽象的形式理性的西欧法律及司法的模型，但我们还是能够看到霍氏研究中所揭示的诸原始人部落法律对此的明确质疑；其次，法律人类学的意义不仅在于今天为不少议论者所津津乐道的以田野调查为基础的法律民族志，还在于其秉持的"社会中的法"或者一种"活法"的观点——一种与多种物质混合在一起，实质上很难"纯粹"的关于法的观念；最后，法律人类学的价值还在于沟通"社会—法律—人"之间互动关系的不断努力，法律不是脱嵌于社会、外在于人的独立存在，而是与此深深勾连在一起。①

在今天，从国际上看，法律人类学的研究已经进入第三期，也早已离开了霍贝尔原始人的法研究的时代，而进入现代社会。② 但是对于中国读者来说，一如笔者在本章开头第一小部分所谈到的，霍贝尔《原始人的法》一书是如此有名，其在中国就是一部经典，以致我们也不太愿意探索这之前的，也不是十分关心这之后的，似乎一本《原始人的法》便是一部法人类学的指南。这甚至导致纯粹的、正统的国内法人类学者都会痛心为什么当时要选择这本书来翻译，也假设 30 年前翻译的如果不是这本书而是其他，也许国内的法人类学研究状况就不会如此。对此，笔者是持保留态度的。在今天，笔者并不认为一个学科一定要有牢不可破的金科玉律，那样只会窒息一个学科的发展，这个学科也终将在这种画地为牢的所谓纯种血统捍卫中走向绝望，因为从来就没有一种确定的永不能更改的模式先定的存在，方法及研究范式的存在，仅仅是一个指引，而不能影响到实际研究内容的生产。法人类学在今天国内的不发达，甚至在世界领域的不发达，是有多方面的原因的，比如其本来就比较小众，

（接上页注⑥）王伟臣译，载舒国滢主编《法理——法哲学、法学方法论与人工智能》第 6 卷第 1 辑，商务印书馆，2020；弗朗西斯·G. 斯奈德：《人类学、纠纷过程和法律：一篇学术导读》，王伟臣、薛寒啸译，《现代法治研究》2020 年第 3 期。国内作品可参见周勇《初民社会纷争调处的法则——黔东南苗族"佳"歌的法律分析》，《比较法研究》1993 年第 2 期；朱晓阳、侯猛编《法律与人类学：中国读本》，北京大学出版社，2008。

① 这一点是受朱晓阳观点的启发，参见朱晓阳《作为教育的人类学》，载"通识联播"微信公众号，2021 年 8 月 1 日。

② 参见张晓辉《法律人类学的理论与方法》，北京大学出版社，2019，第 47~52、61~75 页。

本就是一种边缘性的反思性研究，又比如其对于研究者的能力有极大考验，再如其对于法律、法学的直接影响力不明显，等等。① 不能片面地以一部在研究者看来并不典型的作品的流行而认为这是学科发展不畅的原因。实际上，学科资源一直都在那里开放着，读者、研究者不愿意离开霍氏《原始人的法》而走向更远的疆域，这可能说明法人类学本身所存在的一些问题。

回到《原始人的法》，这本书至少在两个层面对今天中国的法人类学研究仍然具有明显的意义。② 一是对民族法③及所谓民间法、习惯法研究的启发。原始人的法，带有线性进化的味道，或许我们称之为（某一）地方的法更确切一些，不存在"文明—野蛮"的意思——相互之间是平等的——此地与彼地。当然，对于个人而言，可能更感兴趣的是一个较大的区域，比如中亚的法律，而不是这里一个点，那里一个点，这似乎是一些偶然性的连缀。也很明显的是，这种以地理、地方、空间取代"原始-文明"概念的做法，是会"折损"当初发明这一概念时的初衷的。这令人想起本尼迪克特·安德森（Benedict Anderson，1936～2015）的研究意义来。④

二是一种法律的比较研究思路的提示。让我们再回顾一下霍贝尔在该书中的论证思路：从理论到现实、现代社会 vs. 原始社会。我将霍贝尔的思路进一步抽象为：小规模社会 vs.（超）大规模社会。法人类学擅长小规模社会的研究，但是在今天面对超大规模的现代陌生人社会，是否

---

① 可以与此相对照的是国内的法社会学发展。国内的法社会学在研究群体、研究成果发表、作品译介上都较法人类学要好很多，但是同样，法社会学在发展上很难与处在另一极的法教义学相比较。

② 参见刘顺峰《理论、方法和问题意识——法律人类学对中国法学的知识贡献》，《江苏社会科学》2017 年第 2 期。

③ 我们很难讲今天的民族法研究就是受到了霍贝尔研究的启发，但是不可否认的是它们是比较接近的一类研究。我们不会否认民族法学研究是必要的，也是有意义的，问题只在于是在民族学研究中发现法律还是单纯的民族法学研究。

④ 比如本尼迪克特·安德森《比较的幽灵：民族主义、东南亚与世界》，甘会斌译，译林出版社，2012；本尼迪克特·安德森《椰壳碗外的人生：本尼迪克特·安德森回忆录》，徐德林译，上海人民出版社，2018。

也可以有一些回应呢?[①]

另外，某种关于法人类学、法社会学交融的视角不是不能有，比如"法律社会人类学"。在最宽泛的意义上，目下的"社会—法律研究"是可以涵括一般意义上的法人类学与法社会学的。就国内的研究现状而言，法人类学研究部分是与民族法学研究关联在一起的，部分是与法社会学交叉在一起的，即便是就国内研究范围和深度最广的"民间法/民族习惯法"研究（至 2021 年已举办 17 届学术年会）而言，也不只有法人类学这一个进路。又如由中国人类学民族学研究会法律人类学专业委员会[②]与贵州省社会科学院法律研究所共同创办编辑出版的《法律人类学论丛》（2013 年创刊）中的论文，也很难说都是纯粹的法人类学作品；又如2009 年创刊的贵州凯里学院的《原生态民族文化学刊》，近年来有比较大的影响力，其发文就更加多元了；再如云南大学的《思想战线》所刊法人类学论文，也都非畛域分明的正统法人类学作品。

但是法人类学的学科格局及抱负是否仅在于此，怎样才能在其产生后的一个新的百年里老树抽新枝，展开自己的新议程？视角的不同，可能会得出差异很大的结论。笔者对自己的定位是一名法人类学的"参与的旁观者"——没有纯粹的法人类学者那般炽热的情感，但也不似一般读者那样隔膜，甚至排斥。作为一名法人类学学者，当然会认为法人类学是重要的、独特的，但这种重要、独特究竟体现在何处，[③] 这至少需要有核心议题的支撑。法人类学的研究是将法律的文化研究做到了极致吗？法人类学的研究是因为法律多元主义的提出吗？张晓辉教授根据法人类学发展史的研究提供给我们一些有益的反思进路。[④]

回响：远去的时代与思想的力量

霍贝尔《原始人的法》出版已经快 70 年，中译本也已出版 30 年，

---

① 参见泮伟江《法学的社会学启蒙》，商务印书馆，2019。
② 有趣的是，法人类学归到哪里更合理：法学，人类学，民族学，人类学-民族学，抑或其他？难道真是"四海为家=无家可归"吗？
③ 陈晋：《走出人类学的自恋》，《读书》2018 年第 7 期。
④ 张晓辉：《法律人类学的理论与方法》，北京大学出版社，2019，第 109~127 页。

没有人会质疑这是一部重要的具有代表性的法人类学作品，尽管他可能不是霍贝尔影响力最大的作品。① 但是我们可以考察，在过去这几十年里霍贝尔这本书的影响力，不仅关于"原始人的法"的研究，而且连同霍贝尔该书及该书个案所依赖的一手文献都消散在历史的尘埃中了。② 赵旭东讲，这是一个曾经的"现代性与原始法律的神话"。在重新阅读这本书以前，笔者原以为学界对霍贝尔的引用与研究会非常多，其实并不是这样，学界对霍贝尔引用最多的可能是目前国内研究法人类学非常活跃的青年学人王伟臣。换言之，霍贝尔的影响力可能也只是限于非常小的法律人类学的圈子，或者说他只是被不断提起，但仅此而已，并没有产生实质性的强大影响力。好在现在情况已经发生一些可喜的变化，可以预见的是，国内法人类学将会迎来一个发展的转折，尽管其目前的成果可能主要还是对于域外相应知识的吸收转化，但我们一定会更清晰地看到霍贝尔在整个法人类学知识脉络中的位置；同时，我们也将看到霍贝尔之外还有许许多多很精彩但原来并不为我们所知的法人类学家。

《原始人的法》出版于 20 世纪中期，但是笔者宁愿把其放在长 19 世纪的末期。无疑，二战后，那些被定义的"原始人"都消散了，人类学丧失了其研究的经典田野，而转型后的人类学也有了新的田野，所谓人类学研究的"本体论"转向正是在回应这一点。③ 其次，对于法人类学的发展，如果我们不是在法社会学这个圈子里面，而是能够稍微走出这个圈子，即便是在社会科学这个稍微大一点的圈子里，那么情况也会改变。举例而言，我们知道结构功能主义在 20 世纪 70 年代之后逐渐衰落了，这种衰落不是说结构功能主义的解释力变弱了，而是因为有其他更新的范式被提出来了，相较之下，它们比结构功能主义对这个时代有更强的说服力。法人类学的发展当然需要在内部不断发展自己，但是如果仅仅是

---

①　略需补充的是，并不是所有的观点都认为这是一部典型的法人类学作品，其中最大的质疑就是霍氏所采取的方法不是经典的法律民族志，而是在大量二手材料基础上的再加工。

②　霍氏这本书最后的参考文献是一个非常详细的截至他那个时代的法律人类学研究文献目录库。

③　朱晓阳：《中国的人类学本体论转向及本体政治指向》，《社会学研究》2021 年第 1 期。

从自身寻求发展的力量，那么必将是意义有限的"内卷"。

今天，我们重读《原始人的法》，这提醒我们在法人类学的发展历程中，曾经有过一段时期是属于原始人的法研究的。也只有放在作者的时代，我们才能更客观地走进作者及其作品，后来者的后见之明对作者是不公平的。霍氏所聚焦的关于原始人的法这一议题的研究，尽管在今天已经成了历史，但其承载了一个时期的法律人类学研究范式，特别是严存生、罗致平二位先生各自对这本书核心思想的总结以及结合这本书对法人类学研究理路的归纳，对我们今天的启发意义依然是明显的。而且，也正是霍贝尔讨论中遗留下来的问题以及霍贝尔讨论被我们所质疑的地方，带来了关于法人类学的新的讨论点。再往前一步，法人类学要有能够沟通其与规范分析法学之间分歧与差异的抱负。①

---

① 谢晖：《大、小传统的沟通理性：民间法初论》（增订版），法律出版社，2019。

第三编

实践反思

第 12 章

乡土社会秩序的沿传:《金翼》第三章"打官司"阅读[*]

讼:有孚窒惕,中吉;终凶,利见大人,不利涉大川。[①]

——《周易》

……宗法农民的生活方式极不利于逻辑运算与抽象概括能力的形成。实物经济中难以形成形式化的价值,阻碍了概念的通约与抽象,社会交往的贫乏阻碍着思维的定量化与精确化,支配农民行为的往往不是逻辑而是习惯与本能。[②]

——秦晖、金雁

引 论

20 世纪 40 年代末,林耀华先生以其故乡——我国东南地区的福建古田为背景,写就了一部经典著作——《金翼:中国家族制度的社会学研究》(以下简称《金翼》)[③]。这是一部个人家族史,全书引人入胜、见

---

[*] 本章早期的一个版本曾发表于《复旦大学法律评论》第 1 辑(法律出版社,2014)。

[①] 对讼卦的详细注释与解说,可参见黄寿祺、张善文撰《周易译注》,上海古籍出版社,2004,第 344~371 页。

[②] 秦晖、金雁:《田园诗与狂想曲:关中模式与前近代社会的再认识》,语文出版社,2010,第 300 页。

[③] 林耀华:《金翼:中国家族制度的社会学研究》,庄孔韶、林宗成译,生活·读书·新知三联书店,2008。

解深刻，隽永绵长、历久弥新。在今天，这部200多页的作品早已成为经典，后人也不断对其作出各种令人回味无穷的解说；曾经的"金翼之家"（东林家）在今天不仅已经成为标准的文化景观，还成为如费孝通的江村、魁阁等那样的人类学、社会学朝圣之地。[①] 尤令笔者深思的是第三章，第三章讲的是一场乡村里的山林争讼官司。如果拉伸时间的镜头，将这场官司置于当前社会，或者，将当下的类似纷争移至那个时候，又会怎样？仔细体会那场官司的情景，不禁发现无论是围绕案件的社会反应，还是当事各方的心绪，都与当前社会颇为相近。彼时彼刻、此时此地，何以解释乡村人不同时期的相似心境？是乡土社会[②]秩序根本未发生变化，抑或"打官司"对他们的影响一如往昔？总之，这期间某些内容在乡土社会沿传了下来。

本章所引案例，除林先生写于20世纪的山林案外，其他均发生在2000年之后，不过背景是我国的西北地区。一南一北，正可说明上述假设。这主要有两方面的内容，首先是乡土社会于历史巨变中的"变"与"不变"；其次是"打官司"之于乡土社会的意义。

第一个方面：若以1949年为界，之前、之后的农村社会改变还是很多。不过，从"国家—社会"的视角来看，乡村多游移于国家管护之外，其中的社会更依赖自生自长秩序的维系。尽管1949年后国家政权的触角已伸至基层的角角落落，但其效力和作用并没有渗入农村社会的全部。换言之，在事涉国家利益的大方面之外，村庄的自在秩序依靠的还是其

---

① 参见庄孔韶《银翅：中国的地方社会与文化变迁》，生活·读书·新知三联书店，2000；刘黎霞《福建古田县岭尾村（"黄村"）："金翼"之家60年变迁》，《南方都市报》2009年9月9日，第AT04版；彭兆荣《金翼奋翔：〈金翼〉的近代探索之路——纪念林耀华先生诞辰110周年》，《广西民族大学学报》（哲学社会科学版）2020年第5期；渠敬东《探寻中国人的社会生命——以〈金翼〉的社会学研究为例》，《中国社会科学》2019年第4期；杜靖、雷月《金翼之家的法律纠纷：看corporation在不同文化模式与场域中的运作》，《湖北民族大学学报》（哲学社会科学版）2021年第2期；王剑利、宋雷鸣《从一本学术著作带动"金翼"黄村建设新模式》，《思想战线》2016年第1期；张静、毕达《探索金翼黄村建设的新模式——记林耀华故居修缮落成仪式暨国际学术研讨会》，《思想战线》2016年第1期。

② 在本章，"乡土社会""乡村""村落"是交叉使用的，基本意思一致，主要指典型农村社会，但"乡土社会"也泛指除乡村以外的基层社会。

内生的传统和老办法。转马灯一样变化的农村政策在短期内是打破了固有的村庄秩序，但并未从根本上改变那种秩序，也未促使形成具有明显特色的新秩序，毕竟政治运动代替不了真实的存在。①

职是之故，以农业为底色的乡土社会并没有发生想象中的那种巨变。② 笔者认为，对乡土社会的认识，不宜以器物之发展、物质之改变而认为传统社会已发生改变，而是要同时注意物质和精神两个层面。物质的改变能够引起精神变化，但并不必然更新精神存在。是故，良好的法律总要注意环境及人的制约和限制。③ 通常，不同环境下的人对法律有着不尽一致的想象与期待。就法律与社会的关系，似可作如下解释：法律之运行无不受社会之影响；人对法律之反应无不在社会中投下阴影。

第二个方面：关键是如何看待"打官司"，是仅仅将其理解为单纯的诉讼事件，还是愿意同乡村人的生活联系起来，并将其视为当事人的人生大事。笔者较倾向于后者，生活于相对封闭、狭小范围内的乡村人，一场官司与他人生中的其他大事，比如财产的突然增加或者骤然减少、父母长亲的离去或其他家事的变故等，并无二致。无论是"打官司"的过程还是结果的见证都难以令人轻松。熟悉的生活圈子，无疑缩小了当事人的隐秘空间，但拉长了事件的消解时间。不论是突如其来的诉讼，还是遥遥无期的官司，皆为村庄的公共事件，被赤裸裸展示在乡村之中。经年累月，曾经的官司虽已成为过去，但仍然是乡村人茶余

---

① 高王凌：《中国农民反行为研究（1950—1980）》，香港中文大学出版社，2013。

② 黄宗智：《中国的隐性农业革命》，法律出版社，2010，特别是第四章、第八章。

③ 孟德斯鸠在 18 世纪中叶出版的《论法的精神》一书中这样说："以土地之肥硗，天时之舒惨，而民之心录情志，随以大殊。夫使此例而信，则法典之从乎心灵情志而异者，不得不因风土而异，明矣。"（参见孟德斯鸠《论法的精神》，严复译，上海三联书店，2009，第 206 页。）近一个世纪后，托克维尔在其两卷本巨著《论美国的民主》中说道："社会情况一般说来是事实的产物，有时也是法律的产物，而更多的是两者联合的产物。但是，社会情况一旦确立，它又可以成为规制国民行为的大部分法律、习惯和思想的首要因素，凡非它所产生的，它都要加以改变。因此，要了解一个民族的立法和民情，就得由研究它的社会情况开始。"［See Alexis de Tocqueville, *Democracy in America and Two Essays on America*, translated by Gerald E. Bevan（Penguin Group, 2003），p. 43.］

饭后的谈资和他们总结经验教训的素材。天水讼的卦辞及爻辞再明白不过，"打官司"并不是好的。

以上为本章所要讨论的问题，以下再对研究方法及写作思路作一交代。本章主要采用案例分析的方法，对案件的描述倾向于民族志（Ethnography）的写法。这也是笔者选取《金翼》第三章分析的主要原因。事实上，本章的目的并不在于对《金翼》第三章的内容作出评论，而是借助其中的案例，并结合笔者所收集的其他材料，通过"打官司"这一具体事例试图揭示隐含于乡土社会中的稳固秩序。[①] 不是以第一手材料而是以第二手材料作为论述的根基，其中的缺憾是显而易见的，不免令人怀疑。况且，在叙述整个事件的进程时，林先生还是以其祖上——"金翼之家"为叙述主轴的。但换一个角度看，这种熟悉恰可弥补一般民族志撰写者进场困难、对场景陌生、对细节理解不深的缺陷。林先生既对事件的前因后果作了细致叙述，也对诉前、诉中、诉后当事人及其他人的活动进行了分析。这一安排，使人犹如身临其境，得以立体感受彼时的社会。[②] 本章所选的其他案件，也是笔者所熟悉的。一般的从法律到法律的研究固然有其优点，但却不易展现法律与社会之间的有益互动。[③]

进入诉讼的案件，即所谓"法律事实"都要经过裁剪，以使其符合

---

① 尽管个案分析有不少弊端，但精致的研究同样可以产生足够的知识增量。这方面的出色研究可参见朱晓阳《小村故事：罪过与惩罚（1931~1997）》，法律出版社，2011，第36~45页，在这部被重新修订过的著作中，朱晓阳对"延伸个案分析方法"做了非常细致的研究；Thomas Hylland Eriksen, *Small Places, Large Issues: An Introduction to Social and Cultural Anthropology* (Pluto Press, 2001)。

② 梁晨认为这一案件的代表性还在于：其一，在"厌讼"和"耻讼"的文化背景之下，黄东林却积极地将纠纷推入诉讼程序当中，有违常理；其二，欧阿水和黄东林具有血缘关系（黄东林祖父的母亲是欧家的女儿），按照宗族礼法，两人之间的纠纷应当协商解决；其三，欧阿水是欧氏宗族的族长，黄东林是黄氏宗族的支柱，两人本身作为地方性权威的代表，诉讼的结果还可能会影响到两人各自在宗族中的地位。参见梁晨《输不起的官司——评〈"打官司"之于村落熟人的意义〉》，《新西部》2011年第11期。

③ See E. Adamson Hoebel, *The Law of Primitive Man: A Study in Comparative Legal Dynamics* (Cambridge: Harvard University Press, 2006), pp. 36-37. 在该书中，霍贝尔强调，尽管"纠纷案件本身并非包治百病的神丹妙药"，但"注意案例研究的结果（当报告的案例不是过分地被掐头去尾时）必然与生活现实紧密相连"，"我们应该分析案例，这不仅是受科学方法的驱使，也是法律事件（任何一种设计法律的运用和损害其制度的社会实践）的性质所要求的。纠纷案例使我们对法律现象有了最直接的认识"。

法律的规定。"感觉或认为自己受了冤屈的人将原委说给作为第三方的律师，律师通过对'事件和关系'加以分类而将纠纷转型，以'适于惯用的处置程序'的方式重新界定纠纷的性质……律师不是让当事人自由讲述故事、界定纠纷构成，而是开始将案件归类为'侵权'、'合同'或'财产'纠纷，以便依法律的特征来提出问题。"① 亦即诉讼、审判处理的对象已不再是现实生活中的纠纷事实，而是经过一定的实体性法律框架和程序进行了加工调整的所谓"法的事实"。② 这对于我们力图理解的诉讼整体来说，案件事实与具体事件之间出现了某些断裂，现在需要我们将其接续起来。③ 马林诺夫斯基有过如下论述：

> 在以前的专家以"调查工作"为基础的某些成果中，我们看到了部落组织的一副精致的骨架，但它却缺少血肉；我们对其社会的框架了解很多，但在这框架内部，我们感受不到或想象不到人的生活的真实流动以及在节日、庆典中偶发事件的波澜。学者可以利用搜集来的文献或实物证据及土著人的陈述达到对于土著风俗规则的条理化，然而我们发现，这种条理化与真实的生活有很大的距离。如果所有的结论都仅仅建筑在被询问者所陈述内容的基础上，或仅仅后从客观文件中演绎而来，而不能用对真实行为的实际观察来加以补充，其缺陷是严重的……④

---

① See Jerome Frank, *Courts on Trial：Myth and Reality in American Justice* (Princeton, N J：Princeton University Press, 1970), pp. 15-38. 弗兰克认为"事实即猜测"（facts are guesses）。See also Carrie Menkel-Meadow, "Transformation of Disputes by Lawyers：What the Dispute Paradigm Does and Does Not Tell Us," *Mo. J. Disp. Resol.* 1985 (1985)：1-43.

② 王亚新：《对抗与判定——日本民事诉讼的基本结构》，清华大学出版社，2010，第39、67页。

③ 电影《民事诉讼》（*A Civil Action*, 1998）较为直接地体现了这一点。在这部电影的最后，受害人说，我们要的是道歉，一个人站出来说道歉，而你们却认为钱就是道歉。See Jerome Frank, *Courts on Trial：Myth and Reality in American Justice* (Princeton, N J：Princeton University Press, 1970), p. 17. 弗兰克认为"审判经常充满意外"（trials are often full of surprise）。

④ 此处系意译。See Bronislaw Malinowski, *Argonauts of the Western Pacific：An Account of Native Enterprise and Adventure in the Archipelagoes of Melanesian New Guinea* (Waveland Pr. Inc., 1984), pp. 17-22.

由此，考察诉讼的意义，一种全景式的阐释就显得非常必要。对案件的描述，就不能只是关注提交法院的法律事实，还要尽力将其范围扩展至诉前（纠纷发生的背景及原因）、诉后（诉讼结果对双方当事人所产生的影响）。[①] "如果说定量方法对于社会结构早已被彻底夷平，社会运作高度制度化、规范化的西方发达社会来说的确常常是更适用的研究方法的话，那么，质性研究方法尤其是叙事研究对于转型期的中国社会研究更具有特殊的重要性。"[②]

如此，笔者力图弄清乡土社会的主要特质，这一社会对纠纷、诉讼的一般观点，以及"打官司"本身在村落中的影响。

一 乡土社会的"变"与"不变"

（一）传统的惯性与现时的村落

历经政治变迁及现代性的冲击，包括乡村在内的社会都发生了很大变化。曾经占据我国绝大部分的乡村正在萎缩，一些传统亦渐行渐远，乃至有学人提出"村落的终结"的观点。[③] 笔者不禁要问，村落还是不是村落？那些明显的特征还存在吗？这就需要考察乡土社会的现状。一个总体的判断是，乡土社会有变化，但并未发生那种根本性的变化。奇怪的是，尽管乡村的发展越来越与社会的整体节奏不相适应，但乡土社会却一直无法建构、形成新的秩序，反而不得不依赖旧秩序维系新发展。

---

① Clifford Geertz, *The Interpretation of Cultures: Selected Essays* (New York: Basic Books, 1973). 在该书第一章中，作者指出："The concept of culture I espouse, and whose utility the essays below attempt to demonstrate, is essentially a semiotic one. Believing, with Max Weber, that man is an animal suspended in webs of significance he himself has spun, I take culture to be those webs, and the analysis of it to be therefore not an experimental science in search of law but an interpretive one in search of meaning. It is explication I am after, construing social expressions on their surface enigmatical. But this pronouncement, a doctrine in a clause, demands itself some explication." 这种 interpretation 方法不是没有缺陷，一种批评参见赵鼎新《社会与政治运动讲义》，社会科学文献出版社，2012，第 6~17 页。

② 应星：《村庄审判史中的道德与政治：1951~1976 年中国西南一个山村的故事》，知识产权出版社，2009，第 187 页。

③ 参见李培林《村落的终结——羊城村的故事》，商务印书馆，2004。

"在没有从社会化商品经济中发育出成熟的市民文化之前，城市在文化实质上不过是'都市里的村庄'，市民在心理素质上不过是'城市农民'。"① 表面上，乡村的萎缩、传统的褪去是因为城镇化、现代化的冲击。但一方面城镇化不可能惠及所有的乡村；另一方面，即便是正在城镇化的乡村亦非最终都能实现现代化。② 事实上，整体推进既不可能，也没有必要。选择性的城镇化，是吸引了更多的乡村人到城市（镇）去，也带动了城市（镇）周边的发展；但亦使相当不具现代化潜力的乡村更容易被社会所遗落。同传统乡村相比，当下的乡土社会更像是城镇化与未城镇化光谱带上的混合物。无论如何，乡村总是人的乡村。乡村人无外乎终老土地的人，彻底离开土地的人，往返于城乡、悬挂在城市边缘的人③。对于终老土地和往返于城乡、悬挂在城市边缘的人，都应给予最充足的关注。

对于经济上的现代化，乡村人是否总能及时作出回应？那些已完全脱离土地、融入城市（镇）的乡村人，曾经的生活已在他们身后。但对那些继续"黏"在土地上的和像候鸟一样在城乡之间迁徙的乡村人来说，传统秩序是否还能接续？他们将何去何从？物质改换较之精神转变总是为快，制度规定需依赖这两方面因素，不可偏废。④ 制度建设并不总能照顾到这两方面，"超前"的制度不免"水土不服"。⑤ 但可怕的是制度建

---

① 秦晖、金雁：《田园诗与狂想曲：关中模式与前近代社会的再认识》，语文出版社，2010，第 228 页。

② 一些感性的描写可参见彼得·海斯勒《寻路中国——从乡村到工厂的自驾之旅》（李雪顺译，上海译文出版社，2011）、《江城》（李雪顺译，上海译文出版社，2012）等。另见黄宗智《经验与理论：中国社会、经济与法律的实践历史研究》，中国人民大学出版社，2007；王先明、常书红《传统与现代的交错、纠葛与重构——20 世纪前期中国乡村权力体制的历史变迁》，载复旦大学历史学系、复旦大学中外现代化进程研究中心编《近代中国的乡村社会》，上海古籍出版社，2005。

③ "农裔城籍"这一词颇能说明问题，参见陈晓军、袁浩《"农裔城籍"对路遥创作的影响》，《西北农林科技大学学报》（社会科学版）2005 年第 5 期；另见张鹂《城市里的陌生人：中国流动人口的空间、权力与社会网络的重构》，袁长庚译，江苏人民出版社，2014；等等。

④ See Harold J. Berman, *Law and Revolution: The Formation of the Western Legal Tradition* (Cambridge, Mass.: Harvard University Press, 1983), pp. 557-558.

⑤ 张榕：《事实认定中的法官自由裁量权——以民事诉讼为中心》，法律出版社，2010，第 158~162 页。

构中的偏见与前见，笔者曾将这概括为"司法'城市中心主义'"。由此带来的不适宜给乡村人造成的"诉累"不可不重视，他们需要在传统与当下之间不断转变角色。① 当下社会的制度架构有可能是他们完全陌生和无法适应的，他们并没有享受到包括法律在内的现代制度文化的实惠。这种陌生和无法适应较之传统的惧讼似乎更应检讨，无论是彼时还是现在，他们都被动地生活在制度之下。②

作为一个整体，乡村在国家中的地位并没有发生根本性的改变，农民仍然是国家中的弱势群体。尽管国家持续不断的农业投入、农村建设带给了农民很大的实惠，他们的生活也得以极大改善；但如果不仅能作长时段的纵向比较，还能分析当下的横截面，我们就不会否认乡土社会的不利处境。如此的经济背景、一成不变的治理观念，致使城乡之间显现出极大的差异。乡土社会更多时候需要自我救济、自我发展。然而经过剧烈的变迁，固有的乡村正在瓦解成一个无中心或者多中心的社会。乡土社会不但未能承继曾经的那些优点，反而在利益的刺激下，日渐沦为强力崇拜、权力垄断和腐败滋生的"沃土"。省思发生在乡村熟人间的诉讼案件，不管是婚姻家庭、相邻权纠纷，还是人身伤害的案子，无不与双方争强斗胜或一方欺压另一方有关。历史何其相像，法律的正义之光又是何其遥远。对弱者来说，"打官司"的顾虑和担心一直都是个问题。

尽管如此，我们也不应过度加剧乡土社会的这种无序竞争，而应看到其作为一种文化现象，在历史演进中的连续性。传统"是指传到今天的。这是逃不出也割不断的"。③ 因此，过往的关于传统乡土社会的诉讼文化及经验都应在当下法治建设的考量之列。被压抑的传统经验并不会在现代法庭中消逝，不经意间它又会表现出来。传统作为一个复合体，

---

① 例见 CCTV-12《庭审现场》2009 年 4 月 11 日"马学俊诉中国农业银行昆明市潘家湾支行储蓄合同纠纷案"。

② 参见张畇、刘晓乾《黄土地的变迁——以西北边陲种田乡为例》，甘肃人民出版社，2010。

③ 《金克木集》第 4 卷，生活·读书·新知三联书店，2011，第 245 页。

也无法选择性继受。

(二)"乡土"再理解

今天再谈我国是乡土社会,这是有风险的,不免被怀疑和招致批评。这距离费孝通先生提出"从基层上看去,中国社会是乡土性的"的论断70余年了。[①] 其实,暂且不论以乡土社会判断中国,即便是评价当下的乡村,也不禁会有一些疑问——变迁之下的乡村还有多少"土"味?乡土社会到底意味着什么?

不过历史好像就是这样,反反复复、颠来倒去,变化终究比人们想象的要小。这在我国社会更甚,难怪梁漱溟先生直呼中国文化有两大古怪点:"历久不变的社会,停滞不前的文化……"[②] 殷海光先生也有言:"通体社会是中国传统社会的基底;而联组社会则是在这基底之上的面子……尽管联组社会和通体社会不同,可是在实际上中国的联组社会很少不从背后受通体社会影响的。""在这样的社会里,人的心性自然而然就被凝滞住了。被凝滞住了的心性是合模作用的现成园地。"[③]

笔者肯定、赞同当下中国,主要是乡村,是乡土社会的解释,但这需要对其中的含义作一些新发展。秦晖先生在其著作中,沿着乡土社会这个根本,认为"传统中国乡村社会既不是被租佃制严重分裂的两极社会,也不是和谐而自治的内聚性小共同体,而是大共同体本位的'伪个人主义'社会"。[④] "土",这是一种象征,它代表着很深的文化含义。《乡土中国》英译本译者导言对此有较为明晰的说明;这也能在费先生的另一

---

① 费孝通:《乡土中国　生育制度》,北京大学出版社,1998,第6~11、87~95页。
② 梁漱溟:《中国文化要义》,上海人民出版社,2003,第16页。
③ 殷海光:《中国文化的展望》,商务印书馆,2011,第107~110、131页。另见张亚辉《费孝通的两种共同体理论:对比较研究的反思与重构》,《中央民族大学学报》(哲学社会科学版)2020年第5期。
④ 秦晖:《传统十论——本土社会的制度、文化及其变革》,复旦大学出版社,2004,第63页。

部著作《云南三村》中找到答案，该书的英译特别突出 Earthbound。①

尽管近几十年乡村之结构及秩序发生了很大变化，但"乡土"这一关于中国基层社会本质之凝练在今天依然有很强的阐释力。简单认为传统社会是熟人社会，当下社会更多是陌生人社会似乎还有待进一步论证。至少，器物用具的发展并未带来乡土社会精神层面同样的大变革，反倒是这种"乡土意识"以另一种更加坚强的方式存活了下来。因之，传统中国社会之于当下的影响依然存在，这不仅在于"中国文化个性殊强"，还在于文化自身之惯性与韧性。物质、物理上的现代化，并不一定也能快速将乡村人在精神上拉扯进现代化。这或许正好为常言之一脉相承、自然演进。②

（三）乡土社会秩序之于法律和诉讼

传统之惯性、韧性，固然体现了一种理论上的推演，但其的确在发挥作用。毫无疑问，曾经和当前的乡土社会，其背景与底色是不同的。把梅因"从身份到契约"的观点移接过来，是否可以假设我国的乡土社会就是一种"身份"社会，只不过各时期的"身份"所对应的内容并不同。③

从整体上看，在一定时空范围内，相应的社会保有相对稳定的社会秩序。乡土社会亦然，社会成员的生活、交往等依此维系。这种秩序尽管用具体的文字描述有一定的困难，却切实存在。笔者将其视为传统（文化）。何为文化，这似乎特别难以界定。上至一个民族、一个国家的整体性格，下到单一个体性情的表现都可视为文化。梁漱溟先生讲得最直接："我今说文化就是吾人生活所依靠之一切，意在指示人们，文化是

---

① See Xiaotong Fei, *From the Soil: The Foundations of Chinese Society*, translated by Gary G. Hamilton and Wang Zheng (Berkeley: University of California Press, 1992); Hsiao-tung Fei, *Earthbound China: A Study of Rural Economy in Yunnan* (Chicago: University of Chicago Press, 1976).

② 庄孔韶：《银翅：中国的地方社会与文化变迁》，生活·读书·新知三联书店，2000，作者导言；周晓虹：《传统与变迁——江浙农民的社会心理及其近代以来的嬗变》，生活·读书·新知三联书店，1998，第42~47页；罗雅琳：《上升的大地：中国乡土的现代性想象》，中信出版集团，2020。

③ 参见 Henry Sumner Maine, *Ancient Law* (London: Spottiswoode & Co., 1870), p. 170；于语和、赵宁芳《农村社会从身份到契约的实现路径谈》，《政法论丛》2007年第5期。

极其实在的东西。文化在本文,应在经济、政治,乃至一切无所不包。"①
具体而言,基于对彼此的了解和熟悉,各人的交往是相对稳定的、半开放的。因此,当其他人闯进自我的空间而生罅隙甚至冲突时,冷暴力、村庄舆论、肢体冲突,乃至第三方(熟人)介入,这些都会成为解决问题的方法。一般的冲突,也大都在这一阶段冷却、解决。当双方意识到再也无法通过这些方法达成平衡、解决纠纷时,一场更为复杂的解纷活动便由此而展开了。

1949 年以来,一种"人民司法"的办案方式渐次展开。这一背景下的纠纷解决,往往先回溯事件的来龙去脉,再现事件的原貌及其在此期间的变化,进而找出谁是谁非的症结。这在相邻权纠纷中最为明显。然而很有可能,本来标准的"正方形"事实因一方的拉扯,而变为"长方形"或不规则的多边形。事实在最终处理结果中的作用,完全依赖于处理人的态度及确认。尽管这种处理结果并不具有必然的确定力,但无疑它代表了暂时的处理决定。同时,这一结果还使双方地位高下立见。设若处理者有意偏向一方,那么在另一方看来,就不是事实的胜利,而是身份、地位的胜出。一旦双方都无法接受事件的处理结果或者事态已严重到非要"惊公"不可的地步,那么进入司法程序又是另一番情形。司法程序较为复杂,而且有更多的手续。本来这些"手续""程序"是为限制恣意而设,但当它们异化为当事人进入诉讼的门槛及当事人认识上的障碍(认为这些只是烦琐的、毫无意义的刁难工具)时,本来的"程序正当"价值便大大减损了。设若当事人无法被充分组织到法庭之内,又不能以法律之语言、方式提供恰当意见,一切将变得更为糟糕——法律/司法所设置的规则、秩序再次被破坏。在我国,一段时期内,司法完全被视为国家暴力机器,而不是正常的治理规则。政治化的司法完全体现不出法院应有的功用,使法院渐次沦为二政府。司法机关不仅没有引导当事人迈向接受法律、信仰法律的道路,反使当事人对法律产生了更大的不信任。

---

① 梁漱溟:《中国文化要义》,上海人民出版社,2003,第 9~10 页。

在这一前提下，原本对诉讼程序了解甚少的当事人就更为随意地引用自以为合理的司法逻辑。司法程序无疑是分阶段与讲求相当规则的（如前文所讲之事实裁剪及证据规则、证明方法），但对司法的忽视及种种腐败，使得规则的适用已严重变形——在当事人，会因规则适用不合理而抗拒裁判者；在裁判者，又会因当事人适用规则不合法而败诉。这导致了更大的双重不满，不仅当事人怀疑司法的公正和权威，司法者本人还埋怨"案子难办"。为找到解决问题的出口，国家各种"送法下乡"纷至沓来，各种伴有强烈意识形态的制度建设不断加强，比如人民法庭的撤并、巡回审判的强调。从方便群众的层面来说，这或许是有用的，但还是没有把准问题的脉搏。对司法而言，最主要的还是树立其权威。正是司法权威的树立，才使裁判更为有效。在当下社会，交通阻隔、信息闭塞已不再是主要问题，对正义的渴求才是最重要的。这也就不难理解，为什么有学人提出"教鱼游泳"①的观点，笔者深表赞同。因此，片面认为是当事人对司法程序认识不足、有意混淆诉讼和他种纠纷解决方式的性质，进而使得正常司法难以展开的观点是不具有说服力的。可能的原因是国家法、司法者并没有能够真实了解、理解具体的基层社会。

二 "打官司"的场景

在传统语境下，也包括当下的民间甚至是官方②，时常将诉讼表述为"打官司"。③尽管通常意义上，可以将"诉讼"与"打官司"二者等同起来；但二者的区别绝不仅仅是语词上的变化，"打官司"有着比"诉讼"更丰富的内涵，这代表着乡村人对官方评判过程和结果的体认。④

在古代，中国几乎是一个十足的乡土社会，附着于其上的制度、文化也无不与乡土有关。通说认为，在这样的社会秩序下，统治者（治

---

① 冯象:《送法下乡与教鱼游泳》,《读书》2002 年第 2 期。
② 如张军曾谈到"希望老百姓尽量不要打官司，更不要敢于打官司"，载凤凰网，2010 年 3 月 11 日，https://news.ifeng.com/c/7fYOnkyMlqy。
③ 参见刘星《中国法律思想导论——故事与观念》，法律出版社，2008，第 3~6 页。
④ 申言之，"打官司"更多是一种单方向的"官"的"公断、处分"，而诉讼更加强调两造的相互博弈，当事人的参与度更高。

理者）追求的是一种"无讼"的理想社会。尽管"饮食必有讼"，统治者还是采取各种办法"息讼"。悖谬的是，尽管统治者极力想"大事化小、小事化了"，但往往事与愿违。芝麻粒大的事都有可能发展成一时的大案与敏感事件。犹如惊弓之鸟，官方越来越不愿处理哪怕是鸡毛蒜皮的案件。是故，普通百姓若真想要豁出去"打官司"，他所面临的不仅仅是巨大的压力，还有高额的成本开销，"一字入公门，九牛拔不出"。①

尽管如此，历史文献还是不乏"健讼"的叙述，② 不过在官方的意识形态里还是"厌讼"，官方将"健讼"看作极不正常的社会问题。③ 笔者认为，"厌讼"这一概括是不确切的，它将百姓不"打官司"的责任完全归咎于当事人，开脱自我责任。而"畏讼/惧讼"的观点则更为客观一些——不是老百姓不喜欢"打官司"，而是他们害怕"打官司"。④ 当"打官司"成为不得不然的选择时，他们会毅然选择这种可能使生活秩序更加失常的方式来寻求公道。官司的胜负关涉他们身份、地位的升降起伏。起起落落，乡土社会的秩序尽显其间。秩序的成形、维系总是以这些主要事物的变故为基础。⑤

对乡土社会中的纠纷及其解决，过往研究者对调解、和解等诉讼外

---

① 梁漱溟：《中国文化要义》，上海人民出版社，2003，第 231~235 页。

② 刘馨珺：《明镜高悬：南宋县衙的狱讼》，五南图书出版有限公司，2005，第 73~81 页。

③ 有关"厌讼""无讼""健讼"的详尽梳理、阐述参见邓建鹏《财产权利的贫困——中国传统民事法研究》，法律出版社，2006，第 103~210 页。

④ 一些研究可参见谷桂林《对农民"隐忍畏讼"心理的剖析》，《人民代表报》2000 年 8 月 10 日，第 3 版；王石磊《试析中国传统诉讼观念——官府"无讼""息讼"与百姓"畏讼""厌讼"》，《北京市工会干部学院学报》2005 年第 1 期；李婕《宋代民众畏讼根源研究》，硕士学位论文，河北大学，2008；赵晓耕、沈玮玮《健讼与惧讼：清代州县司法的一个悖论解释》，《江苏大学学报》（社会科学版）2011 年第 6 期；郭星华《无讼、厌讼与抑讼——对中国传统诉讼文化的法社会学分析》，《学术月刊》2014 年第 9 期；等等。有关"厌讼"与"畏讼/惧讼"的区别，参见徐忠明《众声喧哗：明清法律文化的复调叙事》，清华大学出版社，2007，第 33~41 页。See also C. Stephen Hsu (ed.), *Understanding China's Legal System: Essays in Honor of Jerome A. Cohen* (New York: New York University Press, 2003), pp.7~45.

⑤ 王鑫：《纠纷与秩序——对石林县纠纷解决的法人类学研究》，法律出版社，2011，第 4~8 页。

解纷方式进行了大量研究。① 但对其中的"打官司"却着墨不多，乡村人甚少"打官司"，这却不等于他们不"打官司"。如果不只是关注官司在法庭上的骨架，而是能从当事人的角度扩展开来，特别是注意从纠纷发生后至纠纷提交法庭解决前的情景及裁判后的影响，这会很有意义。乡土社会中的诉讼，事件（event）② 本身的发展过程及其处理结果③远远超过了法院裁判所最终确定的权义边界。诉讼并不仅仅是定分止争，还包含了更为复杂的内容。

"打官司"的意义何在？不同的思考进路会有不同的答案。现代法治国家的理想是，所有的纠纷都可化约为"权利"的话语，亦能最终通过诉讼恢复受损的权利。但这只是就法律谈法律，容易忽视法律在基层社会中的真实作用。就乡土社会而言，很难说法律在人们的日常生活中已经取得支配性地位。乡土社会权威的来源是多方面的，即便是对法律的遵守，也未必就是对司法权威的遵从。法律权威也不尽然来自法律的约束力。

对法治的崇拜，於兴中有过如下批评："……以法律为核心建立起来的社会框架，即'法治'，可以称为法律文明秩序。法律文明秩序是人的智性对社会生活的反映，但同时也是对人向善的能力的怀疑。走向法律文明秩序，即走向'法治'，并不是走向一个理想的社会，美的社会，君子的社会。在西方它是一种历史的结果，而在世界其他地区，它则是迫于强势文化的一种无可奈何的选择。"④ 而强势文化，即"以基督教为背景，以理性为基础，以法律为主要治理手段的西方文化"。⑤

---

① 陈会林：《地缘社会解纷机制研究——以中国明清两代为中心》，中国政法大学出版社，2009，第16~39页；董磊明：《宋村的调解：巨变时代的权威与秩序》，法律出版社，2008，第14~18页；杨方泉：《塘村纠纷：一个南方村落的土地、宗族与社会》，中国社会科学出版社，2006；赵旭东：《权力与公正——乡土社会的纠纷解决与权威多元》，天津古籍出版社，2003。

② 略作说明，笔者希望区分"事件"（event）与"案件"（case），二者的差别在于前者还没有经过以现代法律为标准的裁剪而最终成为案件。

③ 此处之"结果"并不完全指法院之最后裁判结果，还包括这些裁判结果所带来的一系列影响。

④ 於兴中：《法治与文明秩序》，中国政法大学出版社，2006，第19~20页。

⑤ 於兴中：《法治与文明秩序》，中国政法大学出版社，2006，第13页。

在我国的语境下，诉讼并不必然是为了恢复受损的权利，诉讼还包含其他的社会情感以及个人情愫。应星的研究指出：在中国传统社会，农民投入诉讼之战虽然并不一定都只是为了金钱利益，为了标的物本身，但他们也并不是（像耶林在《为权利而斗争》中所说的）在为法治秩序下具有普遍性的权利而斗争，而是在为礼治和德治秩序下具有差序性的位置而战斗，为一张脸和一口气而战斗。① 在笔者看来，乡村人"打官司"的理由也不仅限于上面的这些，还有乡村人想要对自身地位/尊严/权威等进行确证。为了达到这些目的，当事人不惜冒鱼死网破的风险，背水一战，以使对方彻底出局与告败——当事双方都尽力动员自己全部的力量，这是乡土类小说再常见不过的场景。他们不仅要准备法庭所要求的状子文书、证据，更要在千万重的关系中抓住所有的救命稻草。"官"背后的权力不能不为民所忌惮，当官不守法和不恪守职责时，诉讼结果的依据便不是事实和法律，而是权力、利益，如此各种"运作"的发达自是再正常不过。

这再次说明，中国人"厌讼""耻讼"的观点只在一定意义上成立；如果将视角略作转移，我们会发现一幅誓将"官司"打到底的不理性图景。② 当事人一方面惧怕、怀疑"打官司"，另一方面又积极"打官司"，这似乎很矛盾。笔者认为这需要分清两个问题，一是乡村人对"打官司"本身的看法，二是具体个案的影响。针对第一个问题，一如前述，"打官司"既为官方所反对，也为当事人所忌讳，其中的潜台词就是好人怎么会"打官司"呢。正是"打官司"的负面影响，更加深了当事人只能赢、不能输的想法。笔者没有考察过法治发达如欧美等国家的诉讼，这些国家的普通人是否也这样看待个案的输赢！如果这是一场最终能够胜诉的判决，即便开始时乌云密布，也总能等到云散日开之时。反之，即便是

---

① 应星：《大河移民上访的故事——从"讨个说法"到"摆平理顺"》，生活·读书·新知三联书店，2001，第 363 页。

② 应星：《"气"与抗争政治——当代中国乡村社会稳定问题研究》，社会科学文献出版社，2011，第 38~41 页。另见栗峥《乡土纠纷解决的路径选择与正义表达》，《中外法学》2011 年第 2 期。栗峥认为，村民"亲近"、选择诉讼，这无关法律之信仰，只是将之作为一种"后路"。

一开始趾高气扬，也终会受到惩罚。由此，就不难理解乡村人"打官司"中的"嗜刑"崇拜。只要是被"抓"了的，肯定就是罪有应得的，抑或被严重冤枉的。这在林先生的描述中再形象不过。

三 "打官司"的展开

在本部分，笔者欲阐述乡村人"打官司"时的一些法内法外行为，重点阐述的是法外行为。法外行为，指的是不为法律所承认，却实际存在于正在受法庭审理的当事人身上的行为，比如，发毒誓、自杀威胁等。如何解释这些行为？这些行为的出现是因为当事人法律素质低下、不懂诉讼法和基本的证据规则吗？的确，若依现行诉讼法检讨实际的基层司法过程，会发现这是难以理解的、混乱的，甚至是脱法的。不过这是否表面现象？从深层次来说，乡村人是否有其自己所理解的一套"打官司"的逻辑？

笔者把这看作弱者无法预知结果、无法排解自己冤屈时的"抗争"。一方面，当事人想要证明自己的"真确"；另一方面，可能更重要，当事人想要司法官员的内心受到谴责——他们的裁判是错误的，自己是被冤枉的。尽管现代社会发达的传媒正在使大部分事物的神秘性慢慢消去，但对"打官司"的乡村人来说，特别是其中势力较弱的一方，在国家司法还未能建立起足够的公信力前，他们的处境并没有比传统社会强多少。诉讼本身所带给他们的严重后果依然存在，这依然是他们人生所无法承受的生活之重。

即使当事人明了"打官司"是一件同日常生活不同的高级活动，面对陌生的司法程序及重重司法迷雾，他还是有可能按照自己所熟悉的方式行事，而不论这是否能为法律所认可。在作进一步的论证之前，笔者拟另引两则生活中的例子以说明问题。一则来自《金翼》，另一则来自《江村经济——中国农民的生活》，分别标记为案例1与案例2。

案例1。此后不久，东林安排他的侄儿大哥的婚事。成婚的第二天清晨，大哥冲进叔父的卧房，要求将新娘送回家去。大哥说他作了试验证明新娘已不是处女。他说他的姐夫告诉他如何验证……当大哥继续争辩，证明自己有理时，新娘的房间里传出了可怕的叫声。伯母林氏发现新娘企图自杀，她实际上已经服毒了。女人们冲进屋去，想办法让她呕吐，不久新娘苏醒了，于是为自己的羞辱嗓啕大哭。①

案例 2。但家庭纠纷更经常地发生在媳妇和婆婆之间……如果婆媳之间发生纠纷，当丈夫的不能完全置身事外……如果她丈夫坚决地支持他的母亲，以致夫妻和好无望时，她可能采取更加绝望的行动，即自杀。人们普遍都迷信她将变成鬼为自己报仇……因此，仅仅是自杀的威胁，实际上已足以使人们重新言归于好。②

再看《金翼》第三章东林与阿水之间关于山林权属争议的案件。

案例 3。（昔）东林祖父的母亲是欧家的女儿，其时，东林祖父的舅舅作为一村之长，曾叫外甥们到自家的地里（花桥边的山坡上）种树。现时，欧阿水是欧家的族长，欧家人丁兴旺、财源茂盛。当阿水听说东林也要盖新房，颇不高兴东林的出人头地。要知道，在乡村修建一座宽大的房舍会被视为显赫发达的标志……阿水认为他可以倚仗这一事实，即东林在财富、声誉、经验、年纪和家族的阵容（上）都比他低一头，猜想东林会轻易地慑服于他的恐吓，这样他不久就能毫不费力地把树林据为己有……然而……东林没有让步，丝毫不示弱。③

---

① 林耀华：《金翼：中国家族制度的社会学研究》，庄孔韶、林宗成译，生活·读书·新知三联书店，2008，第 21 页。

② 费孝通：《江村经济——中国农民的生活》，戴可景译，外语教学与研究出版社，2010，第 65~67 页。另见吴飞《浮生取义——对华北某县自杀现象的文化解读》，中国人民大学出版社，2009。

③ 林耀华：《金翼：中国家族制度的社会学研究》，庄孔韶、林宗成译，生活·读书·新知三联书店，2008，第 25~27 页，有删改。略作说明，依笔者生活之经验，这里阿水要将东林 "比下去"，不让东林出人头地，有阿水要 "压" 着东林的含义，但远不止于此。

该案中，东林认为自己有权砍掉花桥边山坡上的树木；但阿水声称树是他们家的，绝不允许砍树。双方纠纷不断激化，已无法自行和解。"他（东林）发誓人人都知道林木属于黄家，阿水的要求完全是不正当的、不诚实的。为了鸣不平，他决定打官司。"①

简单考察前述三则案例，从中可以发现，当事人为证明自己的真确，采取了自杀（自杀威胁）、发誓②等一些并不为法律所承认的方法。③ 随着时间的推移，是否诸如此类的论证方法④就会退出历史的视野？据笔者在 S 省 L 市 N 区法院、Y 市 F 区法院的观察，发现在今天的司法过程中，这些方法仍然存在。

案例 4。 2010 年，原告张三因房屋拆迁补偿款纠纷一案诉至 N 区法院，要求被告李四返还坐落于某处 21 平方米自建平房拆迁补偿款 16758 元。原告诉称，诉争房屋原系其占有/所有。在 1993 年，由于李四之父（2004 年去世）无房居住，他出于同乡情分暂将房屋借给李四一家居住，之后也未向被告之父主张过返还该房屋之使用权（未声明理由，仅有原告夫妻之陈述，未有其他证据）。被告李四辩称，该房系其与其母合法继承的遗产，不承认该房为原告占有/所有，而是其父购买的房产。他和母亲到 N 区之后，就一直在此居住，直到拆迁时止。被告还反复强调其父留有遗言：该房系其购买，留给其与其母居住（被告没有提供关于遗言内容之其他证据，仅有其

---

① 林耀华：《金翼：中国家族制度的社会学研究》，庄孔韶、林宗成译，生活·读书·新知三联书店，2008，第 27 页。

② 张永和：《信仰与权威》，法律出版社，2006。

③ 在弗兰克看来，这其实是一种"自我诅咒"（self-curse），即"假如我不讲真话，灾难或痛苦就会降临于我"。See Jerome Frank, *Courts on Trial: Myth and Reality in American Justice* (Princeton, N J: Princeton University Press, 1970), p. 45. 在本章，笔者认为其还远不止于此，后文会有进一步阐述。

④ 这里需要特别指出两点。一为，本章并不打算就法律论证、证据本身作出讨论，而是在最通常的意义上，取它们各自的最大公约数，作广义解。细致研究可参见 Douglas N. Walton, *Legal Argumentation and Evidence* (University Park, Pa.: Pennsylvania State University Press, 2002)。二为，法律论证同证明的关系。可参见侯学勇《法律论证中的证明思维和论证思维》，《法制与社会发展》2006 年第 6 期。

陈述）。法庭上，被告之母发誓该房的确为其夫所留，人穷志不短，他们绝不贪占别人便宜（被告经济拮据，约 40 岁，未结婚，同其母共同生活。法庭上，言之烈烈，被告之母哭诉陈词）。另有 2003 年当事人李四请求法院判令张三返还借款一案判决书一份，其中未提及张三借房于李四之父一事，亦未言明李四之父买房于张三一节。本案另一证据为，房屋拆迁部门先后几次丈量、确定房屋之面积，并发布公告，原告均未表示过异议。

案例 5。袁某故意伤害案的原（受害人）被告系邻居，同姓，住 X 镇 Y 村。2010 年某日小袁（被告）与老袁（受害人，刑事附带民事原告）因烤烟楼垃圾一事而生口角，后发展至小袁铲伤老袁左手拇指而立案侦查，并由 X 镇 Y 村所在地 F 区检察院提起公诉。后小袁被依法取保候审。

事件（event 而非 case）起于老袁（同其二子）准备将从其本家烤烟楼里腾出来的垃圾（主要是碎砖块），倒入如图 12-1 所示的沟壑①里。而这正好被小袁看见（小袁家向南的一面是篱笆墙，很矮，因而小袁能够看到院外的活动），小袁不同意老袁将垃圾倒入沟壑里，老袁坚持要倒。于是，双方发生口角。据老袁之子称，小袁诅骂其父"老死狗、老坏种"，还用铁锨铲起沟边的土块打他们父子，争执中用铁锨铲伤了其父的拇指（被告坚称无此事）。②而小袁称，老袁气势汹汹，要上门闹事，他怕闹事，很快就回家了，并反锁了院门。之后，老袁回家，吆上其二子、二儿媳、长孙，拿砍斧（有 1 米长斧柄）、大扫帚（打扫庭院用）、铁叉至小袁家。据小袁称，老袁一家破门而入（老袁称未破门），冲入庭院，要弄死他，他情急之下，抢起铁锨抵挡。小袁还称，老袁手上的伤大概就是此时他为抵挡老袁一家乱抢铁锨所致（而非此前他们

---

① 庭审中，当事人提出过有关沟壑的界址权属问题；但法庭认为这与该案无关，不宜处理。庭审中，刑事附带民事原告提供了八份证人证言，但证人都没有出庭，且证人都同刑事附带民事原告有利害关系。

② 庭审当日，法庭也没有查清事实。

双方叫骂时由他铲伤）。

被告答辩时称，"作为一个男人，我能对我说的话负责""不能让无辜的人受到惩罚"。他认为自己是被诬陷冤枉的，之所以如此，是因为公安机关现场勘查不认真，对案件定性过于草率。还提出，他本人也受到了伤害，请求法庭依照国家的"法令"判决赔偿。对此，老袁难以同意，说"我们是受害人，不可能给侵害人赔偿，如果再赔偿就不符合情理"，"（他是）背上牛头不认脏"，"我（起诉）是为了娃娃①"。老袁还说"我们也没有请人代理"② ……庭审中，老袁痛哭流涕，并发毒誓，说自己这么大年纪（70多岁），如果说假话，□□□（自我诅咒的话），庭审一度失控。

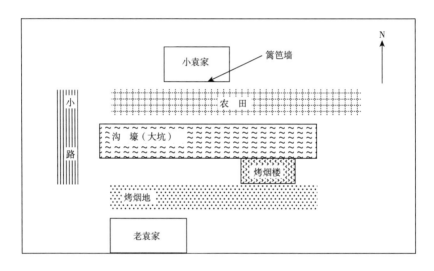

图 12-1　袁某故意伤害案案发地场景

资料来源：笔者自绘。

---

① 此时，原告长子插话发言，说"我也不想结这个孽，我也不想向你要多少钱，也不想靠这个发家致富，我要这些钱是实际的花费。如果要淘气（方言）的话，钱就不是这么少"。

② 在这里，就笔者的理解，不是指原告由于经济困难没有聘请代理人，而是指对簿公堂是不好的，聘请律师大兴词讼就更不应该。

四　"打官司"的影响

（一）乡村人的身份与财产

村落家族文化对乡村人有着很深的意义。[①] 相对而言，乡村人的身份、地位更容易通过外在的财富表现出来。尽管财富的丰腴不一定是锦衣玉食，但总要屋宽宅大。不仅在过去是这样，今天亦然。这既表现为乡村人对于"家"的重视，也表现为传统，特别是"精神文化"的根植性。彼时，在林先生成书的年代，修房建屋、盖"金翼之家"，更是缺不了木料的。只要对当地（福建）有一定了解，便自然能够理解林木的重要意义，《金翼》中的古田更是如此。[②] 今天，由于混凝土浇灌技术的发达和木材流通的便捷，平常林木的意义已不似从前那样重要，但在那个时代，能够成材的树木却具有重要意义：它不仅关乎生者，还关乎逝者。在生者，大到建造房屋的梁、柱子、檩条[③]，小到日常家什用具，都有大用场。在逝者，最重要的便是棺木。正因为如此，木材的多寡及使用的便当与否自然就成为衡量一位家长有没有"本事"（能力）的标准，木材是重要的家庭财产。

狭小而熟悉的空间里，谁掌握了有限的资源，谁就能占有更多的财产、享有更高的声望和地位。换言之，乡土社会下，地位、身份的高低往往同家庭（个人）财产的多少是一致的。由此，资源的多寡不仅涉及个人生活的质量，还涉及个体在这一秩序中的地位和身份。声名之下的

---

① 王沪宁：《当代中国村落家族文化——对中国社会现代化的一项探索》，上海人民出版社，1991。

② 此处，尚有另一个重要因素，即如福建一样的我国东南地区对家族观念的极端重视。参见郑振满《明清福建家族组织与社会变迁》，中国人民大学出版社，2009，第 6~14 页。

③ 略作说明，不是说寻常木料都能满足这些要求，像梁、柱子、檩条等必得经久、坚固才好，而且肯定要是活木。一者林木成材不易，二者也不是很容易就能用货币换来。自然，自家的东西是知根知底的，用起来也是最踏实的。汉语中的"地方"是一个多义词：在某些方言区，"地方"有"住宅"的意思，比如"拾掇地方"；同时俗语中还有"钱要花在地方上、好钢要使在刀刃上"。这足见中国人对于"家"（住宅）的重视和"地方"作为一种财产的重要象征意义。

有限资源争夺总是很激烈。一如《金枝》中关于"森林之王"的隐喻①——这既是牢固的"声威",也是随时可能被打破的"声威"。②梁晨在其文章中指出的"欧阿水和黄东林之间的关系,起初是两个宗族各自发展的命运所决定的,但随着两个人人生境遇的不同,两人关系变化使得一方或双方不可接受时就不得不通过某种激烈的方式进行重构,诉讼便是方式之一。这场诉讼对于欧、黄二人具有双重的意味。首先,作为生活在群落中的个体,诉讼所连带产生的道德评价会使得二人在整个社会当中的声誉受到影响,这种影响是很难改变的且会对此后个人的社会交往产生直接的作用;其次,欧阿水作为人丁兴旺的欧家的族长,黄东林作为一个由衰败逐渐走向兴旺的家族的支柱,诉讼的结果也必然会影响到二人在宗族中的地位以及与族人之间的关系"。③

这与人们交往的范围及方式有关。施坚雅在其著作中提出了"中心地"(central places)这一概念,用以表达"城市、城镇和其他具有中心服务职能的聚居的居民点"。④受此启发,笔者认为可以尝试将乡土社会中"人"乃至社会中的"人",以其自身为圆心,标示各自的活动半径,进而分析其活动范围。殷海光先生也发表过类似的看法,他认为这中间有一个"小传统"的调整。⑤社会中,各人总被分配给一个身份和位置,这在乡土社会更为明显。作为生物意义的"人"本是没有这样多的意义的,但"人"还是社会的。社会总是一个充满象征、符号、隐喻的世界,因之处在其中的"人",其生物的意义越来越少,以至于其作为符号的意义后来居上了。⑥

---

① J. G. 弗雷泽:《金枝》(上),徐育新、汪培基、张泽石译,刘魁立审校,新世界出版社,2006,第1~11页。
② 殷海光:《中国文化的展望》,商务印书馆,2011,第141页。
③ 梁晨:《输不起的官司——评〈"打官司"之于村落熟人的意义〉》,《新西部》2011年第11期。
④ 施坚雅:《中国农村的市场和社会结构》,史建云、徐秀丽译,中国社会科学出版社,1998,第5页。
⑤ 殷海光:《中国文化的展望》,商务印书馆,2011,第57、91、113页。
⑥ 《金克木集》第4卷,生活·读书·新知三联书店,2011,第431~439页。

当人与人之间的交往是单线的，或简单的网状的时，个体的活动半径就较小。在过去交往尚不发达的情况下，自个体所在的乡村出发都是单线的——无论是到距离最近的乡镇集市，还是稍远的县城，乃至省城，都是一样。无疑至乡镇集市这一范围的活动最多，县城次之，省城则少之又少。需要注意的是，个体活动圆周面积的大小不在于其实际占据地理面积的大小。经由现代科技，比如互联网，个体的活动半径在今天已大大延长。交往半径的延长，不仅使得乡土社会个体间的人身依赖性降低，还表现在其获取资源范围的增大。

（二）通过诉讼的纠纷解决

在通过法律的社会治理这样的观点看来，法律犹如罩在社会之上的一张天幕或者大网，所有的社会生活都能依法律开展，所有的损失和伤害也都能通过法律得到弥补。姑且不论这只是一种理想的法治愿景。本章要强调的是，于村落之中，法律同其他各形各色调整社会生活的规则一样，至多就是一种并列的结构，法律同样处在村落的"一片天"（社会）之下。更进一步，如果能将这"一片天"假想成一个可以量度的等圆，那么在这个圆周之内，法律绝对是处在一个较不起眼的角落，其占据的面积也相对较小。因为法律并不会当然地作用于社会，其作用于社会还需要一定的媒介；即便在法治国家的名义下，法律也有其作用不到的地方。①

如果法律的功用是维持秩序和解决纷争，那么，在村落中，这两个功能不同程度地是由其他秩序来替代的。"打官司"并不是乡村人的首选，只是一种被逼无奈的最后选择。由此，特别需要区分乡土社会中特有的纠纷解决方式与诉讼的不同，这不仅仅是今日所鼓吹的 ADR 问题。它们不仅运行的逻辑不同，存在的语境也不一致。② 乡土社会中一直都

---

① 这种批评参见苏力《法律人思维?》，载《北大法律评论》第 14 卷·第 2 辑，北京大学出版社，2013。

② 赵世瑜关于山西汾水流域分水故事的研究很好地说明了这一点。参见赵世瑜《小历史与大历史：区域社会史的理念、方法与实践》，生活·读书·新知三联书店，2006，第125~151 页。另见梁治平《乡土社会中的法律与秩序》，载王铭铭、王斯福主编《乡土社会的秩序、公正与权威》，中国政法大学出版社，1997。

存在纠纷，而且纠纷是多种多样的。这些纠纷多因为生活、生产而展开，一般的纠纷，或者乡村人常说的"矛盾"，大都在当事人之间，或决定今后互不来往，或一时的叫骂、厮打后平静了下来。这种纠纷的最终解决，也不全是神奇的调解或者和解，而又可能因为时间长河中的另一件小事——一方示好，另一方心存感激，双方便化解矛盾、重归于好了。也不乏看到乡村中，因某纠纷而一代人都不来往的事例。而到"打官司"，传统的金钱借贷等是很难诉至法院的，倒是因借贷不还这样的事例而心生不快，进而大打出手，致使一方伤亡而最终进入司法系统，这样的事是常有的。而通过诉讼来"打官司"，这是没有办法的办法，是沉重的，甚至是像赌注一样的，但它有可能换来本属于自身位置与身份的回归。这并不仅仅是乡土社会中中国人的诉讼心态，同样也是更大多数的存在于城乡中的中国人的诉讼心态。

（三）沉重的诉讼

经由前文之论述，笔者想说如下一个问题。诉讼的辐射程度已远远超过了其本身，无论怎样强调胜诉的意义都不为过。

> 东林十分急迫地呈送状子，山林争讼案在他的一生之中是个重要的环节。命运使东林与对手阿水直接交锋……东林面临生活中最为严峻的危机……审判很快见了分晓，阿水和他手下的三个人被判立即收监……当欧家（阿水名欧阿水，为族长）得知族人被关进监狱，全族惊恐万分。欧家所有男人聚在一起，发誓团结一致，坚持到底以保护族长。

> ……这时，于东林有利的地方官卸任，一位新官吏接替了他。欧姓族人很快地呈送给他一份要求复审的状子。结局来得与前一次同样迅速。但这次释放了阿水和他的人，东林和叔父玉衡被抓进监狱。东林心情沉重地走进牢房，在复审之前他一直避开亲属……东林入狱对全家来说好似飞来横祸。祖母潘氏、伯母林氏和黄太太像是失去所依，嚎啕大哭。东林是家里唯一成年男子，一根顶梁柱，

现在他却身陷囹圄。在乡下人的心目中，监狱便是通向阴间的中间站，下一道门便是阴曹地府了……面临绝境，真的走投无路了吗……只有新的命运的转机才能化险为夷，使他们重新加以调整……最后，他们决定向福建省省会福州的省最高法院上诉。

案子一转到省法院，就必须把各种文件从古田县转到省城……终审时原告和被告双方都声称有权占有花桥边山地上的树林……他终于赢了这场官司。阿水被判处罚款，此外，他输了官司，在乡里落得个威信扫地。真金不怕火炼。同样，一个人在战胜了危难之后变得更为坚强有力。东林的情形便是如此……东林的名气越来越大。因为村民、族人和过客都在黄村的茶馆里闲聊他的新居和他在这场官司中的胜利……自从东林的祖先在村里定居下来，从未见过像东林的新居这样宽敞宏大的建筑……每逢想起早年的艰辛……遇到打官司的飞来横祸，东林便会久久注视着这座新居，一种胜利者的微笑便油然而生。①

前述东林与阿水的案子，其意义已远远超过了诉讼（官司）本身。在这里，诉讼的意义不仅仅在于定分止争。当事人及其家人、族人都将

---

① 林耀华：《金翼：中国家族制度的社会学研究》，庄孔韶、林宗成译，生活·读书·新知三联书店，2008，第 27~34 页。一起相似的案件发生在距离案例 5 所在的 F 区 300 公里外的 M 村，这是一起故意伤害案。1999 年农历正月，M 村组织了社火队，M 村的 W 及 Y 两家都参加了。在这一过程中，因两家家长的一些不快，Y 的四子（时年 30 岁左右）与 W 的长子（1979 年左右出生）发生冲突，大打出手，W 的长子用宰猪刀当场捅死了 Y 的四子，并捅伤 Y 的长子、二子、三子。时 Y 一家在 M 村势力很大，村里人都不敢得罪他们，而 W 一家系 M 村"外来户"，但 W 之妻系本村人，且与 Y 同姓同族。长期以来，W 一家一直比较孤立。在这起案件中，据村里人称，两家都花了大价钱，W 一家变卖了不少家产。而对于诉讼的结果（W 的长子被判入狱，2009 年刑满释放），村里人称是因为 Y 一家没有 W 一家精明，而成这样（在村里人看来，有杀人偿命之意）。之后，Y 一家几于销迹；W 一家较之原来，至少，地位有一些改变——尽管还是一如既往的孤立，但家长在精神上足够向上。对于该案，另一个有意思的话题是，在村里人看来，之所以会出事，只不过是因为 W 与 Y 两家倒霉。因为一个大队是不能同时办两台社火的（时年与 M 村同属某大队的 M1 村也办了社火。事出之后，村里人又联想到一年前发生的 M1 村在外出演社火时某演员出车祸身亡一案）。自那以后，M 村再也没有办过社火，而这之前，M 村人是很热心的（三年一办，一办三年）。

这作为与其命运重大相关的一个拐点，或者一个沉浮升降的转折。无论是当事人还是其背后的家人、族人都被深深牵扯进来——一荣俱荣，一损俱损。而这样的诉讼，其所涵盖的实际事件远复杂过实际的案件事实。案例 3 关涉的绝不仅仅是树林是属于东林还是阿水这样的一个简单问题，① 它还包含了两家的地位（以新居为象征）与"权势"，这是一场败者必须出局的战争。

之初，不难排除阿水有以一种近似于挑衅者的姿态而借由诉讼将东林比下去的心态。而东林，则是另一幅情景。"小东林四岁那年，他的父亲突然早逝……东林 14 岁时，老人过世了……祖父的死对他震动很大。"② "父亲和祖父去世使这个家族衰败了……在这种命运的压力之下，黄家若不另寻谋生之道，便注定败落下去，沦为赤贫。让我们来看看后来的新的转机吧，其动力得自于黄东林……他的新娘由自己挑选……这一事实本身就使他的婚姻在村里与众不同……他在买卖上的成功使长辈们认为他是个前程远大的人。"③ 此时，便能理解东林在整个家中，是顶梁柱，所谓顶天立地的汉子正在此。至于，前辈对东林的评价，正是"三岁看大"。由此，不难理解东林在与阿水的"对决"中，为何那般姿态——"东林只身面对外人，据理力争，他同往常一样能言善辩、毫无

---

① 树木到底归谁，这其实是很难说清楚的一个问题，是东林祖父栽的树，但终究是在阿水祖上的地里。当年老人在世，彼此关系和睦，又有双方的口头约定，自变数不大。时迁事移，此一时彼一时，双方后人是否还能信守约定？而且是否还需信守这种约定？特别是如书中所描写的情形——两家俨然已明着、暗着在较劲。由此，这一当年本来就明显是一方照顾另一方的举动（舅舅在"汉人"世界的意义，怎样强调都不为过，他抵得上半个重要的家长，特别是有"本事"的舅舅。舅舅对外甥的接济、照顾也被视为"理所应当"。但正是基于这种亲密无间的关系，一旦遇到嫌隙，双方便水火不容、如若仇人。为了防止这样的事例发生，民间的一些俗语也一直在说明这样的问题，比如"亲兄弟明算账"。尽管如此，但这毕竟是"汉人"的社会，长久的生活使得血亲、姻亲间的亲密关联一直延续了下来），是否还要继续坚守就成了一个问题（如果这是出于其他原因，比如"欠债抵账"，则另当别论）。

② 林耀华：《金翼：中国家族制度的社会学研究》，庄孔韶、林宗成译，生活·读书·新知三联书店，2008，第 2 页。

③ 林耀华：《金翼：中国家族制度的社会学研究》，庄孔韶、林宗成译，生活·读书·新知三联书店，2008，第 3、11 页。

惧色。然而他家的其他男人却躲起来了。"① 这不仅是东林的个性使然；亦，此时此景东林不得不然，这代表一种"气场"。②

而案例 4，虽是起于 16758 元的补偿款，但申言之，则在于李四母子"人穷志不短"的气节。胜诉带来的不只是金钱，还有这对母子的尊严。案例 5，老衰的发誓，不仅要加强己方证据的确实性，还要获得法院对其长者权威的承认。案例 4、案例 5 中，虽然发誓并不能为现代法律所承认，但裁判人员却不能完全不考虑这些情景。③

五　对法的理解的一点疑惑

《金翼》开篇，林耀华先生便说："我们日常交往的圈子就像是一个由用有弹性的橡皮带紧紧连在一起的竹竿构成的网，这个网精心保持着平衡。拼命拉断一根橡皮带，整个网就散了。"④ 打一场官司，犹如拉断了橡皮带或是抽出了竹竿。或平淡、或惊骇的官司，关联着当事人的喜怒哀乐、命运起伏。他们想要的不仅仅是传统的争口气，还是现代话语包装的大写的权利，甚至是更多。不过，"打官司"就像一个隐喻，它表面上演绎的是乡村人诉讼的里里外外、方方面面，但从深层次反映的却是这个社会的本来结构。检讨"打官司"的全部，我们不仅惆怅其对当事人的巨大影响，也忧思法律在社会中的地位和作用。⑤

---

① 林耀华：《金翼：中国家族制度的社会学研究》，庄孔韶、林宗成译，生活·读书·新知三联书店，2008，第 26 页。

② 应星：《"气"与抗争政治——当代中国乡村社会稳定问题研究》，社会科学文献出版社，2011。

③ 对此，笔者完全同意梁晨的观点："纵观这两个诉讼当中当事人的这些言辞，无一例外都是通过表达自己在道德或事理上的优位，来印证自己陈述的真实性；另一方面也暗含着这样的意味，如果其运用道德优位来证明的事实得不到法庭的确认，那么其自身的道德水准也被随之被反证为是非常低下的。诉讼的判决结果可能仅仅影响到被诉争议本身，但道德评价的影响会具有较长的时间和空间效果。往往会对个人的各种社会关系产生重构的效果。这种证明方式看似古老与现代的诉讼制度格格不入，但却是一种非常激烈极端甚至是玉石俱焚的证明方式。"参见梁晨《输不起的官司——评〈"打官司"之于村落熟人的意义〉》，《新西部》2011 年第 11 期。

④ 林耀华：《金翼：中国家族制度的社会学研究》，庄孔韶、林宗成译，生活·读书·新知三联书店，2008，第 2 页。

⑤ 李贵连：《法治是什么：从贵族法治到民主法治》，广西师范大学出版社，2013。

思想、观念、意识的自然转变总是很慢，"打官司"之于乡土社会的投影短时间内也不会有根本变化。考察法的实效，不能不将之放在具体的社会环境中；法之运行，也不能不顾及社会的实际。但当我们已经决定让法作为社会最终的裁判规范时，法又该如何才能"来源于社会又高于社会"，不被各种法外因素所冲淡、稀释。法律究竟在普通人的生活里扮演了怎样的角色？压抑的诉讼文化、沉重的诉讼，其根本原因又是什么？这令人深思。梁漱溟先生说中国社会历久不变，文化停滞不前，是否确实如此？在政治方面，也有学人提出：中华民族经久的治理模式——官僚体制下的集权制度一直都未有根本的转变。[1] 每每当不容乐观的司法现状叩问数目字上的成就时，更是加深了我们的疑虑。一切都表明，我们的法治之路还长。2013 年，李某强奸一案，据报道，李某母亲在接受采访时说：……四个法官还是成年人，非常优秀的干部同志们，都在这样的一个环境里失足了，孩子们怎么经得起这样的诱惑？[2] 现实留给了法律重重的问号。

---

① 王毅：《中国皇权制度研究》（上）（下），北京大学出版社，2007。
② 穆将：《灰色复仇：上海法官招嫖事件幕后》，《三联生活周刊》2013 年第 33 期。

第 13 章

何种多元：我国多元化纠纷解决机制省思[*]

"纷争（纠纷）解决"这个研究主题，扩大了法学家的传统研究方法，也增加了与其他社会科学共同合作探讨纷争的研究景深。[①]

——郭书琴

引　言

每一个生活在社会中的个体，不免会遭遇各种矛盾、冲突，这些矛盾与冲突有些是自我内心的，有些则是与其他个体、群体、社会，乃至国家的。在法学的视野中，讨论较多的是这些矛盾和冲突所引发的诸纠纷的解决，[②] 但相对较少关心纠纷本身及其发展过程，偶尔也会延伸至纠纷解决之后，当然也较少关注纠纷发生之前的故事。对此并不是没有疑问，一如有学者所指出的"如果仅仅把冲突看成冲突主体或主体间的孤立行为，不足以充分认识冲突的社会影响和意义，冲突的实际影响范围决不仅限于冲突主体本身"。[③] 本章的目的是尝试将这些内容前后串联起

＊　本章之初稿曾提交 2019 年 12 月 7 日于天津财经大学法学院主办的第二届跨学科背景下的法学高端论坛讨论，得到张勤教授和张文波法官的认真评论，在此一并表示感谢。后曾发表于高其才教授主编《当代中国纠纷解决习惯法》（中国政法大学出版社，2019）。

① 郭书琴：《从法律人类学看民事纷争解决之诉讼观的演进——以家事纷争解决为例》，《"中研院"法学期刊》2017 年第 20 期，第 7 页。

② 斯蒂芬·B. 戈尔德堡等：《纠纷解决——谈判、调解和其他机制》，蔡彦敏、曾宇、刘晶晶译，中国政法大学出版社，2004，第 3~6 页。

③ 顾培东：《社会冲突与诉讼机制》（第三版），法律出版社，2016，第 4~6 页。

来，形成一种关于纠纷（矛盾、冲突）及其解决的"整体论"视角。

无论我们多么不喜欢矛盾、冲突、纠纷，但"无争""无纷""无讼"……这只是人类的理想，而这或许只在荒岛上"鲁滨逊的世界"里才有可能实现。可以推测，即便是在人类社会最初——"人民少而禽兽众"① 的时代，也未能实现此理想。关于"无讼"，2000 多年前的《论语·颜渊》有"听讼，吾犹人也。必也使无讼乎"，皇侃《论语义疏》有"言我所以异于人者，当讼未起而化之，使不讼耳"②。不过这里的无讼，笔者认为其实是一种结果指向，而非一种起初的追求。③ 今天我们能够确知，即便是孔子生活的年代，彼之社会并不必然就好于当下——"《春秋》之中，弑君三十六，亡国五十二，诸侯奔走不得保其社稷者不可胜数"④。"世衰道微，邪说暴行有作，臣弑其君者有之，子弑其父者有之。孔子惧，作《春秋》。《春秋》，天子之事也。"⑤ 这也不只是在上古时候的中国，希伯来的《圣经》创世纪篇所记该隐亚伯事亦然。⑥

因为纠纷、冲突、矛盾之不可避免，且时有发生，所以人们在有意、无意间一直采取各种方式方法，特别是制定一定的制度、规范以防止、减少与解决具体的纠纷。无论是在人类较早时期的原始部落群居时代，还是在后来进入了更高级的国家这种"利维坦"时代，都是如此。人类对于这些纠纷、矛盾、冲突的回应还在于对正常生活秩序的维持，尽管今天的世界已经的的确确成了"起火的世界"⑦ ——从各种小小的摩擦，到恐怖事件、区域冲突，"此起彼伏""连绵不断"。在某种意义上，我们似乎可以说矛盾、冲突、纠纷其实是再正常不过的社会现象；自然也可以接受冲突对于社会不只是消极，还有积极的一面的观点——西美尔很

---

① 王先慎撰《韩非子集解》，钟哲点校，中华书局，2013，第 439 页。

② 皇侃辑《论语义疏》，高尚榘点校，中华书局，2013，第 312 页。

③ 廖名春：《〈论语〉"听讼"章与〈大学〉篇的误读》，《社会科学战线》2014 年第 6 期。另见俞荣根《儒家法思想通论》，商务印书馆，2018。

④ 司马迁：《史记》，韩兆琦评注，岳麓书社，2004，第 1787 页。

⑤ 杨伯峻译注《孟子译注》，中华书局，2010，第 141 页。

⑥ 冯象译注《摩西五经》，生活·读书·新知三联书店，2013，第 9～10 页。

⑦ 参见蔡美儿《起火的世界：自由市场民主与种族仇恨、全球动荡》，刘怀昭译，中国政法大学出版社，2017。

早就指出社会冲突不仅有助于社会整合、社会稳定，还有助于社会发展。① 但一如人们对于无讼的追求，即便消除纠纷是不可能的，我们还是希望通过人类自身的努力，以预防、减少、降低与解决纠纷。同时，我们相信人性总体上以及大多数人是向善的，人类能够通过沟通避免或者减少纠纷、矛盾、冲突的发生。政治哲学家也从来没有放弃关于"良序社会"的设想。②

而这，首先在于我们对于纠纷及其解决的全面认识。从这个角度出发，单纯的纠纷解决研究——特别是法学视角的研究显得研究链条短了一些，还可以向前向后再做延伸。同时，即便是在关于纠纷解决机制的建构上，我们似乎还可以再做探索。③ 就我国当前的纠纷及其解决机制改革研究而言，处在非常显然位置的当然非（最高）人民法院主导、大力推动的多元化纠纷解决机制建设莫属。从出发点以及我国的实际现状来看，目前的制度推进模式有其合理性，这可能与多元化纠纷解决机制的内在生发逻辑有一定的张力有关。从长远看，这可能会使多元化纠纷解决机制在我国的发展不能产生预期的效果，乃至无法良性发展。借助常人方法学、

① 盖奥尔格·西美尔：《社会学——关于社会化形式的研究》，林荣远译，华夏出版社，2002，第 226~227 页；Georg Simmel, *Sociology*: *Inquiries into the Construction of Social Forms*, Translated and edited by Anthony J. Blasi, Anton K. Jacobs, Mathew Kanjirathinkal (Leiden, Boston: Brill, 2009), Chapter 4。另见戴维·迈尔斯《社会心理学》，侯玉波、乐国安、张智勇等译，人民邮电出版社，2006，第 381~382 页；狄恩·普鲁特、金盛熙《社会冲突：升级、僵局及解决》，人民邮电出版社，2013，第 11~12 页。

② 斯蒂芬·平克：《人性中的善良天使：暴力为什么会减少》，安雯译，中信出版社，2015；马歇尔·卢森堡：《非暴力沟通》，阮胤华译，华夏出版社，2015；道格拉斯·C. 诺思、约翰·约瑟夫·瓦利斯、巴里·R. 温格斯特：《暴力与社会秩序：诠释有文字记载的人类历史的一个概念性框架》，杭行、王亮译，格致出版社、上海三联书店、上海人民出版社，2017。See also John Stewart, *Bridges Not Walls*: *A Book about Interpersonal Communication* (New York: McGraw-Hill Education, 2011).

③ 刘荣军：《纠纷解决理论缺失及其代价》，载徐昕主编《司法：纠纷解决与和谐社会》第 1 辑，法律出版社，2006，第 21~22 页。范愉教授介绍，"日本法学界的纠纷解决研究从法社会学和民事诉讼法学开始，逐步形成'纠纷解决学'的概念和体系"。参见范愉《纠纷解决研究的反思与展望》，载徐昕主编《司法：司法的知识社会学》第 3 辑，厦门大学出版社，2008。美国的乔治梅森大学有专门的"和平与冲突解决学院"（Jimmy and Rosalynn Carter School for Peace and Conflict Resolution），https://carterschool.gmu.edu/，最后访问日期：2022 年 6 月 22 日。

社会学理论的方法，还是可以从思想层面对我国方兴未艾的多元化纠纷解决机制建设运动之一般理论机理以及实际运行做一些进一步的检讨。

其一，纠纷及其解决框架的思考不能脱离社会这个环境而只剩下抽离出来的"纠纷"和抽象的"纠纷解决"的概念；其二，在关于纠纷及其解决机制的检讨中，不应忽略当事人这个最重要的主体。文章的思路如下：首先是对"纠纷""矛盾""冲突"这一组概念的再界定，以明确本章的讨论基础；其次是对纠纷及其解决机制内在关联的一种宏观检讨；再次是对纠纷解决与纠纷的多元化解决之间关系的讨论；最后则是对我国多元化纠纷解决机制重构的反思。

一 概念的使用：纠纷、矛盾、冲突

如果是从法学者研究较多的"纠纷解决"视角来看，"纠纷""矛盾""冲突"这三个词的边界并不是很清晰，也没有做细分的必要，一般的混合、交叉使用并不会有什么不妥。就日常生活实践而论，"纠纷"一词较多在法律框架内使用；"矛盾"则出现在哲学话语中，当然其也很常见地用在人际关系交往的描述中，比如某某与某某有矛盾、不和等；"冲突"既会在较小的如个体层面表明一种比较剧烈的对立状态——或言语、或肢体，也会用来描述较大范围内的对立、对峙，甚至战争状态，如"巴以冲突"。还有一个词是"争端"，比较常见的有 WTO 争端解决机制。另外，语言上表意重叠以及习惯上具体运用，在一定程度上也使前述界定显得意义不大，且有很大不确切性。比如"芥蒂""杯葛""恩怨"等都可以表示上述几个术语的含义。

但客观而言，这三个词之间还是存在一些不同，各自的使用语境和习惯不尽相同，一些学者已经注意到了这一点。① 某种意义上，至少是在大多数法学研究者的语境下，实际上是围绕"纠纷"这个中心，将"矛盾""冲突"以及与此相关的一些术语串联起来，并希望能够用"纠纷"

---

① 张勤：《当代中国农村土地纠纷解决研究——以广东省为例》，中国政法大学出版社，2018，第 3~5 页。

一词统辖各种各样的纠纷。这样的做法能够节省实际研究上的概念讨论纠缠，但是我们还要意识到在这个核心术语背后，法学研究者们在对待相应问题的解决逻辑及思路时是有所不同的。在今天，我们很难再去讨论一种笼统的纠纷解决，而是需要做一些分层处理的工作。（后文会进一步论述）

对"矛盾""冲突"的界定，在一些社会学家的论述中反映比较明显，比如吉登斯就认为：①

> 我所说的冲突，是指不同行动者或群体之间实际发生的斗争，而不考虑这种斗争具体发生的方式及其动员的根源。虽说矛盾是个结构性概念，但冲突不是。冲突和矛盾之所以往往叠加在一起，是因为矛盾体现了各个社会系统的结构性构成中主要的"断裂带"，往往牵涉到不同集团或者说人群（包括阶级，但不仅限于此）之间的利益分割。矛盾体现了多种不同的生活方式和生活机会的分配。
>
> 我们可以认为，考察矛盾与冲突之间的关系，有三种情况特别重要：行动的不透明性，矛盾的扩散，以及直接压迫的普遍存在。

笔者比较赞同吉登斯的论述。日常的用语习惯中，人们也是如此使用这两个概念的，比如毛泽东的《矛盾论》②、党的十九大报告关于我国社会主要矛盾的新表述③等就不能换做"冲突"；又如勒温（K. Lewin，1890—1947）关于个体心理冲突三类型——"双趋冲突"、"双避冲突"、"趋避冲突"（Approach-avoidance Conflicts）的划分，界定为"矛盾"就不是很恰当。④ 这几个术语有时候也会与"社会问题"存在一定的交叉。"社会问题"常作为一门专门的课程，⑤ 大量的影视作品也往往取材于

① 安东尼·吉登斯：《社会的构成：结构化理论纲要》，李康、李猛译，中国人民大学出版社，2016，第 187、299 页。
② 《毛泽东选集》第 1 卷，人民出版社，1991，第 299~340 页。
③ 《中共产党第十九次全国代表大会文件汇编》，人民出版社，2017，第 9 页。
④ See K. Lewin, *A Dynamic Theory of Personality*（New York：McGraw-Hill, 1935）.
⑤ 比如徐震等《社会问题》（第三版），学富文化事业有限公司，2013。

"社会问题"，比如电影《小武》①、《钢的琴》②、《三块广告牌》（*Three Billboards Outside Ebbing, Missouri*）③、《我不是药神》④ 等。当然有些问题也很难归为严格意义上的社会问题，其解决难度极大，或者说就是无解的，比如"耶路撒冷问题"。⑤

对于"纠纷"，有学者认为，从社会学的角度看，其实际属于社会冲突（Social Conflict）的构成形式，反映的是社会成员间具有抵触性、非合作的，甚至滋生敌意的社会互动形式或社会关系。⑥ 或许，我们可以这样讲，正是因为一定的矛盾、冲突，才产生了一定的纠纷。在趋向纠纷及其解决的方向上，笔者认为可以暂时悬置"矛盾"与"冲突"在内涵上的具体差异。迈尔斯用其偏向描述式的语言写道："不论处于冲突中的人们能否正确地知觉双方的行为，他们总是认为一方的获益就是另一方的损失。"⑦ 这也符合多数时候我们对于纠纷之发生的直观感受。

纠纷解决，特别是自法社会学的角度看，其意义是相对确定的，其主要围绕的还是个体间的纠纷解决。很多时候，个体都是处在矛盾、冲突中——或是自我内心的冲突与矛盾，或是与他人间的矛盾与冲突，更有与社会的矛盾与冲突。而比较容易进入研究者视野的则是那些已经显现出来的、最终有希望解决的纠纷。在这之外的纠纷，当事者或是寻求自我的内心不断调适或者在时间中慢慢愈合这种痛苦。⑧ 在这个层面上，

---

① 中国大陆导演贾樟柯 1998 年作品，王宏伟等主演。
② 中国大陆导演张猛 2010 年作品，王千源等主演。
③ 英国导演马丁·麦克唐纳（Martin McDonagh）2017 年作品，弗兰西斯·麦克多蒙德（Frances McDormand）等主演。
④ 中国大陆导演文牧野 2018 年作品，徐峥等主演。
⑤ 参见赛门·蒙提费欧里《耶路撒冷三千年》，黄煜文译，究竟出版社股份有限公司，2013。
⑥ 陆益龙：《纠纷解决的法社会学研究：问题及范式》，《湖南社会科学》2009 年第 1 期。有关纠纷及其解决的一个学术史梳理及批判，可参见王亚新《纠纷·秩序·法治——探寻研究纠纷处理与规范形成的理论框架》，载氏著《社会变革中的民事诉讼》（增订版），北京大学出版社，2014，第 299~305 页。
⑦ 戴维·迈尔斯：《社会心理学》，侯玉波、乐国安、张智勇等译，人民邮电出版社，2006，第 381~382 页。
⑧ 参见卡伦·霍尼《我们内心的冲突》，温华译，上海译文出版社，2018。

纠纷解决的范围被人为缩小了，过于微小的"摩擦""不愉快"与剧烈的如"社会运动""战争"等冲突一般都不在通常意义的纠纷解决范围之内，即其主要偏向的是日常生活中的一般纠纷。

与日常生活纠纷相关联的是所谓社会矛盾、社会冲突。无论是社会矛盾还是社会问题，其外延和内涵都较此处所讲的个体之间的"纠纷"大。社会矛盾、社会问题的出现多半是制度性的，其之解决要复杂得多，多需要社会政策的调整或者观念等缓慢改变。[1] 达伦多夫就认为："现代的社会冲突是一种应得权利和供给、政治和经济、公民权利和经济增长的对抗。"[2] 比如"龙煤"的问题[3]、医疗问题、出租车罢工问题、城中村改造问题[4]等。尽管如此，这并不是说在一般意义上的纠纷解决研究体系中，这些都是可以排除出去的。首先，这是难以排除的，如果要排除，那就是某种"锯箭法"。其次，在具体的纠纷及其解决框架体系内，小矛盾是有可能被激化为严重冲突的；一定的社会问题往往也是矛盾和冲突生发的病灶所在。最后，虽然日常生活纠纷也与社会问题、社会矛盾有一定交叉、重叠的地方——比如征地拆迁，但总体上纠纷总是限定在一定范围内，其波及范围相对有限，解决程序、方式也相对比较固定——目前形成共识的主要有协商、调解、仲裁、诉讼等。[5] 在上述这些略显烦琐的论述下，可以看到的是，纠纷及其解决与社会之间有着直接的、丰富的关联，而"纠纷场"中的个体构成了最终的旨归。在这个意义上，将"纠纷"作为一种社会现象，而不仅是需要解决的一个"问题"，可能更能扩展我们关于纠纷及其解决的研究格局。

---

[1] 申伟的一个研究很有意思，参见申伟《失衡社会的纠纷类型化及其诉讼机制研究》，《兰州大学学报》（社会科学版）2019 年第 3 期。

[2] 拉尔夫·达伦多夫：《现代社会冲突》，林荣远译，中国人民大学出版社，2016，"前言"第 2 页。

[3] 公子无忌：《解局：一个龙煤背后的时代难题》，载"侠客岛"微信公众号，2016 年 3 月 14 日。

[4] 参见陈映芳等《直面当代城市：问题及方法》，上海古籍出版社，2011。

[5] 本章并没有使用"和解"，而是以"协商"一词作为同调解、诉讼等并列的纠纷解决方式。这主要是因为，"和解"指的是一种纠纷在当事人之间得到解决的结果，而调解、诉讼则是一种程序进行的样式。协商，在纠纷解决的语境下，也指的是"谈判"。

二 "整体论"下的纠纷及其解决机制研究框架

(一) 研究视角转变的必要

在今天,何以思考纠纷及其解决?特别是从社会这个大的背景入手,而不仅是围绕纠纷的解决并采取一种技术主义的思路来考虑相关问题,这就有必要从诉讼及种种非讼纠纷解决方式的思路扩展到纠纷及其解决机制的宏观/整体框架上来。① 对于各种非讼纠纷解决方式,我们实际上"挑选"的是诉讼这一主要纠纷解决方式之外的协商(谈判)、调解、仲裁及它们的变种,还有它们相互间的组合所形成的诸纠纷解决途径。但是从社会现实来看,纠纷的解决/处理远不止这些。比如电影《英雄本色》② 等中所表现的以复仇为底色的只是程度略有差异的或可称为"私力救济"的纠纷"江湖"解决方法;再如,电影《甘地传》③ 中所表现的"非暴力不合作"这种"公民不服从"是否同样是一种纠纷解决方式呢?尽管日常生活绝非两部电影所表现的那样,但各种"小江湖"乃至各种(冷)暴力离我们一直都不远。④ 此外,正如一些黑色电影所表现的那样,现实中我们对于各种冲突、矛盾、纠纷的看法并不总是泾渭分明的,也会随背景情景的变化有一些变化,正如数学中的"模糊定律"所表达的那样。⑤

强调此,有以下几个方面的意义:(1)纠纷及其解决体系是宽广的,法律只是其方式之一,还有更多其他的方法。传统上有关纠纷解决的一种经典分类方法——"私力救济""社会救济""公力救济"便能很好说明问题。一如前述我们在影视及小说作品中看到的"江湖"世界纠纷解

---

① 有关近 20 余年我国纠纷解决研究的一个评论可参见张勤《当代中国纠纷解决研究的法社会学维度:述评及展望》,《湖北民族学院学报》(哲学社会科学版)2019 年第 5 期。

② 中国香港导演吴宇森 1986 年作品,狄龙、周润发、张国荣等主演。

③ 英国导演理查德·阿滕伯勒(Richard Attenborough)1982 年作品,本·金斯利(Ben Kingsley)等主演。

④ 参见吕德文《边缘地带的治理》,社会科学文献出版社,2017;王学泰《游民文化与中国社会》(增修版),山西人民出版社,2018。

⑤ 比如美国导演弗朗西斯·福特·科波拉(Francis Ford Coppola)的电影《教父》。

决方式，又如《左传》所记载春秋时期列国内部及之间的种种纷争、冲突及其解决——暗杀、攻伐、战争等。[①] 事实上，我们就是生活在一个充满矛盾、纠纷、冲突的社会中。是以，我们才会建立各种制度和采取种种途径以防止冲突、预防纠纷。尽管如此，还是有种种纠纷发生，这就使有关纠纷及其解决的理论研究很有必要。（2）纠纷之法律解决的边界在一定程度上是相当模糊的，特别是在民事领域。当然，这里需要看我们如何界定"纠纷"本身。（3）在社会的变迁过程中，一些曾经被视为并不适合国家法律介入处理的纠纷也逐渐进入法律的调整范围。（4）就实际的纠纷解决而言，很难说国家法律就是适用范围最广的。（5）还是要明确纠纷法律解决的意义。基于此，有必要从一种比较宏观的视角考察具体的纠纷及其解决式样。

图 13-1 是一种对纠纷及其解决宏观展开过程的粗略描述。

纠纷结构（主体）	个体（广义）			国家诸管理结构（机关）	其他（商业帝国）
	个体	群体	社会		
发生原因	（1）利益冲突/利益受损，资源占有、分配不公；（2）寻租；（3）竞争、嫉妒；等等				
表现形式例举（拓扑）	（1）熟人（亲人）之间；（2）陌生人之间；等等	广场舞等	（1）环境污染；（2）报复社会等等	（1）"公民抗争"；（2）邻避运动（无直接利益冲突）；等等	（1）霸王条款；（2）环境污染；等等
纠纷解决方式 冲突管理	（1）隐忍或者暴力（武力）；（2）寻求（准）法律方法（诉讼、仲裁等），还是采取上访、行政手段介入等方法，抑或纯粹个人私了；（3）事前预防、事中防止纠纷升级、事后积极救济				
纠纷解决 影响因素	（1）冲突之性质、剧烈程度；（2）当事人各方之实力、态度及个性差异；（3）具体之解决方式及权威来源；（4）对解纷者的认同与信任程度；（5）纠纷生发之社会背景、环境；（6）纠纷文化；等等				
纠纷解决 结果	解决 — 部分解决（留有尾巴或引出新矛盾）— 未解决（无解/僵局）				

图 13-1　围绕个体的纠纷及其解决的可能图式（schema）

资料来源：笔者自绘。

[①] 参见唐诺《眼前：漫游在〈左传〉的世界》，广西师范大学出版社，2016。与此很接近的是苏力根据《史记》中有关周亚夫与汉景帝之间这种"冲突"而作的很有启发性的研究。参见周尚君、尚海明主编《法学研究中的定量与定性》，北京大学出版社，2017，第 17~18 页。

首先，笔者所理解的纠纷主要是围绕个体展开的，这分别涉及个体与个体、群体、社会、政府等管理部门、其他主体之间的纠纷。在具体表现形式上多种多样，图 13-1 仅列举了少数几种。就个体与个体之间而言，可笼统分为熟人之间与陌生人之间，前者发生纠纷之概率其实要更高，无论是从传统中国的"熟人社会"出发，还是我们最为熟悉的家人朋友间的不快、冲突皆然，我国古典小说《红楼梦》中便有许多细致描写；又如我们所知道的"杀熟"。陌生人之间的纠纷则为法化社会下、快速流动之陌生人所熟稔。至于个体与群体之间，如近年来因广场舞音乐而生的纠纷。个体与社会之间，如个体对社会的报复、整体性的环境污染等。① 个体与政府等管理部门之间，如各种所谓"群体性事件"，有时与公民抗争等联系在一起。② 个体与其他主体之间，如与一些企业在环保、个人消费等方面的纷争。③ 在解决方式上，笔者认为可以划分为三种类型，首先是从隐忍到暴力④这样一个变动带；其次则是方式方法上是否依赖司法及准司法的正式、规范机制，其中特别要重视的是行政处理在我国的特别意义；最后则是事先制定明晰的规范予以预防，或是事中防止纠纷升级，抑或是事后积极救济。

对于影响纠纷解决的因素，笔者暂且指出六个方面。"冲突之性质、剧烈程度"的影响是显然的。"当事人各方之实力、态度及个性差异"，比如"好勇斗狠""无事生非"的个体，具体的纠纷解决会比较棘手。"具体之解决方式及权威来源"，比如，某些纠纷可能会因宗教等力量介入而效果不同；⑤ 再如，律师等专门力量的参与亦会影响纠纷之解决。

① 参见克里斯蒂娜·科顿《伦敦雾：一部演变史》，张春晓译，中信出版社，2017。

② 拉塞尔·哈丁：《群体冲突的逻辑》，刘春荣、汤艳文译，上海人民出版社，2013。

③ 比如 2000 年史蒂文·索德伯格导演，朱莉娅·罗伯茨等主演的电影《永不妥协》(*Erin Brockovich*)；又如乔纳森·哈尔《漫长的诉讼：环境污染、白血病儿童和对司法公正的追求》，李文远、于洋译，新世界出版社，2018。

④ 暴力不仅会导致纠纷、冲突的发生，也是一种比较极端的纠纷、冲突解决方法。兰德尔·柯林斯：《暴力：一种微观社会学理论》，刘冉译，北京大学出版社，2016；亨利·查尔斯·李：《迷信与暴力：历史中的宣誓、决斗、神判与酷刑》，X. Li 译，广西师范大学出版社，2016。

⑤ 王勇：《草权政治：划界定牧与国家建构》，中国社会科学出版社，2017。

"对解纷者的认同与信任程度"与上一点有一定关联。"纠纷生发之社会背景、环境"，比如"为什么我们越来越短视，世界越来越极端"的疑问，[①] 又如我们的社会越来越暴戾等。[②] 最后是"纠纷文化"，比如我们文化中对"和"的强调，以及"冤家宜解不宜结"等观念的意义。对于纠纷解决结果，笔者同样给出了从完全解决到未解决这样一个变动带。

（二）类型化纠纷的宏观思考

1. 多维度的"纠纷"再论

尽管"纠纷"难以界定，但其并不是一个不能分析的概念。纠纷的样态各式各样，难以一一列举。平常我们也多是采用一定的标准，尽量简约地进行归类处理，以期达到韦伯"理想型"的标准。比如，刘正强便通过"（泛）血缘关系强度"与"纠纷涉法（诉）性"的强弱两个维度，整理出关于民间纠纷的四种理想类型。[③] 当然在清晰归类纠纷现象与事实的同时，也会牺牲一些纠纷样态。比如，法学视野中的"纠纷"其实只是一部分的"纠纷"，或者限定后的"纠纷"。典型的法学人常常以部门法来人为区分某一纠纷，如民事纠纷。不过，立场的偏差也可能使不同主体对纠纷的表述不一致，典型如法官、律师、当事人各自对某一纠纷的差异表述。[④] 稍微转换视角，如果是从人类学、社会学的角度出发，则并不与此完全一致，其视野要更宽广一些，也更全面一些。随着社会的发展变迁，不断有新的纠纷类型出现。纠纷类型未被列入法律的范围，这并非一概无意义，只是法律未对其评价而已。自社会去看纠纷，则使"纠纷"本身立体化，改变了法律平面化的视野。"在中国社会，特别是中国传统社会，真正涉讼的法律行为能有多少呢？大量的法律行为，其实就是我们日常社会生活的一部分，这些每日每时发生的行为，才是

---

① 借自同名书，参见保罗·罗伯茨《冲动的社会：为什么我们越来越短视，世界越来越极端》，鲁冬旭、任思思、冯宇译，中信出版社，2017。

② 郑永年、黄彦杰：《暴力的蔓延及其社会起源》，《文化纵横》2010 年第 4 期。

③ 参见刘正强《法治话语下的血"稠"定律——以缘"分"为基础的纠纷类型构建》，《江海学刊》2016 年第 6 期。

④ 博西格诺等：《法律之门》，邓子滨译，华夏出版社，2007，第 700~703 页。

真正意义上'活的法律'……社会生活中真正的'活法',却往往自有一套完全不同的评判和裁决,并且无视法律规定和司法的评判与裁决。"①

由于纠纷的种类千姿百态,具体到纠纷的定义上,其内涵与外延都难以明确,在这个意义上,纠纷更适合被描述,也更容易反映纠纷的全貌。② 比如在征地拆迁中,由于补偿款不能按时补偿到位,一个本不可能演化成纠纷的事实成为纠纷;又如不断见诸媒体的因广场舞大妈引起的噪声污染等纠纷,某种意义上并不是纠纷,而是由于城市公共活动空间的狭小而引起的矛盾。③ 我国司法实践中,法院明确将一部分纠纷排除在受理范围之外。④ 从民事诉讼的性质来看,根据法律的规定,一些纠纷是不能进入民事诉讼程序的,而且法律对这些未能进入诉讼程序的纠纷的解决提供了指引,但实际往往是这些纠纷中的部分永远也无法再得到救济。我们无法期待国家能够对每一件纠纷都作出公正的裁决,也无法要求每一件没有通过国家解决而是寻求社会救济的纠纷都能圆满解决,但其中的损失由谁来承担?如果是当事者的话,他又要承担到一个怎样的限度?类似的困惑还能举出不少。

从这里出发,法学视野下的纠纷及其解决研究可能有局限性,难以细致地检讨纠纷发生之动力、发展变化及最终之处理和结果。法律意义上对纠纷及其解决方式的模型化分析,实则是一种框架式思维,⑤ 这不仅是遮蔽,还是有意忽视某些并非不重要的内容。阐释并非总是有意义,而描述也并非无意义。某种意义上,客观、理性、有价值、有意义的阐释几乎是不可能的;反之,表面上看描述是无逻辑的事实摆陈,但它可以提供有用的信息,进而帮助读者形成相对准确的判断。这一思路受格尔茨的影响,

① 尹伊君:《红楼梦的法律世界》,商务印书馆,2007,第17页。
② 比较典型的如 Laura Nader 的研究。参见 Laura Nader, Harry F. Todd, *The Disputing Process: Law in Ten Societies* (New York: Columbia University Press, 1978)。
③ 邓志伟、刘秀芬:《广场舞纠纷的博弈与求解——一个容忍义务的分析框架》,《法律适用》2015年第12期。
④ 江必新主编《新民事诉讼法理解适用与实务指南》,法律出版社,2012,第470～475页。又见《最高人民法院关于人民法院登记立案若干问题的规定》(法释〔2015〕8号)第10条。
⑤ 赵鼎新:《社会与政治运动讲义》,社会科学文献出版社,2012,第210页。

他不只关注"是什么"，还对"为什么"进行解读。同时，某一行为/事件与周遭环境的关联也在研究之中。[①] 一如约翰·多恩（John Donne，1572—1631）所言："没有人是一座孤岛。"正是基于前述考虑，本章对纠纷的类型处理，主要是从纠纷主体出发而界定的。

2. 规范—制度化的解纷方式与非规范—非制度化的解纷方式

就时下的观点来看，纠纷之解决方式突出的是多元化，但是这种多元化往往建立在一种二分法上。比如诉讼与非讼[②]的方式、正式与非正式的视角，[③] 又如机构解决与非机构解决等。不过，如果将"纠纷"作为一种社会现象，同时希望将尽可能多的纠纷解决方式涵盖进来的话，前述分类法还可以再做一些修改，比如置于"规范—制度化解决到非规范—非制度化解决"这个光谱上，进而囊括前述二分法中有可能遗漏的"边缘地带"。这是因为，首先，某种意义上，就诉讼这一解决纠纷的主流方式而言，由于我国司法裁判的调解中心主义，法院裁判同样不是一个严格规范的纠纷解决方式，这在基层法院及其派出法庭的日常司法活动中体现得较为明显。其次，在一些被视为典型非讼方式的纠纷解决方式中，比如调解，不再是我们所讲的传统德高望重人士的"卡里斯玛权威"，而是出现了较为专业和技术化的职业调解机构，并渐次成为未来的一种发展方向。最后，随着社会中新的纠纷类型的出现和人们在纠纷解决方式

---

① 克利福德·格尔茨：《文化的解释》，韩莉译，译林出版社，2014。

② 纠纷的法律外解决，这在学术话语中是一种非常模糊的表达。在一般的学术文章中，纠纷的法律外解决、纠纷的多元解决、纠纷的非讼解决，乃至 ADR（非诉讼纠纷解决程序）往往有混合适用的情形。但是，本章认为还是有对这些术语进行区分的必要。特别是其中的 ADR，本章认为它在美国等发源国的意义同我国将其引入后的意义，有很大的背景上的差别。纠纷的非讼解决，一如其字面意思，就是纠纷通过诉讼之外的方式进行解决。纠纷的非讼解决不排除纠纷的法律解决，这全赖如何看待法律的范围。如果是较为广义地理解法律，特别是将其作为一种制度安排的机制而不仅是一种工具，那么纠纷之解决常规形态——不管是调解，还是协商都有可能是在法律（法治）的思维和框架下进行的。反言之，法治理念不畅，即便是纠纷通过诉讼这种最为典型的法律方式来解决，也可能并不是法律的逻辑，而可能是行政的，甚至是强权、暴力的。纠纷的多元解决，则重在表现纠纷解决形式的混合和多元，是最宽泛的一个术语。

③ 西蒙·罗伯茨、彭文浩：《纠纷解决过程：ADR 与形成决定的主要形式》，刘哲玮、李佳佳、于春露译，北京大学出版社，2011。

上的多元选择，已很难再用诉讼、非讼的二分法来解释其间的纠纷解决逻辑。在这一点上，"后现代的审判方式"是有其意义的。由此，如果依然从诉讼、非讼的角度来划分具体的纠纷解决方式，将会丧失其原来的意义。规范化与非规范化的划分方法则可较好回应前述矛盾。一些学者的研究也反映了这一点。①

（三）纠纷及其解决机制否思

有目的的看，研究"纠纷"，最终还是要关联具体的纠纷解决机制。在过往诸多的研究中，首先我们所接触的是大量的人类学个案研究，如果将一起纠纷的前前后后用稍微抽象的学术话语来表达的话，大抵是如图13-2所表示的式样。这张图非常直观地显示了一个具体的纠纷从发生、升级到最后结束的全部具体内容，这也是当事人面对纠纷时可能作出的选择的矩阵。

在上述研究之外，更抽象、更一般的研究是所谓的"制度论"与"过程论"。大体说来，制度论是将人类纠纷解决之类型整合在一个具体的框架之中，比如"金字塔模型"、"佛塔模型"（Dispute Pagoda）、"纠纷树模型"等。②后来又有学者倡导需要从纠纷的制度研究转向过程研究，其中代表有日本学者棚濑孝雄。棚濑体系如图13-3，其中，纵轴表示"按纠纷是由当事者之间自由的'合意'还是由第三者有拘束力的决定来解决"；横轴则表示"纠纷解决的内容（合意或者决定的内容）是否事先为规范所规制这一区别"。

"制度论"和"过程论"在各自的范式条件下，都是非常有竞争力的阐释。在多元化纠纷解决理念不断被倡导的今天，具体的实践更是一日千里，诸多解纷产品琳琅满目。③但当我们回过头来，特别是从纠纷当事者的角度再去反思的时候，目下方兴未艾的"多元潮"是否已逐渐成为

---

① 梁平：《多元化纠纷解决机制的制度构建——基于公众选择偏好的实证考察》，《当代法学》2011年第3期。

② 韩宝：《民事诉讼、纠纷解决、诉讼外纠纷解决机制》，《政法学刊》2016年第1期。

③ 参见胡仕浩、龙飞主编《多元化纠纷解决机制改革精要》，中国法制出版社，2019。

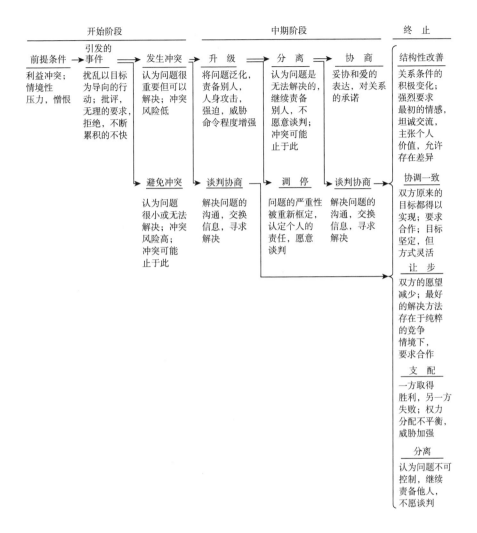

图 13-2　冲突的过程，包括开端、中期阶段和终止

资料来源：D. R. Peterson，"Conflict"，in Harold H. Kelley et al.（ed.），*Close Relationships*（New York：W. H. Freeman and Company，1983），pp. 360-396，转引自沙伦·布雷姆等《亲密关系》，郭辉、肖斌译，人民邮电出版社，2005，第 277 页以次。

一种意识形态进而成为一种强势话语，而实际的纠纷与其中的当事者距离却远了呢。无论接受与否，不管是"制度论"抑或"过程论"，在其模型的假设里，实际是自合法的纠纷解决方式出发的，无论这种解纷方式是国家的正式制度建构抑或这之外的非正式民间（社会）习惯。比如，

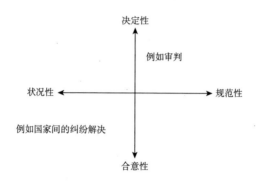

图 13-3　纠纷解决过程的类型轴（解决者视角）

资料来源：棚濑孝雄《纠纷的解决与审判制度》，王亚新译，中国政法大学出版社，2004，第 7~8 页。

实际上是将那一部分江湖社会的纠纷解决方式排除在外。[①]更进一步，对于制度论、过程论，实际上还是有补充空间的。首先，结合前文的论述，从个体的角度来看，其对纠纷之反应实际上是在从最消极的隐忍、忍让这种不作为，到"无所不用其极"这种最积极的作为之间变动选择的。其次，就具体的解决方式而言，有一部分纠纷实际上并不以国家正式制度、主流文化所认可与接受的途径解决。当然，还有一部分纠纷的解决实际上是很难界定的。比如"小闹小解决、大闹大解决、不闹不解决"中的"闹"字诀，有时候这种"闹"可能就是"无理取闹"，但有时候却是万般无奈下的选择。从这些角度出发，我们似乎可以重新思考一个关于纠纷与纠纷解决的新框架，这个框架将围绕"合法/制度内—不合法/制度外（显性—隐性）""作为—不作为"两个维度展开。是以，重思诸纠纷及其解决机制，并建构其模型至少要考虑纠纷发生的动力机制、纠纷解决的成本、纠纷解决的核心问题、纠纷解决的内在机理，以及以当事人为中心的"公平"[②]机制的形成等方面。申言之，如果是将纠纷作

---

① 参见王笛《茶馆：成都的公共生活和微观世界 1900—1950》，社会科学文献出版社，2010。

② "公平"与"公正"还是有些细微的区别："公平"，是当事者本人的一种感觉；"公正"则是对纠纷处理结果的一种评价。问题是"公正"要如何去做？

为一种社会现象，或者说再次返回到棚濑孝雄从制度转向过程的研究，那么就有必要做更深入之思考。一种将"制度论"与"过程论"重新结合的"整体论"就显得很有必要。

如图 13-4 所示，在有关纠纷及其解决的图式中，不再只是关于纠纷解决诸方式的正面描述，还包括那些并不太正面以及比较被动的解决方式，还包含了个体的具体行为。[1] 具体而言，纵轴显示的是实际的纠纷当事者在面对一个具体纠纷时的态度，以及有可能的解纷方式选择范围。一些时候，个体对于已经发生之纠纷极力抗争，寻求一定的解决；但在另一些时候实际选择的是"默默承受"。在横轴上，需要特别强调的是，尽管现实生活中存在一些不被国家正式制度所接受的纠纷解决方式，习惯上我们也多对其抱持批判或者不提倡的态度；那些非法的纠纷解决方式，不仅是国家予以禁止的，也是严厉打击的，但是我们不能接受一种纠纷解决方式，不等于其不存在，这对于纠纷的解决研究来说，实际上是不全面的。[2] 显然，对于怎样的纠纷解决方式才是能够接受的，当事人与国家之间的认识并不总是一致的。如果是从社会学的角度来考察纠纷及其解决的话，就需要做尽可能全面的考察，而无法只截取一段。这种"只管一段"的方式难免会割裂纠纷及其解决的复杂性以及与社会千丝万缕的纠缠关系。

前面已经分析过的"制度论""过程论"，以及笔者又提出的"整体论"与我国当前的多元化纠纷解决机制深化改革有什么关联呢？显然，我国的多元化纠纷解决机制在某些方面越来越与国际接轨的同时，更多的地方显示出来的还是非常明显的中国特色，即其非常强的国家动员与组织能力的一面。不太恰当地说，这也可以看作一场运动式的多元化纠纷解决机制中国式展开。但是一如笔者在前文已经指出的，国家主导的多元化纠纷解决机制尽管在最初能够取得很好的效果，但是在长久看来，

---

① 刘志松：《纠纷解决与规则多元》，《甘肃政法学院学报》2010 年第 2 期。

② 这方面的研究可参见徐昕《论私力救济》，广西师范大学出版社，2015；翟羽艳《民事权利救济模式的选择：在公力救济与私力救济之间》，法律出版社，2017。

不仅面临持续的经费等成本投入问题，还面临这一机制能否真正在社会中有效成长的问题。[①] 一言以蔽之，这种自上而下的假设制度设计思路，实际运行中的偏差可能会更大一些。这就需要一定的反馈机制来不断修改与完善这一制度，此时就有必要借助社会学的思路，从个体行动本身及其与社会环境的关联出发做一种相对于制度设计者及具体执行者、运行者的反向式整体思考。

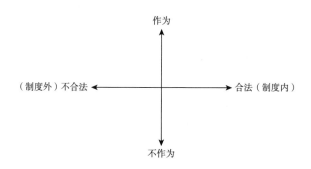

图 13-4 纠纷解决过程的类型轴 （当事者视角）
资料来源：笔者自绘。

三 从纠纷解决到纠纷的多元化解决

（一） 多元化纠纷解决机制下的纠纷解决

在今天的语境下，纠纷的解决与纠纷的多元化解决之间有一些细微的差别。从字面上去解释的话，纠纷的解决偏向的是过程，而纠纷的多元化解决偏向的是解决方法的多样性及丰富性。一般纠纷的多元化解决指的是诉讼与诉讼外两种大的分类。但是在今天，多元化纠纷解决机制更大意义上偏向的是纠纷的诉讼外解决。尽管从我国的官方表述以及部分立法来看，多元化纠纷解决机制仍然包含诉讼与诉讼外纠纷解决方式两类。但毫无疑问重心是在后者，之所以这样规定，笔者猜想是为了回应近年才有的"诉

---

① 廖永安、刘青：《构建全民共建共享的社会矛盾纠纷多元化解机制》，《光明日报》2016年4月13日，第13版。

调对接"制度。但是"诉调对接"制度的出台有其时代背景，而且可以看到这一制度在实践中运用得并没有期待中的那样广泛。

纠纷解决理念的变迁是一件非常有趣的事。从字面上看，多元化的纠纷解决方式不正是人类社会解决纠纷的标准做法吗？但是在今天，多元化纠纷解决机制更为偏向诉讼外的纠纷解决方式。或许从来没有一个时代使法院和社会对诉讼外的纠纷解决方式有如此的渴望。是以，一种完全依赖诉讼而建构的纠纷解决机制早已被抛弃。国家不仅允许与承认各种民间的纠纷解决形式，还投入大量的精力或自己或鼓励社会来建构大量的诉讼外纠纷解决机制。但这在一个强调集权、强国家—弱社会的国家就显得很矛盾，因为国家又非常想牢牢控制纠纷解决权力，而不让其被其他力量消解及稀释。事实上，正是国家对一件纠纷的最终诉讼判决，以及在诉讼与非讼边界上的模糊处理，才使国家主权及管理权的影子更为切实。笔者称之为纠纷解决的诉讼中心主义，这突出表现在国家通过诉讼对纠纷最终解决权力进行垄断，即是说，理论上不存在国家不能解决的纠纷，即便是非讼方式的纠纷解决也有国家诉讼这个"达摩克利斯之剑"始终高悬其上。近年来，我国法律中确定的"诉调对接"制度更是揭示了诉讼对于非讼纠纷解决机制的影响力，尽管表面上是为了让非讼纠纷解决机制具有更高的确定力以及执行力。但是，非常明确的是，在理论上国家的能力是无限的，但其实是有限的，仅就国家司法资源的有限性一项而言，面对急速增长的纠纷数量，法院甚至是"左支右绌""疲于奔命"，还不论有时候国家法会失灵。[①] 这就使纠纷解决理念与纠纷解决的现实之间充满张力。具体说来，诉讼外纠纷解决方式的发展是有限的，而且是很被动的。同时，诉讼外纠纷解决机制的建制化色彩比较鲜明，比如我国的人民调解就是建制化的。

在最广泛的意义上，诉讼外纠纷解决方式应当泛指诉讼途径之外的一切解决方式。但如果是以建制化的思路来理解诉讼外的纠纷解决方式

[①] 周梅芳：《乡村纠纷解决中的法律失灵——湖南柳村林权纠纷的个案研究》，《社会学评论》2014 年第 4 期。

的话，那么至少暗含了这种解决方式一定是国家法律与正式制度认可或者不排斥的合法解决方式。这在一定程度上使我们对多元化纠纷解决机制的理解产生了一定的困扰，即如何看待那些在建制化之后不能为国家所认可与接受的诉讼外纠纷解决方式。我们知道，对于那些无法认可与接受的诉讼外纠纷解决方式，国家会予以严厉的打击和制裁，并禁止采用。但是，从社会现实的视角来看，这并不是总能完成的任务，否则就不会有那些灰色甚至黑色地带存在的可能了。① 比如，如果不是这样，国家也不会对一些民间收贷行为进行严厉整治和打击了。从这一点看，目前的诉讼以及建制化的诉讼外纠纷解决体系其实只是社会中存在的纠纷及其解决体系的一部分。

回到建制化的多元化纠纷解决机制本身。我们知道，当对纠纷解决机制进行诉讼与诉讼外的二元划分后，就面临一个选择的问题，困难在于我们无法在事先就决定好将哪些纠纷划入诉讼的管辖范围，而将另一些纠纷确定为诉讼外的解决范围。即是说，"诉讼"—"诉讼外"这一语词表达上的清晰并没有带来相应的实践运行上的清晰。尽管从理论上来说，二者并没有多少冲突，因为这完全可以通过纠纷当事人的自由选择来完成。但问题可能正在于此——制度设计者希望由诉讼来解决的纠纷，当事人有可能选择对法律的规避而不采用诉讼的方式；相反，制度设计者希望当事人通过诉讼外方式解决纠纷，但当事人并不这样做。后一选择，似乎没有什么问题，因为国家已经垄断了通过诉讼这种方式对纠纷进行解决的正当性，但问题在于国家的司法能力以及资源总是有限的，需要诉讼外这种纠纷解决方式。这一点在我国当下的司法实践中表现得特别突出，即对于进入法院的纠纷，法院在实际分流上并不是特别有效。法院的困难还包括，进入法院的纠纷法院一般不能拒绝裁判，即便是法院认为可以采取诉讼外方式进行解决，理论上法院同样不能强制当事人退出法院裁判，可见诉讼与诉

---

① 指出这一点，笔者当然不是要为诸灰色乃至黑色的纠纷解决方式正名，而是想说纠纷在实际的解决中不仅是复杂的而且是艰难的，制度所能做到的只是一部分。申言之，纠纷之解决不可能是尽善尽美的，而且应当有其他一些于纠纷解决实际安排之外的保障。（这一点会在后文"制度剩余"处再做补充）

讼外这两类并不存在紧张关系的纠纷解决方式有时不免出现一定的紧张关系。在十八届四中全会后，我国多元化纠纷解决机制的建设步伐进一步加快，最高院出力尤多。不过"多元化解、诉调对接和繁简分流尚未全面落地"①、"传统意义上倡导的社会矛盾化解机制不同程度出现制度失灵，甚至局部出现了公民自治化解启动难、社会组织化解推动难、行政化解落实难、仲裁等准司法化解功能发挥难、诉讼内法定便捷程序实施难、法院倡导多元化解机制呼应难的尴尬局面"②。

当事人不选择诉讼外的纠纷解决方式，既有其文化心理的作用，还与今天的纠纷解决制度安排有关。当今社会，法律的地位被提到了前所未有的高度，通过诉讼的纠纷解决方式也具有非常神圣的地位，使当事人对诉讼有了非常高的期待，有时候甚至是唯一的期待。因此不难理解就我国目前的社会现实而言，即便是在纠纷没有必要进入法院、更加适合通过诉讼外途径进行解决时，纠纷当事人仍然选择通过诉讼的途径来解决纠纷。在这里，法院司法资源紧张无法成为当事人选择诉讼外纠纷解决方式的一个考虑因素，因为其从心态上就是要进行诉讼。在这之外，尽管不是常态，我们同样要注意诉讼外纠纷解决方式有时其实就是廉价低质量纠纷解决方式的代名词，更不用说有时诉讼外纠纷解决方式还成为法院"垃圾案件"的"处理场"。

就前面这几点分析而言，除却第一点之外，后两点还是能够发现一些问题的，即多元化纠纷解决机制下的纠纷解决体系仍存在一些可以进一步讨论的空间。讨论空间不仅在诉讼外纠纷解决方式自身，还在诉讼与诉讼外纠纷解决方式之间。结合我国的司法实践，这里主要想对后一个方面的问题略作讨论。当诉讼成为纠纷解决之最终权威的最后获得地时，就意味着诉讼外诸方法都有可能被推翻。同时，当社会缺乏相应的规则和预期时，诉讼外纠纷解决方式实际上是比较脆弱的。但是诉讼外纠纷

---

① 参见"全国法院立案登记制改革两周年新闻发布会"（2017 年 5 月 18 日）。

② 江苏省泰州市中级人民法院课题组：《矛盾纠纷多元化解机制的实践困境与路径探析》，《中国应用法学》2017 年第 3 期。

解决方式的确需要社会的"认真对待"。在这个意义上，笔者想将讨论焦点转移到纠纷诉讼解决的底线与诉讼外解决的边界这个更为抽象的问题上，以回应二者关系的协调问题。

客观地说，目前的诉讼外纠纷解决方式与诉讼相比优势不大。暂且不论诉讼对诉讼外方法的虹吸效应，相对于诉讼，诉讼外纠纷解决方式十分没有竞争力。而试图通过诉调对接、确认人民调解协议这些方式来提振诉讼外纠纷解决方式的思路实际上只能是补充性的，而不可能真的作为主流，如果这成为主流恰恰反证了诉讼外纠纷解决方式的失败。同时要注意的是，需要通过诉讼来解决的纠纷由于不能进入诉讼秩序，被迫进入诉讼外的纠纷解决方式，而这种纠纷解决方式恰恰是前面所讲的那种灰色甚至黑色地带的纠纷解决方法，以及不能算作严格意义上的纠纷解决方式的信访方式。绕了一大圈，多元化纠纷解决机制下纠纷解决体系的健康运作，仰赖诉讼公信力和司法能力的提升。只有不再让纠纷当事人有制度供给上的短缺感和惶恐感，纠纷当事人才有选择诉讼外纠纷解决方式的信心。因为在未来有很大不确定性的情况下，当事人只能选择风险最小的一种方式。此时的纠纷解决必定会导向某种形式的诉讼中心主义，而难以形成有效的多元化。这是强国家—弱社会情势下的必然逻辑。当然，这个问题或许不尽然是法院的原因，也可能是社会本身存在的问题。申言之，纠纷的诉讼解决这个底线，法院要坚守；同时，纠纷的诉讼外解决是有边界的，而其边界之处，一定是诉讼能够接手之处。

再看纠纷多元化解决的边界问题。无论承认与否，相对于以强大的国家机器为后盾的诉讼纠纷解决方式，有时诉讼外的纠纷解决方式是非常脆弱的，能力也是有限的。申言之，对于有些纠纷而言，诉讼外纠纷解决方式是无法解决的，当然此时这些纠纷理所应当顺利进入诉讼的管辖范围，但问题是法院有可能同样拒绝解决这样的纠纷。这就使这些纠纷有可能进入笔者在前文多处提到的非法的灰色解决地带。而如果一个社会之纠纷解决很大程度上要借助这样的方式，那么这个社会可能已经失范了。法院之所以能够守住社会正义的最后一道防线，不在于其能解决那些诉讼外纠纷解决方式亦能解决的纠纷，而是解决那些诉讼外纠纷解决方式不能解决的纠纷。

　　在结束这些关于诉讼与诉讼外纠纷解决方式的宏观抽象讨论之后，再对本部分开头时提到的建制化问题作一交待。尽管多元化的纠纷解决机制要指向诉讼之外的诸解纷方式，但当其要以一种相对固定化，特别是建制化的模式安排下来时，就可能会发生一些与其本意相反的变化。原因在于，建制化首先就是要寻求一个关于纠纷解决的典型模型，而诉讼架构正好是最好的样本。如此，建制化的非讼纠纷解决方式从一开始就与诉讼有了千丝万缕的关联，其具体运作中程序上的类司法性就说明了这一点。事实上，当诉讼与诉讼外纠纷解决方式的各种融合以及法院的各种附带 ADR，还有多门法院（Multi-door Court）花样迭出时，诉讼外纠纷解决方式的诉讼化就很明显了。从优点上来说，建制化的诉讼外纠纷解决方式更加适合今天这个陌生化的社会对于规范性的要求。相信在未来，随着诉讼规则的进一步软化，诉讼与某些诉讼外纠纷解决方式将会变得非常接近。再从不足上来看，建制化的诉讼外纠纷解决方式，特别是一种笔者称为国家主义的多元化纠纷解决机制，似乎还可以再做一些讨论。申言之，对于诉讼外的纠纷解决方式还是适宜采取比较开放的态度，制度先行不一定能够应付不断出新的社会。而社会中的主体是能够通过自身的调适摸索出很好的纠纷解决方式的，比如支付宝的出现。

　　无论是怎样的社会，都只有一部分纠纷能在建制化的纠纷解决方式中得以解决。换言之，还有相当一部分纠纷的解决必定是在这些正式制度之外的，或者说是正式制度实际无法"管辖"的。比如依据家法、族规、习惯等解决纠纷不能说不是纠纷的解决。那么在这一境况下，至少从学术的角度看，有必要在更为宏观的纠纷解决体系中进行观察。申言之，多元化纠纷解决机制只是这个宏观纠纷解决体系的一部分。即是说，我们既不能单纯地认为多元化纠纷解决机制就是全部的解纷方式，也不必对那些实际上游离与脱离正式制度的解纷过程感到诧异。培育良好的社会本身以及保持社会最低限度正义就是必要的，也要认识到社会自身的复杂性。结构主义地看，人类其实并没有走出多远，变化的只是纠纷的内容，不变的还是复杂社会的复杂纠纷。

在 2016 年最高院发布《最高院关于人民法院进一步深化多元化纠纷解决机制改革的意见》（法发〔2016〕14 号）（以下简称《改革意见》）推进多元化纠纷解决机制建设的背景下，讨论以上问题的意义在于：首先，尽管最高院在多元化纠纷解决机制的建构过程中出力甚多，但具体成效如何，社会回应是否达到了期待中的效果。[①] 其次，尽管最高院关于多元化纠纷解决机制改革的意见，还是很注意社会自身的纠纷解决能力，特别是诉讼与非讼途径的对接协调，但是伴随"国家制定发展战略、司法发挥引领作用、推动国家立法进程"这一工作思路的进一步展开，那些原存在于社会之中的纠纷解决途径可能会进一步萎缩，也可能使那些新产生的纠纷解决方式过早被纳入以法律及司法审判为底色的纠纷国家法律解决体系。[②] 再次，尽管我们一再突出与强调纠纷法律解决的正当性、权威性及其在现代社会的重要意义，但一如前述，不仅有相当一部分本应由法律来解决的纠纷徘徊在司法的大门之外，不得其门而入，还有一部分即便已进入司法程序的纠纷，其解决也并不必然符合和满足当事人的期待。当事人的利益与国家的法律及司法目标追求之间存在一定的距离。一如苏力所言，"一般说来，法院只适合，通常也只能依据法律规则或司法先例来解决有关校正正义的问题，即个案的纠纷。但社会中常常有些纠纷，乍看起来是有关校正正义的个案，隐含的却是分配正义的规则问题……（这样的司法判决）尽管很有道理，也符合法律和公共

---

① 周强：《推进中国特色一站式多元纠纷解决机制建设》，《人民日报》2022 年 3 月 3 日，第 6 版；张海燕：《法院"案多人少"的应对困境及其出路——以民事案件为中心的分析》，《山东大学学报》（哲学社会科学版）2018 年第 2 期；陈睿、刘丹凤：《多元化纠纷解决机制的中国实践——以 14 家多元化纠纷解决机制改革示范法院为例》，载唐力主编《司法改革论评》2020 年第 2 辑·总第 30 辑，厦门大学出版社，2021。另见《中国法院的多元化纠纷解决机制改革报告（2015—2020）》（2021 年 2 月 20 日发布）。
② 李少平主编《最高人民法院多元纠纷解决机制改革意见和特邀调解规定的理解与适用》，人民法院出版社，2017，第 394 页。

政策……（却）令法院从理论上的纠纷解决者变成纠纷的激化者和促成者"。[①] 最后，纠纷及其解决应当是一个较为宽泛的概念范畴。客观来看，至少是从理论框架的完整性和对社会事实的完整反映上，在法律的解决之外，还存在一些纠纷解决的灰色地带以及不法空间。显然，如果不能将此纳入整个纠纷解决体系，那么至少在理论上这是不完备的。

（二）国家中心主义下的多元化纠纷解决机制方法论迷思

我国语境下的多元化纠纷解决机制实与惯常我们所讨论的主要发自美国的 ADR 制度密切相关，但不尽相同，乃是所谓的 DDR（Diversified Dispute Resolution）。2015 年 5 月 1 日起施行的《厦门经济特区多元化纠纷解决机制促进条例》（以下简称《厦门条例》）第 2 条规定，多元化纠纷解决机制是指由诉讼和各种非诉讼方式共同构成的纠纷解决体系。这基本代表了目前国内关于多元化纠纷解决机制的主流观点。本章将其称为"国家中心主义下的多元化纠纷解决机制"，或者说一种"泛司法化"的多元化纠纷解决机制建构思路。[②] 这无论是在上述《厦门条例》还是在《改革意见》中都有比较明确的体现。但这与我国社会之实际状况和纠纷解决之普遍模型存在一定差距。

首先，这种围绕司法及与司法过程相接近的解纷机制建立的纠纷解决机制，比较契合法律人思维逻辑的惯性。但如果是在社会学或人类学的视野下，作为一种现实，至少在当下中国其效果是有限的。固然这是对当前中国法治状况的一种评估，但更要考虑我国社会运行的实际逻辑。

其次，即便在今天，多元化纠纷解决机制到底是什么，其实也并不是很清晰。纠纷的多元化解决，某种意义上是一种法律话语，这从"非讼纠纷解决"与"多元化纠纷解决"两个术语的混用上就能够看出来。非讼纠纷解决机制特别突出的是"非讼"，"非讼"即诉讼之外。换言之，

---

① 苏力：《司法改革的知识需求》，载氏著《波斯纳及其他：译书之后》，北京大学出版社，2018。

② 耿宝建：《"泛司法化"下的行政纠纷解决——兼谈〈行政复议法〉的修改路径》，《中国法律评论》2016 年第 3 期。

将纠纷之解决切分为相互区别的两个部分。进而，纠纷的多元化解决主要是在这样两个非此即彼的论域下讨论的。这也就不难理解，非讼纠纷解决机制、多元化纠纷解决机制的主要倡议者是人民法院。由此，似乎可以这样理解，所谓多元化纠纷解决机制，是表明纠纷通过一定的方式，特别是诉讼之外的方式，又多半是凭借某一或更多国家机构——比如法院的诉调对接中心等将纠纷"化解"。但是这种自司法机关自身出发的话语表达和制度建设并没有充分回应现实，实际是，社会发展中越来越多的纠纷不仅让这些时时宣传报道的创新的纠纷解决方式捉襟见肘，亦使国家正式的诉讼制度难以形成应有的权威。而且，往往一件纠纷在这些正式（诉讼）与非正式（诉讼外）的纠纷解决方式之间翻来覆去，最典型的就是数量居高不下的涉法涉诉信访案件。①

由此，将纠纷从社会中剥离出来，单纯思考其解决的思路可能会走入思维定式并导致问题无法解决。基于此，似有必要从我国的社会现状出发，从社会自身来看生发的种种社会问题、社会矛盾、社会冲突。换言之，首先认识这些存在的社会问题、社会矛盾、社会冲突，然后再在一个较大的框架下寻找出路。理论上说，这些所谓的社会问题、社会矛盾、社会冲突都能找到回答、回应的思路，只不过是时间、成本以及效果等的问题。在这一阐述进路下，提供给纠纷解决机制的思路更加开阔。相对而言，社会中的纠纷范围较社会问题、社会矛盾、社会冲突会窄一些。但社会问题、社会矛盾、社会冲突需要解决，而且某些纠纷往往是社会问题、社会矛盾、社会冲突引起的。这就使这类纠纷在我国现实的制度框架内很难得到规范化解决，而这往往引起是否公正、正义等政治方面的争议。客观地说，我国的法治建设亟待完善。最直观地看，我国尚未对行政权力行使形成有效的法律监督。这一方面表现在个别公权力机关的权力滥用，另一方面表现在我国社会的方方面面都深受权力文化的渗透，即便是行使司法权的司法机关，在权力行使上也难脱浓厚的行政色彩。

基于这样的考虑，理性地看，当下需要考虑我国社会纠纷法律解决

① 吴英姿：《从诉访难分看治理模式创新》，《法治现代化研究》2017年第1期。

的边界，这是对我国法治现状的一种评估。需要指出的是，当一种思维、方法强力地将所有的纠纷都推到法律的框架下来解决时，我们要清醒地认识到这其实是不现实的，法律并没有能力去解决所有纠纷。法律/司法做好其份内之事某种意义上便是对非讼纠纷解决方式的支持。尽管法律解决纠纷之方法有其优势，但并不是没有局限。我们要有自信，在一定的范围内，社会自生的纠纷解决机制能够做好一定的纠纷解决工作。当社会的确无力解决，寻求法律解决时，法律就要作出有力的回应，而不是陷于一种疲软之中。法律在社会对其有需要时的回应，比其在不那么被需要时的作为更具意义。

（三）我国多元化纠纷解决机制发展现状

在我国，多元化纠纷解决机制有其特点，这比较明显地体现为人民法院在其中的作用。即便是仅考虑多元化纠纷解决机制中的非讼方式，事实上法院也发挥了"引领、支持和保障作用"[1]。申言之，其中体现出非常鲜明的国家建构主义色彩，特别是作为"国家治理"的一部分。[2]

> 多元化纠纷解决机制改革是国家治理理念的要求、是《关于完善矛盾纠纷多元化解机制的意见》（中办发〔2015〕60 号）的要求、是最高人民法院多元化纠纷解决机制改革的要求、是纠纷解决其内在的要求。我国多元化纠纷解决机制改革主要经历了初步探索与地方探索（2004—2007 年）、战略推进与制度形成（2008—2010 年）、扩大试点和全面落实（2011—2013 年）、深化改革和升级换代（2014 年后）四个阶段。目前，我国主要建立了特邀调解制度、法院专职调解制度、律师调解制度、调解前置程序制度和司法确认制度这五

---

① 龙飞：《多元化纠纷解决机制立法的定位与路径思考——以四个地方条例的比较为视角》，《华东政法大学学报》2018 年第 3 期。另见蒋惠岭《引领—推动—保障：司法作用的发展进阶》，《人民法院报》2015 年 4 月 10 日，第 5 版。

② 龙飞：《论国家治理视角下我国多元化纠纷解决机制建设》，《法律适用》2015 年第 7 期；胡仕浩：《多元化纠纷解决机制的"中国方案"》，《中国应用法学》2017 年第 3 期。

种多元化纠纷解决机制。①

　　现实中，法院所承受的纠纷解决压力最大，所以法院对多元化纠纷解决机制建构的投入也最大。② 可以说，我国已经形成以法院为牵引和主导的多元化纠纷解决机制。③ 但是，多元化纠纷解决机制之完全建立并平稳运行，究竟应采用何种方式，目前这一模式是否会有制度"内卷化"之可能，进而导致"剃头挑子一头热"的现象。申言之，当我们倡导、推进、实施多元化纠纷解决机制时，到底是在说什么？其本意究竟为何？特别是目前主要由最高院主导的多元化纠纷解决机制是否存在反思的空间？至少目前还存在"解决纠纷部门职能不清、社会解纷资源不平衡、

① 参见 2017 年 12 月 5 日最高人民法院司法改革办公室指导处处长龙飞在西北政法大学做的"中国多元化纠纷解决机制改革的实践与发展前景"专题讲座报道。具体报道载搜狐网，https：//www.sohu.com/a/209300773_800146。最后访问日期：2018 年 6 月 30 日。

② "多元化纠纷解决机制改革是最高人民法院一直高度重视的改革项目。2004 年，《人民法院二五改革纲要》首次提出建立健全多元化纠纷解决机制，2008 年该改革项目纳入中央司法改革的整体部署，由最高人民法院牵头。最高人民法院按照中央批准的'法院做好诉调对接、中央出台相关政策、改革成果转化为立法'的改革部署，先后组织了两批试点。2009 年最高人民法院出台了《关于建立健全诉讼与非诉讼相衔接的矛盾纠纷解决机制的若干意见》。2015 年 4 月 9 日，周强院长在'眉山会议'上提出了'国家制定发展战略、司法发挥保障作用、推动国家立法进程'的'三步走'战略，从推进国家治理体系和治理能力现代化建设的战略高度描绘了多元化纠纷解决机制改革的发展蓝图。"参见胡仕浩、龙飞《解纷路径迈向多元化——深化多元化纠纷解决机制改革的战略安排和创新举措——〈最高人民法院关于人民法院进一步深化多元化纠纷解决机制改革的意见〉解析》，《中国审判》2016 年第 15 期。再如《最高人民法院关于人民法院进一步深化多元化纠纷解决机制改革的意见》（法发〔2016〕14 号）、《最高人民法院关于人民法院特邀调解的规定》（法释〔2016〕14 号）、《最高人民法院关于进一步推进案件繁简分流优化司法资源配置的若干意见》（法发〔2016〕21 号）、"全国法院深入推进多元化纠纷解决机制改革暨示范法院经验交流会"（2017 年 2 月 16 日，安徽马鞍山）、《最高人民法院关于建设一站式多元解纷机制 一站式诉讼服务中心的意见》（法发〔2019〕19 号）、《最高人民法院关于深化人民法院一站式多元解纷机制建设推动矛盾纠纷源头化解的实施意见》（法发〔2021〕25 号）、《人民法院一站式多元纠纷解决和诉讼服务体系建设（2019—2021）》（2022 年 2 月 24 日）等。另见蒋惠岭《中国多元化纠纷解决机制改革的措施》，《人民法院报》2016 年 05 月 26 日，第 1、4 版。

③ 龙飞：《"多元化纠纷解决机制"正铺开宏伟画卷——以四个地方条例的比较为视角》，《人民法院报》2017 年 10 月 17 日，第 2 版。

衔接机制不顺畅、保障制度不到位等问题"①。

　　或许需要再次回到关于法院主要功能的老问题上，固然法院之主要功能在于"纠纷解决"，但还是要考虑具体的方法。我国的法院从来都不只是单纯的司法机关，其在不同的时期都有非常强的政治—社会参与功能。② 很明显，以最高院为代表的人民法院对多元化纠纷解决机制的热切推动其实也不只停留在对法院案件的分流上，还包括承担社会治理的政治任务。然而实际却使法院的处境比较尴尬，一方面，法院希望通过多元化纠纷解决方式的深化与开展，将已经进入法院的案件在院外分流、消化，但实际是，更多的案件涌向法院，即便是所谓的"垃圾案件"③ 法院也要"硬着头皮"去裁判，而不能能推就推；另一方面，纠纷之法律解决是有边界的，我们不仅要接受并不是所有的纠纷都需要通过法律的途径来解决，还要注意在一定情景下法律不一定能够解决全部甚至是本应由其来解决的纠纷。换言之，无论从哪个层面来看，都显示诉讼外纠纷解决方式存在的必要性。但是，在经历这些社会变化后，曾经并不全部需要国家介入的诉讼外纠纷解决方式，其存在与开展已经脱离不开具体的建制化体系。在这一背景下，诉讼外纠纷解决方式的脆弱是很明显的。无形中，更多本可不需要到法院处理的纠纷进入法院，成为法院无法承受的负担，特别是当法院面临各种其所谓的"垃圾案件"及受到各种内外因素干扰时，"不得不"以"法院调解"这种不是"多元化纠纷解决机制"的多元化纠纷解决方式解决纠纷。在一定意义上，这是在减损法院作为解决纠纷的最后一道防线的形象。即是说，人民法院主导推动之多元化纠纷解决机制多少面临一些宿命性的难题。

四　"国家—社会"二元结构下的我国纠纷多元化解决机制省思

　　从制度实践的层面来看，无论是以《厦门条例》为代表的多元化纠

---

①　龙飞：《多元化纠纷解决机制立法的定位与路径思考——以四个地方条例的比较为视角》，《华东政法大学学报》2018 年第 3 期；宋长士、戚怀民：《多元化纠纷解决机制的实践难题与破解之策》，《人民法院报》2017 年 11 月 2 日，第 5 版。

②　张榕：《中国法院能动司法机制研究》，中国政法大学出版社，2015。

③　参见贺欣《街头的研究者：法律与社会科学笔记》，北京大学出版社，2021，第 277 页。

纷解决机制地方促进立法，还是最高人民法院《关于人民法院多元化纠纷解决机制建设的若干意见》都使人感到我国的多元化纠纷解决机制已步入正轨。正如有学者所言，"中国非诉讼程序法律体系也初步形成"。[①]但就其实效来看，进入法院司法程序的案例并没有明显减少，案件进入法院后法院亦无法通过自我期许的程序有效分流过量的案件。究其原因，可能与以下几点相关。

（一）纠纷国家解决与司法能力上的不足

就我国的国家治理思维而言，总是希望以官方或者准官方的方法来解决发生在社会中的一切纠纷。然而，国家司法机关之司法能力是有限的，由此便导致矛盾越来越突出。[②] 表 13-1 显示的是 2008～2022 年人民法院审理、审执结案件的总体情况；图 13-5 则是 1991～2021 年来人民法院审执结案件数量快速增长的数据。

可以想见人民法院"案多人少"[③]、诉讼"爆炸"的局面在一定时期内还将持续存在。除了从传统的自功能论视角来讨论纠纷法律解决的局限外，更应深思的问题是，今天的社会是否正在被法律格式化。在这个意义上，我们说法律社会，就像说网络社会、工业社会、农业社会等一样。在这一社会背景下，个体之行为首先得符合法律之要求，否则很快便是违法，进而马上就会受到法律的负面评价。申言之，这个时候，解

---

① 范愉：《中国非诉讼程序法的理念、特点和发展前景》，《河北学刊》2013 年第 5 期。

② 2017 年 4 月 24 日北京朝阳区亚运村法庭的一则"立案提示"就很能说明问题。这则提示的内容是"2017 年 1 月 1 日至 2017 年 4 月 20 日期间，亚运村法庭累计收案已近 2 万件，因案件数量众多，每个法官名下均有大量的案件（近 800 件）等待排庭。2017 年 3 月以后立案的案件，开庭时间排期预计在 2017 年 9 月份之后……"。又如"（2019）辽 14 民辖 2 号"指定管辖通知书所示："……连山区人民法院以案件数量大，员额法官少，办案数量压力大，无法及时行使管辖权为由，报请本院指定其他法院管辖……。"

③ "全国法院工作人员由改革开放初期的 11 万人增加到现在的 35 万人，其中法官从 6 万人曾增加到 21 万人。经过司法人员分类管理和员额制改革，目前，法官稳定在 12 万人左右，法官、审判辅助人员、司法行政人员比例分别为 35%、49%、15% 左右。改革开放以来，法院受案数量持续攀升，从 1978 年的 50 万余件，大幅上升到 2021 年的 3000 万余件，与人员增长 3 倍相比，案件数增长了 60 倍。"姜伟：《深化司法体制综合配套改革 加快建设公正高效权威的中国特色社会主义司法制度》，《民主与法制周刊·习近平法治思想研究与实践专刊》2022 年第 10 期。

决纠纷已经不再是法律的首要功能了。纠纷的法律解决首先面临的是对纠纷合法/不合法的评价，其次才是解决。

表 13-1　2008~2022 年人民法院受理、审执结案件情况

单位：万件，%

年份	受理案件	同比上升	审结、执结案件	同比上升
2008~2012	5610.5	29.3	5525.9	29.8
2013~2017	8896.7	58.6	8598.4	55.6
2018~2022	14700	65.2	14400	67.5

资料来源：历年《最高人民法院工作报告》。

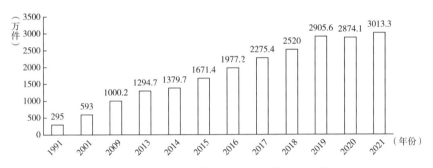

图 13-5　1991~2021 年人民法院审执结案件数量

注：部分年份未得到数据，暂未在图中显示。

资料来源：历年《最高人民法院工作报告》。

（二）强调纠纷多元化解决与社会活力不够

当纠纷国家解决与司法能力上的不足的矛盾越来越尖锐的时候，作为主要国家司法机关的法院就特别希望能将尽可能多的案件（纠纷）分流出去，或者尽可能地让纠纷不进入法院的诉讼程序。在这一背景下，一种法院视角的多元化纠纷解决机制的建立便顺理成章，然而这一模式下的多元化纠纷解决机制作用发挥得比较被动，所依赖的还是法院"推动"，很难在一时形成当事人自愿、自由选择的主动效应。换言之，很容易导致法院推动上的内卷化效应。是故，有学者提出如下的破解思路："给各种新型民间性解纷机构提供更加开放和多元的发展空间，民间性调解无需一律套用人民调解的名称和组织形式。基于我国体制的特点和社会条件，应优先发展各类公益性解纷服务，同时逐步探索市场化机制的发展模式，并构建合理的管理体制。"① "根据社会矛盾纠纷的不同性质、不同特点，健全完善多元化纠纷解决机制，让司法和其他官方和民间的纠纷解决机制共同发挥作用，形成合力，这才是解决社会矛盾纠纷的根本之道。"②

事实上，我国留给社会自我发展的空间相对有限。制度社会自我生长的先天不足反过来会进一步强化国家的主导与控制。即是说，存在于经济领域的"一统就死、一放就乱"现象也会存在于纠纷解决场域。③这里不仅涉及社会纠纷解决活力不足的问题，而且影响纠纷的国家解决。"中央集权下发达的司法体制与民间社会自治的相对弱势，是形成诉讼社会的关键要因。当诉讼超出社会和司法的承受力之时，官府对诉讼的限制乃至打压，就成为不可避免的潜规则。滥讼与讼难交织的恶性循环，既破坏了司法的公信力，也必然导致社会治理的混乱和道德失范。"④

对于这一现象的出现，来自最高院的领导作出了如下解释:⑤

在社会治理体系和治理能力发展过程中，这种情况恐怕是不得不经历的一个阶段。在社会治理体系和治理能力现代化的初级阶段，具有强制力的司法功能延伸至社会的各个角落，而社会自治、市场调节等各方面还不够成熟，难以担当社会治理重任。因此，司法不仅在化解纠纷、发挥社会功能方面冲在一线，而且在激活其他解纷

---

① 范愉:《当代世界多元化纠纷解决机制的发展与启示》,《中国应用法学》2017年第3期。

② 胡云腾:《大力提高对多元化纠纷解决机制重要性的认识》,《人民法院报》2016年7月13日,第5版。

③ 已有的一些研究值得我们注意,比如詹姆斯·C.斯科特《国家的视角:那些试图改善人类状况的项目是如何失败的》,社会科学文献出版社,2004。

④ 范愉:《诉讼社会与无讼社会的辨析和启示——纠纷解决机制中的国家与社会》,《法学家》2013年第1期。

⑤ 蒋惠岭:《引领—推动—保障:司法作用的发展进阶》,《人民法院报》2015年4月10日,第5版。

资源、构建解纷体系方面，也以自己的强制力、司法经验、司法能力等优势，引领纠纷解决机制的发展。

我们不否认法院在建构多元化纠纷解决机制中的作用，但这需要把握好一个度。一方面，种种政治运行条件可能使法院实际上无法达到此一目的；另一方面，这可能既与理想的人民法院司法本性不符，也与多元化纠纷解决机制发展的思路相矛盾。[①] 申言之，这种强调国家主导，而非社会生长的多元化纠纷发展模式值得我们认真对待。[②] 或许真要"找回社会"或者"重新发现社会"。[③]

（三）历史视野中的纠纷非讼解决与建构之非讼纠纷解决机制

历史中，非讼方式或者诉讼外的纠纷解决方式一直存在于人类的纠纷解决过程中。特别是在我国，传统社会中的民间调解不仅很有特色也很重要。[④] 在今天，强调这一点，并不全是为了化解法院案件数量日渐增多的问题，而是说人类的不少纠纷很多时候并不适合通过法律途径解决。同时，人类在纠纷的解决上并不必然一定要选择诉讼的方式。只是在现代社会国家日渐垄断了纠纷解决方式后，诉讼作为纠纷解决方式的地位

① 张榕：《中国法院能动司法机制研究》，中国政法大学出版社，2015；王禄生：《地位与策略："大调解"中的人民法院》，《法制与社会发展》2011 年第 6 期。

② 张榕：《我国非诉讼纠纷解决机制的合理建构——以民事诉讼法的修改为视角》，《厦门大学学报》（哲学社会科学版）2006 年第 2 期；王小林：《纠纷化解权的理性配置——从"单力模式"到"和力模式"的超越》，《法律适用》2010 年第 6 期。

③ 参见曾令健《纠纷解决合作主义：法院调解社会化研究》，商务印书馆，2020。另见乔尔·S. 米格代尔《社会中的国家：国家与社会如何相互改变与构成》，李杨、郭一聪译，张长东校，江苏人民出版社，2013；熊培云《重新发现社会》，新星出版社，2011。在过往的学术史中，不乏一些学者针对社会主义所做的反思性研究，这些作品在一定程度上还是值得我们反思的。比如路德维希·冯·米瑟斯《社会主义：经济与社会学的分析》，王建民、冯克利、崔树义译，中国社会科学出版社，2008；弗里德里希·奥古斯特·冯·哈耶克《致命的自负》，冯克利等译，中国社会科学出版社，2000。

④ 萧公权：《中国乡村：论 19 世纪的帝国控制》，联经出版事业股份有限公司，2014，第 313~326、371~377、404~405、650~652 页；萧公权：《调争解纷——帝制时代中国社会的和解》，陈国栋译，载氏著《迹园文录》，中国人民大学出版社，2014，第 58~94 页；范忠信：《健全的纠纷解决机制决定和谐社会——传统中国社会治理模式对我们的启示》，《北方法学》2007 年第 2 期；黄宗智：《过去和现在：中国民事法律实践的探索》，法律出版社，2009。

才日渐树立起来。但这种诉讼与非讼方式解决纠纷的张力一直存在。如在美国，1976年的"庞德会议"及之后逐渐发展起来的ADR运动，都与这一思想背景有关。[①] 同样，前述矛盾与冲突比较明显地体现在当下我国的多元化纠纷解决机制发展中。用历史的眼光来看，诉讼、非讼的方式都只不过是纠纷解决的一种方式而已；从当下的多元化纠纷解决机制来看，不管政策制定者如何解释，在纠纷当事人看来，非讼方式只不过是诉讼纠纷解决的一种补充而已，因为诉讼才是纠纷的最终解决方法。同时，相较于传统的熟人社会，现代社会也使纠纷解决之正当性、权威性逐渐偏向诉讼，而各种非讼的纠纷解决方法往往无法取得当事人的信任，尽管诉讼结果的不确定性及可能产生的成本不仅是当事人不愿看到的，也是当事人难以承担的。这可能也是现代国家无法透过法律治理意料到的。

事实上，无论是纠纷的非讼解决还是诉讼解决，都涉及当事人/个体关于纠纷解决的观念。在这一点上，尽管我们说一种观念之形成发展变迁是缓慢的，有很强的承继性，但是在强有力的政治建构下，这种观念同样会发生变化，或者说会出现某种"脱嵌"。在这样的背景下审视"人民调解"，我们很难说其就是原来的民间调解，而是带有比较强的组织性和政治味道。[②] 是以，我们就不难理解人民调解在体现当事人意思自治及调解人策略的基础上，其作用和功能的发挥同样是党的政策、思想等的反映。

（四）谁之"多元化"？

"多元"是相对"一元"而言的。目前，一般将法院诉讼之外的任何纠纷解决方式统称为多元化纠纷解决方式，其中特别突出的是各种调解、协商以及近年来渐次兴起的各种第三方评估、咨询等纠纷解决方式。然而仔细去辨析，目前其实存在两种旨趣略有差异的"多元化纠纷解决机制"之定义，一种是在前文多有论述的最高院倡导的多元化纠纷解决机制；另一种则是将法院诉讼包括在内的宏观纠纷解决体系下的多元化纠纷解决机

① 斯蒂芬·B.戈尔德堡等：《纠纷解决：谈判、调解和其他机制》，蔡彦敏等译，中国政法大学出版社，2004，第6页。

② 刘正强：《人民调解：国家治理语境下的政治重构》，《学术月刊》2014年第10期。

制。从这个角度出发，便出现一个问题，即究竟是谁之"多元化"？

当事人选择何种方式解决自己的纠纷乃是社会纠纷解决的自然行为。职是之故，对于多元化纠纷解决机制的具体发展思路需要予以合理、理性认识，遵循纠纷解决之一般规律。特别是《最高人民法院关于人民法院进一步深化多元化纠纷解决机制改革的意见》所依据的"国家制定发展战略、司法发挥引领作用、推动国家立法进程"工作思路似有进一步完善之必要。① 多元化纠纷解决机制的理想生成，一如"多元"的字表含义，它并不是完全的人力设计所能达成的。"多元"自身便意味着纠纷解决方式的产生及其变化是动态的社会调整过程，而非一种管理行为。至于"司法引领作用"实应注意自法院视角出发的多元化纠纷解决机制与社会意义上的多元化纠纷解决机制在本意上的区别。尽管二者可能殊途同归，但法院意义上的多元化纠纷解决机制——无论是诉讼、非讼还是诉讼—非讼对接，首要考虑的是"从源头上减少诉讼增量"，即法院如何向院外分流消化进入法院的纠纷；但社会意义上的多元化纠纷解决机制则是指纠纷之解决何以透过社会之方法实现，即诉讼之方法是首先要排除的。在我国目前的背景下，前者往往一定程度上造成了法院司法权威及公信力的不必要减损，特别是那些裁判外纠纷解决方式的不规范甚至不合理运用；后者往往使社会纠纷解决机制带有比较浓厚的官方色彩，而部分或全部地丧失了其社会底色。是故，一种比较务实的做法似乎是在国家与社会之间寻求合理的平衡，避免纠纷之解决从一个极端滑向另一个极端。

现实中有两种情形是值得反思的，一是纠纷之多元化解决强调的是当事人的自由选择，而非法院无法解决纠纷进而推向社会让当事人寻求所谓的多元化解决，这事实上让当事人失去了运用法律来解决纠纷的最后保障。无论如何，在现代国家的制度下，法律都是当事人保护权益的方法。二是不分情形和语境地一概将中国传统中所讲的调解同今天西方社会所讲的调解连接起来。笔者认为，在西方，调解主要强调的是一种

---

① 参见胡仕浩《多元化纠纷解决机制的"中国方案"》，《中国应用法学》2017 年第 3 期；龙飞《多元化纠纷解决机制促进法研究》，中国人民大学出版社，2020。

规范和技术;① 而在我国则强调的是一种个人——有威望的人、长者、领导等的魅力和智慧。问题是，今天的中国已较传统中国出现了很多不同，如果还不分场景地强调传统调解的理念，而不是从专业技术的角度出发，调解并不能取得更大的进展。

至于最高院所主导之多元化纠纷解决机制建构则有可能导向中国社会政治治理上的"运动式改革"及过度的意识形态影响。一如有学者所言："经历多次反传统的政治革命和社会运动之后，传统的民间性纠纷解决机制开始走向支离破碎，甚至曾退出了历史的舞台。改革开放以来，纠纷解决机制发展的基本思路依然是国家中心主义，着力于推进公力性和准公力性纠纷解决机制的发展。"② 一言以蔽之，构建一个什么样的多元化纠纷解决机制以及怎样构建，这些问题似乎已经非常明确，但实际还都不明确。不过，换一个思路，在前述看似古今中外诸纠纷解决观念、思路的复杂交织交错中，对于身处纠纷旋涡、泥淖之当事人个体而言，其实并没有太大的时空上的不同。因此对于制度设计者而言，更多的可能不是"建构"，而是如何"重构"，其需要在纠纷解决的思想理路与社会治理的政治逻辑、人民法院的制度设计初衷之间达到平衡。

五 变迁社会中的纠纷及其解决

（一）"制度剩余"与纠纷及其解决机制的中国社会文化现实

尽管纠纷之解决并无定法，但作为一个终极问题，怎样才算是纠纷的解决。刘震云的小说《我不是潘金莲》就是对这一问题的最好脚注之一。这是一个心理学的问题吗？此处要讨论的是，无论怎样的制度安排，也不管怎样的纠纷解决努力，可能最终还是无法达到纠纷当事一方的完全满意，暂且就将这称为"制度剩余"吧。这一问题的出现有比较多的原因，但其中不得忽视的一个方面是纠纷生发的社会背景及我国社会的

---

① Miryana Nesic, Laurence Boulle, *Mediation: Principles, Process, Practice.* (Lexis Nexis UK, 2001).

② 黄文艺:《中国的多元化纠纷解决机制：成就与不足》,《学习与探索》2012 年第 11 期。

文化、习惯因素。这在一些关于纠纷发生的动力机制以及纠纷解决的心理机制的研究中表现比较明显。比如日常生活中打官司的一方常说的"不争馒头争口气"中的"气"就是纠纷要解决的答案；[①] 又如我国少数民族纠纷解决习惯法中所呈现的多元因素；再如边界纠纷。换言之，这类纠纷的解决与否，可能不是一个法律的问题。有学者认为，目下我国的纠纷解决交织着三种话语，即道德话语、政治话语与法律话语。[②] 朱晓阳曾借用格尔茨的观点，认为这是"语言混乱"。[③] 这无疑增加了纠纷解决的难度。比如围绕"《红色娘子军》芭蕾舞剧"而生的纠纷的解决问题，[④] 这里涉及诸多法律的问题，比如中国人的文化心理性格、中国的文化差异等。

（二）　纠纷法律解决的局限及其在我国的困境

可以想见的是，在未来一段时间内，经由法院解决纠纷仍然是纠纷解决的首要和最主要途径。纠纷的法律解决依赖这样的一个前提，即社会中发生的诸种纠纷都能够找到法律上的解决依据，但这是一个"神话"。在某种意义上，纠纷特别是民事纠纷之解决以当事人利益的最大化为鹄的。然而，我们会发现一些情形下，当事人如果选择法律途径来解决纠纷反倒不利于其利益的最大化，在这种情况下当事人不仅不会选择法律的途径来解决纠纷，还有可能规避法律。纠纷的法律解决，其实是一个矛盾。我们突出国家法律介入纠纷解决的主权意义，其实无形中缩

---

① 或许这并不是中国社会独有的，科马洛夫和罗伯茨在他们关于非洲语境下的纠纷的人类学研究中特别指出了纠纷解决过程中冲突双方的目的是"指向于解决一个一个因特定价值而产生的争议点，比如牛群对谷物的偶然毁坏或者一件财物的所有权"，还是"指向对关系的协商本身"，因此就会出现"一个关于家用器皿的纠纷可能由一个茨瓦纳酋长的科特拉进行最严肃的处理，而一个涉及一大群家畜的纠纷可能通过非正式的协商或调解就轻易地解决了。"参见约翰·科马洛夫、西蒙·罗伯茨《规则与程序——非洲语境中争议的文化逻辑》，沈伟、费梦恬译，上海交通大学出版社，2016，第 126~127 页。

② 石任昊：《当代中国纠纷解决的三种话语及实践探析》，《中州学刊》2016 年第 7 期。

③ 朱晓阳：《地势与政治：社会文化人类学的视角》，社会科学文献出版社，2016，第 47~68 页。

④ 苏力：《昔日"琼花"，今日"秋菊"——关于芭蕾舞剧〈红色娘子军〉产权争议的一个法理分析》，《学术月刊》2018 年第 7 期。

小了纠纷及其解决的范围，将相当多的部分都忽视了。

结合我国的司法实践，在我们批评当事人滥诉的同时，还要看到如果当事人的纠纷没有办法进入法律救济通道，则意味着当事人之纠纷陷入永无解决的困境。比如以下两类纠纷。第一类是社会发展出现新事物，而法律、制度等没有能够跟进，导致法律一时无法应对；第二类是所谓"历史遗留问题"[①] 或者制度转型而出现的问题，比如"政府主管部门在对企业国有资产进行行政性调整、划转过程中发生的纠纷，当事人向人民法院提起民事诉讼的，人民法院不予受理"[①]经租房[②]、行政事业单位三产企业等，而这与立案制度的改革并没有直接关联，属于结构难题。

---

① 法院对待历史遗留问题的态度：（1）"在人民法院每年处理的大量民事案件中，有一些案件表面上看似乎是民事争议，但纠纷的产生实际上是行政权行使的结果，纠纷的解决也与行政权的行使密不可分。妥善处理这类纠纷的重要前提，就是要协调好民事司法权和行政权之间的关系，这里面也包括了民事司法权到底应该延伸到什么程度的问题……在中国国情下，是行政权主导下的司法，而不是司法权主导下的行政。一些案件，尤其是涉及政府、涉及广大群众利益的纠纷，依靠当地党委、政府进行协调可能更有利于矛盾的化解，有利于纠纷的平息，有利于和谐与稳定"（《最高人民法院审判委员会委员、民事审判第一庭庭长纪敏在全国民事审判工作座谈会上的总结讲话——公正司法、一心为民、廉洁自律、一生平安》，2007 年 4 月 10 日发布）。（2）"'历史遗留问题'法院一般不受理"[刘德权主编《最高人民法院司法观点集成　行政及国家赔偿卷》（第 2 版），人民法院出版社，2014，第 196~197 页；另见江必新主编《最高人民法院关于审理涉及农村集体土地行政案件若干问题的规定理解与适用》，中国法制出版社，2013，第 25~27 页；《最高人民法院关于房地产案件受理问题的通知》（法发〔1992〕38 号）第三条的规定]。（3）"在落实登记立案制度的同时，也要建立负面清单制度。实行登记立案并不意味着所有纠纷都要立案。有些纠纷以民事纠纷的形式出现，但是实质上并不是民事纠纷，而是主张不同的政治观点：以行政主导方式处理的一些历史遗留问题，不属于人民法院主管，这些纠纷都不能立案，需要列入负面清单。哪些案件需要列入负面清单，需要进一步加强研究和探索"（杜万华：《〈民事诉讼法〉司法解释重点问题解析》，《法律适用》2015 年第 4 期）。

① 《最高人民法院关于审理与企业改制相关的民事纠纷案件若干问题的规定》（法释〔2003〕1 号）第 3 条。

② 有关经租房/历史房产的问题的法规、政策、司法解释，华益律师事务所，http://www.chinarealestatelaw.com/data/365.asp。最后访问日期：2018 年 7 月 1 日。另见郭于华、沈原、陈鹏主编《居住的政治：当代都市的业主维权与社区建设》，广西师范大学出版社，2014，第 109~151 页。

（三）当下纠纷解决的挑战及其未来发展

对于我国多元化纠纷解决机制的未来发展，范愉曾提出几点建议。[①]以下想再补充几点。

其一，转型社会带来的挑战。[②] 没有人会否认今天的中国是一个转型社会，这方面已经积累了太多的研究[③]。社会转型至少意味着以下几点。首先，社会转型本身就会带来社会的阵痛，各种利益纠葛比较突出；其次，社会转型带来的新的纠纷，往往是之前纠纷解决经验没有遇到的；最后，社会转型要求人们在对待纠纷解决思路、理念等方面能够及时作出回应和转变，特别是随着"城乡社会"的进一步加深，不管是传统中国形成的调解，还是新中国成立以来的人民调解，其所凭依的社会基础正在更大范围内"陌生化"，这就使之前的调解逻辑与基础在很大程度上已经不存在了。[④]

其二，必须重视在线纠纷解决技术。在今天，在线纠纷解决方法与传统的线下纠纷解决方式有何差别？仅仅只是一种纠纷解决场景上的差异吗？是否如布罗代尔所言，"今日世界的百分之九十是由过去造成的，人们只在一个极小的范围内摆动，还自以为是自由的，负责的"，[⑤] 进而还可以用既有的观点来审视之。但随着网络社会的发展，各种线上纠纷解决机制的不断发力已然成为事实。[⑥] 据有关数据，2014 年淘宝解决了

---

① 范愉：《中国多元化纠纷解决机制的现状及未来》，《人民法院报》2015 年 4 月 14 日，第 2 版。

② 郭星华：《当代中国纠纷解决机制的转型》，《中国人民大学学报》2016 年第 5 期。

③ 比如卡尔·波兰尼《巨变：当代政治与经济的起源》，黄树民译，社会科学文献出版社，2017；王国斌《转变的中国：历史变迁与欧洲经验的局限》，李伯重、连玲玲译，江苏人民出版社，2010；金耀基《从传统到现代》，法律出版社，2017；资中筠《启蒙与中国社会转型》，社会科学文献出版社，2011。

④ 参见梁治平编《转型期的社会公正：问题与前景》，生活·读书·新知三联书店，2010；陆益龙《转型中国的纠纷与秩序：法社会学的经验研究》，中国人民大学出版社，2015。

⑤ 费尔南·布罗代尔：《十五至十八世纪的物质文明、经济和资本主义——日常生活的结构：可能和不可能》（第一卷），顾良、施康强译，商务印书馆，2017，第 18 页。

⑥ 申欣旺：《淘宝互联网纠纷解决机制——结构化维权及其司法价值》，《法庭内外》2016 年第 3 期；戴昕、申欣旺：《规范如何"落地"——法律实施的未来与互联网平台治理的现实》，《中国法律评论》2016 年第 4 期。

710 多万件纠纷①，而全国近 370 万名人民调解员（专职调解员约 50 万名）年解决纠纷约 900 万件②。尽管二者遵循的逻辑不尽相同，但在效率上，前者要高出很多。一定意义上，这至少可以说明即便是在国家指导很少的地方，民间社会同样可以因应具体纠纷并探索出非常有效而且当事各方都比较满意的纠纷解决方式。当下的社会，一方面是线下社会更加陌生化，范围也更大；另一方面是线上生活更为深入，对于纠纷之多元解决来说可能将会出现新的转机，即通过在线的方式解决。线上所营造的在线下已经越来越难培育的商谈环境可能正在自然形成。但我们也不能盲目乐观，数字正义问题的解决可能已经迫在眉睫。

其三，就目前我国的社会发展而言，一种比较紧张的情形是，某种意义上社会自身之发展依照的是某种"自组织""自发展"的自然逻辑。然而，社会管理采用较多的是政治建构的方法。因此，政治建构与自然逻辑之间存在张力也就很正常了。是以，一种思路便是，在"国家队"建构种种纠纷解决机制的过程中，放宽民间社会自身纠纷解决机制的发展空间，留给其生存的土壤。尽管国家也能意识到这一问题，但是业已形成的国家治理惯性及其逻辑恰恰是要防止或者控制这种民间规则和秩序的自我修复。这就回到了"一统就死、一放就乱"何以解决的老问题上。在我国这样一个大国这更是一个难题，一种最理想的状态是实现国家建构与社会自生长以及人民法院社会治理三方面的平衡。

某种意义上，在纠纷解决体系的构建及当事人的实际选择中，国家和社会所能做的达到一定程度时效果就不再那样明显了，因为个体生活世界之开放永远只是部分的，社会面对纠纷解决方式也不必然存在进化之处或者有必然的优劣高下。③ 或许，社会就是如此。在这一点上，法

①　龙飞：《大数据时代纠纷解决模式之变革》，《人民法院报》2016 年 11 月 2 日，第 8 版。亦见龙飞《中国在线纠纷解决机制的发展现状及未来前景》，《法律适用》2016 年第 10 期。

②　陈东升、王春：《人民调解厉兵秣马再出发：全国人民调解工作会议代表热议新时代新作为新贡献》，《法制日报》2018 年 5 月 12 日，第 1、2 版；兰荣杰：《人民调解：复兴还是转型》，《清华法学》2018 年第 4 期。

③　参见哈贝马斯《在事实与规范之间：关于法律和民主法治国的商谈理论》，童世骏译，生活·读书·新知三联书店，2003，第 242~243 页。

学人更应有一个平常、开放的心态，社会学、心理学等的研究不无助益。

附录 "非讼纠纷解决机制研究"课程大纲

表 13-2 是笔者在甘肃政法大学为本科生开设的课程"非讼纠纷解决机制研究"的一个简单大纲。

表 13-2 "非讼纠纷解决机制研究"课程讨论主题及阅读材料

课程	主题	材料
导论		
专题一	私力救济	《无需法律的秩序——华南一个民间收债个案的调查》①
专题二	社会、历史变迁过程中的村落秩序：透过越轨者惩罚的视角	《发落的日常形式：流言、现丑和活榜样》②
专题三	法律、纠纷的社会根由	《婚姻交换与社会转型》③
专题四	日常生活中的纠纷解决	《混乱：日常生活的冲突》④
专题五	讼累	《杨乃武与小白菜》⑤
专题六	中国传统司法官及典型司法之运行逻辑	《海瑞——古怪的模范官僚》⑥
专题七	谣言及其治理	《中国窃贼传奇》⑦

① 节选自徐昕《论私力救济》，广西师范大学出版社，2015。
② 节选自朱晓阳《小村故事：罪过与惩罚（1931—1997）》（修订版），法律出版社，2011。
③ 节选自阎云翔《礼物的流动：一个中国村庄中的互惠原则与社会网络》，李放春、刘瑜译，上海人民出版社，2016。
④ 节选自王笛《茶馆：成都的公共生活和微观世界：1900—1950》，社会科学文献出版社，2010。
⑤ 节选自高阳《杨乃武与小白菜》，浙江文艺出版社，1987。
⑥ 节选自黄仁宇《万历十五年》，中华书局，2007。
⑦ 节选自孔飞力《叫魂：1768 年中国妖术大恐慌》，陈兼、刘昶译，上海三联书店，2014。

续表

课程	主题	材料
专题八	宗教与纠纷解决	《中国社会中的弥漫性和制度性宗教》①
专题九	"丝路"隐喻：多元文化、复杂场域、社会交往与扩张	《史记·大宛列传》②
专题十	中世纪商人习惯法	《商法》③
专题十一	黑白社会/暴力：法律的边缘	《一个小县城里的黑社会江湖管窥》《黑白之间：世界工厂周围的帮派与劳工政治》④
专题十二	城市社区的冲突：业主维权/广场舞大妈引发的争论	《居住的政治——B市业主维权与社区建设的实证研究》《污名与冲突：时代夹缝中的广场舞》⑤
专题十三	立场与观点差异	《美国"颜色革命"战略及其应对思路探讨》《"雨伞运动"：中国边陲的抗争政治》《反思香港：大众运动中的民主诉求与政党政治》⑥
专题十四	文明的冲突	ISIS 相关/亨廷顿⑦

资料来源：韩宝《"非讼纠纷解决机制研究"课程研讨式教学方法检讨》，载王瀚主编《法学教育研究》第 18 卷，法律出版社，2017，第 169~188 页。

---

① 节选自杨庆堃《中国社会中的宗教：宗教的现代社会功能与其历史因素之研究》，范丽珠译，四川人民出版社，2016。

② 节选自《史记》。

③ 节选自哈罗德·J. 伯尔曼《法律与革命：西方法律传统的形成》第 1 卷，贺卫方等译，法律出版社，2008。

④ 吕德文：《一个小县城里的黑社会江湖管窥》，《领导科学》2015 年第 34 期；汪建华：《黑白之间：世界工厂周围的帮派与劳工政治》，《文化纵横》2015 年第 1 期。

⑤ 郭于华、沈原：《居住的政治——B 市业主维权与社区建设的实证研究》，《开放时代》2012 年第 2 期；郭于华、沈原、陈鹏主编《居住的政治：当代都市的业主维权和社区建设》，广西师范大学出版社，2014；王芊霓：《污名与冲突：时代夹缝中的广场舞》，《文化纵横》2015 年第 2 期。

⑥ 马钟成：《美国"颜色革命"战略及其应对思路探讨》，《探索》2015 年第 1 期；郑炜、袁玮熙：《"雨伞运动"：中国边陲的抗争政治》，《二十一世纪评论》2015 年 2 月号；项飚：《反思香港：大众运动中的民主诉求与政党政治》，《文化纵横》2014 年第 6 期。

⑦ 节选自塞缪尔·亨廷顿《文明的冲突与世界秩序的重建》，周琪译，新华出版社，2010。

代跋：由费孝通《师承·补课·治学》想到的

阅读经典，带给个人的欢愉至少有两个方面：一是满足个人的好奇、获得新知；二是发现自己想得不大明白或者很笨拙的地方，原来别人可以论述得那样精妙。收在这本书里的便是个人法社会学学习上的一些不成熟的想法，大体上反映了个人在这一领域至目前所构筑的尚不成型的知识树。所期待的理想是能够将过去与当下、域外与国内连接起来。这些思考多得益于教学实践，所以首先感谢课堂上的同学们。而最终敢于将个人不成熟的想法搬出课堂，则是要感谢诸多师友的教导与提携。

二十余年前读大学的时候，我在学校门外的小书店里购得黄霖、周兴陆导读，上海古籍出版社出版的王国维《人间词话》一本，那本书很薄很薄。黄、周二先生在导读里引了一段王国维先生的话，大概是"余之性质，欲为哲学家则感情苦多，而知力苦寡；欲为诗人，则又苦感情寡而理性多"。当时记忆深刻，也颇有感触。普通如我，虽不能全然理解静安先生此中之深意，但单就字表意思，都觉解意。一晃二十年，2021年暑假，无意中的一天看到一个短视频，配乐恰是王家卫《花样年华》中的背景乐 *Yumeji's Theme*——生活大抵如此，尽管归于平静、尘埃落定，的确如冷峻刻一的法律一般，就是如此，但生活不只是裁剪最后的结果，它更多的时候是一个过程。能不能接受王家卫电影的故事与叙事是一回事，但在日复一日的生活中，你却不得不去面对那样的现实，并去接受那样的现实。这样的性格偏好，也在很大程度上影响了个人的法律学习与思考路数。

尽管在法学院学习工作已经二十余年，但是我始终缺乏对法律那种深挚的第一感觉，觉得法律只是社会中一种普通的存在而已。也因此，便对这种自社会或者法律的外部来观察、思考法律的方法觉得很亲切。过去的时间里，非常有幸得益于诸多师长、朋友的帮助与提携，有缘去学习法社会学。2022 年春，疫情再起，春季学期甫一开课，便不得不转入线上，课余之际，恰得以再读 2021 年再版的费孝通先生的《师承·补课·治学》。以费先生的《师承·补课·治学》一书作为自己小书跋语的引子，这其实不是很恭敬。但之所以如此，是有三方面的考虑：一是费先生作品给予个人法社会学学习的营养；二是费先生研究思路及落脚点的启发；三是这本书所呈现出来的师承及学术沿传。

1996 年，苏力的《法治及其本土资源》出版了，这本书创造了 20 多年来国内法律图书销量的纪录，这肯定也是中国法学教育一件很有影响力的事件。不仅在当年，在之后很长一段时间里，这本书都深深影响了这一时期法学院不少学生自我研究兴趣的选择。我至今亦能记得当时读到那本墨绿著作时的兴奋，也正是经由这本书萌发的兴趣意识，才在后来日渐"发现自己的热爱"。我的法社会学知识，特别是其中所需要的社会学素养以及最朴素的问题意识则是通过阅读费孝通先生作品获得的，首先当然是《乡土中国》及《生育制度》，之后再接触到《江村经济》《云南三村》这些 1948 年前的作品。这些作品，不仅激发了个人观察社会的形而下意识——特别是将法律置于社会之中进行反思的路数，进而又促使个人去模仿《江村经济》《云南三村》等作品中所呈现的研究方法——尽管后来的研究方法有所调整，但是最基础的底色还是小规模个案的经验研究。而今，三联书店重装再版费先生的《师承·补课·治学》一书，一则帮我串起了十余年来法社会学学习的社会学知识谱系，一则也得以让我有机会检视过去对于费先生作品的阅读——《师承·补课·治学》一书中，费先生多有对其作品写作背景及核心要义的清晰交代。

读《师承·补课·治学》一书，除却更深入理解费先生的作品之外，更深层次则是在于理解费先生作品中所呈现出来的个人学问追求与情怀。

2022 年 1 月 20 日，微信朋友圈一篇由《中国新闻周刊》采编的《对话"流调中最辛苦的中国人"：来北京找儿子，凌晨打零工补贴家用》新冠病毒感染者流调报告"刷屏"，这位不幸的 1978 年出生的父亲令人再次想起《北京折叠》这篇小说。我写自己上一本书的后记，大约是两年前的这个时候，当时疫情突如其来。疫情一起，就有了各种关于新冠与法律的论述，特别是有不少借用引进理论来讨论问题的文章。但是，我想我们是不是可以有更好也更需要的研究路数。针对疫情，就这个问题的分析，国内的抗疫实践以及在这过程中的各种人间真实已经给了我们非常多的素材。一种切进中国社会的本土关怀，让我想起费先生。

在这之前，无意读到了一篇余世存先生评论费先生的文章，这篇文章中有一句话让我感触特别深："我们知道，现代知识的分工使得社会经济的决策一般成为官家或专家之事，人文社科知识分子对经济运行、大众生计、区域建设多做'壁上观'，知识人对民众的关怀更表现在启蒙上，表现在社会关怀或民权上。但知识人的良知、维权、呐喊启蒙常常陷入了一个怪圈，即不仅知识人与社会、民众脱节；知识人自身的蒙昧和有待救济问题也是极为突出的。"是啊，何尝不是呢？我看到那些对防疫发表高论的学者，当其自身面临疫情时，似乎又到了另一个世界——其文章的世界和生活的世界是不搭界的。

费先生作品的力量，正如他的《乡土中国》一样，植根中国大地——不仅仅是对彼时中国人特质的一种提炼，也是对自我学问感觉与写作的一种要求。对于今天不少的学者而言，大伙希望做中国文章，但我们并不了解中国，或者在面对中国的难题时退却了——"躲进小楼成一统"。依费先生的才气和阅历，他不是做不了那种高头文章，只是那样会变得意义很有限。在这个意义上，不仅费先生的研究和写作对后人依然有很大的启发性，更重要的是他研究的落脚点和基本思路。我拥有的第一本费先生的作品应该是 1998 年北京大学出版社出版的《乡土中国　生育制度》。一晃经年，费先生的《乡土中国》毫无疑问成为经典，估计今天我们很难说出究竟有多少个版本的《乡土中国》已经发行出版。费先生的学问追求在今天仍然是我们学习的榜样，也是值得我们深思的——这不仅是民族情结使然，也不仅仅是目光向下，而的确是一个真实的问题。收在这本书中的法社会学作品，不仅出自中国学者之手的有限，而且关于中国议题的也有限……真可谓"路漫漫其修远兮"。百余年来，我们都不得不思索这一重大的问题——中西古今之间的当下。

《师承·补课·治学》一书不仅让我得以进入费先生的生活世界，更令人感动的是费先生对其师长的人格、学问的回忆，以及其个人所受之滋养。尽管不是每个学生都有机缘受教于一代博学鸿儒、大师巨擘，但是却不可能无有师，也少有学生不受老师之教养恩泽，在这个意义上，师生情谊、学问传承都是一样的。我第一次觉得自己要念法律社会学的书，并将精力主要放在这一块，应该还是十多年前的 2009 年夏天。那年夏天云南大学法学院在翠湖边上的一家宾馆办了一期有关人权法的师资研修班，说实话，这次研修班的内容我真的都忘了。但是这次会议却让我决心要学习法社会学。会议间隙，与已在那里上班的同学和博聊天，之前和博已经给我讲过他在西南民大法学院周洪波老师的指导下读涂尔干《社会分工论》的收获，这次研修班期间闲聊具体讲了什么我也已忘记，但的确是和博跟我讲"你可以学法社会学"。后来和博不断给我分享他在法社会学学习中的感受，包括推荐给我赵旭东老师的作品。也是在这次研修班上，我第一次见到了时任教于云大法学院的王启梁老师，研修班的课程中就有启梁老师带领大家去参观考察当地的一家名为"连心"的社区，这家社区大概是启梁老师的一个"田野"。在这次研修班上，启梁老师还给我推荐了邱泽奇老师翻译的艾尔·巴比的绿皮书《社会研究方法》。研修班结束的时候，和博又带我到云大旁边的一家书店买了几本有关法社会学的书。后来从 2010 年底一直到 2011 年，受到当时本人所在工作单位的任尔昕教授帮助，我有机会到他挂职的法院去挂职一段时间，在这段时间里，我积累了一些初步的关于田野的感觉。想来那个时候，苏力老师的几本书已经都看过，再加上之前接触过的王亚新、左卫民、陈瑞华等前辈关于诉讼法实证研究的一些作品，自己对这一路数的研究越来越感兴趣了。紧接着，由于跟着学校黄荣昌老师上法律诊所的课程，亟须了解司法实务，在同事梁晨老师和蒋为群老师的介绍下，又去了兰州本地的两家法院，其后我便开始自己模仿写一些关于法院及其司法的文章了。之后，又经本院时任办公室主任尚锡东的推荐进入他的朋友徐进律师的律所实习，徐律师是一位非常令人尊敬的资深前辈律师，他没有那种市侩气以及一些大律师的那种让人不适之感，经常给我分享一些他的办案经历，也带我做一些有趣的案子，让我深切感受到法律行当那种传统的师徒关系与情分。而进一步将思路限定在西北，则是得益于本校张姝教授的指点，当时张老师刚在香港理工大学读完学位。记得是当时要申请一个项目，标题大概是用了"西部×××"，张老师建议进一步缩小论题范围，就"西北"。这种个人研究兴趣的逐渐聚焦，最早的启蒙可能还是在2005~2006年於兴中老师在西北政法大学为大家开设的社会理论与法律等讲座小课上。

大概就是在这样一些片段的经历中，或许有点像《街角社会》一书所交代的"参与式观察"的感觉，我开始尝试写一些小的作品。最早的大概是发表在《中山大学法律评论》与《民事程序法研究》上关于法院调解的作品，后来我又写了基于我在法院旁听的一个关于退耕还林的案子的稿子，初稿写出后，投到当时已经很有影响力的《法律和社会科学》。在这次投稿后，认识了当时在对外经济贸易大学法学院的侯猛老师。之后，2012年，我有机会到厦大法学院继续求学，大概是当年9月底或者10月，才第一次与导师张榕老师见面。也是在这第一次的见面中，我就向老师提出我要写西北基层人民法院，老师同意了。现在想起来，这是非常幸运了，老师给了我依兴趣去冒险的自由。张老师是一位非常务实的老师，她的研究中很大一部分也是司法研究。我特别佩服她花费很大精力去研究如"司法—政治"关系这样的难题，老师写了自己的司法研究三部曲（《事实认定中的法官自由裁量权：以民事诉讼为中心》《中国法院能动司法机制研究》《国家治理现代化视域下的中国法院改革》）。在求学期间，我也有机会去旁听法学院一批优秀的年轻老师的课程，其中就有吴洪淇老师的课，吴洪淇老师复印给我一套应该是 2013 年底在云南大学召开的"法律和社会科学年会"的论文集。这个时候，我也已经凭借一篇关于西北基层法院司法的稿子参加过了 2013 年 1 月在香港中文大学举办的"第九届国际研究生'当代中国'研讨班"。在这个班上，认识了后来熠熠生辉的一群同龄人，其中就有今天已经非常活跃的吉大法学院的杨帆老师。

前次《法律和社会科学》投稿后，我与侯猛老师的接触逐渐多了起来，侯老师给了我非常多的鼓励和帮助，之后自己有幸在侯老师的推荐下，参加了 2014 年 6 月在中南财经政法大学举办的"社科法学与法教义学的对话"学术研讨会以及当年 11 月在西南政法大学举办的社科法学研习营暨"法律和社会科学"2014 年年会。在这两次会议上我既认识了一些比自己年长的法社会学研究的学界前辈，也认识了更多与自己有同样兴趣的同龄人。这之后，我对法社会学界就更熟悉了一些，2015 年、2016 年、2019 年又有机会去参加季卫东教授组织的"中国法社会学年会"。2021 年又有机会参加原由郭星华教授、现由赵旭东教授组织的"中国社会学会法律社会学专业委员会学术年会"。

2018~2019 学年在工作单位甘肃政法大学的支持下有机会到北大社会学系跟随张静老师访问学习一年，这一学年算是个人第一次比较系统地进入社会学系学习社会学的课程。对于张静老师的作品，我最早接触到的是《基层政权：乡村制度诸问题》，再后来是张老师的一本论文集《社会冲突的结构性来源》。张老师大概是国内社会学界不多的涉猎法社会学的前辈。不管是读张老师的文章，还是听她讲课，你都能够感受到她那种独特的冷静、理性，特别是几近极致的学者提问与分析思路。这一年略为遗憾的是，侯猛老师调离北大去人大法学院任教，不过侯老师仍在北大上课。是以便有了更多的机会向侯老师当面请教，得益于这些面对面的交流以及过去长时间里侯老师的关心与指点，个人又有了更多的关于法社会学的体悟。2019 年春天，个人也有比较多的机会去交流自己法社会学学习研究的衍生品"法律地理学"。这也是当下个人投注精力比较多的一个研究领域，大体上下一本书就是关于这方面的。

以上大体是个人法社会学学习中的一些"大事记"，借由费先生的《师承·补课·治学》和盘托出。这册小书的写作暂告一段落，但实际上内心十分忐忑，其中一些章节的写作是很潦草的，一些章节尽管还算尽力，但也还不满意。在出版上一本著作的时候，经同学丁启明介绍，有缘认识社会科学文献出版社编辑李晨老师，感谢她非常细致的工作和不断的鼓励，也很感谢她在这本书写作还没有完成的时候就愿意冒险决定编辑出版。

2022 年夏　谨识

图书在版编目（CIP）数据

追寻法社会学：方法检讨与经典阅读 / 韩宝著. --
北京：社会科学文献出版社，2023.6
　ISBN 978-7-5228-1950-1

Ⅰ.①追…　Ⅱ.①韩…　Ⅲ.①法律社会学-研究
Ⅳ.①D902

中国国家版本馆 CIP 数据核字（2023）第 102419 号

追寻法社会学
——方法检讨与经典阅读

著　　者／韩　宝

出 版 人／王利民
责任编辑／李　晨
责任印制／王京美

出　　版／社会科学文献出版社
　　　　　地址：北京市北三环中路甲 29 号院华龙大厦　邮编：100029
　　　　　网址：www.ssap.com.cn
发　　行／社会科学文献出版社（010）59367028
印　　装／三河市尚艺印装有限公司

规　　格／开　本：787mm×1092mm　1/16
　　　　　印　张：25　字　数：353 千字
版　　次／2023 年 6 月第 1 版　2023 年 6 月第 1 次印刷
书　　号／ISBN 978-7-5228-1950-1
定　　价／69.00 元

读者服务电话：4008918866